国家哲学社会科学成果文库

NATIONAL ACHIEVEMENTS LIBRARY
OF PHILOSOPHY AND SOCIAL SCIENCES

明代南京官话军屯移民语言接触演变研究

曾晓渝 著

创于1897　商务印书馆　The Commercial Press

图书在版编目(CIP)数据

明代南京官话军屯移民语言接触演变研究/曾晓渝
著.—北京:商务印书馆,2021
(国家哲学社会科学成果文库)
ISBN 978-7-100-19440-2

Ⅰ.①明… Ⅱ.①曾… Ⅲ.①江淮方言—方言研
究—南京—明代 Ⅳ.①H172.4

中国版本图书馆 CIP 数据核字(2021)第 023209 号

审图号:GS(2021) 291 号

明代南京官话军屯移民语言接触演变研究
曾晓渝 著

商 务 印 书 馆 出 版
(北京王府井大街36号 邮政编码100710)
商 务 印 书 馆 发 行
北京市十月印刷有限公司印刷
ISBN 978-7-100-19440-2

2021 年 3 月第 1 版 开本 710×1000 1/16
2021 年 3 月北京第 1 次印刷 印张 22 插页 3
定价:128.00 元

曾晓渝　　南开大学文学院教授，南开大学学术委员会委员，兼任教育部社会科学委员会委员。

　　1978年考入西南师范大学中文系，1982年获文学学士学位；1989年在西南师范大学获文学硕士学位；1993年在南开大学获文学博士学位。1998年获聘教授，1999年开始担任博士生导师。曾在法国社会科学院东亚语言研究所、美国堪萨斯大学语言学系访学。

　　主要研究领域：汉语语音史和音韵学，汉语与侗台语历史比较和语言接触研究。主持完成国家社科基金项目和教育部项目6项。

　　学术研究成果：发表论文60余篇，出版著作6种；代表性的有论文《论次清声母在汉语上古音系里的音类地位》、《语言接触的类型差距及语言质变现象的理论探讨》、A Case Study of Dialect Contact of Early Mandarin，论文集《语音历史探索》，专著《汉语水语关系论》（获教育部二等奖）。

《国家哲学社会科学成果文库》

出版说明

为充分发挥哲学社会科学研究优秀成果和优秀人才的示范带动作用，促进我国哲学社会科学繁荣发展，全国哲学社会科学工作领导小组决定自 2010 年始，设立《国家哲学社会科学成果文库》，每年评审一次。入选成果经过了同行专家严格评审，代表当前相关领域学术研究的前沿水平，体现我国哲学社会科学界的学术创造力，按照"统一标识、统一封面、统一版式、统一标准"的总体要求组织出版。

全国哲学社会科学工作办公室
2021 年 3 月

前　言

　　语言的根本目的在于实现人的共同目标（罗素 2015［1945］：9），因此，人类语言从原始初期直至现代都始终处于接触过程中，而语言接触是导致人类语言不断演变发展的重要动因。

　　那么，语言接触会引发怎样的语言演变呢？自 20 世纪中期以来语言学家们逐渐关注重视这方面的问题，以文莱奇（Weinreich 1953）、托马森（Thomason 1988, 2001, 2007）等为代表的西方学者对语言接触引发的语言演变机制、类型、规律等有不少理论阐释。近 20 多年来，中国学者语言接触研究成果不断涌现，不过，大多是零星、局部的描写分析，汉语史领域语言接触的系统性研究尚待探索。

　　汉语是世界上最古老的语言之一，汉语绵延几千年的历史，是人类语言发展史的重要组成部分。进行汉语历史进程中语言接触问题的研究，既是世界语言史、语言接触研究不可忽视的重要领域，也是中国语言学者面对的新课题。

　　就汉语史来看，语音、词汇、语法系统的发展演变无不与语言接触相关。以语音史为例，语言接触造成的语音演变主要表现为三个方面：（1）汉语通用语音系的重大结构变化总是发生在汉族与北方少数民族密切接触交融的朝代，如南北朝时期、宋末、元朝、清朝；（2）各地汉语方言在权威性通用汉语的影响下逐渐变化；（3）历史上的人口迁徙形成了方言岛现象，移民语言与当地语言（方言）相互影响导致特殊音变。同理，词汇、语法也由于这些因素发生历史演变。

　　在教学科研工作中，以及赴西南地区、海南调查少数民族语言和当地汉语方言的时候，笔者先后注意到天津话、贵州屯堡话、云南官话、海南崖城军话移民语言的特殊性：明代的卫所军户制，形成了空前规模的军屯移民，他们的语言留下了鲜明的历史痕迹；据史料明确记载，明初的天津三卫、云南八卫、贵州诸卫、海南崖城守御所等，其军队的来源地均与当时的南京（即南直隶，包括今安徽、江苏）直接相关；至今，作为明代军屯移民语言后裔的天津话、贵州屯堡话、云南官话、海南崖城军话等，与周边方言相比均有其"另类"特征，而且都显示出与中原、江淮官话的诸多关联，颇具典型性。

以往明清官话方言研究一般是基于文献资料的静态单点研究模式，此书则拟将明代官话与现代官话方言连接起来进行动态、系统性比较研究。研究思路方法上，视野兼顾南北，着眼于明代南京官话军屯移民后裔语言，以天津话、云南官话、贵州安顺屯堡话、海南崖城军话四地方言为个案典型代表点，实地田野调查与明清韵书韵图以及历史档案、地方志等文献资料相结合，考察证实这四地方言的共同来源是明代南直隶官话，再通过纵横比较，分析四地方言里留下了哪些明代南京官话的痕迹，从明代到现代又发生了哪些变化；再进行天津话、云南官话、贵州安顺屯堡话、海南崖城军话语音、词汇、语法特征的比较，总结发现明代南京官话军屯移民语言 600 多年来在南北不同环境中流变的共性与个性差异，进而从语言接触视角分析四地个性差异的原因并做出解释。

此项研究开始阶段的重点是放在津、滇、黔、琼各点作为明代南京军屯移民语言来龙去脉的考证、方言特点的调查以及对各点 600 多年来演变异同的比较解释，但随着研究的深入，越来越感觉到"明代南京官话"并不像最初以为的那样简单，而如果不把源头明代南京官话说清楚，就难以对移民语言现象做出有说服力的解释，所以"明代南京官话"逐渐成为此项研究的基础性关键问题。鉴于此，书中开篇即以明代南京官话为核心内容，针对目前学界的相关争论，深入探讨了明代南直隶区域的官话方言、《西儒耳目资》音系的基础音、南京官话的性质特点。

在汉语发展的历史长河中，明代至今 600 多年的时间阶段并不算长，但仍有不少值得深入研究的空间，而这一阶段官话之间的语言接触变异规律更是需要去探寻发现。

　　本书是在笔者主持承担的国家社科基金重点项目"明代南京官话军屯移民语言在津、滇、黔、琼六百年历史演变比较研究"（11AZD072）结项书稿基础上修订而成的。在进行该项目研究过程中，笔者自己并带领、指导学生分别 11 次在天津、安徽、江苏、海南、贵州、云南进行实地语言调查；刘春陶、陈希、冯法强的博士学位论文，骆津湘、宋名利的硕士学位论文与此项目研究直接相关，因此，本书融入了我们师生共同劳动的成果。凡书中引用学生论文内容处均做出了明确注释，同时也做了一些修正补充。

曾晓渝

2020 年 11 月 16 日

目　　录

CONTENTS

第 一 章

明代南京官话

本章关键问题思考：

◎ 明代南京辖区分布的官话方言？

◎《西儒耳目资》与明代南京话的关系？

◎ 明代南京官话的性质？

◎ 传统正音观念下的通用语标准？

第一节　明代南京辖区的官话方言

1.1.1　明代的南直隶——南京

明代的南京即南直隶，所辖范围大大超过今天的南京市，辖区内有十五府、四州，即：应天府、凤阳府、庐州府、太平府、安庆府、池州府、徽州府、宁国府、广德府、淮安府、扬州府、镇江府、常州府、苏州府、松江府、广德州、徐州、滁州、和州。因此，明代的南京是"大南京"，区域覆盖现在的安徽、江苏两省和上海市。根据谭其骧主编《中国历史地图集·元明时期》（第七册）（1996：47—48）明代南京（南直隶）的地图，对应现代行政区域图如下：

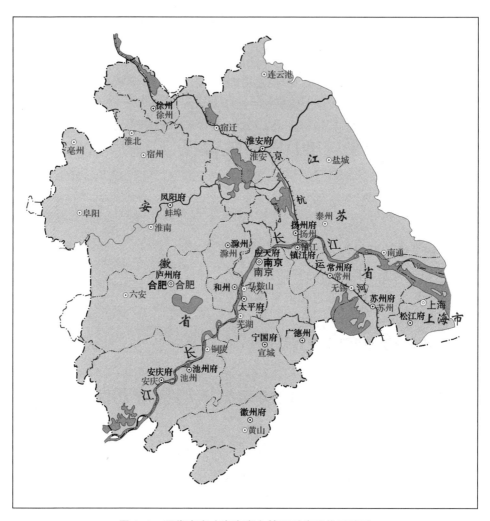

图 1-1　明代南京（南直隶）辖区对应现代区域图

1.1.2　对应于明代南京辖区的现代官话方言分布

对应于明代南京（南直隶）的区域范围，现代汉语方言在该地区分布有官话、吴方言和徽州话。我们认为，明代通用于南京的是官话，而非吴方言和徽州话，因此，本书的关注点在于当时的官话方言。现代官话方言对应于明代南京辖区内的分布情况如下图：

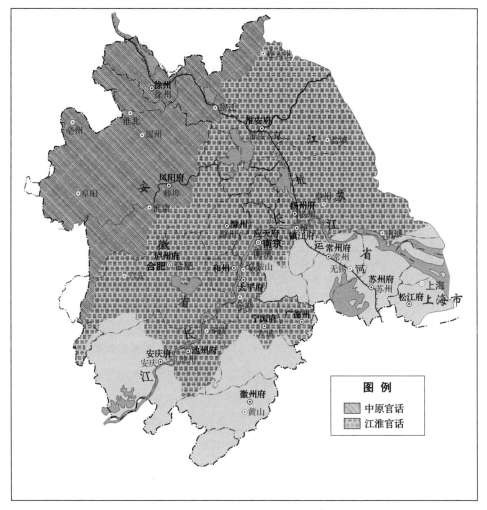

图 1-2 对应明代南京（南直隶）辖区的现代官话方言分布

显然，对应于明代南京辖区的现代汉语官话有中原官话和江淮官话，二者几乎各占一半。那么，600多年前该区域的官话是不是类似如今中原官话、江淮官话两大片分布呢？这个问题牵涉到如何解释明代南京军屯移民后裔语言在南北各地的发展演变，也关系到官话方言的历史分布，所以有必要对明代南京（南直隶）辖区的官话方言进行考察分析。

1.1.3   明代官话系代表性韵书及所反映的方言分区

自元代《中原音韵》（周德清 1324）之后，明代出现了不少反映官话时音的韵书韵图，其主要代表列表如下：

表 1-1   明代官话系代表性韵书简表

韵书	作者及出生地	音系结构			备 注
		声母	韵母	声调	
《中原雅音》（1398—1460）	佚名。	20 个	41 个有 -m	4 个（清入归上，次浊入归去，全浊入归平）	邵荣芬 1981
《韵略易通》（1442）	兰茂，云南嵩明人，祖籍河南洛阳。	20 个	42 个有 -m	5 个（阴、阳、上、去、入）	张玉来 1999
《韵略易通》（1586）	本悟，云南嵩明人。	20 个	31 个无撮口	5 个（阴、阳、上、去、入）	宁忌浮 2009：190—197
《文韵考衷》（1581）	桑绍良，山东濮州（今河南范县）人。	20 个	45 类有 -m	6 个（阴、阳、上、去、阴入、阳入）	宁忌浮 2009：196—205
《青郊杂著》（1581）		20 个	18 部有 -m	6 个（阴、阳、上、去、阴入、阳入）	林焘主编 2010：164—165
《交泰韵》（1603）	吕坤，宁陵（今河南宁陵县）人。	19 个	37 个 -m>n	4 个（阴、阳、上、去）清、次浊入归阴、全浊归阳。	宁忌浮 2009：205—225
《重订司马温公等韵图经》（1602）	徐孝，顺天（北京）人；张元善，河南永城人，世居北京。	19 个	43 个 -m>n	4 个（阴、阳、上、去）全浊入归阳，次浊入归去，清入派四声。	郭力 2003；宁忌浮 2009；林焘 2010
《韵略汇通》（1642）	毕拱辰，山东掖县（今莱州）人。	20 个	16 部 -m>n	5 个（阴、阳、上、去、入）	林焘主编 2010：167
《元韵谱》（1611）	乔中和，河北内丘人。	21 个	50 个有入声	5 个（阴、阳、上、去、入）	宁忌浮 2009：260—273
《书文音义便考私编》（1586）	李登，上元（今南京）人。	21 个	53 个有入声	5 个（阴、阳、上、去、入）	宁忌浮 2009：275—292
《五声谱》（1589—1639）	郝敬，京山（今湖北京山）人。	19 个	37 个 -m>n	4 个（平、上、去、入）	宁忌浮 2009：293—300
《西儒耳目资》（1626）	金尼阁（Nicolas Trigault），比利时人。	21 个	45 个 -m>n	5 个（阴、阳、上、去、入）	曾晓渝 2004

根据表 1-1 中所列各韵书的音系结构，对照现代官话方言不同片区的语音特点，同时参考学者们的研究（郭力 2003，林焘 2010，宁忌浮 2009，张玉来 1999，曾晓渝 2014a），明代官话系韵书所反映的大致方言分区归

纳如下：

表1-2 明代官话系代表性韵书的方言分区

官话方言	韵书名称	主要音系特点	备　注
北京	《重订司马温公等韵图经》（徐孝、张元善1602）	全浊声母清化；-m>-n；无入声调。全浊入归阳，次浊入归去，清入派四声。	清入声大多归去声。
中原	《青郊杂著》（桑绍良1581）	全浊声母清化；保留-m；有入声调。入声调分阴阳，但18韵部均有入声字。	反映时音，或亦具保守性。
	《交泰韵》（吕坤1603）	全浊声母清化；-m>-n；无入声调。清入、次浊入归阴平、全浊入归阳平。	今中原官话音系基本与之对应。
江淮	《书文音义便考私编》（李登1586）	全浊声母清化；-m>-n；有入声韵和调。桓、寒分韵。	书中"俗呼"大多同今南京音。
西南	《韵略易通》（本悟1586）	全浊声母清化；保留-m；有入声调。前后鼻音有混；无撮口呼。	反映云南官话，亦受兰茂本影响。
	《五声谱》（郝敬1589—1639）	全浊声母清化；-m>-n；有入声调。泥来混；庄精混；前后鼻音相混；歌＝锅。	湖北官话。
通语	《中原雅音》（佚名1398—1460）	全浊声母清化；保留-m；无入声调。全浊入归平，次浊入归去，清入归上。	有-m及清入归派不同于北京官话。
	《韵略易通》（兰茂1442）	全浊声母清化；保留-m；有入声调。	反映时音，或亦具保守性。
	《元韵谱》（乔中和1611）	全浊声母清化；保留-m；有入声韵和调。	反映时音，或亦具保守性。
	《西儒耳目资》（金尼阁1626）	全浊声母清化；-m>-n；有入声调。桓、寒分韵；前后鼻音分明；无入声韵。	中原官话与江淮官话音系融合。

1.1.4　中原官话在明代已经存在于南直隶辖区

明代韵书《交泰韵》（1603，河南宁陵人吕坤撰）和《书文音义便考私编》（1586，南京人李登撰）已经明确反映当时已存在中原官话与江淮官话的区分，而且，其两部韵书的音系特点分别与现代的中原官话、江淮官话相对应。

明代南直隶辖区存在江淮官话，可是，中原官话是否也和现代一样分布于苏皖北部地区呢？换言之，明代南直隶辖区内有中原官话吗？

从地理位置看，现代江淮官话分布于长江和淮河之间，对应于明代南直隶辖区的南半部分。不过，这并不能证明明代南直隶北部通行的就是中原官话。刘丹青（1997：46）指出："江淮方言区总的倾向是北退南进。北界向南后撤，不断让位于中原官话。在紧邻中原的安徽西部，江淮方言区的北界已在淮河以南数百公里处；在江苏北部，近数十年中就有一些原属江淮话的方言演变为中原官话。"刘祥柏（2010：290—291）也有类似论述："江淮官话的分布范围由于其过渡区域的特点仍在不断发生变化。总的说来，就是南北边界都在往南移。北部边界由于入声逐渐消失而让位于中原官话，边界也由此向南后撤。"那么，是不是600多年前明代南直隶北部也主要分布的是江淮官话呢？

历史上的安徽、江苏区域，处于南北交界地带。永嘉之乱晋室东渡之后，大规模北人南下，持续的移民潮，使得北方话对该地区的影响越来越大。在元代，安徽、江苏与河南划归同一行政区"河南江北行省"（谭其骧1996：15—16），这无疑会促使加强河洛中原之音对安徽、江苏区域的影响，尤其是紧邻中原的苏皖北部区域。因此，可以推测，元代的苏皖北部区域，很可能已通行同一行政区域的河洛中原之音了。

明代反映中原官话的韵书《交泰韵》（1603），其作者吕坤的家乡在河

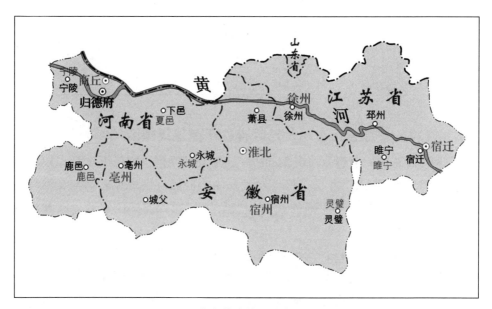

图 1-3　元代归德府辖区对应现代区域图

南宁陵。明代宁陵所属的归德府紧邻南直隶。而在元代，宁陵县与明代南直隶北部的若干州县同属河南江北行省的归德府，根据谭其骧主编《中国历史地图集·元明时期》（第七册）（1996：15—16）元代归德府的辖区，对应现代区域图如图1-3。

自元代以来，中原之音一直处于"正音"优势地位，具有强大影响力，同一行省之内的行政小区归德府通用中原官话是理所当然的。设想，到了明代，尽管其中的亳州、萧县、徐州、宿州、邳州、宿迁、灵璧等划归南直隶辖区，但仍沿用与宁陵一致的、具有优势地位的中原官话，并且延续至今。

另外，这里有必要提及贵州屯堡话（曾晓渝2013b，2014a；另详见本书第四章）。2012年在贵州平坝县天龙村、九溪村调查屯堡话时，所有被访者都说他们的祖先是明代南京来的。考察《中国明朝档案总汇》（2001，第60册）中所记贵州三卫332军官的籍贯，其中151位（占军官总数的45.48%）来自南直隶地区，来自其他各地的分别占3%—25%不等，下面是相关统计表。

表1-3　明代贵州三卫军官籍贯地统计表

今方言点		威清卫	平越卫	安南卫	合计	总计	百分比
江淮官话	洪巢片	30	43	34	107	114	75.50%
	泰如片	2	0	4	6		
	黄孝片	1	0	0	1		
中原官话	郑曹片	1	7	1	9	17	11.26%
	信蚌片	3	3	0	6		
	洛徐片	1	1	0	2		
吴　语		1	13	4	18	18	11.92%
徽　语		1	0	0	1	1	0.66%
赣　语		0	0	1	1	1	0.66%
总　计		40	67	44	151		100%

贵州屯堡话语音最凸显的特点是"清入次浊入归阴平、全浊入归阳平"，这在周边西南官话中绝无仅有，而与遥远的中原官话一致。至今生活相对封闭的屯堡人的服饰、吃年糕等生活习惯与苏皖地区相似，而与周边汉族或少数民族区别明显。虽然表1-3中统计贵州三卫军官中来自中原官话的比例仅有11.26%，但屯堡话古入声归派的特殊现象却告诉我们，很可

能当时驻守屯堡的南直隶卫所移民的生活圈内使用的是中原官话，而且这一语音特点 600 多年代代相传，延续至今。

1.1.5　明代南直隶地区江淮官话与中原官话共存

1.1.5.1　明代南直隶辖区既有江淮官话也有中原官话

明代官话系韵书已经反映出中原官话与江淮官话的差异；元代通行中原官话的归德府到明代大部分划归南直隶，所以，明代南直隶辖区不仅南部区域有江淮官话，北部区域也已存在中原官话。

根据刘丹青（1997）、刘祥柏（2010）提出的江淮官话边界线历史上"北退南进"的发展趋势，设想明代南直隶区域内的中原官话分布范围可能比现代小一些；但是，由于尚未找到当时方言分布的其他确切证据材料，考虑到元代苏皖地区与河南同属一个行政区"河南江北行省"，而且苏皖北部紧邻河洛地区，自然会受到中原之音的强势影响，所以也可以推测明代南直隶北部（今苏皖北部）中原官话通行的区域也许与现代差别不太大。

1.1.5.2　明代南直隶辖区官话的基本特点

明代南直隶区域内江淮官话与中原官话共存。根据明代官话韵书的音系结构，这两种官话方言音系的基本特点是：

江淮官话音系：全浊声母清化；-m 尾归入 -n ；部分前后鼻音相混；有入声韵和调。

中原官话音系：全浊声母清化；-m 尾逐渐并入 -n 尾；无入声韵和调，已完成"清入次浊入归阴平、全浊入归阳平"的演变。

句法上，明代南直隶官话可能共有"K+VP"型问句（参见江蓝生 1990，张敏 1990），2011 年我们调查的安徽江淮官话、中原官话各方言点均保持这一特点。

第二节　《西儒耳目资》音系与明代南京话

1.2.1　反思作者以往的相关观点

20 多年前曾研究认为"《西儒耳目资》的语音基础很可能是明代的南京音"（曾晓渝 1989，1991）。当时一方面依据《西儒耳目资》音系有入声调等系列特点，与南京话语音相对应；另一方面也依据利玛窦、金尼阁《利玛窦中国札记》（1983：391）中记述：1600年利玛窦等从南京启程到北京，一位身居要职的太监把他在南京买的一个男孩作为礼物留给了神父们，太监说他送给他们这个男孩是因为他口齿清楚，可以教庞迪我神父"纯粹的南京话"。

可是，随着近年主持关于明代南京军屯移民语言历史演变的项目，研究过程中对自己当年的观点有所反思，注意到对"南京音""南京方言""江淮方言""南京官话"等相关术语须要区别性使用，对《西儒耳目资》的语音基础有了新的认识。

1.2.2 《西儒耳目资》与明代相关官话方言韵书韵图音系特点比较

明代已经出现了一批反映各地时音的韵书韵图。将明代反映北京官话、中原官话、江淮官话的韵书韵图与《西儒耳目资》进行音系特点比较，可以帮助弄清《西儒耳目资》的基础方言问题。

1.2.2.1 明代官话方言代表性韵书韵图与《西儒耳目资》对比

根据学者们的考察研究，这里选取在一定程度上代表明代官话方言的韵书韵图，与《西儒耳目资》做音系特点对比，如下表：

表1-4 明代官话方言代表性韵书与《西儒耳目资》音系特点对比表

官话方言	韵书韵图	主要音系特点	备 注
北京	《重订司马温公等韵图经》（1602）（徐孝，顺天/北京人；张元善，河南永城人）	全浊声母清化，分尖团，知照合；-m>-n、-n、-ŋ分明，无入声韵；平分阴阳，浊上归去，全浊入归阳，次浊入归去，清入派四声。	郭力2003：33—77
	《合并字学集韵》（1602）（徐孝、张元善）		宁忌浮2009：243—259
中原	《交泰韵》（1603）（吕坤，河南宁陵人）	全浊声母清化，分尖团，知照混（但是，知≠支）；-m>-n、-n、-ŋ分明，无入声韵；平分阴阳，浊上归去，清入、次浊入归阴平、全浊入归阳平。	宁忌浮2009：205—224；叶宝奎2017：68—69
江淮	《书文音义便考私编》（1586）（李登，上元/南京人）	全浊声母清化，分尖团，知照合；-m>-n、-n、-ŋ韵尾分明，有入声-ŋ韵尾；平分阴阳，浊上归去，有入声调。	宁忌浮2009：275—291；李新魁、麦耘1993：236

（续表）

江淮	《切韵声原》（1641） （方以智，安徽桐城人）	全浊声母清化，分尖团，知照合，庄组部分归精； 保留 -m 尾，-n、-ŋ 有混，有入声 -ʔ 尾，或少有 -p 尾； 平分阴阳，浊上归去，有入声调。	孙宜志 2005； 李新魁、麦耘 1993：255
	《音韵正讹》（1644） （孙耀辑，安徽宣城人） （吴思平订）	全浊声母在清化，分尖团，知照合，庄组部分归精； -m>-n，-n、-ŋ 有混，有入声 -ʔ 韵尾； 平分阴阳，浊上归去，有入声调。	高永安 2007： 58—162； 李新魁、麦耘 1993：388
？	《西儒耳目资》（1626） （金尼阁 Nicolas Trigault）	全浊声母在清化，分尖团，知照合，庄组部分归精； -m>-n，-n、-ŋ 分明，无入声韵； 平分阴阳，浊上未归去，有入声调。	曾晓渝 1989， 1992，2004， 孙宜志 2010

需要说明的是，上表所列韵书韵图的作者可能或多或少受到传统正音观念的影响，未能完全客观准确记录反映当时当地的方言特点。比如宁忌浮（2009：290）就指出："李登的韵书还不是完全以自己的家乡话为审音定韵的标准。换言之，《书文音义便考私编》的语音系统不全等于当时的南京音。"不过，即使这样，我们仍然可以从这些韵书韵图中了解到明代北京官话、中原官话、江淮官话的基本音系特点。

1.2.2.2 《西儒耳目资》与明代相关官话方言音系特点的异同

根据表 1-4，排除近代官话方言共有的特点（全浊声母清化、分尖团、知照合，平分阴阳），提取出北京官话、中原官话、江淮官话各方言中具有区别性的音系特点，与《西儒耳目资》音系特点比较如下（表中"＋"表示是，"－"表示否）：

表 1-5　明代官话方言代表性韵书与《西儒耳目资》音系特点异同比较表

音系特点＼方言	声　母	韵　母			声　调	
	①庄组部分归精	② -m>-n	③ -n -ŋ 有混	④有入声韵	⑤浊上归去	⑥有入声调
北京官话	－	＋	－	－	＋	－
中原官话						
江淮官话	＋	＋/－	＋	＋	＋	＋
《西儒耳目资》	＋	＋	－	－	－	＋

上表六项区别特点中，《西儒耳目资》与北京官话、中原官话音系一致的有②③④三项，与江淮官话音系一致的只有①⑥两项，而第⑤项则不同于北京官话、中原官话、江淮官话任何一种。

1.2.3　《西儒耳目资》音系综合了中原官话、江淮官话的语音特点

通过前面的比较分析，十分明显，《西儒耳目资》音系的基础方言不是江淮官话或南京方言，而是综合了明代中原官话、江淮官话的特点，并且具有一定保守性，其"全浊上声仍在上声"的特点是依据传统正音所致。

那么，为什么《西儒耳目资》音系具有中原、江淮官话综合性及保守性特点呢？下面引用千叶谦悟（2013）文章中的两段话来解答这个疑问：

据太田斋（1997abcd），《西儒》是先把罗马字加在《洪武正韵》以及部分毛晃《增韵》的字上，其后按罗马字排列而编《列音韵谱》的。这样便于不懂法语和拉丁语的中国人助手。因为如果采取这种方式的话，罗马字只不过是辨别同一字群的符号而已，中国人不用学习罗马字发音。然后按照笔画编《列边正谱》。

《西儒》利用了《洪武正韵》《增韵》《韵会小补》等种种韵书。尤其是《洪武正韵》所载之字几乎都收录于《西儒·列边正谱》。《列边正谱》好像是《洪武正韵》的索引。绝大多数全浊上声字标为上声可能不是因为《西儒》的基础方言如此反映，而是依据《洪武正韵》的缘故。

鉴于《西儒耳目资》音系综合了明代中原官话的特点（无入声韵，-n、-ŋ分明）和江淮官话的特点（有入声调），并且还有全浊上声仍然在上声的保守特点，因此，其音系基础不是南京方言或江淮官话，也不是中原官话。

值得注意的是，利玛窦、金尼阁《利玛窦中国札记》（1983：30、388、391）中记述："各省的方言在上流社会是不说的，虽然有教养的人在他的本乡可能说方言以示亲热。……除了不同省份的各种方言，也就是乡音之外，还有一种整个帝国通用的口语，被称为官话，是民用法庭用的官方语言。懂得这种通用的语言，我们耶稣会的会友就的确没有必要去学他

们工作所在的那个省份的方言了。……明代传教士们学习'南京话'。"由此我们认为，明代确实存在一种"有教养的人"所使用的、超方言、全国通用的"南京官话"。

第三节　明代南京官话性质考释

1.3.1　对学界明代南京官话争论的思考

明代的"南京官话"，是近代汉语官话史研究的一个关键术语，直接关涉明代官话基础方言这个至今学者们争论不休的焦点话题。

随着作者近年承担的有关明代南京官话军屯移民语言课题研究的深入，越发感觉明代"南京官话"的复杂性，同时也认识到这是一个绕不开的、必须弄清楚的重要问题。

目前，学界关于明代官话的争论，其焦点在于明代官话究竟是不是以南京话为基础方言的问题。两种截然不同的观点是：（1）以鲁国尧（2007）、张卫东（2014）为代表，肯定明代官话以南京话为基础方言；（2）以麦耘、朱晓农（2012）为代表，明确指出"南京方言不是明代官话的基础"，"南京官话是中原书音在南方的地域变体"。

平心而论，争论双方都持有不少文史资料的理据，但是，为什么各自的观点不能让对方接受，旁人也莫衷一是呢？分析思考其缘由，可能主要有以下几点：

第一，明代"南京"的范围问题。不同的文史资料、不同的学者在指称"南京"时存在广义（南直隶，辖今安徽、江苏、上海）和狭义（南京城）的差异。更加广义的，日本江户时代有学者甚至将"南京"指称中国（谢育新 2010：40）。

第二，明代"南京话"所指也有广、狭之别。广义的又分不同含义：（1）明代通用官话；（2）南方官话；（3）南直隶官话。狭义的则是指属于江淮官话的南京方言。

第三，明代来华传教士们学习推崇的"南京官话"，其音系基础是否包含有中原之音的一些特点？换言之，就明代通用官话而言，中原音与南京音二者是严格对立非此即彼吗？有没有可能实际交际中具有弹性相互包容？

第四，语言本体资料的证据还不够。我们认为，除了明代反映官话方言的韵书韵图之外，各种对音资料，比如，《百夷译语》（傣汉对音材料），域外的琉球、朝鲜、日本的汉语官话教科书等对音材料，更具说服力，但以往这方面资料尚未得到重视利用。

综上简言之，争论的根本问题在于"南京官话"的"名"与"实"，争论焦点是明代南京官话究竟是否包含有中原之音？而要弄清这些问题，关键须依靠语言本体资料的坐实研究。

鉴于上述认识，在此拟着眼于发掘利用相关语言本体资料，通过这些资料音系特点的系统性考察分析，力求对明代南京官话的性质做出合理解释。

1.3.2　有关明代官话的文献材料及分析

1.3.2.1　相关文献资料及其语音特点

这里选取了具有代表性的明代官话方言韵书，考察明代傣汉对音、域外琉球汉语对音、朝汉对音材料，以及清代初年的日汉对音资料，同时根据学者们的相关研究，将这些文献资料及其所反映的主要语音特点列表如下：

表 1-6　有关明代官话的文献资料及其语音特点

分类	文献资料	语音特点
韵书韵图	徐孝、张元善《重订司马温公等韵图经》（1602）	反映明代北京方言音系，入派四声，浊上归去，-n、-ŋ 分明（郭力 2003）。
	吕坤《交泰韵》（1603）	反映明代中原方言音系，无入声，清入、次浊入归阴平，-n、-ŋ 分明，部分浊上归去（但大多全浊上仍归上）（宁忌浮 2009：205—224）。
	方以智《切韵声原》（1641）	反映明代江淮方言音系，有入声 -ʔ 尾和入声调，庄组部分归精，-n、-ŋ 有混（孙宜志 2005）。
对音资料	金尼阁《西儒耳目资》（1626）	反映明代通用的南京官话音系，有入声，-n、-ŋ 分明，全浊上声仍归上（但大多有半圆符号标注，区别于其他上声字），庄组部分归精（曾晓渝 1989，2014a）。
	《百夷馆译语》（1407，1573？）（明代官话直音对译傣语的资料）	反映明代南京官话音，-m＞-n，-n、-ŋ 有混，尚存入声韵，有入声调（曾晓渝 2014b，更科慎一 2003）。
	《琉球馆译语》（1401—1535）（明代官话直音对译琉球语的资料）	反映明代北京官话，庄组大部分归精，知章合流，入声韵基本消失，-m＞-n，-n、-ŋ 有混（丁锋 1995：91—126）。

（续表）

琉球官话课本《官话问答便语》《学官话》等（明清时期）	反映的是南方官话，有入声调，浊上变去，-n、-ŋ有混，知章合，少数见母细音腭化（濑户口律子1994：24—35）；反映"福州的官话"（陈泽平2004）。
崔世珍《翻译老乞大·朴通事》（16世纪初）（汉语官话教科书，其中右侧的朝鲜谚文注音是明代汉语官话正音）	反映的是来自南京而当时通行于北京一带的官话，-m>-n，-n、-ŋ分明，有入声调（远藤光晓1990，2001［1984］：256—266）。
冈岛冠山《唐音雅俗语类》（1726）（汉语官话教科书，用日文注官话音）	反映"南京官话"，全浊声母清化，知章与精组有别，有入声韵（谢育新2010：14，68—70）。
日本"近世唐音"（17—18世纪）之《黄檗唐音》《黄檗清规》（汉语官话教科书，日文注汉语官话音）	据高松正雄、金子真的研究，主要反映明代南京官话，但声母与现代北京话最为接近，庄组部分归精，受福建方言一定影响；韵母与南京官话方音韵母系统一致，有入声韵（引自李无未2005：159—165）。

上表说明：

（1）由于金尼阁《西儒耳目资》是用罗马字母注音，所以表中归入对音资料；

（2）日语对音资料虽然从时间上看有的是清代前期的，但由于从江户时代（1603—1867）及明治前期，日本的汉语学所教授的汉语主要是南京官话，直到明治九年（1876）才转而主要学习北京官话（六角恒广1988：122，陈晓2014：63—64），所以，表中列出以作为明代官话参考。

1.3.2.2　相关文献资料的音系特征比较分析

根据表1-6所列的明代官话文献资料，及其相关研究成果（参考引用远藤光晓1984，1990，2001；李新魁、麦耘1993；丁锋1995；郭力2003；孙宜志2005；李无未2005；宁忌浮2009；谢育新2010；曾晓渝1989，2014a，2014b），将各项资料中所反映的音系特征再进一步提取细化，按照声母、韵母、声调的类别罗列如下：

声母特征：①全浊声母清化，②分尖团，③l-、n-分明，④知庄章基本合流，⑤庄组部分归精。

韵母特征：①-m>-n，②-n、-ŋ分明，③有入声韵。

声调特征：①平分阴阳，②浊上变去，③全浊入归阳平，④次浊归去、清入派四声，⑤清入、次浊入归阴，⑥有入声调。

依据以上声韵调各项特征的编号，在下表中进行音系特征比较。说明：（1）表中"+"表示有，"−"表示无，"+/−"表示似有似无，空白格表示对音材料中无从体现或无法确定；（2）因表格所限，有的文献材料名称适当缩写，全名参见表1-6；（3）表中反映明代官话的三种韵书韵图的基础方音学界已有共识，《西儒耳目资》的音系基础学界观点不一，这里采用曾晓渝的观点，其他对音材料的汉语官话基础方言采用表1-6中注明出处的学者的观点。

表 1-7　相关文献资料声韵调特征比较

文献资料 ＼ 特征	声母特征					韵母特征			声调特征					
	①	②	③	④	⑤	①	②	③	①	②	③	④	⑤	⑥
北京官话 徐孝、张元善《等韵图经》（1602）	+	+	+	+	−	+	+	−	+	+	+	+	−	−
中原官话 吕坤《交泰韵》（1603）	+	+	+	+	−	+	+	−	+	+/−	+	−	+	−
江淮官话 方以智《切韵声原》（1641）	+	+	+	+	+	+	−	+	+	−	−	−	−	+
南京官话 金尼阁《西儒耳目资》（1626）	+	+	+	+	+	+	+	−	+	+/−	−	−	−	+
南京官话 《百夷馆译语》（1407，1573？）	+	+	+			+	−	+/−						+
北京官话 《琉球馆译语》（1401—1535）	+	+	+	+	+	+	−	−						
南方官话/福州的官话 琉球官话课本（明清时期）	+	+	+			+	−	+/−	+	−	−	−		+
源自南京的北京官话 崔世珍《老·朴》（16世纪初）	+	+	+	+/−	+/−	+	+	+/−	+	+	−	−	−	+

（续表）

南京官话 冈岛冠山《唐音语类》 （1726）	+	+	+	+	+	+		+	−	−	−	+
北京/南京官话 日本《黄檗唐音》 （17—18世纪）	+	+	+	+	+	+	−	+				+

上表分析说明：

（1）就音系特征而言，明代韵书韵图所反映的"北京官话""中原官话""江淮官话"以及大多对音材料均基本具备的特征是：声母方面的"①全浊声母清化""②分尖团""③l-、n-分明""④知庄章基本合流"；韵母方面的"①-m>-n"；声调方面的"①平分阴阳""②浊上变去"。

（2）最值得注意的是对音材料的音系特点，无论学者推测其基础音是"南京""南方"或是"北京"官话，它们都在一定程度上客观反映了当时具有权威通用性的明代（或清初）官话，这一点是无疑的。

（3）对音材料也有一定局限性。比如，《百夷译语》里傣语只有一组塞擦音 ts、ts^h，无法区别对译汉语的平舌、翘舌声母。另外，崔世珍《翻译老乞大·朴通事》里用谚文ㅈㅊ混注精知庄章组塞擦音字，因而据此难以确定汉字音是否知庄章合流或庄组与精组的关系；还有，日文注汉字音节的末尾鼻音只用一个音位符号，难以体现前后鼻音 -n、-ŋ 的区别，所以有的学者没有给出明确结论。

基于上述分析，尽管对音材料有一定局限性，但综合起来分析，仍然能够在相当程度上客观反映明代官话的音系特点。因此，比较对音材料与韵书韵图所反映的明代北京官话、中原官话、江淮官话音系特点的异同，可以帮助理解明代权威通用官话的基础方言问题。

下面，为凸显特征差异，在表1-7的基础上，省略各官话方言共有的音系特征（全浊声母清化，分尖团，l-、n-分明，知庄章基本合流，-m>-n，平分阴阳，浊上变去），将各种对音资料所反映的通用官话音系与各韵书韵图反映的官话方言特征比较如下表：

表1-8　对音材料所反映的权威通用官话的音系特征比较

官话方言韵书韵图及语音特征 ＼ 对音材料	北京官话 徐孝、张元善《等韵图经》（1602）	中原官话 吕坤《交泰韵》（1603）	江淮官话 方以智《切韵声原》（1641）
	-n、-ŋ分明；无入声韵；入派四声	-n、-ŋ分明；无入声韵；清入、次浊入归阴	庄组部分归精；-n、-ŋ有混；有入声韵和入声调
金尼阁《西儒耳目资》（1626）	-n、-ŋ分明；无入声韵	-n、-ŋ分明；无入声韵	庄组部分归精；有入声调
《百夷馆译语》（1407，1573？）			-n、-ŋ有混；有入声调
《琉球馆译语》（1401—1535）	无入声韵	无入声韵	庄组部分归精；-n、-ŋ有混
琉球官话课本（明清时期）			庄组部分归精；-n、-ŋ有混
崔世珍《老·朴》（16世纪初）	-n、-ŋ分明	-n、-ŋ分明	有入声调
冈岛冠山《唐音语类》（1726）			庄组部分归精；有入声韵和入声调
日本《黄檗唐音》（17—18世纪）			庄组部分归精；有入声韵和入声调

上表分析说明：

（1）很显然，表中七种对音材料都或多或少具有江淮官话特有的音系特点（庄组部分归精，-n、-ŋ有混，有入声韵，有入声调），同时，其中三种又具有北京官话、中原官话所特有的特点（-n、-ŋ分明，无入声韵）；

（2）今江淮官话泥来声母n-、l-有混，但这不能证明明代江淮官话有此特点。根据冯法强（2014：55—58）的研究，迄今所见江淮官话系韵书中泥来合一的最早材料是清代后期的《许氏说音》（许桂林1807），从现代江淮官话方言各片泥来声母n-、l-分混的共时差异的五种类型分析，推测江淮官话至明代末期仍泥来母不混，后来因洪细音条件逐步相混，其演变过程和相关解释如下：

表 1-9　江淮官话明代至今泥来母的演变

		第一阶段 （泥、来有别）	第二阶段 （腭化）	第三阶段 （n、l 相混）
泥母	洪	n-	n-	n-
	细	n-	ȵ-	ȵ-
来母	洪	l-	l-	n-
	细	l-	l-	n-

腭化音变在前，n、l 相混在后，当 n 腭化为 ȵ 后，就在后面的 n、l 相混音变中失去音变条件，所以保持 ȵ 不变，从而与来母细音前的 n 形成对立。

1.3.2.3　小结

从明代官话方言代表性韵书韵图反映的音系特征分析，明代北京官话、中原官话、江淮官话共有的特征是：声母方面"全浊声母清化，分尖团，l-、n- 分明，知庄章基本合流"；韵母方面"-m＞-n"；声调方面"平分阴阳，浊上变去[①]"。这些各官话方言共有特征也是明代权威性通用官话的基本音系特征。

再根据目前所查阅到的七种对音材料分析，它们基本上都具有当时各官话方言的共有特征，同时，都或多或少具有江淮官话特有的音系特点（庄组部分归精，-n、-ŋ 有混，有入声韵，有入声调），其中有三种（近半数）又具有北京官话和中原官话均具有的特点（-n、-ŋ 分明，无入声韵）。

鉴于对音材料（其中大多是汉语官话教科书）所反映的理应是具有权威通用性的官话音系，而从其特征分析，明代权威性通用官话在实际交际中并

---

① 需要说明的是，吕坤《交泰韵》中仅部分全浊上声字归去（如"动杜巨纣"），大多全浊上仍归上，但吕坤在该书《凡例·辨古今》中实际上批评了《正韵》："（全浊上声）……棒、项、受、舅等字俱作上声，此类颇多，与雅音异。"（宁忌浮 2009：216）这说明，"浊上变去"在当时中原官话里已基本完成。另外，用罗马字注汉字音的金尼阁《西儒耳目资》里虽全浊上声仍列于上声，但大多用半圆符号标注出来，以区别于其他上声字（曾晓渝 1989），金尼阁在书中《列音韵谱·小序》中解释："或问何有半圈在几字之上何？盖因多字之音，古今不同。假如'似'字古音为上，今读为去，音韵之书从古，愚亦不敢从今，故表以半圈指之，然此类多在上声。"（金尼阁 1957［1626］：4）显然，金尼阁也是囿于传统观念，将全浊上声字标记性列于上声，实际读音是去声。

非是个固化系统，而是具有动态弹性——既以官话方言若干共有特征为主，同时又多少带有江淮官话（南京方言）的特征，或部分亦带有北京官话、中原官话的特征。正因为这样，学者们在研究对音材料的基础方言时往往难以决断究竟是"北京音"还是"南京音"，也可能正是这个原因，导致学者们关于明代官话的基础方言是"南京方言"还是"中原书音"的争论。

1.3.3　利用现代方言探讨明代南京官话

1.3.3.1　明代南京官话军屯移民后裔语言的历史痕迹

我们查阅统计过《中国明代档案总汇》（2001 年影印版）中天津三卫、云南八卫、贵州三卫军官籍贯地以及《日本藏中国罕见地方志丛刊·（万历）琼州府志》中海南崖州守御所军官籍贯地，平均 45% 以上来自明代的南京（南直隶），同时又经过实地田野调查，详细论证了天津话、贵州屯堡话、云南官话、海南崖城军话的主要源头是明代南直隶（大南京）军屯移民的语言（曾晓渝 2013a，2013b；详见后面第二、三、四、五章）。从语言特点分析，这些方言至今所表现出的不同于周边方言的一些"另类"特点，分别依稀留有明代江淮官话与中原官话的痕迹。比如：老派天津话古知庄章的读音（尤其是清末《韵籁》反映的当时天津方言）还有"南京型"的痕迹；属于西南官话的贵州屯堡话里分平翘舌声母、次浊入清入声归阴平调，保留中原官话的痕迹；云南官话分平翘舌声母、-n、-ŋ 有混（贪 = 汤）、"K+VP"问句型，崖城军话入声独立、"K+VP"问句型等，都是江淮官话的遗迹。这些可以证明明代南直隶（辖今江苏、安徽）已有江淮官话与中原官话之别，当时的南直隶通用官话很可能是江淮官话与中原官话的融合体（曾晓渝 2014a）。

1.3.3.2　现代"苏皖普通话"通用情况的以今证古

2011 年夏天我们赴安徽进行了江淮官话合肥话和中原官话蚌埠、固镇、蒙城话的方言调查。在那里我们感受到，与当地人用普通话进行交际，无论在江淮官话区还是中原官话区，他们的普通话听起来都很相似，尽管因个体差异多少带有母语中原官话或江淮官话的语音特点，但相互交流通畅，更值得注意的是，所有说话者都十分肯定他们说的是普通话。

拉波夫（2007［1994］：9—27）根据"均变性原则"（the Uniformitarian

Principle）提出了"用现在来解释过去"的观点，即对一些历史语言学悬而未决的问题，可以到现实世界中搜集证据，因为过去的种种语言现象基本上能够再现于现代语言之中。据此理论，既然现代苏皖官话区的人们能够用一种他们都认同的苏皖普通话进行交际，那么，也有理由肯定，明代南直隶辖区通用南京官话的客观存在，其性质也类似于现代"苏皖普通话"，并且更具个性化和弹性特点，因为如今普通话的高度普及远胜于明代的南京官话。

最近，沈钟伟（2014：184—185）用现代科学的"复杂适应系统"理论研究汉语，他认为，语言通过个人交际而存在，应该说语言就是一个复杂适应系统，因此，必须采用相应的理论研究语言，从根基上改变对语言的认识，放弃把语言作为一个静止的、抽象的、主观的现象，以使语言学研究更实际、更宽广、更客观、更科学。我们认为，这一观点对于理解认识通用语使用过程中的个性化和动态性是很有启示的。

1.3.4　传统正音观念下明代南京官话的综合性与弹性

（1）明代来华传教士推崇学习"南京话"（利玛窦、金尼阁1983：391），以及日本江户时期至明治初年汉语官话教学以"南京官话"为主（六角恒广1988：122），由此可知明代南京官话确实具有权威地位和通用性，并且客观存于当时的口语交际中。

（2）明代"南京官话"之名，其实际音系却是中原官话与江淮官话的融合；就明代南京官话的基础方言而言，南京方言与中原方言不是截然对立的，在实际交际中，往往因说话者母语方言的差异，南京方言、中原方言乃至北京方言的诸多特点相互交织在一起，用搜集到的七种对音材料（见表1-7、表1-8）予以证实。

（3）由权威通用性所决定，明代南京官话音系在一定程度上可谓"官话综合体"。根据对音材料音系分析，明代南京官话既具有北京官话、中原官话、江淮官话所共有的音系特征（声母方面浊音清化、分尖团、l- 与 n- 分明、知庄章基本合流，韵母方面 -m > -n，声调方面平分阴阳、浊上变去，这是明代通用官话的核心部分），又参差带有江淮官话的特点（庄组部分归精，-n、-ŋ 有混，有入声调）或中原官话、北京官话的特点（-n、-ŋ 分明，无入声韵）。不过，七种对音材料均多少带有点儿江淮官话的特点，显示明代南京官话的江淮方言色彩更浓些。

（4）明代权威性通用性的南京官话是个动态弹性系统，而不是固化的。明代南京官话并无现代普通话标准音的"刚性"规范作用，只是观念上的"正音"。即使是传世的韵书韵图、对音材料，也都是当时个人语言的记录，既不能排除发音人个体带有母语方言的因素，亦不能排除记录者因自身语言态度（或重视现实，或恪守传统等）对实际语言现象的取舍改造。

可是，上述观点若要令人信服，就回避不了中国传统"正音"观念与汉语史上通用语的标准问题，对此下节进行讨论。

第四节　中国传统"正音"观念与正音标准问题

1.4.1　关于走出汉语史标准音问题困境的思考

汉语自古存在超方言的通用语，即汉民族共同语。早在先秦时期，汉民族共同语称为雅言。《论语·述而》："子所雅言，《诗》、《书》、执礼，皆雅言也。"郑玄注："读先王典法，必正言其音，然后义全，故不可有所讳。"（阮元校刻《十三经注疏》，1980：2482—2483）2000多年来，汉民族共同语分别称为雅言、通语、凡语、官话、国语、普通话，传统"正音"观念根深蒂固。

然而，汉语历史上"正音"的标准究竟依据什么，这却是汉语史学界至今争论的焦点问题。平田昌司《文化制度和汉语史》（2016：4—7）中指出：自隋代到清末长达1300多年的科举制维系着中国的思想、知识体系，《切韵》系统韵书支撑着这个由朝廷管理、全国各阶层士大夫维护参与的文化制度。可是，维护传统制度与适应语言演变，两者的抉择成为传统语言制度的难题。由于存在正音规范能否包容各地方言体系的多样性、是否代表强势口头语言的问题，因此，一旦开始探讨标准口语问题，我们很快就会陷入困境。

那么，怎样才能走出汉语史"正音"问题的困境呢？我们认为必须找到问题根源，相关思考如下：

（1）相对于世界语言文字的历史，汉语史上"正音"意识凸显是相当独特的，这与记录汉语的汉字性质密切相关。方块汉字是一种表意注音的音节文字，一字一词（或语素）是其显著特点，而字音则相对隐性，不同于拉丁文等西方表音文字。因而，自从秦始皇统一中国"书同文"以来，伴随汉字超方言优越性的是其"正音"问题。

（2）传统"正音"观念主要涉及汉字读音的规范，这其中有两层关系：① 书面读书音与口语通用雅音的关系，历代文人致力于此；② 通语读音与方言读音的关系，这并非汉字读音规范主流，方言读音差异无碍字义理解，必要时造方言俗字即可。

（3）学者们在争论"正音"时，各自对"正音"的理解存在差异，并且研究材料与研究目的存在矛盾。由于古代汉语普遍存在读书音与口语音之别，而传统"正音"观念多重含义交错，读书音、口语音所指模糊，对此学者们往往缺乏清晰认识；另外，当今学者的研究目的一般都指向标准口语音，可纯粹记录口语音的历史资料十分匮乏，这就形成了矛盾：主要利用具有读书音性质的韵书韵图资料，却要力求说清楚古代实际口语标准音。

此节即基于上述思考进行探讨，其必要性不仅是为"走出困境"，更主要还在于"正音"直接涉及汉语语音史的研究基础，认清"正音"问题，对于正确判断汉语历史语音的时空关系、合理解释音变规律的学术意义不能忽视。

1.4.2　历代韵书的读书音、通用雅音性质特点分析

学界关于正音标准问题的争论主要围绕历代代表性韵书展开，这是因为古代韵书基本上都是规范字音的工具书，而韵书作者规范字音的标准是他们心目中的"正音"。换言之，自从有了韵书，传统"正音"观念才真正落到了实处。鉴于此，这里从历代重要韵书的性质特点开始讨论 [①]。

---

① 此节所选韵书参考中国历史上有重要影响的十五种韵书（宁忌浮 2009：9—10），排除其中已佚的李登《声类》（220—265）、沈约《四声谱》（441—513）、佚名《蒙古字韵》（1269—1292）和魏建功等《中华新韵》（1941）四种，另加上具有代表性的金尼阁《西儒耳目资》（1626）、李汝珍《李氏音鉴》（1810）、华长卿《韵籁》（1889）三部韵书。

表 1-10　有关通语正音术语说明表（"+"是；"-"否）

		保守存古	跨地域交际	上层交际	跨阶层交际	备　注
	读书音	+	-	-	-	随时代逐渐改进
口语语音	通用雅音	-	+	+	+	多少夹带读书音
	通用俗音	-	+	-	+	
	方言雅音	-	-	+	+	受通用雅音影响
	方言俗音	-	-	-	+	

1.4.2.1　正统地位韵书的读书音性质

1.4.2.1.1　《切韵》《广韵》系韵书

《切韵》（陆法言等 601）、《广韵》（陈彭年等 1008）系韵书的性质学界历来有争论，各种观点简要概括为四种：（1）长安音（高本汉 1987［1953］：2）；（2）洛阳音（陈寅恪 1992［1949］：298）；（3）根据南方士大夫的雅言、书音，折中南北异同而定的音（周祖谟 2000［1966］：174）；（4）兼采古今方国语音的综合音系（张琨 1979，邢公畹 1982：64）。

我们曾撰文强调过"《切韵》音系具有异质程度较高的综合性质"（曾晓渝、刘春陶 2010）；现在鉴于作者陆法言编著《切韵》的直接缘由是"私训诸弟，凡有文藻，即须声韵"，进一步明确认为《切韵》系韵书只适用于读书音。

1.4.2.1.2　《礼部韵略》《集韵》

《礼部韵略》（丁度等 1037）是宋代礼部科举考试所用的官韵范本，简称《韵略》。该书在韵书史上影响颇大，金人王文郁《平水新刊韵略》（1229）和南宋刘渊《壬子新刊礼部韵略》（1252）都是在《礼部韵略》206 韵基础上进一步归并韵部，"以省重复"。

《集韵》（丁度等 1039），是一部为适应科举规模扩大而编纂的官韵书。当时宋祁、郑戬上书皇帝，批评《广韵》"多用旧文，繁简失当，有误科试"，同时贾昌朝也上书批评《韵略》"多无训释，疑混声、重叠字，举人误用"（王应麟《玉海》），于是宋仁宗令丁度等人重修这两部韵书，编成《集韵》。《集韵》分韵的数目和《广韵》全同，只是韵目用字，部分韵目的次序和韵目下面所注的同用、独用的规定稍有不同。与《广韵》相比较，《集韵》切语用字有一些改动，这是其吸收时音的体现；此外，《集韵》收字多，而且收了不少古字、异体字。

《礼部韵略》《集韵》均为当时科举考试服务，体现读书音系。

1.4.2.1.3　平水韵

平水韵在韵书史与文化史上影响深远，近体诗韵如《佩文诗韵》，以及清代不少工具书如《佩文韵府》《经籍籑诂》等的编次均采用平水韵韵部和韵目。

"平水韵"一指南宋刘渊《壬子新刊礼部韵略》（1252），该书依据《广韵》韵目下所注的"同用"归并韵部，得108韵，后又将去声证韵合并到径韵里，最终得出107韵。另一指金人王文郁《平水新刊韵略》（1229）为代表的韵书，该派韵书再将上声拯韵并入迥韵，得106韵。宁忌浮（2016：62）继承清代钱大昕的说法，认为刘书是王书的翻刻本。

《广韵》韵目的"同用""独用"规定可能早在唐代开元五年（717）至天宝十四年（755）就已经有了（王兆鹏2004：199、219，平田昌司2016：13），"同用"可能有唐代实际语音的基础。平水韵遵守《广韵》"同用"的原则合并相邻韵部，却未将金元时期读音相同的韵部如"江""唐""阳"合并，亦未将一些实际读音相去较大如"元""魂""痕"韵拆开，可见平水韵与口语有较大差异，既然如此，平水韵无疑是读书音系。

1.4.2.1.4　《五音集韵》《古今韵会举要》

《五音集韵》又名《改并五音集韵》（韩道昭1208），据宁忌浮（2016：13—49）研究，该书在韵书史上的重要影响体现在：（1）率先简化《切韵》系韵书的206韵为160韵，它不遵守唐宋人在韵书的韵目下注明同用、独用的条例，而是按实际语音加以合并；（2）用三十六字母标注小韵，为每一韵的字注明其所属声纽，开创了韵书编纂的新局面；（3）某些同音字反映当时北音全浊声母清化、影喻母混、入声消变现象。但是，作者恪守"随乡谈无以凭焉，逐韵体而堪为定矣"的条例，如东韵、尤韵强行立微母等等，因此《五音集韵》音系基础是读书音。

《古今韵会举要》（熊忠1297）是对《古今韵会》（黄公绍1292之前）

删繁举要而成。此书将《礼部韵略》的 206 韵合并成 107 韵，并主要收录了《集韵》的反切。

《古今韵会举要》的革新精神主要体现在：（1）字音详注七音，并注发音方法清音、次清音、浊音、次浊音等，如"公，沽红切"，后注"角清音"，实际表明了声母类别；（2）各韵所收的字分为不同的"字母韵"，其大多以韵母为区别；（3）三种入声韵尾界限被打破，-p、-t、-k 尾往往归同一"字母韵"，显示元代入声演变情况。该书沿用中古韵书编纂体例，审音精当，注释宏富（宁忌浮 2016：10），其音系基础是当时的读书音。

1.4.2.1.5 《洪武正韵》

《洪武正韵》（1375）是明代皇帝朱元璋命乐韶凤、宋濂等编纂的国家韵书。宋濂序写明撰作原则"壹以中原雅音而定"，从 1375 年初版的七十六韵本，到 1379 年再重修出版的八十韵本，可以看出作者们在力求依据"中原雅音"（通用口语）调整韵部，部分浊音清化等，但整个音系格局却因袭传统韵书，入声韵调独立，平声不分阴阳，保留全浊声母等（宁忌浮 2009：19—49），这些特点表明《洪武正韵》本质上是与当时口语通用雅音有相当距离的读书音。

1.4.2.2 反映时音类韵书的通用雅音共性

1.4.2.2.1 《中原音韵》

元代的《中原音韵》（周德清 1324）作为我国第一部曲韵韵书，曲韵比诗韵更接近口语，所以在相当程度上反映了元代"中原之音"（口语通用雅音）的特点，即：平分阴阳，浊上变去，入派三声（全浊入声归阳平，清入声归上声，次浊入声归去声），浊音清化，入声韵塞音尾消失。但是，《中原音韵》中的入声字全部单列于相关阴声韵部的阳平、上、去三声之后，而且，作者周德清多次提及入声字用法，并在《正语作词起例》第 18 条里举例说明（1982［1324］：212—213）：

> 平、上、去本声则可；但入声作三声，如平声"伏"与"扶"、上声"拂"与"斧"、去声"屋"与"误"字之类，俱同声，则不可。入声作三声者，广其押韵，为作词而设耳。毋以此为比。当以呼吸言语还有入声之别而辨之可也。

因此，究竟当时通用语"中原之音"里是否有入声，学者们至今观点不一。杨耐思（1981：49）认为还有入声；薛凤生（1999：71）认为《中原音韵》所依据的口语音里已无入声调了，但当时的读书音可能有入声；张玉来（2010，2012）认为当时北方共同语音系有阴平、阳平、上声、去声、入声五个调类；宁忌浮则认为已无入声了（2016：274）。

可见，《中原音韵》入声字单列，作者强调"呼吸言语还有入声之别"，这反映读书音特点，但又将入声分派在阳平、上声、去声之后，也表现出作者在处理口语音与读书音时的纠结心态。

另外，《中原音韵》里有阳声韵尾 -m 却无入声韵尾 -p，这在汉藏语言类型学中罕见，一般塞音尾与鼻音尾有蕴含关系，尤其是音系里有 -m，就有 -p（邢公畹 1991：45），所以，《中原音韵》里 -m 尾韵是否依据读书音还值得探究。

1.4.2.2.2 《韵略易通》

明代兰茂的《韵略易通》（1442）以一首"早梅诗"概括出二十个声类，音系中浊音清化、平分阴阳、浊上变去等反映了北方官话通语的语音特点。但是，书中入声调、入声韵独立，而且 -p、-t、-k 尾分列，这些又反映出作者对读书音的保守（张玉来 1999：29，宁忌浮 2009：189）。

之后本悟的《韵略易通》（1586）是兰茂本的续刻修改本，其中"重 × 韵"反映了云南官话 -m>-n，an/aŋ、in/iŋ 有混，无撮口呼，入声韵合流的特点（张玉来 1999：49，宁忌浮 2009：190）。但是，本悟将"早梅诗"改成了三十六字母，而其中的全浊声母配列于送气清音，难以反映浊音清化"平送仄不送"的实际情况。

1.4.2.2.3 《重订司马温公等韵图经》和《合并字学集韵》

《重订司马温公等韵图经》（徐孝、张元善 1602）和《合并字学集韵》（徐孝、张元善 1606）分别是《合并字学篇韵便览》的韵图、韵书部分，反映了明代北京话语音特点：全浊声母清化，分尖团，知照合；-m>-n，-n、-ŋ 分明，无入声韵；平分阴阳，浊上归去，全浊入归阳，次浊入归去；清入归去（其中部分有阴平、上声的又读）（郭力 2003：33—77，宁忌浮 2009：243—259）。

《重订司马温公等韵图经》《合并字学集韵》基本没有受到著者徐孝

（顺天／北京人）①、张元善（河南商丘地区永城县人）家乡音的影响，但是韵图虚设"敷、微"声母的存古现象（郭力 2003：106），则明显受读书音影响。

1.4.2.2.4　《西儒耳目资》

金尼阁所著《西儒耳目资》（1626）综合了明代中原、江淮官话的特点，基本反映了明代官话（口语通用雅音）的特点，主要理据如下表：

表 1-11　《西儒耳目资》音系特点对比表

明代方言＼音系特点	声母	韵母				声调	
	①庄组内转归精	②-m>-n	③-n、-ŋ 有混	④有入声韵	⑤浊上归去	⑥有入声调	
北京官话	−	+	−	−	+	−	
中原官话	−	+	−	−	+	−	
江淮官话	+	+/−	+	+	+	+	
《西儒耳目资》	+	+	−	−	+	+	

上表中明代北京官话据《重订司马温公等韵图经》（徐孝、张元善 1602），中原官话据《交泰韵》（吕坤 1603），江淮官话据《书文音义便考私编》（李登 1586）（详见曾晓渝 2014a）。

但是，《西儒耳目资》里全浊上声仍归上声。对此，金尼阁（1957［1626］：4）解释："或问间有半圈在几字之上何？盖因多字之音，古今不同。假如'似'字古音为上，今读为去，音韵之书从古，愚亦不敢从今，故表以半圈指之，然此类多在上声。"连外国传教士也"音韵之书从古，愚亦不敢从今"，可见读书音的影响之大。

另外，据张维佳、郭书林（2011：297、307）对《西儒耳目资》的异读研究，发现《西儒耳目资》的异读来源于三方面：其一抄韵书，其中大量源自《广韵》音切；其二是共时层次的文白异读；其三来自方言（可能包括南京、山西方音）异读。

1.4.2.2.5　《李氏音鉴》

《李氏音鉴》（李汝珍 1810）是以 18 世纪末的北京语音为基础的，但

---

① 《四库全书》："孝，顺天布衣。"今绝大多数工具书、学者著述都持徐孝为顺天（北京）人的观点。郭力（2003：11—12）据徐孝自称"金台布衣"进行考察，初步推断徐孝为保定地区完县人。唐作藩（2006：962）"徐孝"条："金台亦为北京的别称。"

书中韵图反映的音系又包含有下江官话的特点，比如有入声调。所以，对于《李氏音鉴》的性质，学界有"北音与吴音的综合"（胡适、钱玄同1979〔1942〕），"北方官话与下江官话的折中体系"（史存直1985），"李氏的书在一定程度上反映了当时的实际读音，但他为了包括南北方音，所以他的韵图所表现的就不是单一音系"（李新魁1983）等不同看法（转引自杨亦鸣1992：34—37、197）。《李氏音鉴》卷六《字母五声图》里入声和阳声韵相配，并非当时北京的实际口语音，而是为诵读和写作诗赋需要而设置的读书音（杨亦鸣1992：108—110）。

1.4.2.2.6　《韵籁》

《韵籁》（华长卿1889）是清代末年有关天津话的一部韵书。书中描写了当时天津话的特点：知庄章组部分字与精组字混，尖团音不分，-m>-n，"儿"韵字音 [ɚ] 等。但是，作者又说明"编中改移之韵，概遵《阐微》定音，俾归画一"，即遵照反映清代读书音的官修韵书《音韵阐微》（李光地、王兰生1726），因此，《韵籁》中"浊上归上"、入声字单列，这些特点与清末天津话实际情况相距甚远（曾晓渝2015a）。

1.4.2.3　小结

历史上正统地位的韵书均具有读书音性质，这是由科举考试制度决定的，同时古代诗文的吟诵也客观需要使用读书音；而历史上有影响的时音类韵书则一般具有通用口语雅音的共性。

读书音与口语通用雅音并非截然对立。读书音虽然相对保守存古，但不得不随实际口语的变化而逐渐改进；口语通用雅音的基础音会倾向于各朝代的都城音，但又或多或少夹带读书音，正因为此才称其为雅。

1.4.3　历史上正音标准问题的思考分析

1.4.3.1　有关正音标准的历史记载

明确提及正音标准的历史记载很少，相关历代文献摘录并说明如下。

北齐颜之推《颜氏家训·音辞篇》："孙叔言创《尔雅音义》，是汉末人独知反语。至于魏世，此事大行。高贵乡公不解反语，以为怪异。自兹厥后，音韵锋出，各有土风，递相非笑，指马之喻，未知孰是，共以帝王都邑，参校方俗，考核古今，为之折衷，摧而量之，独金陵与洛下尔。"周祖谟补注："金陵即建康，为南朝之都城。洛下即洛阳……为魏晋后魏之都城。盖韵书之作，北人多以洛阳为主，南人则以建康音为主。"（引自洪诚《中国历代语言文字学文选》，1982：138—140）颜之推（531—591？）观念中的正音兼南方金陵音和北方洛阳音。

北宋寇准与丁谓论正音："寇莱公与丁晋公同在政事堂。一日，论天下语音何处为正，莱公言：'西洛人得天下之中。'丁曰：'不然，四远皆有方言，唯读书人然后为正。'"（明陶宗仪《说郛三种·谈选》，上海古籍出版社，1989：111）同为北宋重臣，寇、丁二人的正音观点却不同，一个认为是洛阳音，一个认为是读书音。

南宋陆游《老学庵笔记》卷六："四方之音有讹者，则一韵尽讹。……中原惟洛阳得天下之中，语音最正，然谓'絃'为'玄'（有的版本用"弦"）、谓'玄'为'絃'，谓'犬'为'遣'、谓'遣'为'犬'之类，亦自不少。"（中华书局，1979：77—78）陆游认为洛阳音最正，但是洛阳音中也存在不少读音不准的问题，如"絃/玄""遣/犬"开合相混。曾晓渝注：《广韵》："弦絃"胡田切（山开四平先匣），"玄"胡涓切（山合四平先匣）；"犬"苦泫切（山合四上铣溪），"遣"去演切（山开三上狝溪）。

南宋陈鹄《耆旧续闻》卷七："乡音是处不同，唯京都天朝得其正。陆德明作《释音》，韵切亦多浙音。"（中华书局，2002：355）同样是南宋文人，陈鹄认为正音在京都开封。

元代周德清《中原音韵》（1324）："惟我圣朝兴自北方，五十余年，言语之间，必以中原之音为正。"（中国戏剧出版社，1982：219）但是，周德清对于中原之音里是否有入声却含糊其辞（见前文1.4.2.2.1）。

明代宋濂《洪武正韵·序》（1375）："钦遵明诏，研精覃思，壹以中原雅音而定。"（引自宁忌浮2003：164—165）虽然《洪武正韵》明确以"中原雅音"（通用口语）为标准，但是皇帝朱元璋因"尚有未谐叶者"（1379）、"字义音切未能尽当"（1390）一再命令修改（引自宁忌浮2009：19），《洪武正韵》从七十六韵本到八十韵本，前后两届可谓精英的编纂者不敢不尽力，可还是令皇帝朱元璋不满，根源在于他们陷入是依据口语通用雅音还是传统读书音的两难处境。

明代章黼《韵学集成·凡例》（1460）第四条："中原雅音以浊音字更作清音及无入声。"（引自宁忌浮2009：45）由此可知当时的"中原雅音"

（通用口语）里已经浊音清化，而且没有入声韵了。不过，章黼的《韵学集成》与《洪武正韵》音系一样，保留了全浊声母和入声韵，与实际口语通用雅音大相径庭。

明代西方传教士利玛窦、金尼阁《利玛窦中国札记》（1610？）（中华书局，1983：30、388、391）中记述："除了不同省份的各种方言，也就是乡音之外，还有一种整个帝国通用的口语，被称为官话（Quon-hoɑ），是民用法庭用的官方语言。懂得这种通用的语言，我们耶稣会的会友就的确没有必要去学他们工作所在的那个省份的方言了。"1600年利玛窦等从南京启程到北京，一位身居要职的太监"把他在南京买的一个男孩作为礼物留给了神父们，他说他送给他们这个男孩是因为他口齿清楚，可以教庞迪我神父纯粹的南京话"。根据这些记述，似乎"南京话"是当时通用口语官话的标准音，否则神父不会学习"纯粹的南京话"。但实际上金尼阁《西儒耳目资》（1626）音系记录的并非南京方言（曾晓渝2014a，2016）。

清初顾炎武《日知录·方音》（1670）："五方之语虽各不同，然使友天下之士而操一乡之音，亦君子之所不取也。……邺下之士音辞鄙陋，风操蚩拙，则颜之推不愿以为儿师。是则惟君子为能通天下之志，盖必自其发言始也。"（上海古籍出版社，2006：1648—1649）顾炎武认为君子不能操乡音，但他并未点明何为正音，这在他学生潘耒的著作《类音》中可以有所了解。

清代潘耒《类音·南北音论》（1712）："余自少留心音学，长游京师，寓卫尔锡先生所，适同此好，锐意讲求。先生晋人也，余吴人也，各执一见，初甚抵牾，发疑致难，日常数返，渐相许可，渐相融通，久而冰释理解，不特两人所素谙者交资互益，而昔人所未发者亦钩深探赜而得之，于是五十母、四呼、二十四类之说，定而图谱成焉。……将勒成一书公之天下，欲使五方之人去其偏滞，观其会通，化异即同于大中至正而已矣。或曰：'河洛天地之中，雅音声韵之正，子居吴会而成一家言，其得为中正乎？'曰：'不偏之谓中，均齐之谓正，非疆域之谓也。……将以晓天下曰《类音》之音，非南音非北音，乃人人本有之音也。'"（曾晓渝据国家图书馆所藏《类音》版本抄录）可见，潘耒并不认为河洛音为正，而是以兼容南北之音的读书音为正。所以，虽然《类音》在反映口语上如对明确开齐合撮四呼概念有重要贡献，但为了保留读书音，其音系中全浊声母、入声韵仍都具备。

清代罗愚整理刊表的《切字图诀》（1767）中说明："采见溪群疑诸母为三十六母切读，摄以开合呼，正以中州音。"（李新魁 1993［1980］：162）《切字图诀》音系采用有全浊声母的三十六字母，分平、上、去、入四声（参见李新魁、麦耘 1993：84），这与所谓"正以中州音"是相矛盾的。

清后期裕恩《音韵逢源》（1840［2015］：152—156），其兄裕禧为之作序："五弟容斋以手订《音韵逢源》一书见贻，公余多暇反复推求其法，以国书十二字头参合华严字母，定为四部、十二摄、四声、二十一母，统一切音，编成字谱，凡四千零三十二声，生生之序出于自然，经纬错综源流贯通。虽向之有音无字者亦可得其本韵，天地之元声于是乎备矣。惜其不列入声，未免缺然。问之则曰：'五方之音清浊高下各有不同，当以京师为正，其入声之字或有作平声读者，或有作上、去二声读者，皆分隶于三声之内。周德清之《中原音韵》、李汝珍之《音鉴》亦皆详论之矣。且此谱只为传声射字之用，固音韵之游戏耳，故多收俗字而略僻字。至于研究音义，博证典籍，自有《音韵阐微》《康熙字典》集六书之大成，广大精微，非此书之所能尽也。'余韪其言。"由这段序言可知，清后期逐渐以北京话语音为正音，口语中已经入派三声，此书不列入声却令裕禧感到缺然，显然当时文人更看重当时延续传统读书音系的《音韵阐微》（李光地、王兰生 1726）。

德国学者甲柏连孜（1881［2015］：17）："汉语方言中，以官话传播最广、声望最高。……官话分为三种次方言：一、南官话，也称正音，意思是正确的发音；其中心区域在南京，近代经受了一些蜕变。17—18世纪耶稣会士的著作里记录的就是南官话；另外，这种官话还出现在大多数用满文转写的文献中，因此极具科学研究的价值。二、北官话，其最主要的形式是京话。这种官话广为人们接受，似乎有望成为胜出者。官员们优先考虑讲的，来华欧洲外交人士学习的，都是这种官话。……三、西部官话，其中心区域在成都府，即四川的省府。"

1.4.3.2　历代"正音"标准不一问题解析

从前面所列材料可以看出，"正音"观念历代都存在，但具体标准差别较大，例如：（1）有的指某处口语音，有的指非南非北的读书音；（2）标准区域宽泛（如"金陵与洛下""中原雅音""中州音"）；（3）所定标准与实际音系相差甚远（如《洪武正韵》音系并非"壹以中原雅音而定"）。之所以存在这些差异，其根本原因分析如下：

首先，读书音的标准具有主观性。《切韵》由颜之推等"我辈数人定则定矣"；各种韵书也都按作者各自的理想标准编写，导致即使同时代的"正音"韵书也有相当差异。

其次，口语通用雅音的标准具有动态弹性。虽然总体倾向于首都音或权威性方音，但缺乏约束力，加上各地方言差异和语言接触，通用雅音在实际口语中难以一致。

再次，无论是读书音还是口语通用雅音的标准，都存在观念上保守传统与客观上适应语言演变的矛盾，这与中国古代文化制度、客观社会条件限制直接相关。

1.4.3.3　对近代官话标准音之争的反思

一般说来，某一时期的通用语标准音是以政治文化中心地区的方音为基础，因此，中国历史上的首都长安音、洛阳音、汴京音、北京音、南京音都可能分别是历代"正音"的基础方音。但实际不这么简单，比较突出的是近代汉语标准音问题。

1.4.3.3.1　明代通用官话的基础方音问题能否成立

本章第三节"明代南京官话性质考释"，着重分析讨论了目前学界的两种对立观点"明代官话以南京话为基础方言"（鲁国尧 2007，张卫东 2014）和"南京方言不是明代官话的基础，南京官话是中原书音在南方的地域变体"（麦耘、朱晓农 2012），我们的观点是"明代通用官话（口语雅音）的基础音系是中原官话与江淮官话的融合体"（曾晓渝 2016）。

可是，何九盈（2015：165—172）指出："'明代官话的基础方言是什么？'这个问题本身就不能成立，无法回答，且有以今律古之嫌。我们现在全国只有一种普通话，是法定的，有明确的基础方言、语音标准。明代，乃至清代就不是这样了。明代有南京官话、中原官话、北京官话……论地位，北京官话、南京官话最为重要。当我们回答官话的基础方言是什么时，要看你问的是哪一种官话。……请注意，我的论点是：'官话的性质是一回事，官话的地位又是一回事。性质决定于基础方言，地位取决于政治，更取决于文化。'如果把地位和性质搅和在一起，就会得出这样明显背于事理的结论：'明代官话的基础方言未必以北京音为标准；明代的汉族共同语即官话是有入声的。'""明代至清初，南京官话的地位高于北京官话；……北京是政治中心，南京是文化中心。"

我们认为，明代官话基础方言之争，实质是明代官话"正音"之争。所谓"正音"，即权威性官话方音，主要体现于口语雅音。尽管现代学者讨论"正音"问题时可能自觉不自觉地以今律古，但是，明代实际上存在着全国通用官话，这种通用官话在当时人们心中有其客观标准或倾向性，否则，明代来华传教士就不会力求学说全国通用的"南京官话"了。所以，"明代通用官话的基础方音"问题回避不了，其答案可以也应该探寻。不过须明了，明代南京指的是南直隶，区域覆盖今江苏省和安徽省，明代的南京官话并非现代意义的南京方言。

1.4.3.3.2　北京音何时成为近代官话的标准音

北京话语音什么时候开始被确立为全国通用语标准音的地位，是从元代、明代，还是清代？一直以来学界这几种观点都有，尚无定论。这里有必要了解，日本从江户时代（1603—1867）及明治前期，汉语学所教授的汉语主要是南京官话，直到明治九年（1876）才转而主要学习北京官话（六角恒广1988：122，陈晓2014：63—64），也就是说，直到清代后期日本汉语教学才由南京官话转为北京官话。另外，根据德国学者甲柏连孜（1881［2015］：17）记述："北官话，其最主要的形式是京话。这种官话广为人们接受，似乎有望成为胜出者。官员们优先考虑讲的，来华欧洲外交人士学习的，都是这种官话。"由此可见，时至清中期，北京音尚未取得权威性官话方音的地位。

近代通用官话究竟以南京音还是北京音为标准的争论，实质是对"正音"、通用语基础音更替的认识问题，实际情况很可能是：明清时期读书音、通用口语雅音倾向于有入声的南官话（南京音为代表），北京音到清末才成为全国通用语的标准。

1.4.4　汉语史上"正音"标准具有读书音、口语音双重复杂性

自秦朝"书同文"至今2000多年来，汉字超方言的优越性得以充分

发挥，而伴随的是历朝历代知识精英为"语同音"不懈努力及传统"正音"观念的确立，因此，汉语语音史研究绕不开历代"正音"标准问题。

现代汉语普通话标准刚性明确，基本实现了读书音与口语音一致，雅、俗差异不大，这样的现实很容易使现代学者忽略古代"正音"问题的复杂性，在研究古代韵书音系时往往以今律古，以至产生疑惑和争议。对此，须明了以下几点：

第一，在共同的"正音"观念下，汉民族共同语的历史并非单线发展，而是雅言与俗语、文言与白话、正式语体与口语语体等多重并行；就语音而言，则存在读书音与口语音、通用音与方音、雅音与俗音的差别。而历代传统"正音"观念这些差别界限模糊，标准不一。

第二，古代文人"正音"观念根深蒂固，崇尚读书音；从隋唐到清末，读书音以《切韵》音系为基础，各种韵书都或多或少带有人为规范的书音色彩，这既是由科举制所决定，也是读诵写作诗赋的客观需要；因此，囿于正音观念，古代诗赋的押韵及韵书音系，一般不反映作者籍贯地方言音系，不过有可能自觉不自觉带有零星方言时音特点。

第三，凡历史上有重要影响的韵书均起汉字正音规范作用。可是，这些韵书的编撰者，有的倾向于保守遵从传统读书音，有的偏重于口语通用雅音，有的则力求二者兼顾，这在客观上就造成"正音"所指究竟是书面"读书音"还是口语"通用雅音"之间的纠缠不清。

第四，近代反映时音的韵书一般反映通语口语雅音，甚至清末传教士用注音字母记录的《西蜀方言》（钟秀芝1900）亦反映当时成都话"有入声调、声母分平翘分尖团"的口语雅音特点（曾晓渝2018b）；随着清末科举考试制度被取缔（1905年之后），同时兴起的"国语运动"倡导"言文一致"，口语雅音彻底失去了存在的根基，因而自20世纪初期开始，通用口语的雅俗之别逐渐消失。

第五节　本章结语

本章围绕"明代南京官话"中心，基于对"明代南京辖区分布的官话方言？""《西儒耳目资》与明代南京话的关系？""明代南京官话的性质？""传统正音观念下的通用语标准？"系列问题的思考，展开了各节内容的讨论，这里总结如下：

（1）通过明代官话方言韵书语音特点的考察，以及历史上安徽、江苏区域内北方官话持续不断地自北向南推进渗入的分析，明代南直隶辖区已经是江淮官话与中原官话并行共存。

（2）通过明代相关官话方言韵书韵图音系特点的比较，以及明代南直隶军屯移民后裔语言中历史痕迹的旁证，指出《西儒耳目资》的音系基础并非限于南京方言。

（3）针对目前学界关于明代南京官话基础方言的争论，通过七种对音材料音系特点的考察比较，论证了明代南京官话具有权威通用性，而明代"南京官话"之名并非仅有"南京方言"之实；在传统"正音"观念下，明代南京官话的基础音系具有江淮、中原、北京官话方言的综合性质，实际上是个动态弹性系统。

（4）汉语自先秦时期就存在超方言的"雅言"，历代文人的"正音"观念根深蒂固。由于古代读书音与口语音双重并行，而"正音"却所指模糊，由此导致汉语史学界"正音"标准问题一直存在争论。现代学者研究古代韵书的基础音，须明了当时读书音以及雅俗口语音的交错关系，避免以今律古，以利合理解释汉语语音的历史发展（曾晓渝 2019）。

第 二 章
天津话的源流

本章关键问题思考：

◎ 天津话的源头在哪里？

◎ 紧邻北京的天津话为什么听起来很"另类"？

◎ 天津话是否发生了从明代"南京官话"到现代冀鲁官话的转变？

◎ 方言的源头与现代归属的关系？

第一节　关于天津话来源的不同观点

天津话，即以天津旧城区为中心的老天津话，其核心范围如图 2-1 中的倒三角区域。

天津紧邻北京，天津话语感上却与北京话大相径庭，在周边官话方言里亦显得"另类"，由此引起了人们对天津话源流问题的关注。目前，学界的相关看法存在争论，代表性观点如下：

（1）李世瑜、韩根东（1991）在论文《略论天津方言岛》中首先提出"天津方言的'母方言'来自以宿州为中心的广大淮北平原"，这一观点影响较大。但是，由于该文的论据主要是"燕王扫北"的传说和听感上天津话与宿州话相似，缺乏确凿的史料考证和细致的语言分析，因此有学者对此产生疑问。

（2）王临惠（2009，2010a，2010b，2012）连续四篇论文的主要观点是：从共时平面和历史比较来看，天津方言的底层与周边方言一致而与安

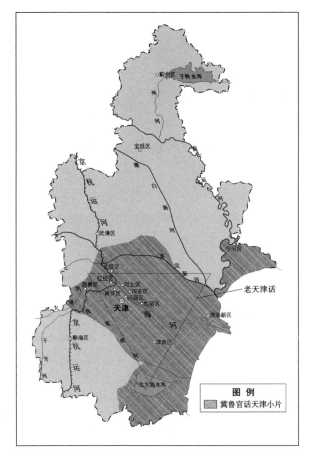

图 2-1 老天津话范围

徽淮北方言存在较大差异；相关的历史文献及移民资料不支持天津居民来自安徽宿州、固镇的说法。因此，天津方言不是移民语言，而是在底层冀鲁官话的基础上受到北京官话、东北官话、胶辽官话的影响渐次形成的。

（3）曾晓渝（2010，2012）则通过明代、清代文献材料的考察，以及对天津话语言特点的分析，认为天津话的"源"以明代南京官话为主，天津话的"流"则在周边北京、冀鲁等官话的浸透过程中延续。

作为大都市的方言，天津话在汉语官话里颇显特殊，它究竟是不是移民语言，其鲜明的个性特征是如何形成的，很有必要继续深究。

第二节 明代天津卫人口来源的历史考察

2.2.1 明代前期相关的移民情况

王临惠（2010b：185，2012：69）主要根据《中国移民史》（曹树基1997：60）中关于明初洪武时期凤阳府大量输入移民的叙述得出推想结论：

> 明初直沽、天津卫的人口主要来自淮北的驻军于史无稽。……明初，淮北一带赤野千里，人口凋零。因为这里是有明王朝的"龙兴之地"，因而成为明初最大的移民输入地区之一。……曹树基（1997：50、60）对这一区域的移民历史进行了深入的研究，他的结论是："我们估计出洪武年间凤阳府接受移民的总数近48.8万人，其中民籍移民30万，军籍移民18.8万。他们共占凤阳人口总数的近80%。这是一个典型的人口重建式的移民区。""来自江南的移民和山西的移民在凤阳府有着不同的分布地带。江南移民主要集中于凤阳附近各县，山西移民则分布在淮河北岸的宿州、灵璧等地。"从史料和相关成果中可以推断，明初的淮北不可能向外输出兵源：宿州一带是山西移民的分布区，其方言今属中原官话，源流关系尚需进一步考证，若以明代宿州一带的方言作为天津的母方言不能令人信服。

王文认为明初天津卫的人口来自淮北"于史无稽"，且根据曹树基《中国移民史》中的考察推断，明代洪武年淮北只有输入的移民，不可能有输出的移民。可问题之一是，天津卫设置于明代永乐年间（1403—1424），其移民情况与洪武年间（1368—1398）的是一样吗？

我们同样参考曹树基的《中国移民史》（1997：7、331、372），书中有这样的叙述：

> 为了加强国家的武装力量，朱元璋创设了卫所制度。卫所遍布全国各地，大抵5600人为一卫，1120人为一千户所，军士皆别立户籍，

叫做军户。军户世袭，卫所军人的家属必须随军，……军人家属实际上也和军人一道成为移民，卫所所在地一般也就是他们的居住地。明朝前期，本籍军户一般不在本地卫所从军，北方卫所的军人来自南方，南方卫所的军人来自北方，这样就造成军籍移民的超长距离，构成明代移民历史的独特篇章。

由于永乐时期政治中心的北移，北京城和顺天府境成为移民的重点。军籍移民的数量大大超过民籍移民。……首都的北迁，使得南京城成为此次移民的一大输出地。

以上内容有几点值得注意的信息：

（1）明初军户制规定异地从军，北方卫所的军人须来自南方，而且家属必须随军；由此形成中国历史上空前规模的军屯移民。

（2）明朝前期有两次特别的大移民潮：洪武年间（1368—1398）主要由江浙一带移至京师南京及中都凤阳府；永乐年间（1403—1424）因迁都则由南京（南直隶，辖今江苏、安徽）移至北京顺天府。

这里，有必要引用张清常先生《移民北京使北京音韵情况复杂化举例》（1992：269）文中的论述："永乐元年（1403）'八月己巳，发流罪以下垦北京田。甲戌，徙直隶苏州等十郡、浙江等九省富民实北京'。先后大批移民不下于七次，直至明仁宗洪熙元年（1425）才停止由政府下令大批移民。"可见，明代永乐年间由南向北的大移民是毋庸置疑的。

但是，《中国移民史》中并未提及关于天津的移民情况，那么，明代天津卫的人口来源真的是无史料可查吗？

2.2.2 天津卫军籍人员的来源

2.2.2.1 "天津"的得名及天津卫的设置

"天津"地名始于明代，之前该地只是军事驻地"直沽寨"（金代）、"海津镇"（元代）。关于天津的得名，这里引用南炳文先生在《天津史话》（1984：440—441）中的一段叙述：

朱元璋建立明朝后，为了朱家王朝的长治久安，一面大杀功臣，一面大封亲王，把自己的子侄封到各地，带兵镇守要害地区。……当时镇守北平的燕王朱棣，不肯束手就擒，就以"清君侧"为名，向首都南京进军，发起了"靖难之役"。经过几年交战，朱棣拿下南京，夺取了皇位。事后，又把首都迁到北京。朱棣在发动"靖难之役"、向南方进军时，曾于1400年（建文二年）阴历九月在天津渡河；他在这里设卫并以"天津"命名，就是纪念这次渡河活动。所谓"天津"，意思是天子的渡口。

"天津"由新皇帝明成祖朱棣特意命名，其地理位置是新首都北京的门户，并处于漕粮北运京城的咽喉之地，因此必然须要重兵把守。

南炳文《明史新探》（2007：420）："《明太祖实录》卷36永乐二年十一月乙未二十一日（公元1404年12月23日）记事载：'设天津卫。上以直沽海运商舶往来之冲，宜设军卫，且海口田土膏腴，命调缘海诸卫军士屯守。'"《明史·兵志二》（中华书局，1974：2219）中记载："永乐初改调天津卫，已下添设天津左卫、天津右卫。"

《天津简志》（1991：1382—1383）"大事记"记载："1404年（明代永乐二年，甲申），十一月二十一日（公元1404年12月23日），明在直沽设天津卫。十二月九日（公元1405年1月9日），设天津左卫。永乐四年十一月八日（1406年12月18日），改青州右护卫为天津右卫。1405年（明永乐三年，乙西），明廷命工部尚书黄福、平江伯陈瑄筑天津卫城，初建时为土城，地点在直沽，今三叉河口西南面城区。……1491年（明弘治四年，辛亥），天津道刘福兴工用砖包砌天津卫城。"可知，1404、1405、1406三年，天津三卫相继设立；其间1405年，筑天津卫城。

"卫"是明代的一种军事编制，每卫5600人，由此可知天津三卫约有驻军16800人。由于明代实行军户制，《明史·食货志一》（中华书局，1974：1878）"凡户三等：曰民，曰军，曰匠"，军人家属必须随军，所以，以一家三口人估算，当时天津三卫军人及家属至少约50400人。

但是，人数多达5万—6万的天津三卫军人及家属来自哪里呢？能否从明代历史资料中查找到这方面的确凿证据呢？

2.2.2.2　天津卫军官档案的考察

《中国明代档案总汇》（第68册，广西师范大学出版社，2011：1—87）记载了明代200多年间天津右卫百户以上军官的籍贯情况。这里摘录如下（原表竖版改横版），同时做相应统计分析。

表 2-1 明代天津右卫"武职选簿"目录摘录

官　职	人　员
指挥使叄员	一号李芳春，始祖李龙，代九，溧水县人 二号倪祜，始祖倪宽，代七，邳州人 三号杨干焕，始祖杨嵩，代七，寿州人
指挥同知叄员	一号李明哲，始祖李信，代五，大兴县人 二号黄烨，始祖黄谥，代七，合肥县人 三号杨居仁，始祖杨郎，代七，应城县人
指挥金事伍员	……
……	……

　　该目录表中天津右卫军官总共 108 位，其中 17 位未注明籍贯，所以，下表是 91 位军官籍贯地的统计比例：

表 2-2 明代嘉靖末年天津右卫同代军官籍贯统计表

明代天津右卫军官籍贯地		人数	所占比例	
合肥、应城、定远、六安、萧县、宿松、颍上、霍邱、南阳、滁州、蒙城、宿州、当涂、归德、芜湖、全椒、寿州	今安徽	27	29.6%	来自明代南京的约占 46%
溧水、邳州、江都、盱眙、武进、徐州、句容、江都、沭阳、高邮、通州	今江苏	15	16.4%	
黄岩、仁和、诸暨、安吉、金华、龙泉、海盐、象山	今浙江	10	10.9%	来自其他地区的约占 54%
寿光、济宁、益都、黄县、诸城、邹县、蓬莱	今山东	8	8.7%	
山后、滋阳、乐亭、滦州、广平	今河北	6	6.5 %	
武陵、黄冈、江夏、应山、蕲水	今湖北	5	5.4%	
大兴、昌平、宛平	今北京	5	5.4%	
浏阳、衡山、澧州、岳阳	今湖南	4	4.3%	
山阳、兴平	今陕西	4	4.3%	
滑县、祥符、阳武	今河南	3	3.2%	
兴县	今山西	1	1%	
福宁	今福建	1	1%	
潮邑	今广东	1	1%	
新涂	今江西	1	1%	
总　计		91	100%	

表 2-3 明代天津右卫"武职选簿"详表摘录

李芳春 指挥使	外黄查有。溧水县人,始祖李龙洪武元年克彰德,二年升副千户;二十一年征捕鱼儿海子升指挥佥事。老高伯祖李铎系嫡长男三十五年替。……三十四年克沧州功升世袭指挥使。
一辈李龙	已载前黄。
二辈李铎	已载前黄。
三辈李让	旧选簿查有。洪武三十五年十月,李让系故都指挥佥事李铎嫡长男,原任大宁前卫世袭指挥使,历升前职病故。钦准袭父原职指挥使。
四辈李让	旧选簿查有。宣德六年二月,李谦系大宁前卫故流官指挥使李让亲弟。
五辈李鉴	旧选簿查有。正统十四年九月,李鉴系天津右卫故世袭指挥使李谦堂弟。
六辈李义	旧选簿查有。成化十年六月,李义溧水县人,系天津右卫世袭指挥使李鉴嫡长男。
七辈李文举	旧选簿查有。弘治七年十二月,李文举溧水县人,系天津右卫世袭指挥使李义嫡长男。
八辈李宝	旧选簿查有。嘉靖五年四月,李宝溧水县人,系天津右卫老疾世袭指挥使李文举庶长男,优给出幼,袭职。
九辈李芳春	旧选簿查有。嘉靖三十八年十月,李芳春年十一岁,溧水县人,系天津右卫故指挥使李宝庶长男,照例与全俸优给,至嘉靖四十二年终住支。 嘉靖四十三年二月李芳春十六岁,溧水县人,系天津右卫故指挥使李宝庶长男,优给出幼,袭职。
十辈李廷立	万历二十二年四月,李廷立年二十八岁,系天津右卫患疾指挥使李芳春嫡长男,比中三等。
十一辈李廷对	万历三十三年十月,大选过天津右卫指挥使一员,李廷对年十六岁,系天津右卫故指挥使李廷立亲弟,比中三等。
十二辈李经邦	天启五年正月补,当年十二月大选天津右卫指挥使优给舍人一名,李经邦那年十二岁,系天津右卫故指挥使李廷对嫡长男,照例与全俸优给,至天启七年终住支。 崇祯元年二月,大选过天津右卫指挥使一员,李经邦年十五岁,出幼袭职,比中三等。
倪祜 指挥使	外黄查有。倪宽邳州人,……洪武三十三年济南升本卫指挥佥事,三十四年克西水寨升本卫指挥使。
一辈倪宽	已载前黄。
二辈倪通	旧选簿查有。宣德元年五月,倪通系右军都督府都督同知倪宽嫡长孙,……钦与世袭。
……	……

根据以上详表所记载的内容,再对每一位军官家族的世袭军官人数进行分析统计。比如,指挥使李春芳,其家族表中一共记载了十二辈世袭军

官的名字，但是真正作为天津卫指挥使，是从第四辈李谦算起，因为表中记有第五辈"李鉴系天津右卫故世袭指挥使李谦堂弟"，李谦之前的父辈、祖辈都是在别处如大宁前卫等处任职，所以，李春芳家族的天津卫指挥使世袭军官有8人。此外，统计中一人任两职者取一职计算，故乡不明者不计，百户部分包括百户及试百户，流官计入，具体任职时间不明但故乡明确者亦计入，这样，统计整理列表如下[①]：

表2-4 明代天津右卫军官官职及籍贯地统计

明代地、人数 官职 ＼ 今地区	皖	苏	苏皖周边的鲁浙鄂豫各省	其他省份
指挥使	寿州8、合肥1	邳州8、溧水9		
指挥同知	寿州1、合肥8		应城8	大兴5
指挥佥事	定远9、六安9、合肥19	江都8		宛平1、福宁2
卫镇抚	萧县7			福宁6
左所正千户	宿松4			龙泉2
左所副千户	合肥5、当涂7			宛平7、昌平8、山后7、福宁1
左所百户	颍上9、当涂2、合肥8	武进7、盱眙8	寿光6、蕲水5	归德3、兴平2、山阳1
左所所镇抚	霍邱7			
右所正千户	颍上8	沭阳5	南阳6	乐亭1
右所副千户		沭阳1、南通7	象山6、黄岩16	滋县10
右所百户	六安8		寿光7、济宁8博兴13、邹县5	宛平9、山后8、黄岩3、岳阳3、浏阳9
中所正千户	合肥5			乐亭7、临湘7
中所副千户	蒙城4、临淮9、泾县5		滑县8	新涂7、宛平9
中所百户	泗州1、蒙城6、滁州8、芜湖3、泾县3	句容7、徐州2、高邮3	仁和6、祥符11	新涂1、衡山9、临湘2

① 此表是在南炳文先生指导统计的基础上，再将明代地名与现代省份区划做对应调整，博士生陈希同学也帮助统计整理，在此致谢。

前所正千户			诸暨 7	武陵 3
前所副千户		江都 10、沭阳 8	益都 1、安吉 7、黄冈 10	武陵 5
前所百户	宿州 7	徐州 1	益都 8、蓬莱 1、金华 8、安吉 1	龙泉 9、通州 8、滦州 2、兴宁 10、澧州 10、山阳 8
前所所镇抚				黄县 4
后所正千户			郏县 5	
后所副千户	定远 1		应山 7、阳武 9、江夏 8、郏县 3	大兴 2
后所百户	蒙城 10、全椒 6	盱眙 8	诸城 8、寿光 1、江夏 2、海盐 9	朝邑 10、广平 4

根据上表再统计出明代 200 多年间天津右卫各代世袭军官累计总数及籍贯比例简表：

表 2-5　明代永乐至崇祯年间天津右卫军官籍贯统计表

明代天津右卫军官籍贯地		军官数（共 681）	占 681 位军官总人数比例	
明代南京	今安徽	188	27.6%	来自明代南京的约占 41%
	今江苏	92	13.5%	
明代浙江	今浙江	70	10.27%	
明代山东	今山东	62	9.1%	来自其他地区的约占 59%
明代京师	今北京	49	7.19%	
明代湖广	今湖南	40	5.87%	
	今湖北	47	6.9%	
其他省份	今河南、河北、广东、陕西、福建、江西	45、39、20、11、9、9	19.53%	

由此可见，就明朝档案里天津右卫同代的 91 位军官籍贯统计，其中有 46% 来自南京；再就历代世袭军官累计总数看，其中 41% 来自南京，两种计算的结果比例差别不大，平均 43.5%，可见天津右卫在明代 200 多年间一直稳定驻扎于天津卫。

《明史·兵志二》（中华书局，1974：2197、2207、2219）中记载"青州左护卫后为天津右卫"，即天津右卫是后来（1406 年）从山东青州迁移补充进驻的。那么，再早驻扎的天津卫、天津左卫（1404 年）是否直接从南京调入？目前尚未找到记载天津卫、天津左卫这二卫军官的明代档案资料。不过，由明成祖朱棣特命"天津"地名及其重要的战略地位分析，天津卫、天津左卫当属皇帝亲军，其军官中南京籍的比例应该不会低于天津右卫的 46%。这一推测可以在下面所述清代档案中的记录得以印证。

清初的顺治、康熙两朝仍然沿袭明代旧制，天津卫军事建制不变。顺治九年（1652）裁"天津左卫、右卫归并天津卫"（《清世祖实录》卷五，顺治元年六月甲申条），至此天津三卫合并为一卫（参见高艳林 2002：42）。康熙三年（1664）《新校天津卫志》（中华民国二十三年九月易社校印，第 13—15 页）中"户口"章节里记有 297 位天津卫军官的籍贯地，下面抄录部分原文：

……当年远调来津立城定赋，其来历不容泯也，故于户口例复志籍贯：

贺兴隆_{长沙人}　倪保儿_{全椒人}　费　胜_{嘉兴人}　秦　郎_{三河人}　纪　浩_{和州人}

姚　兴_{徐州人}　陆显宗_{昆山人}　顾　旺_{江都人}　呼　得_{孝感人}　赵　金_{徐州人}

娄不颜_{山后人}　张　能_{凤阳人}　周通前_{寿州人}　佟　原_{临邑人}　兰　馨_{赣榆人}

……

297 位军官中籍贯地无记载的有 13 位，存疑的有 3 位，余 281 位的籍贯统计比例如下：

表 2-6　清代康熙年间天津卫军官籍贯地详表 [1]

康熙三年所记天津三卫军官籍贯地		军官数	占 297 位军官总人数比例
清代地名	今属地		
常兴、滁州、当涂、定远、凤阳、含山、合肥、和州、怀远、霍邱、泾县、六安、蒙城、潜山、全椒、寿州、舒城、泗州、宿松、宿州、太和、桐城、无为、芜湖、萧县、新安、颍上	安徽	78	26.2%
盱眙、长洲、高邮、海州、江都、江阴、句容、昆山、溧水、临淮、六合、沛县、邳州、泰州 [2]、山阳、上元、苏州、泰州、无锡、武进、新城、兴化、徐州、扬州、仪真、赣榆	江苏	58	19.5%

---

① 此表古今地名的查对统计请南开大学文学院研究生骆津湘同学帮助完成，特此感谢！

② 原书注此为"泰州"之误。

（续表）

曹县、滨州、博兴、昌乐、登州、费县、黄县、即墨、胶州、临邑、蓬莱、平度、栖霞、齐东、曲阜、寿光、文登、兖州、益都、招远、诸城、邹县	山东	35	11.8%
安吉、归安、海盐、黄岩、嘉兴、金华、龙泉、钱塘、仁和、通州、祥符、鄞县、诸暨	浙江	20	6.7%
博野、丰润、馆陶、交河、晋州、乐亭、滦州、迁安、三河、山后、永清、遵化	河北	20	6.7%
固始、归德、河内、滑县、郏县、开封、龙阳、南阳、濮州、清丰、上蔡、太康、兴平、阳武	河南	19	6.3%
大冶、黄冈、江陵、江夏、武昌、孝感、应城、应山	湖北	13	4.3%
长沙、衡山、澧州、临湘、浏阳、武陵、湘山、永州、岳阳	湖南	10	3%
昌平、大兴、宛平、固安	北京	8	2.6%
福宁、朝邑、太峪、渭南	陕西	4	1.3%
永平、武定、迤北	云南	3	1%
长乐、沙县、丰州	福建	3	1%
大同、河津	山西	2	0.6%
贵州	贵州	2	0.6%
宝坻	天津	1	0.3%
临江	重庆	1	0.3%
华亭	甘肃	1	0.3%
兴宁	广东	1	0.3%
西原	广西	1	0.3%
金溪	江西	1	0.3%
南海、薪水、浚州	？存疑	3	1%
无记载		13	4.3%
总　　计		297	

在上表基础上，再归纳出以下简表：

表 2-7　清代康熙年间天津卫军官籍贯地统计简表

康熙三年所记天津三卫军官籍贯今属地	军官数	占 281 位军官总数比例	
安徽	78	27.75%	来自明代南京的
江苏	58	20.6%	约占 48%

（续表）

山东	35	12.45%	
浙江	20	7.11%	
河北	20	7.11%	来自其他地区的约占52%
河南、湖北、湖南	19、13、10	14.94%	
山西、北京、陕西、云南、福建、贵州	8、4、3、3、2、2	7.82%	
天津、重庆、甘肃、广东、广西、江西	1、1、1、1、1、1	2.13%	

清初顺治九年（1652）天津三卫合并为一卫[①]，因此《新校天津卫志》中记载的天津卫军官包含原天津三卫的，281位军官中明代南京籍的占48.35%，其比例超过了明代天津右卫南京籍军官41%的比例，这也证明当初天津卫、天津左卫军官的南京籍比例远高于天津右卫的，可以认为48.35%是三卫南京籍军官的平均比例。

由于明代天津卫军官的世袭制延续到清代，而且军官所带士兵及随军家属基本都是同乡，所以从"军官籍"可以推知"士兵籍""家属籍"的比例。因此，推测明代天津三卫至清代天津卫的这一移民群体中，近一半人是来自明代的南京。

雍正三年（1725），"改天津卫为州"（《清世宗实录》卷三十，"雍正三年三月乙巳"条，参见高艳林2002：59），从此天津城改变了军事建制的性质。

2.2.3　明代天津三卫移民近一半来自南京（南直隶）

通过历史文献资料的考察分析，本节得出以下几点结论：

（1）明初朱元璋称帝的洪武年间（1368—1398）与朱棣称帝的永乐年间（1403—1424）的移民趋势不同。洪武移民潮的显著特点是京师（南京）地区大量接受周边移民，永乐移民潮的显著特点是都城北京及顺天府成为大规模的人口迁入地，移民主体来自南京（其中军籍移民为主）。

（2）根据《中国明代档案总汇》（第68册）里记载的明朝嘉靖年间天津右卫同代91位军官的籍贯有46%来自南京（南直隶），而从明初永乐二年至明末200多年间天津右卫历代世袭军官累计681位中南京籍的占41%。

---

① 《天津简志》（1991：1384）的"大事记"中记载："1652年（清顺治九年，壬辰）五月十六日（6月21日），清廷裁天津左卫、天津右卫，归并天津卫。"

这也反映出天津卫驻军人员的稳定性。

（3）天津三卫在清初合并为天津卫，据《新校天津卫志》（1664）因"当年远调来津立城定赋，其来历不容泯也，故于户口例复志籍贯"而记载的297位天津卫军官籍贯地的统计，其中南京籍的占48.35%，可以认为这是当初天津三卫南京籍军官的平均比例。

（4）雍正三年（1725），天津卫改为天津州，从此天津改变了军城性质。由于明代天津卫军官的世袭制延续到清代，而且军官所带士兵及随军家属基本都是同乡，所以从"军官籍"可以推知"士兵籍""家属籍"的比例。因此，推测明代天津三卫至清代天津卫的这一庞大移民群体中，近一半人是来自明代的南京（今安徽、江苏）。

第三节　从人口的来源构成看天津话的形成

2.3.1　天津建城初期的主流通用语

王临惠（2012：69）文中论述：

　　明代卫所的兵源主要有"从征""归附""谪发""垛集"，其中的"垛集"是从本地招募兵勇，……由此可以推断，在当时的天津卫城中，既有军士，也有民户；军士中既有外地人，也有本地人。……云景魁、汪寿顺（1986）讨论天津市区方言的形成时说明："历史上在天津地区出现的一些村镇，如唐代的军粮城，宋代的军寨：泥沽、双港、三女镇、小南河……，金代的流口镇（杨柳青）等，这些村镇从东、南、西三面包围着天津市，在地理上它们是连成一片的。"这说明当时的小直沽一直有土著居民在此休养生息，不然，金代也不会在此创建直沽寨。元代将此处改为海津镇，也说明这里已经成为人口密集的交通枢纽。从兵役制度沿革看，金元时期，各地地方军防以就近招募并用为主，一直延续到明初。因为土著居民都在这里休养生息，他们的方言（金元时期通行在此地的近代冀鲁官话）当是今天津话的底层。从明永乐二年（1404）建卫开始，渐有部分移民在此生活，但数量应该比辖区内民户的数量小得多，其所操方言不会对当时的土著

居民方言产生太大影响。

对于上述观点，下面做几点说明：

（1）历史学家王毓铨指出："明代的垛集军法终非配户当军的正法，它好像是配户当军的补充方法。……如军不缺伍，就不应再行此法征集民户入伍。"（转引自曹树基 2000：80）"垛集"只是明代征兵的一种临时办法，由此不能推出"各地地方军防以就近招募并用为主"；再者，明代"卫所军户属于都督府管辖，州县军户则属于布政司管辖"（曹树基 2000：79），天津三卫直属都督府管辖，与地方政府无关。

（2）金代的"直沽寨"和元代的"海津镇"均属于军事建制，主要因为这里是交通要塞。当然这里肯定有土著居民，也有从事河运、海运的流动人口，正如元代张翥诗《读瀛海喜其绝句清远因口号数诗示九成皆寔意也·其一》中的描述："一日粮船到直沽，吴罂越布满街衢。"那么，他们的语言怎样呢？元人傅若金《直沽口》中的诗句告诉我们"兵民杂居久，一半解吴歌"。可见，"直沽话"中已有吴方言色彩了。

（3）王临惠文中"从东、南、西三面包围着天津市，在地理上它们是连成一片的"的村镇，在元、明历史地图（谭其骧 1996：9—10、44—45）上均分布在靖海（静海）境内。据《静海县志》（1995：123）记载："元至元七年（1270），有 3446 户，7343 口。明永乐二年（1404）前后，福建、广东、江苏、山东、河南、湖北的移民来县定居，人口数量大增。弘治四年（1491），有 2364 户，21038 口。"由此可知明初永乐年间静海县的人口在 2 万人左右。即使担心明代户籍登记有疏漏，再多计 1 万共 3 万人，那么，当时天津三卫的移民数也是静海县人口的近两倍。所以，王文"从明永乐二年（1404）建卫开始，渐有部分移民在此生活，但数量应该比辖区内民户的数量小得多"，与史料中记载不符。

（4）根据谭其骧主编《中国历史地图集·元明时期》第七册（1996：44—45）标注，天津三卫的驻防中心在静海县边缘的大运河与海河交汇处，远离县城居民聚居区。即使有些军户分散在运河沿岸驻防屯田，也是相对独立聚居。从说话者的言语态度分析，军户移民政治、经济地位较高，语言具有优越性，他们会有意保持其语言特点，尤其天津三卫指挥中心所在的城区内①，这里军籍移民集中且数量庞大，就算有土著居民或河运海运流动人群，为了生活交际方便，人们也会向优势语言靠拢（就像如今各地大学内通用普通话一样）。

（5）至今天津老城区方言与周边静海、霸县、宝坻、武清等地方言明显区别，不难想象，当初作为天津城开拓者的5万军籍移民，他们的语言在这里所产生的根本性影响。天津三卫中近一半来自南京，明代南京官话（今苏皖官话的底层）应是这个移民大群体的主流语言，其他原籍的官兵及家属也随主流并将自己家乡话的特点融入其中，同时，直沽口本地方音也会时时浸入。所以，天津城内最初的通用语以当时的南京官话为主，不排除当中融入了些方音成分，此即天津话的底层。

2.3.2　明代以来天津城的性质及人口数量的变迁

在整个明朝的200多年时期，天津的卫制不变，天津城一直属军事性质。不过，随着明朝经济建设的发展，天津三卫的屯田军夫与漕运军夫的职业性质在悄然发生变化，逐渐地由军人向生产者转变。同时，其他行业的居民陆续进入天津，这样，天津开始从军事城堡逐渐向商业经济型城市转变（参见高艳林2002：38—41）。

清初顺治、康熙年间（1644—1722），因明末战争和瘟疫②，天津人口锐减，政府实行招抚政策使天津人口数有所增加，总量大约在15190—18948口之间。这时期，天津仍然沿袭明代的卫所制，不过，军队名称改为"绿营军"（由汉人组成的清军，有别于八旗军）。驻扎于天津的绿营兵全部来自明代天津三卫的军人，仅1881人，而其余大多未被招入清军的明朝士兵则就地转为民籍。同时，这时期非军队移民也不断从各地（江苏、浙江、山东、山西、顺天等）进入天津，但数量不大，以分散聚居为主（参见高艳林2002：46—58）。

---

①《天津简志》（1991：1383）"大事记"记载："1435年（明宣德十年，乙卯），明廷在天津设户部分司，并在左卫署旁增置三仓，分属三卫。仓廒于崇祯末年（1644年）毁于火。仓门口之名沿用至今。""1436年（明正统元年，丙辰），天津左卫指挥使朱胜捐住宅一所，建天津卫学（文庙）。"这些都足以证明当时天津三卫的指挥中心均在城区内。

②《天津简志》（1991：1384）"大事记"记载："1644年（清顺治元年，明崇祯十七年，大顺永昌元年，甲申），五月二十三日（6月27日），清军攻占天津。六月三日（7月6日），清廷委原明朝太子太子傅左总督骆养性为天津总督。是年，天津发生瘟疫，'人染异病，十丧八九'。"

雍正年间至咸丰十年天津开埠（因屈辱的《北京条约》第一条规定"开放天津为商埠"），1723—1860年间，天津由天津卫改为天津州（1725），废革了长达320年的军事建制，不久又升为天津府（辖天津县、青县、静海县、南皮县、盐山县、庆云县及沧州）（1731）。这期间天津人口进入了迅速增长期，主要原因是人口生产扩大（寿命增长、生育增多）和外来移民增多（其中经商者最多，较典型的是出现了"广东帮""宁波帮"）。乾隆六年（1741），天津县人口有19212口；到道光二十六年（1846），天津县人口剧增至442342口，其中城厢区（即天津老城区）的人口有198715口，占全县总数的44.9%（参见高艳林2002：67—70），可见当时天津县近一半的人口都集中生活在城厢区，而典型的老天津话正是圈在这区域内。

2.3.3 天津话的形成与发展

2.3.3.1 天津话因天津建城而形成

南炳文《明史新探》（2007：387）："'靖难'成功，朱棣登基于南京。鉴于天津为形胜之地，即于此地二年之内设天津、天津左、天津右凡三军卫，且下令筑城（时在永乐二年，公元1404年），是即位于南运河之阴、海河之西、与三岔河口近在咫尺之天津老城也。"

天津话的源头与天津城的建立、天津城最早移民的语言直接相关。自明代永乐二年开始，天津城的开拓者即天津三卫的军户移民成为天津城的主人，这批5万多人的移民中有近一半来自当时南京（南直隶）所辖的各县州府，设想，当时南直隶的各县州府虽然存在着方音差异，但军户移民在天津城共同相处交际时所操的通用语应该是趋同的，而且带有明显的南京官话的区域性色彩，因此可以认为，南京官话是天津话的主要源头。

由于整个明朝时期天津军事建制的性质不变，人口结构和数量变化不大，即使有一些非军籍居民陆续迁入，但由于数量少且零星散居，不会影响到天津话的底色；再加之明朝统治者来自南京，当时的"南京官话"理应具有优势地位。虽然该时期在周边冀鲁官话、北京话包围影响下，天津话会发生变化，但推想明代200多年间天津话的"南京音"色彩还基本保持着。

2.3.3.2 清代天津话随人口结构变化而发展

清代以来，天津漕运、盐业等行业的鼎盛发达促使天津成为繁华都会。据南炳文先生研究（2007：388—389）："入清以后，河漕继行，直至十九世纪上半叶，河漕始渐为海漕所代，然天津仍为海漕终点，且以北至京，仍赖河漕，天津之漕运中转枢纽地位毫无变化，……由之天津成为诸方货物集散之中心，甚而洋货亦见于其市场矣，鸦片战前天津诗人崔旭之《竹枝词》描述状云：'百宝都从海舶来，玻璃大镜比门排，和兰琐伏西番锦，怪怪奇奇洋货街。'天津本地产品亦得顺利销往外地，其自然资源之开发利用，因之空前方便矣。其尤为引人注目者，盐业也。天津滨海，产盐自为其应有之事。……康熙时卢缸公所之出现，更为盐商势力强大、盐业发达之显证。伴随经济之发展，居民数量扶摇直上，士、农、工、商之人，自各地纷至沓来，因成五方杂居之局。……至明末清初之时，天津确确乎已成渤海之滨一繁华都会也。清世宗顺治九年（公元1652年），天津三卫合为一卫，清世宗雍正三年（公元1725年）改天津卫为天津州，同年升为直隶州，寻有升州为府，府郭设天津县，此外辖青县、沧州等，所辖凡一州六县。管理机构如斯之变动升格也，一者与其时城市性质由军事城堡转为政治、经济之中心相配，再者亦与繁华都会之形成互应哉！"可见，随着天津经济繁荣发展，城市性质由军事城堡转型为经济中心，四方外来移民的数量迅速持续增长，必然会使清代的天津话与明代初期的源头语言"南京官话"渐行渐远，距离进一步拉大，逐渐发展演变成为一种语音、词汇、语法自成体系的具有鲜明个性特点的方言。

第四节　反映清末天津话的《韵籁》

《韵籁》是清代末年有关天津话的一部韵书。通行本《韵籁》（清代光绪十五年/1889，松竹斋刊本影印本）已有学者做过研究（冯志白1988，1991；张旭1991；竺家宁2004，2005；黄凯筠2005；张文萱2014），而修改本《韵籁》作为孤本则鲜为人知，不见相关研究。在此将修改本《韵籁》与通行本《韵籁》做对比研究，对其音系特点进行探讨。

2.4.1　有关《韵籁》的作者及版本

2.4.1.1　通行本《韵籁》

学界普遍认为通行本《韵籁》（松竹斋刊本，1889）的作者是华长忠（曹述敬1991：284，李新魁、麦耘1993：313）。虽然该书并无作者署名，但人们主要依据书前李鸿藻序中的第一句话"此书系津门世家华公讳长忠所著"（如图2-2）。

图2-2 通行本《韵籁》封面和序

冯志白先生曾撰文《〈韵籁〉的作者考辨》（1988：287—298），对《韵籁》的作者、时间等问题进行了考证。归纳该文的证据主要有：

（1）华长忠（字葵生）（1805—1858）生前的著述不多且无《韵籁》记载，而他的堂兄华长卿（字枚宗，号梅庄）（1805—1881）著述颇丰。

（2）李鸿藻序中写到"伊孙印听桥者"，按文意当指华长忠的孙子，但《华氏宗谱》记载华长忠的孙子并无名字叫"听桥"的，而记载华长卿的长门长孙姓名即华听桥。

（3）华长卿《开原征书启》（1854）一文、《（光绪）畿辅通志》（1884）、《华氏晴云派天津支宗谱》（简称《华氏宗谱》）（1909）里均罗列了华长卿著述，且若干著述名称排列顺序一致（截取其中的相关部分比较如下）：

表2-8 华长卿著述有关著述目录对照表

华长卿《开原征书启》 （1854）	《华氏宗谱》 （1909）	《（光绪）畿辅通志》（1884）
……	……	……
《俗音正误》一卷	《俗音正误》一卷	《俗音正误》
《韵类》一卷	《韵籁》一卷	《韵籁》
《方舆韵编》二卷	《方舆韵编》二卷	《方舆韵编》
……	……	……

基于上述理由，冯先生得出结论（1988：298）：

第一，《韵籁》的作者不是华长忠，而是华长卿；

第二，《韵籁》撰著的年代不在光绪年间，而在道光四年到咸丰四年（1824—1854）；

第三，《韵籁》原名作《韵类》，一卷，后来才易作今名，并分为四卷。

冯先生1988、1991年撰文时只见到通行本《韵籁》，尚未见到修改本《韵籁》。那么，这作为孤本的《韵籁》中的信息能否支持他的结论呢？

2.4.1.2　修改本《韵籁》①

修改本《韵籁》没有序言，共分四卷。卷首有手书"天津华长卿梅庄著"字样；而且，在卷一部分书页边缘印有"梅庄全集·韵籁"和"东观室藏板"的字样（如图2-3）：

图2-3　修改本《韵籁》卷首、卷一选页

"东观室"是华长卿长子华光甫的书斋名②。既然此刻本《韵籁》收入《梅庄全集》，并且是华长卿（号梅庄）长子华光甫的"东观室藏板（版）"，那么，《韵籁》的作者可以肯定是华长卿，这支持印证了前述冯志白先生的观点。

---

①　十分感谢不愿透露姓名的收藏修改本《韵籁》孤本的藏书家！承蒙这位先生慷慨提供其电子扫描文本，笔者才能进行此内容的研究。

②　华长卿的长子华光甫亦为清末天津著名文人。华光甫撰有《东观室遗稿》（一卷），辑有《天津文钞》（又名《津门文钞》）（七卷）。此据天津市地方志网。

但是，仔细阅读修改本《韵籁》，此书最突出的特点是：在已有宋体字刻本《梅庄全集·韵籁》的基础上多加手批。修改本《韵籁》扉页上手书有"五十衍各单字应照《阐微》例详注讲解方成书""凡书鼻《梅庄全集》字样概归作《韵籁》"，以及"编中改移之韵概遵《阐微》定音，俾归画一，丝毫不敢牵就（迁就，引者注）"[①]等内容，如下所示（图 2-4）：

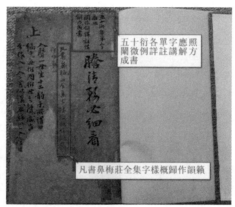

图 2-4　修改本《韵籁》扉页

又如，在书中卷二与卷三之间的空页处，亦书写有"原本从我津水土之音，亦可作方言补遗。惟查率与《阐微》相出入，故校而正焉"等字样（图 2-5）：

图 2-5　修改本《韵籁》选页

---

① 修改本《韵籁》中手书批注反复出现"阐微"二字，笔者考察认为实指清代官修韵书《音韵阐微》(李光地、王兰生，1726)，故文中录写时加上了书名号。

　　显然，修改本《韵籁》是要遵照《音韵阐微》对宋体字刻本《梅庄全集·韵籁》进行批改校正。

　　再仔细对比通行本《韵籁》（松竹斋刊本，1889），发现其内容与修改本《韵籁》中宋体字刻本《梅庄全集·韵籁》的内容基本一致。不过，通行本《韵籁》全书字体都是手书楷体，每页均署有抄录者的姓名，如"华金寿书"①（见图2-6）：

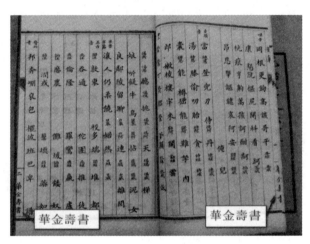

图2-6　修改本《韵籁》选页

　　鉴于上述对比分析，可以明确四卷本《韵籁》至少有两种刻本，即：① 宋体字刻本《梅庄全集·韵籁》（底本）；② 楷书抄录刻本《韵籁》（通行本）。另外，再加上手书批改的《韵籁》（修改本），这三种《韵籁》的大致关系推测简示如下：

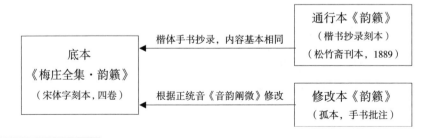

---

　　① 查看通行本《韵籁》全书，署名抄录者共有18位，他们依次是：华金寿、王文锦、李耀奎、华世铭、王恩翰、辛元炳、沈恩嘉、林绍年、郑思贺、张兆奎、齐学瀛、刘彭年、李春棣、邓恩第、王恩淮、张云骧、吴树荼、华学淇。

2.4.1.3 相关疑问

基于前文考察,可以肯定《韵籁》的作者是华长卿,《梅庄全集·韵籁》与通行本《韵籁》的内容基本一致。不过,仍存在一些疑问:

(1)华长卿自述所著的"《韵类》一卷"(作于 1824—1854)(即《华氏宗谱》记载的"《韵籁》一卷")与宋体字刻本《梅庄全集·韵籁》(四卷本)的关系如何?

(2)宋体字刻本《梅庄全集·韵籁》(四卷本)刊行于何时?

(3)通行本《韵籁》手书抄录的底本究竟是不是宋体字刻本《梅庄全集·韵籁》?

(4)修改本《韵籁》中的手书修改者是谁?何时修改的?

即使存在这些疑问,但并不影响本文研究。与通行本《韵籁》相比较,修改本《韵籁》中做了哪些音系方面的改动?其中透露了当时文人怎样的"音韵态度"?下文将具体进行对比分析。

2.4.2 两种版本《韵籁》体例比较

比较修改本《韵籁》与通行本《韵籁》,除了后者多了李鸿藻的序,两部书的结构体例基本相同。如下表:

表 2-9　两种版本《韵籁》体例比较表

《韵籁》	修改本/孤本(共 136 页)	通行本(共 139 页)	备 注
序	无	李鸿藻序(共 3 页)	
卷首	声韵配合表	声韵配合表	修改本增声母字
卷一	1 各　2 客　3 赫　4 额(5 额) 6 德　7 忒　8 诺　9 勒 10 狄　11 惕　12 匿　13 力 14 日	1 各　2 客　3 赫　4 额　5 额 6 德　7 特　8 诺　9 勒 10 狄 11 惕　12 匿　13 力 14 日	修改本删除"5 额"章;"7 特(定母)"改为"7 忒(透母)"
卷二	15 独　16 秃　17 鹿　18 讷 20 伯　21 迫　22 莫　23 弗 24 必　25 僻　26 觅	19 弱	两书同
卷三	27 角　28 阙　29 雪　30 月 31 节　32 妾　33 挈　34 叶 35 国　36 廓　37 或　38 渥		两书同
卷四	39 责　40 测　41 瑟　42 浙　43 彻　44 涉 45 作　46 错　47 索　48 卓　49 绰　50 说		两书同

《韵籁》作为韵书，其编排按"以声系韵"，再"以韵系调"的体例特点。其中每卷之中按声母分章，每章的名称"各衍章第一，客衍章第二，赫衍章第三……说衍章第五十"（笔者按：《韵籁》"第"多用作"弟"，在此统一规范用作"第"）；各章里分韵，每韵中按阴平、阳平、上声、去声排列同音字；而每章末又单列入声字。例如：

$$
\text{各衍章第一} \atop (\text{声母 k-}) \begin{cases} \text{（江阳韵）} \quad [阴平]冈刚……[阳平] [上] \quad [去] \\ \text{（真文元庚青侵韵）}[阴平]根跟……[阳平] [上] \quad [去]艮 \\ \text{（东冬庚青蒸韵）}[阴平]庚耕……[阳平] [上]梗哽 [去] 更 \\ \quad\quad …… \\ \text{（章末附入声字）}[入一]割葛……曷阁格各药格骼革……陌合鸽……合 \end{cases}
$$

　　　　　　　　　　　　　　[入二]　劫……黠蛤合

2.4.3《韵籁》音系分析

2.4.3.1　声韵配合表

2.4.3.1.1　修改本与通行本比较

修改本与通行本《韵籁》（亦即底本宋体字刻本《梅庄全集·韵籁》）相比，在卷首声韵配合表的末行增注了手书声母字"五十衍"，如下图 2-7 所示：

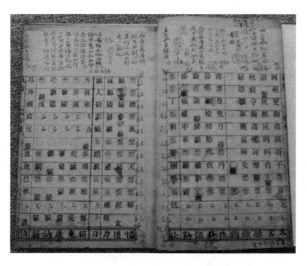

图 2-7　修改本《韵籁》手书声母代表字"五十衍"

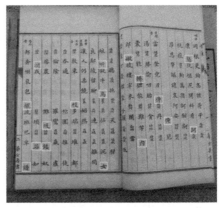

图 2-8 通行本《韵籁》声韵配合表

可见，通行本、修改本《韵籁》声韵配合表部分二者大致相同，但细节处有差异。为理解方便，我们分别为表中的声、韵加注了国际音标（大写字母代表一组，如 [K-] 代表 [k-、kʰ-、x-、ŋ-、ø-]）（拟音参考冯志白 1991，张旭 1991），将声韵配合表调整为横排版的，如表 2-10（表中方框"□"里的字是修改者圈删的，涂灰色"▓"的字是修改者增改的）：

表 2-10 修改本《韵籁》声韵配合表

五十声　　十二韵	喉音 K-	舌头音 T-	舌上音 Ti-	半舌半齿 ʐ-	正齿音 Tu-
	各客赫额额	德忒诺勒	狄惕匿力	日	独秃鹿讷弱
江阳 aŋ	冈康杭昂	当汤襄郎	娘良	瀼	
真文元庚青侵 ən	根恳痕恩	㞕	听邻	人	敦吞伦䃞润
东冬庚青蒸 əŋ	更坑亨㜑	登蠶能棱	丁听凝陵	仍	东通隆农戎
尤 ou	钩抠驹讴	兜偷㮟楼	纽留	柔	
萧肴豪 au	高尻蒿鏖	刀叨猱牢	貂挑鸟聊	饶	
佳灰支麻 ai	该开哈哀	待胎能来			役
歌麻 o	歌科诃阿		爹	婼	多佗罗㑨
元寒删先覃盐咸 an	干看酣安俺	丹贪难阑	颠天拈连	然	端团鸾暖堘
麻佳 a	舸齿可	挐	爹		
支微齐灰 ei ɚ	几	内雷			堆推嬴鐩藜
支齐微 i		低梯泥离			
鱼虞 u		女间			都徒卢奴如

（续表）

五十声／十二韵	唇外音 P- 伯迫莫弗	唇内音 Pi- 必僻觅	正齿音 Tçy- 角阙雪月	齿上音 Tçi- 节妾挈叶	半牙半喉 Ku- 国廓或渥
江阳 aŋ	邦庞龙方			江腔香央	光匡荒汪
真文元庚青侵 ən	奔喷扪分	宾频民	君群熏匀	津亲新因	昆坤昏温
东冬庚青蒸 əŋ	崩烹蒙风	兵平明	扃倾兄荣	京清星英	公空烘翁
尤 ou	裒剖牟不	彪缥缪		鸠秋休攸	
萧肴豪 au	包抛毛	标漂苗		交敲萧幺	
佳灰支麻 ai	摆牌埋				乖快怀外
歌麻 o	波坡磨	哑	嗟艵		过科火窝
元寒删先覃盐咸 an	班潘漫番	边篇眠	捐泉宣冤	坚千先烟	官宽欢弯
麻佳 a	巴葩麻	哔		加虾鸦	瓜夸花蛙
支微齐灰 ei	卑丕眉非				规亏灰威
支齐微 i		比披迷		基欺西衣	
鱼虞 u	谱逋摹夫		居趋胥迁		估枯呼巫

（续表）

五十声／十三韵	轻齿音 Ts- 责测瑟	重齿音 Tʂ- 浙彻涉	轻牙音 Tsu- 作错索	重牙音 Tʂu- 卓绰说
江阳 aŋ	臧仓桑	张昌商	庄窗霜	桩撞双
真文元庚青侵 ən	簪参森	真瞋申	尊村孙	谆春纯
东冬庚青蒸 əŋ	争撑僧	征称升	宗聪松	中充
尤 ou	邹愁搜	周抽收		
萧肴豪 au	糟操捎	昭超烧		
佳灰支麻 ai	哉钗颙	斋拆	蛋衰	揣
歌麻 o		遮车奢	左瑳蓑	莎
元寒删先覃盐咸 an	篸参三	占缠山	鐟攒酸	专川
麻佳 a	楂叉厦	奓楂沙	髽	
支微齐灰 ei			佳催绥	追吹水
支齐微 i	姿雌司	支痴诗		
鱼虞 u			租麤疏	朱初书

表 2-10 注释：

（1）较之通行本《韵籁》，修改本在表里增加了声母代表字 50 个（各章的名称），但修改者圈删了似与"4 额"重出的"5 额"，底本（《梅庄全集·韵籁》，通行本同）声韵配合表中该声母的两个例字"俺儿"亦删除，实际只有 49 个声母。

（2）改通行本声母代表字"特（中古定母）"为"忒（中古透母）"，可知修改者希望尽量与中古次清声母一致，但是这样做有些捉襟见肘，因为清末"忒"声母字中仍然包含清化之后的中古定母平声字。由此也显示出《韵籁》记录天津时音与修改者尊崇传统正音音系的矛盾。

（3）"嫩"《广韵》"奴困切"，泥母字；今天津话分鼻边声母，但恰恰"嫩"读作边音声元音 [lən⁵³]（杨自翔等 1999：107），通行本《韵籁》反映了实际语音现象，但修改者参照《音韵阐微》"怒闷切"（音 [nun]）（林庆勋 1988：186）圈删了此字。

（4）"听（yǐn）"《广韵》"宜引切，又牛谨切"。

（5）"婞（xíng）"《广韵》"五茎切"，通行本此处有音无字，注反切"额亨"。

（6）通行本的"滕"，修改本为"鼟"。

（7）通行本的"牛"，修改本为"纽"。

（8）通行本的"孩"，修改本为"咍"。

（9）"祋（duì）"《广韵》"丁外切，又丁括切"。

（10）通行本狄声歌麻韵的"爹"，修改本圈删，而在麻家 [a] 韵增补"爹"字。《音韵阐微》"爹，低些切"音阴平 [tie]（林庆勋 1988：144）。

（11）"岢（qiǎ）"《广韵》"苦下切"；"魖（qiā）"《广韵》"苦加切"。

（12）"裒（póu）"《广韵》"薄侯切"。

（13）通行本的"衮"，修改本为"昆"（《广韵》"昆，古浑切"，见母）；通行本的"昆"，修改本为"坤"（《广韵》"坤，苦昆切"）。显然，通行本《韵籁》实录天津话，至今天津话"昆"读送气音，而修改者则遵循传统音。《音韵阐微》"昆，姑温切"阴平 [kun]，"坤，枯温"阴平 [kʰun]（林庆勋 1988：186）。

（14）通行本的"弓"（《音韵阐微》居充切，中古三等），修改本为

"公"(《音韵阐微》姑翁切,中古一等)。

(15)通行本的"浮",修改本为"不"。"不"今音有 fōu,《音韵阐微》"不,夫优切"阴平 [fuou],"浮,扶尤切"阳平 [fuou](林庆勋 1988:169)。

(16)通行本的"瀌",修改本疑似为"僄"(字迹不太清楚)。

(17)通行本歌麻韵的"哶(miē)",修改本圈删,改为反切"觅阿";而在麻佳韵处增补"哶"字。《音韵阐微》"哶,迷耶切",音阳平 [mie](林庆勋 1988:144)。

(18)通行本无字,注反切"廓窝",修改本增字"科"。

(19)通行本的"琶",修改本为"葩"。《音韵阐微》"葩"铺鸦切,阴平 [pʰa],"琶"蒲牙切,阳平 [pʰa](林庆勋 1988:140)。

(20)通行本的"碪(《广韵》知林切)琛(《广韵》丑林切)",修改本为"簪(《广韵》作含切)参(《广韵》楚簪切)"。"碪(zhēn)琛(chēn)"今北京话仍读卷舌声母,《韵籁》列于轻齿音"责测"声母之下,可见,当初天津话"碪琛"已读平舌音。

(21)通行本重牙音真文韵的"隼",修改本为"纯"。《广韵》"隼,思尹切(心母);纯,常伦切(禅母)"。《音韵阐微》"纯,殊匀切"。

(22)通行本重齿音佳灰韵的"拆"之处,宋体刻本《梅庄全集·韵籁》为有音无字的反切"彻哀",修改本照旧未改。由此可见,通行本并非完全照抄宋体刻本《梅庄全集·韵籁》。

(23)轻牙音麻佳韵的"鬘(zhuā)",《广韵》"庄华切"。

(24)轻牙音支微韵的"隹(zhuī)",《广韵》"职追切"。

2.4.3.1.2 修改本与通行本的共性与差异

2.4.3.1.2.1 两书声韵配合表的共性

(1)声韵配合表类似于传统韵图,横列声母,纵列韵,拼合关系一目了然;因声母含有介音(开齐合撮)之别,韵母则大大简化。

(2)表中拼合例字一般用平声字,若用非平声字,原表则另起行标注,如"恳听橱鸟待内……"(下面列表中为节省篇幅将平声与非平声例字同行排列)。

(3)原表中有音无字处用小字注有反切,这些反切的切上字均用声母代表字"各客赫额德忒诺勒……"，切下字则尽量用零声母"央汪恩攸哀阿鸦蛙威……"，明显受《音韵阐微》影响（下面列表中为了节省篇幅省略了这些反切）。

（4）尖团音已混，例如"角阙雪""居趋胥"同为正齿音 [Tɕy-] 组，"鸠（见）秋（清）休（晓）""坚（见）千（清）先（心）"同为齿上音 [Tɕi-] 组。

（5）部分知庄章组声母字与精组字混，例如"争（庄二）撑（彻二）僧（心二）"同为轻齿音 [Ts-] 组，"庄（庄三）窗（初二）霜（生三）"同为轻牙音 [Tsu-] 组。

（6）表中无入声字，但在后面各章末尾均单独列有入声字，这表明实际上当时天津话入声字已归派各韵各调，但囿于传统观念而单独列出。

2.4.3.1.2.2　两书声韵配合表的主要差异

总体上两书声韵配合表共性强差异小，主要差异在于声韵拼合的例字方面。

声韵配合表中的例字总共有 430 个，修改本对底本《梅庄全集·韵籁》（通行本同）例字的删除或修改有 21 处（仅占 4.8%），主要是依据《音韵阐微》，将本来天津时音的例字加以修改。通用本、修改本《韵籁》声韵表的对比差异归纳说明如下表：

表 2-11　通行本、修改本《韵籁》声韵表差异说明

《韵籁》声韵	底本 通行本	修改本	备　注
勒声、真文韵 lən	嫩	删除	《音韵阐微》"嫩，怒闷切"，天津话例外读边音 [lən⁵³]，不合传统泥母读音，修改本删除。
额声、东冬韵 ŋəŋ	（无字）	婞	《广韵》"婞（xíng），五茎切"。修改本据此增。可见天津话实际无 [ŋəŋ] 音节字。
特（忒）声、东冬韵 tʰəŋ	滕	鼟	《广韵》"滕，徒登切；鼟（tēng），他登切"。修改本用清声母字。实际天津话"滕鼟"声韵相同。
匿声、尤韵 niou	牛	纽	《音韵阐微》"牛，宜尤切（疑母）；狃纽，女九切（泥母）"。实际天津话"牛纽"声韵相同。
赫声、佳灰韵 xai	孩	咍	《音韵阐微》"孩，何来切（匣母）；咍，黑哀切（晓母）"。实际天津话"孩咍"声韵相同。
狄声、歌麻韵 tio	爹	删除	《广韵》"爹，陟邪切（知母麻韵）"；《音韵阐微》
狄声、麻佳韵 tia	（无字）	爹	"爹，低些切"，修改本据此删增。

（续表）

额声、元寒韵 an	俺	删除	底本此韵有"4 额 [ŋ-]（安）、5 额 [Ø-]（俺）"之别，修改本删除了后者。《广韵》"安俺"同为影母字。
额声、支微韵 ɚ	儿	删除	《广韵》"儿，汝移切（日母支韵）";《音韵阐微》"爹儿，日移切 [ʒi]（阳平）"（林庆勋 1988：134）。通行本反映出当时天津话已儿化。
国声、真文韵 kuən	衮	昆	《广韵》"昆，古浑切（见母）；坤，苦昆切（溪母）"。《音韵阐微》"昆，姑温切；坤，枯温切"。通行本反映当时天津话"昆"已送气。
廓声、真文韵 kʰuən	昆	坤	
国声、东冬韵 kuəŋ	弓	公	《广韵》"弓，居戎切（三等）；公，古红切（一等）"。《音韵阐微》"弓，居充切；公，姑翁切"。通行本反映当时天津话"弓公"已同音了。
弗声、尤韵 fou	浮	不	《广韵》"浮，芳无切（虞韵）；不，甫鸠切（尤韵）"。《音韵阐微》"浮，扶尤切；不，夫优切"。
僻声、尤韵 piou	瀌	僄	修改本字迹不清，存疑。
觅声、歌麻韵 mio	哶	删除	《音韵阐微》"哶，迷耶切"，音阳平 [mie]（林庆勋 1988：144）。
觅声、麻佳韵 mia	（无字）	哶	
廓声、歌麻韵 kʰuo	（无字）	科	《广韵》"科，苦禾切（合口一等）"。底本无字，可见当时天津话"科"音已同今音读开口了。
迫声、麻佳韵 pʰa	琶	葩	《广韵》"琶，蒲巴切（並母）；葩，普巴切（滂母）"。《音韵阐微》"葩，铺鸦切；琶蒲牙切"。修改本用清声母字。
责声、真文韵 tsən	碪	簪	《广韵》"碪，知林切；琛，丑林切"。今北京话"碪琛"声母卷舌，"簪参"平舌。可见当时天津话"碪琛"已读平舌音了。
测声、真文韵 tsʰən	琛	参	
说声、真文韵 ʂuən	隼	纯	《广韵》"隼，思尹切（心母）；纯，常伦切（禅母）"。《音韵阐微》"纯，殊匀切"。底本用"隼"，可见当时天津话"纯"已经读塞擦音了，修改本却依传统音改字。

　　另外，值得一提的是，通行本基本上是抄录底本宋体刻本《梅庄全集·韵籁》的内容，但也有个别修改，这在声韵配合表中有一处：

表 2-12　修改本对底本《韵籁》的修改个例说明

《韵籁》声韵	底本（宋体字刻本）	修改本	通行本（李鸿藻序本）	备　注
彻声佳灰韵 tʂʰai	有音无字（彻哀切）	有音无字（彻哀切）	拆	《广韵》"拆，丑格切"，今天津话"拆"音 [tsʰai]，通行本在表中可能据天津方音列字，但后面正文里（四十三章）无"拆"字。

　　虽然仅此一处，亦能表明通行本《韵籁》晚于宋体字刻本（底本《梅庄全集·韵籁》），而且，通行本在抄录宋体字刻本的过程中有些修改。

2.4.3.2　有关声母的特点

　　《韵籁》全书各卷的分章显示其声母系统，修改本与底本、通行本的声母系统基本一致，不过各章收字排列稍有差异（下文有详细分析）。这里参照冯志白（1991）、张旭（1991）的构拟列表如下：

表 2-13　各版本《韵籁》声母系统比较表

《韵籁》声母分类名称		底本及通行本	修改本	备　注
唇音	伯迫莫弗（开）	p　pʰ　m　f	p　pʰ　m　f	p　pʰ　m　f
	必僻觅（齐）	pi　pʰi　mi	pi　pʰi　mi	
舌音	德忒诺勒（开）	t　tʰ　n　l	t　tʰ　n　l	t　tʰ　n　l　ẓ
	狄惕匿力（齐）	ti　tʰi　ni　li	ti　tʰi　ni　li	
	独秃讷鹿弱（合）	tu　tʰu　nu　lu　ẓu	tu　tʰu　nu　lu　ẓu	
齿音	责测瑟（开）	ts　tsʰ　s	ts　tsʰ　s	ts　tsʰ　s
	作错索（合）	tsu　tsʰu　su	tsu　tsʰu　su	
	浙彻涉（开）	tʂ　tʂʰ　ʂ	tʂ　tʂʰ　ʂ	tʂ　tʂʰ　ʂ
	卓绰说（合）	tʂu　tʂʰu　ʂu	tʂu　tʂʰu　ʂu	
	节姜挈叶（齐）	tɕi　tɕʰi　ɕi　Øi	tɕi　tɕʰi　ɕi　Øi	tɕ　tɕʰ　ɕ　Ø
	角阙雪月（撮）	tɕy　tɕʰy　ɕy　Øy	tɕy　tɕʰy　ɕy　Øy	
喉牙	各客赫额额（开）	k　kʰ　x　ŋ　Ø	k　kʰ　x　ŋ　Ø	k　kʰ　x　ŋ
	国廓或渥（合）	ku　kʰu　xu　ŋu	ku　kʰu　xu　ŋu	
半舌齿	日	ʐi	ʐi	ʐ

　　如果不计介音成分，《韵籁》只有 22—23 个声母，修改本与底本差异很小。但各声母归字二者是否差异大呢？下面选择几组具有天津方音特色的声母字做对比。

2.4.3.2.1　关于中古知庄章声母的读音情况

　　从前面对比"声韵配合表"可知，《韵籁》的声母系统中有卷舌"浙彻涉卓绰说"（Tʂ- 组）与平舌"责测瑟作错索"（Ts- 组）之分，其中卷舌声母字来自中古的知庄章组声母，这与北京话一致；可是，平舌声母字却不仅仅来自中古精组，这种情况与《音韵阐微》差别较大，也是现代天津话声母系统的方音特点。

对比底本《梅庄全集·韵籁》与通行本《韵籁》，卷四的平舌声母各章"39 责 40 测 41 瑟 45 作 46 错 47 索"的收字及排列几乎完全一致，那么，修改本做了哪些改动呢？限于篇幅，这里仅选取不送气声母"39 责""45 作"两章的收字情况做对比 [①]：

表 2-14　《韵籁》"39 责"章收字情况各本对照表

中古声母	今普通话	底本《梅庄全集》与通行本《韵籁》"责衍章第三十九"的收字	修改本的批注改动
精组	Ts-	臧赃牂驵脏葬藏脏缯增憎罾矰楂曾嶒鄫驓磳增翻赠甀诹鲰揪緅走鲰奏精遭藻澡缲璪缲璪早皁枣造艚灶躁趮漕造慥槽栽哉灾在宰载栽栽在再缲篸鐕鏊逮赞赞鄹暂鏊姿濱稽咨粢滋兹嵫赀髭訾觜赍赀孜秄仔鄑蒯紫訾眦姊秭子籽梓字牸孳恣积渍自眦觑髊齜贼鰦觜则杂匝噆	增：曹 【笔者注】《音韵阐微》曹，磁敖切。中古"曹"全浊从母字。《韵籁》四十章"测"母字有"曹"，修改本未改动。
	Tɕ-	槧嵌撍墋褑堲喈	
章组	Tʂ-	针箴斟枕烦之芝	删：针箴斟枕（中古 -m 尾）
知三	Tʂ-	碪椹朕揕赵征	删：碪椹揕（中古 -m 尾）
知二	Tʂ-	丁罩棹湛绽宅摘谪翟	
	Ts-	泽择	
庄三	Tʂ-	篘谄骤皱绉栈栈骰	增：臻蓁榛溱真
	Ts-	簪譖驺邹搊掫箧缁菑辎淄锱缁第肺滓葘崶菑戾仄沤稄	
庄二	Tʂ-	争筝峥铮玎诤爪瑵笊债瘵祭砦寨琖醡馇轏峻偞斩栈戲蛬蘸蜡楂苴楂黻齇廬溠沶鲊痄诈乍柴札盏窄	
	Ts-	噌（《广韵》楚耕切）帻责簀赜啧	
定	T-	啴（dàn）	

"责 [ts-]"章修改本很少改动。但此章中的不少同音字在《音韵阐微》中因精母与知庄章声母对立（有的还有韵母差异）而不同音。例如《韵籁》同音字"增曾精争筝峥庄"，《音韵阐微》"增，资登切；争，菑耕切"。

①　文中各表通行本《韵籁》收字的中古音（《广韵》，极少字《集韵》补充）及现代普通话音由张文萱帮助逐一查对，在此致谢。另外，因计算机显现问题，这些表中的生僻字省略。

表 2-15 《韵籁》"45 作"章收字情况各本对照表

中古声母	今普通话	底本《梅庄全集》与通行本《韵籁》"作衍章第四十五"的收字	修改本
精组	Ts-	奘遵僎尊鐏嶟鹲縛蹲撙噂髼葼縬夑鬈樱夑鮗稷霢塂猣蝬豵嵕宗琮悰淙賨踪纵枞縱睚懏总偬憁嵏霢稯缳夑偬纵从瘲综左坐佐作座钻跧镌朘瓒缵鄼纂蓁钻剂皋醉最租葅俎阻姐阻组祖胙咋族镞足卒凿捽崒稡椊舴胙酢怍柞筰崒连𪉢	（无修改）
	Tɕ-	骏峻畯馂踆沮咀跙苴狙怚	
	Tʂ-	僝睅	
章组	Tʂ-	众锥雅雏隹萑赘	（无修改）
知三	Tʂ-	坠竹竺筑	（无修改）
	t-	銅	
知二	Tʂ-	鬒	（无修改）
庄三	Tʂ-	妆庄装状壮籑助麠	（无修改）
	Ts-	诅	
庄二	Tʂ-	糳	（无修改）
	Ts-	齚咋	
明	m-	冢（méng）（通合一平东明）	（无修改）

同样，"作 [tsu-]"章中的不少同音字在《音韵阐微》中不同音。例如《韵籁》同音字"坠澄醉精"，《音韵阐微》"坠，逐位切；醉，作位切"。

很显然，从"责""作"两章的对比看，修改本并没有按照扉页所写的"编中改移之韵概遵《阐微》定音，俾归画一，丝毫不敢牵（迁）就"，底本《韵籁》里部分知庄章组声母字混同于精组字，这明显不同于《音韵阐微》的声母特点，修改者基本没有改动。

冯志白（1991：267—268）曾经统计过通行本《韵籁》平舌声母"责测瑟作错索"（Ts- 组）的 1086 个字，其中古来源的比例是：

表 2-16 通行本《韵籁》Ts- 组古声母来源比例统计表

中古音	精组	知二组	知三组	庄二组	庄三组	章组	其他声母	总计
字数	643	16	27	190	149	53	8	1086
比例	59%	1.5%	2.5%	18%	14%	5%	0	100%
	59%	4%		32%		5%		

根据表 2-14、2-15 的对比情况，修改本的改动很少，中古知庄章声母读平舌的比例应该与冯先生统计的大致差不多。

2.4.3.2.2　关于中古见精组细音的读音情况

在前面表 2-10 "声韵配合表"里，已经显露出《韵籁》尖团音已混，但例字太少，为了弄清修改本《韵籁》的差异情况，这里选取《韵籁》正齿音声母"角阙雪月"中不送气的"角 [tɕy-]"声母字进行观察对比，情况如下：

表 2-17　《韵籁》"角 [tɕy-]"声母字各本对照表

中古声母	今普通话	底本《梅庄全集》与通行本《韵籁》"角衍章第二十七"的收字	修改本的批注改动
见组	Tɕ-	困箇麇钧均袀辊君窘军轵菌稇窘郡攡局坰驹绚憬囧燛迥炯铜泂诇裻颎涓捐娟鹃骟稍焆鋗蠲卷蜎狷弮眷倦绢胃睍暒郫圈居裾琚鶋椐据车睢俱驹拘呴疴斛捄拒距炬怇巨秬苣巨驱岠讵柜虡举榉莒筥鐻蒟矩娶据遽勮醵鐻倨踞锯具句屦繘骐猦屈厥掘鹰惧瞿菊掬鞠鞫匊跼鵴翵局局捐輂橘决诀玦鸠抉趹唉谲鐍撅阒鶪昊觉角桷捃埆珏较榷推脚攓镢玃矍躩懰玃屫蹻	增：弓躬宫恭供共龚芎穹【笔者注】所增之字均为《广韵》见组通摄三等字。修改本从三十五"国"章中删除了"弓躬宫恭供共龚"；二十九"雪"章中删除了"芎"；但二十八"阙"章仍保留"穹"。
精组	Tɕ-	僦嗺疌罝祖狙菹沮疽苴且砠趄咀聚绝菹爵嚼爝皭燋	
影母	Ø-	悄蜎痏潆	【笔者注】这些字可能因声旁类推而列于此章（参见竺家宁2004）。
喻三	Ø-	篡	

从上表可知，底本及通行本《韵籁》已经不分尖团音了，这反映了当时的天津方音。修改本亦未按照《音韵阐微》区别尖团音进行修改，比如《韵籁》"爵精脚见"同音，《音韵阐微》则"爵，即约切 [tsiak]；脚，吉约切 [kiak]"（林庆勋 1988：191—192）。另外，修改本依据《音韵阐微》"弓，居充切 [kyŋ]；穹，区充切 [kʰyŋ]"（林庆勋 1988：207—208），增补了中古三等字"弓躬宫恭供共龚芎穹"，这可能不符合时音，至今普通话及天津话这组字声母为 [k-]，没有腭化。

此章的情况显示出修改者既遵从《音韵阐微》又将就时音的犹豫态度。

2.4.3.3　有关韵母的特点

与《音韵阐微》韵母系统（参见林庆勋 1988：374）相比，通行本《韵籁》在韵母方面的主要差异表现在：

（1）没有入声韵，卷首"声韵配合表"的十二韵类只有阴声韵和阳声韵，各章末尾所列的入声字是按塞音尾脱落后的时音韵母分类的，比如"各衍章第一"末"［入一］割 -t 格 -k 鸽 -p，［入二］劫 -t"，各章末单列入声字是依据声调而非韵母。

（2）-m 并入 -n 尾，如"责衍章第三十九"的"栈 -n 湛 -m 赞 -n 暂 -m"同韵。

（3）"儿"[ɚ] 韵的单列。

上述三点都反映了当时天津话的实际读音。其中第（1）（2）点修改本很少改动，基本保持底本的韵母特点；但是，第（3）点却不然，换言之，韵母方面修改本对底本主要是"儿"[ɚ] 韵字位置的改动。比较如下：

表 2-18 《韵籁》"儿" [ɚ] 韵字修改本改动表

《韵籁》	"额衍章第五"的收字	"叶衍章第三十四"的收字
底本／通行本	俺儿呪而栭𣏌洏髯胹陑鴯尔迩耳珥駬絪饵珥衄饵咡聏毦贰樲二	央泱鸯秧遭殃……（共92字，此略）
修改本	全部删除	增：俺儿呪而栭𣏌洏髯胹陑鴯尔迩耳珥駬絪饵珥衄饵咡聏毦贰樲二

李思敬（1994：156）提出汉语官话在明代已经产生了"儿"[ɚ] 音。而且，早有学者指出《韵籁》"额衍章第五"主要是收"儿"音节字，并拟音 [ɚ]（参见赵荫棠 1957：257，李新魁 1983：332，冯志白 1991：258），可见，底本《韵籁》反映了当时天津话"儿"韵的实际读音。然而，修改本依据《音韵阐微》"儿，日移切 [ʒi]"（林庆勋 1988：134），删除了"额衍章第五"中所有的"儿"音字，将其增添在"叶衍章第三十四"中。

2.4.3.4 有关声调的特点

通行本《韵籁》声调方面的主要特点是全浊上声仍然在上声，入声调字单列。修改本对此基本未改动。这里以"角衍章第二十七"的全浊上声字、入声字举例说明：

表 2-19　《韵籁》"27 角"章各本声调对照表

《韵籁》	角衍章第二十七
底本及通行本	上声：籲菌窘拒距炬怐钜秬苣巨驱岠讵虞（群上）（今音去声）
	上声：迥炯洞（匣上）
	上声：聚（从上）（今音去声）
	入一：菊掬鞠鞠匊踘鶪匔屋 -k 局跼捐菙沃 -k 橘繘骦獝质 -t
	入二：屈厥物 -t 掘鷽月 -t 绝蕝决诀玦鸠抉趹映觖谲鐍撅屑 -t 阒鶪昊锡 -k
	入三：觉角桷捔埆珏较榷摧锡 -k 爵嚼爝皭脚攫钀獿籰夒躩懼玃屩蹻燋药 -k
修改本	（无修改）

《音韵阐微》入声调独立，全浊上声从反切注音看仍恪守传统，如"动，杜孔切；奉，父勇切；棒，薄讲切；跪，巨委切"等（林庆勋 1988：379）。

2.4.4　修改本《韵籁》的价值

通过前面的各本对比，由此认识到修改本《韵籁》的重要价值，主要有如下几点：

（1）证实了《韵籁》的真实作者

一直以来学界普遍认为《韵籁》的作者是华长忠（曹述敬 1991：284，李新魁、麦耘 1993：313），尽管已有学者（冯志白 1988）提出《韵籁》的作者是华长卿而不是华长忠，但当时文章中仅依旁证材料而无直接证据。修改本作为直接证据证明了《韵籁》的作者是华长卿（号梅庄），由此可以消除疑惑，改正以往的误解。

（2）显示出《韵籁》存在不同刻本

通过比较可知，四卷本《韵籁》至少有两种刻本，即：① 宋体字刻本《梅庄全集·韵籁》（底本）；② 楷书抄录刻本《韵籁》（通行本）。另外，根据修改本扉页手书的赫然大字"誊清务必细看"字样（见图 2-4），也许还有根据修改文字而抄录刻印的另一版本。

（3）证明通行本及底本《韵籁》主要反映天津方音

通行本及底本《韵籁》卷首开篇写道"叩音辨韵，数衍分章，谱厥大凡，用便寻绎"，表明此书是便于学者们查寻文字声韵的工具书，但书中并无有关音系基础的只言片语。

以往学者们对通行本《韵籁》的研究认为，除了其中"浊上归上"、入声字单列，其他的知庄章组部分字与精组字混、尖团音不分、-m 尾并入 -n 尾、"儿"韵字音 [ɚ] 等特点，均反映了清代中期天津方音（冯志白 1991，张旭 1991，耿振生 1993）。但是，学者们的观点仅仅是推论，尚需坐实。

修改本中明确写道"原本从我津水土之音，亦可作方言补遗。惟查率与《阐微》相出入，故校而正焉"（见图 2-5），这为学者们"《韵籁》反映当时天津方音"的推测提供了直接证据。

（4）帮助了解清代文人对正音与时音的纠结心态

修改者几次写道"五十衍各单字应照《阐微》例详注讲解方成书"，"编中改移之韵概遵《阐微》定音，俾归画一，丝毫不敢牵（迁）就"等（见图 2-4），由此很清楚：要以代表清代正统音的《音韵阐微》为标准修改《韵籁》。

清代官修韵书《音韵阐微》（李光地、王兰生 1726）创制"合声反切"，以官韵确立四呼地位，在汉字注音史及音韵史上有重要影响。但是，《音韵阐微》反映的是清代读书音系，是传统韵书的殿后之作（李新魁、麦耘 1993：139），音系中如尖团音分明、保留 -m、-p、-t、-k 尾和入声调等等（参见林庆勋 1988），与清代官话口语音及天津话有较大差距。

然而，修改本《韵籁》除了对"儿"音字有大改动之外，对于底本《韵籁》的音系结构并未严格遵照《音韵阐微》进行修改，客观事实是：修改者既认可底本《韵籁》中恪守传统韵书的声调特点，也认同其中反映天津方音的声韵特点。

观念上尊崇正统读书音，实际应用中离不开时音口语音，这样的纠结心态在清代文人中具有一定代表性。

2.4.5 《韵籁》所反映的清末天津音系特点

2.4.5.1 通行本《韵籁》反映的清末天津话主要特点

综合前文的对比分析，将各本《韵籁》的关系及主要异同归纳总结如下：

表 2-20　各本《韵籁》关系及主要异同归纳总结表

《韵籁》	通行本 （松竹斋刊本，1889）	修改本（孤本）	
		底本	手书批改部分
字体	楷体字刻本	宋体字刻本	手写行草书字体
关于作者	序称"华长忠著"	卷一刻有"梅庄全集"	卷首题写"华长卿梅庄著"
声韵配合表	声母50（无全浊声母，分开齐合撮）； 韵类12（无介音，无入声韵类）		（1）增注声母代表字； （2）删除第五声母字"额"； （3）改声母字"特定"为"戜透"； （4）依据正统读书音修改时音。
声母系统	（1）部分知庄章组字与精组字混； （2）尖团音不分。		无改动
韵母系统	-m 尾并入 -n 尾		无改动
	"儿" [ɚ] 音字单独列于"额衍章第五"		依据《音韵阐微》将"额衍章第五"中的儿 [ɚ] 音字全部删除并增入"叶衍章第三十四"里
声调系统	（1）阴、阳、上、去、入五调类； （2）全浊上声字仍归上声； （3）入声调字单列。		无改动

　　显然，虽然各本《韵籁》在保留入声调、全浊上声仍归上声的声调方面均比较保守，不过，相对而言通行本《韵籁》更多反映清末天津话的声韵特点。

2.4.5.2　通行本《韵籁》的声韵系统

　　《韵籁》音系的特点是介音部分纳入声母系统，所以声母有50个之多，相应的韵母则只有12个，这是近代韵书韵图常见的音类描述形式。

　　首先来看《韵籁》的声母系统，如下表：

表 2-21　《韵籁》五十声母拟音表

《韵籁》分类	《韵籁》声母名称	拟音
唇音	伯　迫　莫　弗	p　pʰ　m　f
	必　僻　觅	pi　pʰi　mi
舌音	德　忒　诺　勒	t　tʰ　n　l
	狄　惕　匿　力	ti　tʰi　ni　li
	独　秃　讷　鹿　弱	tu　tʰu　nu　lu　zu

（续表）

	责　测　瑟	ts　tsʰ　s
	作　错　索	tsu　tsʰu　su
齿音	浙　彻　涉	tʂ　tʂʰ　ʂ
	卓　绰　说	tʂu　tʂʰu　ʂu
	节　妾　挈　叶	tɕi　tɕʰi　ɕi　Øi
	角　阙　雪　月	tɕy　tɕʰy　ɕy　Øy
喉牙	各　客　赫　额　额	k　kʰ　x　ŋ　Ø
	国　廓　或　涯	ku　kʰu　xu　ŋu
半舌半齿	日	ʑi

上表说明：

（1）《韵籁》原书声母分类的名称在传统五音、七音的基础上还细分为唇内、舌头、舌上、正齿、轻齿、重齿、轻牙、重牙、半牙半喉……，这表中省略；

（2）声母"角阙雪月"原书描述为"正齿音"类，故上表按原书归在齿音类；

（3）《韵籁》里声母"日""弱"两章的字主要来自中古日母字，弱母字拟音为 [ʐ]，日母字拟音为 [ʑ]。冯志白（1991）认为"日、弱"是不同的两个声母。从《韵籁》自身的结构安排上看，如果"日、弱"两母的差别只是介音的不同的话，日母应该和舌头音"德、特、诺、勒"放在一组，和正舌音"独、秃、鹿、讷、弱"形成整齐的对立。然而，日衍章独立，可见其读音的独特性。"日衍章"里所列字一共82个，今天津话口语（白读）几乎全读为零声母的齐齿呼，如"让忍绕热"（例外的只有"日、甚"仍保持卷舌声母的读音），因此，将日母字拟为 [ʑ]，容易解释从 [ʑ] 到今天 [j] 音的演变。"弱衍章"里所列的字一共122个，今天天津话绝大部分都读作卷舌声母 [ʐ] 或 [ɻ]，其中包括"擁勇用"等中古影喻母字。

接着再来看《韵籁》的韵母系统，如下表：

表 2-22　《韵籁》十二韵母拟音表

韵部名称	江阳	真文元庚青侵	东冬庚青蒸	尤	萧肴豪	佳灰支麻
拟音	aŋ	ən	əŋ	ou	au	ai
韵部名称	歌麻	元寒删先覃盐咸	麻佳	支微齐灰	支齐微	鱼虞
拟音	o	an	a	ei	i	u

上表说明：

（1）通行本《韵籁》"额衍章第五"主要是收"儿"音节字（参见前文 2.4.3.3），学者们将此韵拟音 [ɚ]（李新魁 1983：332，冯志白 1991：258），所以，除了上表里的十二韵母，其实还有一个 [ɚ] 韵母。

（2）"歌麻"韵拟音 [o]，此韵字包括"哥科"等（见表 2-23），这可能是当时天津话口语的实际读音。陈晓（2014：162—163）通过清末民国初期域内外各种北京话材料韵母系统的对比，指出该时期北京话韵母 iai、io、yo 逐渐消失（比如 1902 年冈本正文的《支那语教科书发音篇》里已无记载），以及新产生了 ɤ 韵母（1930 年 J. Percy Bruce 的 *Linguaphone Oriental Language Courses-Chinese* 里已出现）；杨自翔（1987：56）研究指出，200 年来北京语音韵母体系主要有 iai>ai、ie、ia，yo>ye，ə>ɤ 等演变，还有部分 o>ɤ。威妥玛《语言自迩集》（1867：292）"合"注音 'ho[xo]；威妥玛《语言自迩集》（1886：26）"禾"注音 ho[xo]。

（3）"歌麻"韵的字还包括"车遮"等（见表 2-23），可是，当时天津话口语"车遮"的韵母可能已经不是 [o] 而接近 [ə] 了。威妥玛《语言自迩集》（1886：27）"车"注音 ch'ê[tʂʰə]。由此可见，《韵籁》"歌麻"韵的韵母可能当时有两类：[o] 和 [ə]。

2.4.5.3　通行本《韵籁》的声韵配合表

这里，根据前面的讨论，将《韵籁》声母、韵母配合关系和例字列表如下：

表 2-23　《韵籁》声韵配合注音表

	aŋ	ən	əŋ	ou	au	ai	o/ə	an	ai	ei	i	u	(ɚ)
p	邦	奔	崩	哀	包	摆	波	班	巴	卑		谱	
pʰ	庞	喷	烹	剖	抛	牌	坡	潘	琶	丕		逋	

（续表）

m	龙	扪	蒙	牟	毛	埋	磨	漫	麻	眉		慕
f	方	分	风	浮			番		非			夫
pi		宾	兵	彪	标		边			比		
pʰi		频	平	犥	漂		篇			披		
mi		民	明	缪	苗		咩	眠		迷		
t	当		登	兜	刀	待	丹					
tʰ	汤		滕	偷	叨	胎	贪					
n	囊		能	橞	猱	能	难	拏	内			
l	郎	嫩	棱	楼	牢	来	阑		雷			
ti			丁		貂		爹	颠		低		
tʰi			听		挑		天			梯		
ni	娘		凝	牛	鸟		拈			泥	女	
li	良	邻	陵	留	聊		连			离	间	
ʑi	瀼	人	仍	柔	饶		婼	然				
tu		敦	东			多	端		堆			都
tʰu		吞	通			佗	团		推			徒
nu		麜	农			傩	煖		鳀			奴
lu		伦	隆			罗	鸾		赢			卢
ʐu		润	戎				堧		蕊			如
ts	臧	碪	争	邹	糟	哉		簪	楂		姿	
tsʰ	仓	琛	撑	愁	操	钗		餐	叉		雌	
s	桑	森	僧	搜	捎	颡		三	厦		司	
tsu	庄	尊	宗			左	鑽	髽	佳			租
tsʰu	窗	村	聪			蛋	瑳	攒		崔		鼟
su	霜	孙	松			衰	蓑	酸		绥		疏
tʂ	张	真	征	周	昭	斋	遮	占	奓		支	
tʂʰ	昌	瞋	称	抽	超	拆	车	廛	茶		痴	
ʂ	商	申	升	收	烧		奢	山	沙		诗	

（续表）

tʂu	椿	谆	中			专	樋	追		朱	
tʂʰu	撞	春	充		揣	川		吹		初	
ʂu	双	隼			莎			水		书	
tɕi	江	津	京	鸠	交	介街	坚	加		基	
tɕʰi	腔	亲	清	秋	敲	楷茄	千			欺	
ɕi	香	新	星	休	萧	鞋些	先	虾		西	
øi	央	因	英	攸	幺	厓爷	烟	鸦		衣	
tɕy		君	扃			嗟捐				居	
tɕʰy		群	倾				泉			趋	
ɕy	峻	熏	兄			靴宣				胥	
øy		匀	荣				冤			迁	
k	冈	根	更	钩	高	该	哥	干			
kʰ	康	恳	阬	抠	尻	开	科	看	㖞		
x	杭	痕	亨	齁	蒿	孩	诃	醐	齁		
ŋ	昂	恩		讴	鏖	哀	阿	安			
ø							俺				儿
ku	光	袞	弓		乖	过	官	瓜	规	沽	
kʰu	匡	昆	空		快	宽	夸	亏		枯	
xu	荒	昏	烘		怀	火	欢	花	灰	呼	
øu	汪	温	翁		外	窝	弯	蛙	威	巫	

　　总体而言，清末天津话与现代天津话音系很接近了，不过，还是存在一些差异。仅从上表例字就可以观察到清末天津话音系的若干方音特点：

　　（1）庄组二等字"楂叉争钗捎衰"、庄组三等字"愁疏"、知组三等字"撑琛"读平舌；

　　（2）心母字"隼"读卷舌；

　　（3）尖团音合流，团音见母字"江京"与尖音精母字"津"声母相同；

　　（4）"介街"韵母为 [-iai]（清代天津崔旭竹枝词"排、街"相押）；

　　（5）"哥科"韵母为 [-o]；

（6）-m 尾并入 -n 尾，例如中古咸摄字"三酣"读 [-an] 韵；

（7）"儿"韵字音 [ɚ]。

第五节　从语言特点看天津话的源与流

前文详细讨论了天津话的主要源头是明代南京（南直隶）官话（§2.2.1，§2.2.2，§2.2.3），而如今天津话划归冀鲁官话保唐片（钱曾怡 2010：128），这就意味着 600 多年来天津话发生了从"南京官话"变为冀鲁官话的转化。

可是，如果天津话确实源自明代南京官话，那么，现代天津话里是否还留存一些明代南京官话的痕迹呢？带着这样的思考，我们师生于 2011 年到安徽蚌埠、固镇、蒙城、凤阳、合肥调查了中原官话和江淮官话[①]，并利用 2009—2011 年三次调查天津话的材料[②]，希望通过语言实地调查，比较分析天津话与中原官话、江淮官话的异同，寻求问题的答案。

下面将从语音系统声母、韵母、声调各层面进行历时、共时的纵横比较分析，也将在词汇、语法方面做比较分析。

2.5.1　语音系统的比较分析

2.5.1.1　现代天津话音系

为便于比较，这里先列出现代天津老城区话音系（引自杨自翔、国赫彤、施向东 1999）：

---

①　安徽省语言调查点的选择，参考了明代天津卫军官籍贯的史料记载，来自这些地区的军官相对多些。蚌埠发音合作者：李文治，男，76 岁，农民；李凤山，男，68 岁，作家；金明，男，57 岁，艺术指导。固镇发音合作者：王友臣，男，62 岁，专科文化，干部，固镇汪庄子人（离城 20 多公里，靠近五河、垓下），一直在本地；华世宝，男，67 岁，初中文化，干部，固镇城关人，一直在本地；张景祥，男，59 岁，本科文化，干部，固镇马铺村人（离城 8 公里，城东南），曾在唐山当兵 5 年；黎灯光，男，58 岁，中学教师；丁克实，男，58 岁，中学教师；李陆陆，女，44 岁，中学教师。凤阳发音合作者：王士雨，男，48 岁，中学教师（凤阳县城人）；陈友田，男，40 岁，教师（凤阳东部人）；吴良伯，男，57 岁，教师（凤阳本地人）；牛海燕，女，53 岁，公务员（凤阳市区人）。蒙城发音合作人：张建同，男，42 岁，中学教师；张海清，男，73 岁，退休中学教师；张广军，男，49 岁，中学教师；杨芳，女，45 岁，中学教师；张俊芳，女，46 岁，中学教师。合肥发音合作者：张海清，男，73 岁，退休中学教师（合肥肥东）；牛耘，男，84 岁，干部（合肥市区）。

②　天津红桥区发音合作者：徐立，男，77 岁，退休会计师；张二立，男，64 岁，退休工人；宋美琪，女，64 岁，退休工人；张学君，男，48 岁，个体户；王书江，男，53 岁，司机；苗强，男，50 岁，工人；李彬，男，22 岁，工人；王丽维，女，25 岁，工人；王冬，女，25 岁，个体户。

声母 23 个：

p 帮比步	pʰ 滂普皮	m 明木满	f 非纺奉	v 微外温
t 端到定	tʰ 透铁同	n 泥怒娘		l 来路连
ts 资杂庄	tsʰ 次床初		s 丝随生	
tʂ 知赵专	tʂʰ 迟出船		ʂ 湿社烧	ʐ 日锐用
tɕ 见旧精	tɕʰ 欺群清		ɕ 晓匣心	
k 歌高跪	kʰ 科抗葵		x 汉活灰	ø 影喻武

韵母 39 个：

	i 第以急	u 古木出	y 虚雨局
ɿ 资刺师			
ʅ 知食日			
ər 二耳儿			
ɑ 爬辣袜	iɑ 架鸭霞	uɑ 花抓滑	
o 拨婆佛	iu 如擩入	uo 过多活	
ɤ 可舌各	iɤ 热惹若		
ai 盖柴百		uai 怪怀帅	
ei 倍雷美	ie 姐谢铁	uei 贵推绿	ye 靴决月
ɑu 桃烧雹	iɑu 巧条药		
ou 头收厚	iou 修有六		
an 胆盘战	ian 减连先	uan 短关船	yan 圆选权
ən 根本深	in 紧林心	uən 敦准魂	yn 云军旬
ɑŋ 党邦商	iɑŋ 养良讲	uɑŋ 光狂窗	
əŋ 庚等翁	iŋ 星陵病	uəŋ 东共永	yŋ 穷兄雄

单字调 4 个：

阴平 21　高东乌雪接

阳平 45　寒同吴局急

上声 13　考董五尺甲

去声 53　盖动怒壁麦

2.5.1.2　明代南京官话音系

第一章（§1.1.5，§1.2.3，§1.3.4）讨论了明代南直隶通用的南京官话音系是中原官话和江淮官话的融合体。我们认为,《西儒耳目资》（金尼阁 1626）音系可以作为明代南京官话音系的最重要的代表；同时,考虑到《西儒耳目资》音系有入声,而明代南直隶区域的中原官话可能已经没有入声了,所以,也有必要将吕坤《交泰韵》(1603)音系作为明代中原官话的代表。二者相互参照,与天津话进行纵向比较。

2.5.1.2.1 《西儒耳目资》音系

根据金尼阁《西儒耳目资》(1626)中所列的"同鸣字父"（声母系统）、"自鸣字母"（韵母系统）和声调系统,并分析书中声韵调配合表和同音字组合,参考同时期各种语音材料,这里将其语音系统构拟如下（曾晓渝 1991,1992,2004）:

表 2-24 《西儒耳目资》声母系统

金氏字父	p 百	'p 魄	m 麦	f 弗	v 物
拟 音	p	pʰ	m	f	v
金氏字父	t 德	't 忒	n 搦		l 勒
拟 音	t	tʰ	n		l
金氏字父	ç 则	'ç 测		s 色	
拟 音	ts	tsʰ		s	
金氏字父	ch 者	'ch 撦		x 石	j 日
拟 音	tʂ	tʂʰ		ʂ	ʐ
金氏字父	k 格	'k 克	g 额	h 黑	
拟 音	k	kʰ	ŋ	x	
金氏自鸣字母	○				
拟 音	∅				

上表说明:《西儒耳目资》(中)的"列音韵谱"（同音字表）以韵母为单位依次排列,每一韵母下又按声调"清平、浊平、上声、去声、入声"分类,再在每一调类里依据声母类别列出同音字,而在各类声母之前均列一栏"自鸣字母",实际上就是零声母的位,所以,上面表中再增加了一个零声母。这样,在金尼阁 20 个"同鸣字父"辅音声母的基础上再加一个零声母,共 21 个声母。

《西儒耳目资》的韵母系统相对复杂些,金尼阁编号列出了 50 个"自呜字母"，各韵母对应拟音如下表（由于构拟结果并非与金尼阁的韵母一对一，所以下表中不完全按金尼阁的韵母编号顺序）：

表 2-25 《西儒耳目资》韵母系统

金氏字母	本书拟音	《广韵》韵目①	《中原音韵》韵部②	普通话韵母	备 注
(1) a	ɑ	歌麻 / 曷合盍	家麻一、三	ɑ	
(2) e 甚	ɛ	麻 / 薛陌职	车遮一 皆来一	ɤ、ai、ei	职韵限庄组字
ė 次	ʅ	质昔	齐微一、三	ʅ	卷舌声母字
(3) i	i	齐支脂之	齐微一	i	
	ʅ	齐脂之	支思、齐微一	ʅ	卷舌声母字
(4) o 甚	ɔ	歌戈 / 曷药	歌戈一、三	uo、o、ɤ	ɤ 韵母为舌根声母字
ò 次		没屋物	鱼模一	u	古入声字
(5) u 甚	u	模鱼虞	鱼模一	u	
ù 次	ɿ	支脂之	支思	ɿ	中古精组字
ṳ 中	ʮ	鱼 / 术	鱼模二	u	卷舌声母字
(6) ai	ai	佳皆泰	皆来一	ai	
(7) ao	au	豪肴宵	萧豪一、二、三	ao	
(8) am	ɑŋ	唐阳	江阳一、二、三	ɑŋ	
(9) an	ɑn	寒覃山咸元	寒山一、三 监咸一	an	
(10) eu	əu	侯尤	尤侯一、三	əu	
(11) em	əŋ	登庚	庚青一、二、三	əŋ	庚青三（唇音）
(12) en	ɛn	仙盐	廉纤、先天一	an	卷舌声母字
	ən	真痕侵	真文一、三 侵寻一、二	ən	
(13) ia	ia	麻 / 狎	家麻二	ia	
(14) ie 甚	iɛ	麻 / 屑	车遮一	iɛ	
iė 次	i	缉锡	齐微一	i	古入声字
		职			入声，非庄组

---

① 《广韵》栏所列的平赅上、去韵，入声则单独列出。

② 《中原音韵》韵部等第参照宁继福《中原音韵表稿》（1985）。

（续表）

（15）io 甚	iɔ	药觉	萧豪三	yɛ、iɑu	
iò 次	io	屋烛	鱼模二	y	
（16）iu	iʮ	鱼虞/术	鱼模二	y	
（17）im	iŋ	清庚蒸青	庚青二	iŋ	
（18）in	in	真殷侵	真文二侵寻二	in、ən	ən 韵为卷舌声母字
（19）oɑ	uɑ	麻黠	家麻三	uɑ	
（21）uɑ					
（24）uo 甚	uɔ	戈末	歌戈三	uo	
uò 次	uo	屋	鱼模一	u	屋国毂
（20）oe		物麦	鱼模一	u、uo	佛
（22）ue		薛德	车遮二	uo	说啜拙
（25）ul	ɚ	支之	支思	ɚ	
（26）um	uŋ	东冬登庚耕	东钟庚青三	uŋ	庚青三（非唇音）
（28）eɑo	iɑu	萧	萧豪三	iɑu	
（31）iɑo		萧肴宵			
（29）eɑm	iɑŋ	阳	江阳二	iɑŋ	
（32）iɑm		阳江			
（30）iɑi	iɑi	皆佳	皆来二	iɛ、ɑi	中古见组字
（33）ieu	iəu	尤幽	尤侯二	iəu、uɐ	uɐ 韵为卷舌声母字
（34）ien	iɛn	寒覃山咸元仙先元盐	寒山二、先天一、廉纤	iɛn、ɑn	ɑn 韵为卷舌声母字
（35）iue	iʮɛ	戈/月	车遮二	yɛ	
（36）ium	iʮŋ	东庚清青	东钟二庚青四	iuŋ	
（37）iun	iʮən	谆文	真文四	yən	
（38）oɑi	uɑi	皆怪	皆来三	uɑi	
（43）uɑi		佳夬怪			
（23）ui	uei	灰脂支微	齐微二	uei	
（39）oei		脂支灰			
（44）uei		灰脂支微			

（续表）

（41）oɑn	uɑn	删	寒山三	uɑn	
（46）uɑn		删	寒山三		
（48）uen		删仙	寒山三、先天二		卷舌声母字
（42）oen	uən	魂	真文三	uən	
（27）un		魂谆	真文三、四		
（40）oɑm	uɑŋ	唐阳江	江阳三	uɑŋ	
（45）uɑm		唐阳			
（49）uon	uon	桓	桓欢	uan	
（50）iuen	iɥɛn	仙先元	先天二	yɛn	

将上表基于金尼阁五十"自鸣字母"构拟的 45 个韵母，再简化分类列出：

开	洪	ʯ ɿ ʮ ɑ ɔ ɤ e ie iɑ ɤɯ ɑu ɛ ɑn ɑŋ ɛn in iŋ
	细	i iɑ iɑi ci oi ɜi ie iɤ iɑi uɑi uei iɑi iɛn in iŋ
合	洪	u uɑ cɔ uo uei uɑi ucn uɑn uɑŋ uɤn uŋ
	细	ɥi uɛi ɜuɑi uei iɤi ɥi

表 2-26　《西儒耳目资》声调系统

金氏调类	清平	浊平	上声	去声	入声
金氏调号	-	^	`	´	ˇ
调值构拟	33	21	42	35	34

《西儒耳目资》音系特点说明：

（1）声母分尖团，分平翘，中古知庄章基本合并与精组对立（少数庄组内转字读平舌与精组字同，或平舌与卷舌两读），全浊声母清化，塞音塞擦音平声送气，仄声不送气；

（2）韵母鼻音 -m 尾已经并入 -n 之中，中古一等 [ucn]（官、贯）与二等 [uan]（关、惯）保持对立，前后鼻音 -n、-ŋ 分明；

（3）入声调独立。

2.5.1.2.2　《交泰韵》音系

明代吕坤《交泰韵》（1603）反映了当时中原官话音系，根据宁忌浮（2009：205—225）研究，《交泰韵》声韵调系统如下：

声母：

k 见	kʰ 溪		x 晓	Ø 影
t 端	tʰ 透	n 泥		l 来
p 帮	pʰ 滂	m 明	f 非	
ts 精	tsʰ 清		s 心	
tʂ 照	tʂʰ 穿		ʂ 审	ʐ 日

韵母：

支 ʅ 齐 i 鱼 y 模 u 皆 ai、iai、uai 灰 nei 萧 iɛu
豪 au、iau 歌 o、uo 麻 a、ua 遮 iɛ、yɛ 尤 ou、iou
东 uŋ、yŋ 真 ən、in 文 un、yn 寒 an、uan 删 an、uan
先 iɛn、yɛn 阳 aŋ、iaŋ、uaŋ 庚 əŋ、uəŋ 青 iŋ

声调系统：

阴平　阳平　上声　去声

《交泰韵》音系说明：

（1）声母分尖团、平翘，全浊塞音塞擦音声母清化读送气清音；

（2）韵母鼻音 -m 尾已经并入 -n 之中，无入声韵；

（3）古入声字全浊归阳平，次浊归阴平，清音也归阴平。

2.5.1.3　音系结构的比较

这里以《西儒耳目资》音系作为明代南京官话音系的参照，将其主要特征与现代苏皖官话、天津话及周边方言点进行比较，如下表 [①]：

表 2-27　音系结构比较表

	分尖团	分平翘	庄组内转平舌	分前后鼻音	有入声调
《西儒耳目资》	+	+	−/+	+	+
《交泰韵》	+	+	−/+ [②]	+	−

① 表中材料出处：刘丹青《南京话音档》（1997）；安徽境内官话材料由曾晓渝 2011 年调查所得，相关发音合作人参见本节开头的脚注；天津话、北京话据曾晓渝调查，静海话引自杨自翔《确定天津话边界的三个问题》（1988：207）。

② 王庆《元明清北系官话知照系声母与明代移民》（2010）中指出，《交泰韵》音系知二庄、知三章有别。

（续表）

南京话	+/-	+	+	-	+
合肥话	-	+	+	-	+
蒙城话	+/-	+	-（韵母区别）	+	-
蚌埠话	-	+	+	+	-
固镇话	-	+/-	+/-	+	-
天津话		+	+	+	-
静海话		+	+	+	-
北京话	-	+	-/+（极少）	+	-

　　从音系结构的比较看，今属江淮官话的南京话最接近明代《西儒耳目资》音系，今属中原官话的蒙城话最接近《交泰韵》，这两个点都在明代南直隶（大南京）的辖区内。今天津话无入声调，推测有三种可能性：（1）源自明代南直隶官话中的中原官话没有入声调；（2）源自明代南直隶官话中的江淮官话有入声调；（3）源自南直隶的中原官话和江淮官话的融合体。无论哪种可能，后来都在周边北京话、冀鲁官话包围影响下入声归派轨迹与之趋同演变。在后文进一步比较研究中，我们将对这三种可能性中的一种提出倾向性的看法。

2.5.1.4　声调系统的比较

　　下表中江淮官话祖调值构拟依据平山久雄（1984），各点名称后括注现代官话方言的分区及小片。

表 2-28　声调系统比较表

	阴平	阳平	上声	去声	入声	备　注
江淮官话祖调值	˙42	˙11	˙435	˙35	˙x	大约元明时的调值。
《西儒耳目资》	33	21	42	35	34	
《交泰韵》	阴平	阳平	上声	去声	—	入声清、次浊归阴平，全浊归阳平。
南京话（江淮洪巢）	31	24	212	44	5	
合肥话（江淮洪巢）	21	55	24	53	5	
蒙城话（中原郑曹）	212	55	24	51	—	入声清、次浊归阴平，全浊归阳平。
蚌埠话（中原信蚌）	212	55	24	51	—	
固镇话（中原信蚌）	212	55	24	53	—	

（续表）

天津话	21	45	213	53	—
静海话（冀鲁保唐）	43	55	113	31	—
北京话	55	35	214	51	—

入声全浊归阳平，次浊归去声，清入声派四声。

上表说明：

（1）相比于平山久雄构拟的江淮官话早期声调以及《西儒耳目资》的声调系统，只有南京、合肥的与之调类一致，而各点的调值则差异明显，这说明调值比较容易变化，调类也不是一成不变的。

（2）安徽固镇话的入声调归派与天津话的入声归派大相径庭，这是否能作为"天津方言与安徽淮北一带宿州、固镇等方言没有直接的血缘关系"（王临惠2009，2010b）的证据呢？我们认为，明代以来，南直隶通用官话一直在变化，尤其是入声变化大。如前所论（§1.1.5，§1.3.4），明代南直隶区域并存中原官话和江淮官话，当时中原官话已经没有入声了，如《交泰韵》（吕坤1603）所反映的，而江淮官话还有入声，如《西儒耳目资》（金尼阁1626）所反映的。由于明代初期开拓天津城的天津三卫的官兵及家属中一半来自南直隶，他们中相当部分母语是中原官话，也有相当部分母语是江淮官话，经历600多年，天津话在周边北京官话、冀鲁官话入声归派大流的裹挟影响下而形成了不同于固镇中原官话的演变途径。

（3）天津话与蒙城、蚌埠、固镇话单字调值很相近，难怪当年李世瑜先生到了安徽固镇就感觉听到了天津话，并以此作为结论"天津方言来自以宿州为中心的广大淮北平原"的重要依据（李世瑜1991：73—76）。可是，从理论上讲，明代至今已经600多年，其间相同来源的方言有可能发生分化演变，不同来源的方言也有可能变得近似相同。因此，现代共时层面天津话与蒙城、蚌埠、固镇话调值调类相近，尚不足以作为天津话就是来自明代的南京（苏皖）官话的历时性证据。

（4）王临惠（2012：68）拿天津话的阴平调与周边方言做调值比较，得出结论："天津方言今阴平调值与周边方言不同是山东方言影响下所发生的变化，其原调值应是现在被认为变调的213。"其实，如果扩展比较至苏皖区域，蒙城、蚌埠、固镇话的阴平调值212与济南话的阴平213非常接近；再者，如果天津话阴平的原调值是 213，那么上声调的原调值怎样解释，系统性方面还应考虑。

2.5.1.5　知庄章声母读音的比较

中古知庄章声母成批地读作平舌声母，这是现代天津话不同于周边方言的显著特点之一，而紧邻的北京话及周边方言则基本合流读作卷舌声母字。

不同学者在不同时间调查记录的天津话知庄章声母字读平舌音现象存在一定差异。归纳起来如下表（表中 Ts- 代表 ts-、tsʰ-、s-）：

表 2-29　现代天津话知庄章声母读音对比表

天津话	二等	二、三等	三等		备　注
	知组	庄组	知组	章组	
现代（老）	ts-、tsʰ-、s-		tʂ-、tʂʰ-、ʂ-		老派章组通摄舒声和止摄例
现代（新）	ts-、tsʰ-、s-（多）/tʂ-、tʂʰ-、ʂ-				外读平舌。杨自翔（1988）
现代（老）	ts-、tsʰ-、s-		Ts-（7.1%—21%）		张旭（1987）
现代（新）	ts-、tsʰ-、s-		Ts-（70%—98%）		
现代（老）	Ts-（100%）	Ts-（96.9%）	Ts-（96%）	Ts-（78%）	限于天津红桥区的调查。骆
现代（中）	Ts-（72%）	Ts-（62%）	Ts-（56%）	Ts-（48%）	津湘（2013）
现代（青）	Ts-（38%）	Ts-（33.7%）	Ts-（40%）	Ts-（30%）	
现代（新）	ts-、tsʰ-、s-（个别）/tʂ-、tʂʰ-、ʂ-（多）				王临惠（2010）
现代（老）	ts-、tsʰ-、s-				城厢型。王临惠（2010）
现代（老）	ts-、tsʰ-、s- / tʂ-、tʂʰ-、ʂ-（平卷舌不稳定）				河东型。王临惠（2010）

上表显示，由于时间不同，调查区域不同，说话者年龄不同等因素，天津话知庄章声母的读音情况很不一样。熊正辉（1990）根据知庄章组字的读音差异，把官话区分 ts-、tʂ- 的方言归纳为三种类型：（1）济南型，全读卷舌声母；（2）昌徐型，庄组字读平舌声母；（3）南京型，庄组三等读平舌（止摄合口和宕摄除外），知章庄（二）读卷舌（梗摄二等除外）。相比较而言，20 世纪 80 年代之前的老派天津话知庄章的读音倾向于南京型。

那么，代表明代南京官话的《西儒耳目资》音系知庄章声母的读音情况怎样呢？根据《西儒耳目资》（上）中"音韵经纬全局"（即声韵调配合总表）统计，"ch 者"声母字有 67 个，"'ch 撦"声母字 84 个，"j 日"声母字 37 个，"x 石"声母字 78 个，它们与中古《切韵》音系和现代普通话的比较情况如下表：

表 2-30 《西儒耳目资》（上）声韵调配合总表知庄章声母字读音统计表

中古音	金氏字父	普通话声母	字数	备　注
知、庄、章 澄（仄）、崇（仄）	ch 者 [tʂ]	tʂ	64	约占 96%
禅	ch[tʂ]	tʂ、tʂʰ	2	汋、捶
从	ch[tʂ]	ts	1	奘
彻、初、昌 澄（平）、崇（平）	'ch 撦 [tʂʰ]	tʂʰ	76	占 90%
禅	'ch[tʂʰ]	tʂʰ	3	酬、禅、蝉
船	'ch[tʂʰ]	tʂʰ	1	船
晓	'ch[tʂʰ]	ɕ	i	蓄
生	'ch[tʂʰ]	tʂʰ	1	产
章	'ch[tʂʰ]	tʂʰ	1	单辰
书	'ch[tʂʰ]	tʂʰ	1	春
生、书、船、禅	x 石 [ʂ]	ʂ	75	占 96%
禅	x[ʂ]	∅(y)	1	慵
禅	x[ʂ]	tʂʰ	1	纯
心	x[ʂ]	s	1	悈
日	j 日 [ʐ]	ʐ	35	占 95%
以	j[ʐ]	ʐ	1	锐
疑	j[ʐ]	ʐ	1	阮

如果仅从以上《西儒耳目资》（上）的声韵调配合总表的代表字读音统计，可以得出结论：中古知、庄、章三组声母在《西儒耳目资》音系中已经合流，读音与今普通话基本一致。

可是，如果再仔细查看《西儒耳目资》（中）的同音字表，就会发现：部分今普通话读卷舌声母的中古庄组字却列于"ç 则 [ts]、'ç 测 [tsʰ]、s 色 [s]"平舌声母之下，或者今普通话读平舌声母的则卷舌、平舌声母两读；而且，一些中古知组二等字也有类似情况，与庄组有纠缠。例如：

表 2-31　《西儒耳目资》（中）里庄组与知组二等字读平舌音例字表

中古韵摄	例　字	备　注
鱼三遇摄	庄组：疏梳蔬 s-	第 64 页
脂三止摄	庄组：师狮 ʂ- / s-	第 33、66 页
尤三流摄	庄组：愁 tsʰ-	第 119 页
真三臻摄	庄母：臻榛 ts-	第 133 页
侵三深摄	庄组：森 ʂ-	第 177 页
之三止摄	庄组：淄缁甾辎锱菑 ts- / tʂ-	第 31、65 页
之三止摄	庄组：事使 ʂ- / s-	第 46、77 页
鱼三遇摄	庄组：锄 tʂʰ- / tsʰ-	第 67 页
鱼三遇摄	庄组：阻 tʂ- / ts-；楚憷滁础 tʂʰ- / tsʰ-；助祖 tʂ- / ts-	第 70、74、75 页
佳二蟹摄	庄组：钗差 tsʰ- / tʂʰ-	第 81、82 页
皆二蟹摄	庄组：豺 tsʰ- / tʂʰ-	第 83 页
山二山摄	庄组：产 tsʰ- / tʂʰ-	第 111 页
尤三流摄	庄组：邹 ts- / tʂ-	第 117、118 页
耕二梗摄	庄组：争筝诤 ts- / tʂ-	第 126、127 页
庚二梗摄	知组：撑瞠樘 tsʰ- / tʂʰ-	第 130、131 页
陌二梗摄 麦二梗摄	庄、知二组同音字：窄责庄二宅泽澄二摘知二 ts-	第 24、25 页
阳三宕摄 江二江摄	庄、知二组同音字：庄妆装庄三椿知二 tʂ-	第 281 页
阳三宕摄 江二江摄	庄、知二组同音字：壮庄三撞澄二 tʂ-	第 283 页

　　上表中的现象在《西儒耳目资》里虽然不多，但是很值得注意。

　　首先，表中现象依稀让人看到了元代《中原音韵》（周德清 1324）音系的痕迹，《中原音韵》里的小韵大致是知二庄为一类、知三章为一类，学界对《中原音韵》里中古知庄章声母是合为一类还是分两类在拟音上有分歧（王力 1985：309—310，宁继福 1985：8），而如今中原官话区域知庄章合一或二分的情况都有。

　　其次，表中所列字主要是遇摄、止摄、流摄、臻摄、深摄的庄组三等字，以及梗摄二等知组、庄组字，这与现代江淮官话分布于皖中片、黄孝片及南京市区域的古知二庄组高元音读 Ts 类、低元音读 Tʂ 类（冯法强

2014：§3.6.1.1）的现象相类似，也与熊正辉（1990）分析的"南京型"特点部分吻合。孙宜志（2010）、张维佳（2011）也论述过《西儒耳目资》知庄章读音与江淮官话的关系。

再次，鉴于《西儒耳目资》（上）"音韵经纬全局"（声韵调配合总表）中所列代表字显示的知庄章声母字基本合流（表2-30），而在《西儒耳目资》（中）的同音字表里又出现部分庄、知组字类似于现代江淮官话的异读现象（表2-31），这既体现了《西儒耳目资》音系是中原官话与江淮官话的融合体，知庄章声母合流趋简（曾晓渝2004：3—13），也证明前面论述的以《西儒耳目资》为代表的明代南京官话音系实际上是读书音、口语音交织的动态弹性状况（见§1.4.4）。

这里，参照熊正辉（1990）关于现代官话知庄章读音的三种类型，结合天津话的源流问题，做如下大致归纳比较（下表中 Ts- 代表 ts-、tsʰ-、s-；Tʂʰ- 代表 tʂ-、tʂʰ-、ʂ-）：

表 2-32　天津话知庄章读音历史比较

	类型	二等		三等			备　注
		知组	庄组	庄组	知组	章组	
《西儒耳目资》（1626）	南京型	Ts-/Tʂ-梗摄	Ts-/Tʂ-梗摄等	Ts-/Tʂ-内转摄	Tʂ-	Tʂ-	口语异读现象见表2-31
《韵籁》（1886）	南京型（近似）	Ts-23% 梗摄	Ts-82%	Ts-82%	Tʂ-93%	Tʂ-92%	冯志白（1991）参见表2-16
天津老 1980 年代	昌徐型（近似）	Ts-		Tʂ-/ Ts-（很少）			杨自翔（1988）
天津老 1980 年代		Ts-		Tʂ-（86%）			张旭（1987）
天津新 1980 年代		Ts-		Tʂ-（84%）			
天津老 2010 年代		Ts-（98%）		Tʂ-（87%）			骆津湘（2013）（天津红桥区）
天津中 2010 年代		Ts-（67%）		Tʂ-（52%）			
天津青 2010 年代		Ts-（36%）		Tʂ-（35%）			
静海话	昌徐型	Tʂ-	Ts-	Tʂ-			杨自翔（1988）
北京话	济南型	Tʂ-（个别庄组字"所"等今读平舌）					
固镇话（东部）	济南型	Tʂ-（个别庄组字"所"等今读平舌）					曾晓渝 2011 年安徽固镇的调查
固镇话（城郊）		Tʂ-/Ts-（不定，自由变体）					
固镇话（城关内）		Ts-（基本上全读平舌）					

这里有必要注意上表中的一些现象，20 世纪 80 年代新派天津话就开始将古知庄章声母字基本上一律读作平舌声母 [Ts-] 了，到 21 世纪，这又成为了老派天津话特点，这似乎体现了天津话不同于普通话的方音特点，但同时也磨灭了早期天津话"南京型"的特点。这种简单划一的读音创新，一方面由于语言"经济原则"所致，另一方面也说明，如果不是底层传承，口语中人们是不可能做到区分中古知庄章的读音类别的，尽管他们有说好家乡方言的强烈意识。因此，《西儒耳目资》的知庄章读音倾向于南京型，清末《韵籁》（1886）所反映的天津话知庄章字声母读音也倾向于南京型，这可以作为天津话与明代南京官话存在渊源关系的有力证据。

天津话知庄章读音历史发展变化的脉络简示如下：

明代《西儒耳目资》—— 清代《韵籁》　　—— 　20 世纪　 —— 　21 世纪

异读字倾向"南京型"　　　倾向"南京型"　　老派：倾向昌徐型　老派：以平舌音 Ts- 为主

　（反映口语）　　　　　　　　　　　　新派：以 Ts- 为主　新派：以卷舌音 Tʂ- 为主

近百年来天津话的知庄章读音逐渐变化，至 20 世纪 80 年代，老派的读音已经明显倾向于昌徐型了，这显然是周边静海等北方官话保唐、沧惠片方言的包围影响所致；再发展至 21 世纪，老派读音再变化，基本读作平舌声母（也有的 Ts- /Tʂ- 不定），这是前一世纪新派读音特点的延续；而这时期新派读音也在变化，倾向于济南型（同北京话），这显然是受普通话影响所致。

2.5.1.6　疑影母字的读音比较

中古疑影二母开口一、二等字在北京话里基本都读作零声母，在天津话里却有不少带有 [n-] 声母，比较如下：

表 2-33　天津话对应北京话零声母字的声母韵母表

例字	中古音	北京	天津	武清、宝坻、静海、锦州等
鹅	果摄歌韵开口一等疑母字	ɣ	nɣ	nɣ
哀埃爱	蟹摄咍韵开口一等影母字	ai	nai	nai
挨	蟹摄皆韵开口二等影母字			
矮	蟹摄佳韵开口二等影母字			

（续表）

熬傲	效摄豪韵开口一等疑母字	au	nau	nau
祆懊	效摄豪韵开口一等影母字			
藕偶	流摄侯韵开口一等疑母字	əu	nəu	nəu
欧鸥呕沤怄	流摄侯韵开口一等影母字			
庵暗揞	咸摄覃韵开口一等影母字	an	nan	nan
岸	山摄寒韵开口一等疑母字			
安鞍按案	山摄寒韵开口一等影母字			

天津周边许多方言都将中古疑影二母开口一、二等字读作鼻音 [n-] 声母字，甚至东北官话的一些方言点亦然（冯志白 1991，王临惠 2010），那么，这种现象是证明天津话与周边方言同底层，还是后来受周边方言影响呢？

清末记录天津话的《韵籁》（华长卿 1886）里的相关字音拟音如下表（参见表 2-10，表 2-13）：

表 2-34 《韵籁》"额""诺"声母例字对照表

例　字	《韵籁》拟音	今天津话	今北京话
哀埃皑蔼矮艾爱	额衍章第四	ŋai	nai	ai
鼐奶乃奈耐	诺衍章第八	nai	nai	nai
熬翱祆坳傲澳奥	额衍章第四	ŋau	nau	au
挠脑恼瑙淖闹	诺衍章第八	nau	nau	nau
安案岸暗按	额衍章第四	ŋan	nan	an
南男难	诺衍章第八	nan	nan	nan
俄蛾鹅饿恶遏	额衍章第四	ŋo	nɤ	ɤ

《韵籁》里"额 [ŋ-]"与"诺 [n-]"声母的"爱—耐""傲—闹""岸—难"等形成最小对立，冯志白（1991）指出，《韵籁》里"中古疑影二母开口一、二等字的声母绝不可能读 [n-]，而应拟作 [ŋ-]"。竺家宁（2005）认为，从《韵籁》整个声母系统来看，"额母"是零声母。尽管学者们对《韵籁》"额"声母拟音是 [ŋ-] 还是 [∅-] 有不同观点，但可以肯定，天津话将疑影二母开口一、二等字读作 [n-] 声母是后起的，近百年来或者经历了"ŋ → n/__V（非高）"的自然音变，或者经历了"∅ → n/__V（非高）"的

类推增音，其演变结果是读音"爱＝耐""傲＝闹""岸＝难"。

基于以上分析，天津话里中古疑影二母开口一、二等字读 [n-] 声母的特点很可能是在与周边方言接触过程中近百年来才产生的，并非底层现象。

2.5.1.7　日母字的读音比较

天津话的另一特点是，许多古日母字可读作零声母，同时又把普通话 [yuŋ] 音节的字读作 [ʐ] 声母字。例如读零声母的"人＝银""软＝远""让＝样""肉＝又"；又如读 [ʐ] 声母的"用永勇"，"永勇＝冗"。这种现象是否在《韵籁》（1886）里存在呢？先看下表：

表 2-35　《韵籁》"日""弱""葉""月"声母例字对比表

《韵籁》	同音字			备注
[ʑi-] 日衍章第十四	○让	○人仁	○忍衽荏	日母字。
[øi] 叶衍章第三十四	○样	○银吟	○引隐饮　○眼掩	零声母字。
[ʐu-] 弱衍章第十九	○冗茸勇	○用雍	○阮软　○染冉	合口日母字，混入少数零声母字。
[øy] 月衍章第三十	○永泳	○元原园缘	○远	零声母字，有喻三"荣"字。

可见，100 多年前的《韵籁》里已经有了影、喻零声母 [yuŋ] 音节字读 [ʐ] 声母的现象，不过，日母字读零声母的现象却没有出现。

现代天津话口语（白读）古日母字读零声母是有规律可循的，大致分类如下表：

表 2-36　现代天津话口语里古日母读音分类

今读音分类	语音条件	例　字
（1）[ɚ] 音节	止摄三等开口呼	儿而耳尔贰二
（2）[ʐ-] 声母字	非止摄三等，今开口呼、合口呼	日蕊锐儒汝
（3）[ø]（[j,y]）零声母字	非止摄三等，今齐齿呼、撮口呼	人认染让嚷扰绕热肉软入

天津话里古日母字读零声母的现象是近百年后起的。这可能是受周边方言的影响，也可能是自然音变的结果，因为日母字读作零声母的现象不仅遍布冀鲁、江淮、胶辽、东北官话方言，也存现于湘、粤、闽方言中（参见曹志耘 2008）。

2.5.1.8　两字组非轻声连读变调规律的比较

现代天津话的两字组非轻声连读变调很有特色，基本规律是（石锋

1990，杨自翔 1999，王嘉龄 2002）：

"飞机"阴阴→上阴（LL → LM/__LL）

"洗脸"上上→阳上（LM → HH/__LM）

"教授"去去→阴去（HL → LL/__HL）

"教师"去阴→阳阴（HL → HH/__LL）

石锋、王萍（2004）在《天津话声调的新变化》一文中描述了近20年来在普通话的影响下，新派天津方言两字组连读变调有了如下新变化：

阴平 + 阴平→（北京阴平 55）+ 阴平

上声 + 上声→（北京阳平 35）+ 上声

去声 + 阴平→（天津阳平 55）+ 阴平

去声 + 去声→（北京半去 53）+ 去声

由于我们着眼于探讨天津话的历史源流，因此，下文主要基于老派的两字组连读变调规律变调进行比较分析。

连读变调规律可以从两个方面来分析观察：一是调值的变化（例如"213+213 → 35+213"），二是调类的变化（例如"上上→阳上"）。调值变化主要在语音层面，调类变化形成的"连调式"（语音词 / 成词变调形式）则涉及韵律范畴。一般说来，韵律规则优先于语音规则起作用，即在两字组连读变调中，连调式规则一般优先于调值变化规则。比如，同样是"213+213"两字成词连读，在重庆老城区方言为去声连读（主谓、动宾、动补结构）不变调；同样有连调式"上上→阳上"，济南话的上声为高平55调。所以，韵律范畴的连调式对于分析比较方言间深层的亲疏关系是值得重视的。因此，这里着重比较天津话连读变调的连调式与其他相关方言的异同。下表选取南北各代表点的变调规律做比较（表中的"—"表示不变调）①。

---

① 表中的连读变调材料来源：天津话、静海话、桃园沽话、双港话、葛沽话的材料引自南开大学杨自翔（1988：213—215），塘沽话由杨自翔先生提供的尚未发表的材料；北京话引自林焘（1998：10—11）；济南话引自钱曾怡（2001：102）；南京话参引自刘丹青（1997：10）；安徽蒙城、蚌埠、固镇、合肥话由曾晓渝 2011 暑假调查所得。

表2-37　现代天津话两字组非轻声连读变调比较表

方言点	调类调值				两字组非轻声连调式			
	阴	阳	上	去	本调：阴阴	本调：上上	本调：去去	本调：去阴
天津（老城区）	21	45	213	53	上阴	阳上	阴去	阳阴
塘沽	21	45	213	53	阳阴	阳上	—	—
静海	43	55	113	31	阳阴	—	上去	上阴
桃园沽	21	45	213	52	33+阴		阴去	阳阴
双港	33	45	113	52	44+阴		31+去	上阴
葛沽	43	45	113	31	—		上去	上阴
北京	55	35	213	51	—	阳上	—	—
济南	213	42	55	21	24+阴	阳上	—（或24+去）	
蒙城	212	55	24	51	上阴			
固镇	212	55	24	53	上阴			
蚌埠	212	55	24	53	上阴			
合肥	21	55	24	53	上阴			
南京	31	24	212	44	33+阴	—（12+上）	—	—

注：南京话、合肥话还有入声调，因变调方面与其他点不可比而省略。

观察分析上表得出几点看法：

（1）天津老城区话、塘沽话调类调值完全相同，但连调式基本不同；明代天津三卫的驻军中心在天津老城区，离塘沽较远，如今变调规律的差异也许正反映出天津话与塘沽底层语言来源的差异。

（2）静海直接与天津老城区相连，桃园沽、双港紧邻天津老城区（桃园沽、双港均属津南区，离天津老城区约12公里），葛沽（亦属津南区）离天津老城区约35公里，而塘沽离天津老城区约45公里，所以，这几个点与塘沽相比，离天津老城近得多，但连读变调也都基本不同，这亦能说明底层是冀鲁官话的方言点在连调式上与天津话有差别。

（3）"去去→阴去"和"去阴→阳阴"这两个连调式基本上是天津话的特点，这可认为是天津话作为移民语言的创新演变。不过，紧邻天津老城的桃园沽也有这种变调现象，有可能是受到了天津话的浸染。

（4）"阴阴→上阴"主要分布于南边儿的江淮官话、中原官话；"上上

→阳上"主要分布于北边儿的北京官话、冀鲁官话；天津话则二者兼有，印证了天津话来自南边儿、形成发展于北边儿的南北官话接触交融结果[①]。

2.5.2　古入声字调类归派的比较分析[②]

杨自翔（1988：205）列简表显示天津话与北京话的古入声字归派是一样的。石锋（1988：236）列出了一些常用的古清入声字调类归派上天津话与北京话的不同（括号内为北京话的调类）：

天津话归阴平的——菊媳（阳平）、骨脚郝饺血雪（上声）、血（去）

天津话归阳平的——鸽（阴平）、笔（上声）、必刻（去声）

天津话归上声的——仆（阳平）、迫（去声）

天津话归去声的——析息（阴平）、蝶袭逐（阳平）

总体来看，天津话与北京话在古入声的归派方面十分相近，也许是由于这个原因，以往学者极少论及天津话的入声归派问题。但是，毕竟天津话与北京话的入声归派存在差异，这种差异是否与天津话的不同来源问题有关呢？带着这样的问题，我们觉得有必要仔细比较探究天津话的入声归派现象。

2.5.2.1　借鉴应用阶曲线判定法探究天津话清入归调的层次来源

汪锋、王士元（2004/2006）在陈保亚对斯瓦迪士的 200 词分出高阶低阶的基础上，根据高阶词的同源保留率高于低阶词，低阶词的借用率高于高阶词的标准来厘清北京话入声字中的早期存疑和晚近借用部分，并得到"清入归去为北京话本地固有层次"的结论。

王洪君（2006）对汪锋、王士元的统计进行了重新审查。对北京话清入的多种异读进行了重新遴选，定义了核心通阶和常用通阶，运用阶曲线判定得出北京话核心高低分阶、常用分阶的两种曲线，得出北京话清入字

---

① 最近，路继伦等（2019：168—169）针对"天津方言来自以宿州为中心的广大淮北平原"（李世瑜、韩根东 1991）观点，将天津话与安徽宿州话的单字调、连读变调进行比较，得出结论："从声调系统、连读变调情况和优选论音系分析上看，天津方言和宿州方言既有相似之点又有不同之处，天津话源自宿州话的假说不能得到很好的支持。"笔者认为，仅以现代天津话与宿州话声调比较来论证二者 600 年前是否有渊源关系，其研究思路方法存在时空问题，故结论尚欠说服力。

② 这里将古入声字的调类归派的比较分析单独讨论，而没有放在前面 §2.5.1 语音系统的比较分析一节里，主要是考虑内容较多，也比较特殊。本节参考引用了骆津湘硕士论文《天津话来源比较研究》（2013）中的部分内容。

的四种声调归派中，清入归上是北京话口语最早的固有层次，而清入归去、归阳平是外源性高层（文化）接触的层次，归阴平是外源性底层（日常）密切接触层次的结论。

以上学者的研究方法对我们很有启示。根据我们的统计，天津话清归入声阴平的百分比比北京高15%，而且"骨""脚""血""雪"等字恰恰处于核心词中的高阶词，存在于斯瓦迪士200词中。天津方言现在的读法很有可能是保留了来源地的读法，与北京话归调的不同可能说明天津方言的底层来源不同于宋元时期"幽燕方言的一支"。

因此，我们学习借鉴采用阶曲线判定法，对天津话清入声的来源层次进行研究，并与其他地区的入声归派进行比较，以探求天津话的层次来源，以及在语言接触过程中的发展演变。

王洪君（2006）在对北京话清入字分阶和阶曲线重新考察的时候考虑到了清入字的异读现象，并根据异读与核心语素义是否相同来遴选《汉语方音字汇》（2003）中清入声所有的异读调。与北京方言普遍存在的文白读的情况不同，在调查过程中，天津话所呈现的趋势是靠拢普通话，因此我们不能轻易地将与普通话相似定义为"文读"而将天津方言称为"白读"。本书入声字读音即为调查中天津老年人的日常读法，调查列表计算时词汇数量和一字多读的异读例次与王文所引高晓虹（2000）数据有一定出入，但是所有的统计都是基于天津方言的实际调查，因此数据具有可信性。

我们从《汉语方音字汇》（2003）中所收的3000字中挑选出326入声字，包括核心清入和常用清入。根据天津方言存在的异读情况，我们最后确定有257字（异读字按一音一字计算），将这257字的归派按照不同声调、每个声调的不同例字和所占类别的百分比都在表中详尽列出，具体见下表（表格第一个数为例字数，第二个数为所占百分比）：

表 2-38　天津话清入声字调类归派表

	阴平	阳平	上声	去声	分阶总计
清入总计	97字，38%	58字，23%	18字，7%	84字，32%	257字，100%
核心通阶	17字，71%	1字，4%	4字，17%	2字，8%	24字，100%
常用通阶	80字，34%	57字，25%	14字，6%	82字，35%	233字，100%

表 2-39 天津话清入声字归调核心词分阶例词表

高阶清入		低阶清入	
今调	例字（字数，百分比）	今调	例字（字数，百分比）
阴平	杀吃说一虱骨角ᵡ脚血黑（10 字，62.5%）	阴平	结挖压擦吸湿雪（7 字，87.5%）
阳平	不ᵡ（1 字，6.3%）	阳平	—
上声	给角ᵡ发ᵡ（3 字，18.8%）	上声	窄（1 字，12.5%）
去声	发ᵡ不ᵡ（2 字，12.5%）	去声	—
总计	（16 字，100%）	总计	（8 字，100%）

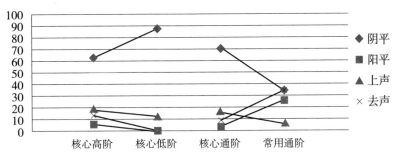

图 2-9 天津话核心词汇清入声归派走势

根据上图走势，对天津话清入声的来源做如下分析判断：

（1）读作阳平的属外源层次。阳平在核心高低两阶上面虽然存在差异，但是这种差异小于 10%，不足以说明历史层次。在核心和常用通阶的阶曲线上却有明显上扬的趋势，这一趋势反映它是由接触产生的外源层次。阳平的读法在核心通阶中所占比例极少，说明它并没有侵入核心语素，因此可以说它是后起的、非密切的文化层次接触的结果。

（2）读作上声的可能是自源性的，但数量少，尚不能确定。上声在总体的比例中最少，但是在核心高低两阶和在核心常用两阶的阶曲线的走向相同，因此可以推测，上声读音可能是自源性，不过因数量很少，不能确定。

（3）读作去声的属外源层次。去声在核心高低两阶的走向下缓，幅度不大，且在核心和常用两阶的走向上扬且幅度很大，可以断定去声的读音属外源层次。在常用通阶上的明显上扬说明外源接触的数量大，已有少量进入核心语素则说明这一接触比较深刻，时间长或者社团构成有外源高阶层人员的进入。

（4）读作阴平的属自源主层次。与上面三种声调的阶曲线相比，阴平的阶曲线有些复杂，阴平的两种阶曲线走向不同，这相似于北京话的阶曲线。王洪君（2006：240—242）对北京话清入归阴平调的情况分析认为，阴平的两种阶曲线形成原因可能有三种：一是方言来源层次的性质用常用的分阶标准不能体现出来，所以常用的分阶标准应不予考虑，这样则清入归阴平应属外源层次；二是清入字在核心语素中的样本具有偶然性，那么清入归阴平应属北京话原有自源层次；三是"两种分阶各有自己的价值，阴平在两种阶上的相反走向，恰恰说明它既不是普通的自源性继承，也不是普通的权威方言的外源性接触"。王文选择了第三种解释的方法，因此可以断定，阴平在核心高低分阶上的上扬曲线，说明它不是固有自源层次；而在核心常用分阶上的下降曲线，则是密切的底层接触并同时受到另外的高层文化接触挤压的结果。高晓虹在《北京话古入字归调历史及成因考察》（2003）中考察了北京话清入字归调的历史，指出清代北京话中清入声字派入四声的比例与今北京话已经十分相近，且明代以来的韵书中的清入声字都存在白读多归阴平和上声，文读音多归阳平和去声的趋势。北京话中存在的文白异读是外方言影响而产生的读音重叠，其存在的原因说明北京话曾经受到其他方言的影响，外方言影响到了清入字的声调，导致入声字归调无规律的现象。借鉴这两位学者的研究方法，天津方言清入声归阴平的字在核心高阶和低阶中分别占到了 62.5% 和 87%，因此我们可以假设天津方言阴平为固有自源层次，只不过是在不同的发展时期受到不同的影响而形成了不同层次的读音。具体来说，就是天津方言在发展的过程中，不断地受到冀鲁官话、北京官话的影响，自源层次的阴平不断受到冲击，被其他方言的读音所取代，因而核心通阶的清入比例高于常用通阶，同时其他调类读音又不断地变为阴平，逐渐形成了如今的面貌。

2.5.2.2　天津方言入声字归派的比较研究

2.5.2.2.1　天津方言入声字归派与各地对比

刘淑学在《中古入声字在河北方言中的读音研究》（2003：36—40）中通过计算清入声归派四声的百分比，认为在河北省古清入字归阴平的方言区域几乎占无入声区域的一半。她将河北省无入声区方言中古入声字的归调分为三个地带:"一是河北省东南部大名、威县一带,此地区入声归阴平占到了80%以上,以此为中心向北扩展,归阴平的比例缓减,归去声的比例缓增,直到石家庄、沧州市古清入归阴平的比例降至60%,而在河北省,古清入字归阴平的方言区域几乎占无入声区域的一半;另一中心在河北省中西部,这里的清入声字归上声占到70%—75%,以此为中心向四周扩散;第三个中心是北京话,古清入字归阴、阳、上、去没有什么规律。"下表将不同地点入归派的百分比列出:

表 2-40 天津话入声归派与各地对比表

方言点	入声类	阴平	阳平	上声	去声	资料来源
徐州（中原洛徐片）	清入声	74%	14%	3%	9%	李申《徐州方言志》（1985：55—87）
	次浊入	65%	4%	1%	30%	
	全浊入	13%	80%	1%	6%	
蒙城（中原郑曹片）	清入声	71%	11%	6%	12%	胡丽华《蒙城方言研究》（2011：18—24）
	次浊入	77%	5%	3%	7%	
	全浊入	12%	85%	0%	3%	
唐山玉田（冀鲁保唐片）	清入声	45%	11%	19%	24%	刘淑学《中古入声字在河北方言中的读音研究》（2003：143—208）
	次浊入	3%	4%	0	93%	
	全浊入	4%	78%	4%	14%	
保定高阳（冀鲁保唐片）	清入声	30%	6%	46%	19%	
	次浊入	3%	2%	1%	94%	
	全浊入	1%	90%	7%	2%	
沧州沧县（冀鲁沧惠片）	清入声	36%	33%		31%	
	次浊入	4%	4%		92%	
	全浊入	6%	88%		5%	
北京	清入声	31.1%	22.8%	13.0%	33.1%	陈章太、李行健《普通话基础方言基本词汇集》（1996：1—1837）
	次浊入	3.2%	4.8%	4.8%	87.2%	
	全浊入	2.6%	80%	1.6%		
天津	清入声	45%	17%	13%	25%	
	次浊入	1%	4%	3%	92%	
	全浊入	2.4%	79.6%	1.7%	15.3%	

（续表）

				上声多数		
烟台（胶辽青州片）	清入声			上声多数		钱曾怡《山东方言研究》（2001：65—140）；钱曾怡《汉语官话方言研究》（2010：133）
	次浊入	4%		36%	60%	
	全浊入				去声	
平度（胶辽登连片）	清入声			上声多数		
	次浊入	阴平	阳平			
	全浊入		阳平			
济南（冀鲁石济片）	清入声	77.30%	7.18%	4.31%	11.21%	

上表中反映出各地在清入声归派中归入四声（三声）的百分比，山东省胶辽官话的烟台、平度点根据《山东方言研究》（钱曾怡2001）得知其清入声的归派是有规律的（虽然没有具体统计比例），而冀鲁官话石济片的济南则多归阴平。

天津的清入声派入四声，虽然规律性不强，但是归入阴平的占到了45%，处于中原官话到北京话的过渡数据，与冀鲁官话石济片近似。而从地理分布看，冀鲁官话石济片恰恰是最靠近中原官话的地区。由此，对于天津方言清入声归派特点的形成可以有两种假设：一种是由于直接源自明代南京官话，这种特点是中原官话底层的痕迹；另一种是受到冀鲁官话的影响所致。我们倾向于第一种假设，下面进一步的研究数据可以予以支持。

2.5.2.2.2　核心词中清入声字与各地对比

为了更加清晰地调查天津方言入声归派的规律以及与周围方言的关系，我们将《方言调查字表》（2002）中的入声字挑出来，按照清浊分类并且对照《普通话基础方言基本词汇集》（1996）中各地的读音将不同地区入声字的归派列出进行比较，由于对比涉及的字数多，所以不一一在文中列举，仅仅举出斯瓦迪士核心词里的词，便于观察。

表 2-41 天津话核心词中清入声字与周边方言对比

例字 地点	吃	结	骨	角	脚	黑	发头发
唐山	阴平	阴平	阴平	上声	阴平	阴平	去声
天津	阴平	阴平	阴平	阴平	阴平	阴平	阴平
北京	阴平	阳平	上声	上声	上声	阴平	去声
保定	阴平	阴平	阳平	阴平	上声	阴平	阴平
沧州	阴平	上声	阴平	上声	上声	阴平	上声
济南	阴平	阴平	上声	上声	上声	阴平	上声
徐州	阴平	阳平	阴平	阴平	阴平	阴平	阴平
蒙城	阴平	阴平	阴平	阴平	阴平	阴平	阴平

（续表）

例字 地点	发发财	不	雪	擦	吸	给供给	窄
唐山	阴平	阴平	上声	阴平	去声	阳平	上声
天津	阴平	去声	阴平	阴平	阴平	上声	阴平
北京	阴平	去声	上声	阴平	阴平	上声	上声
保定	阴平	阴平	阴平	阴平	阴平	阳平	上声
沧州	阴平	去声	上声	阴平	阴平	上声	上声
济南	阴平	阳平	上声	阴平	阴平	上声	上声
徐州	阴平	阳平	阴平	阴平	阴平	上声	上声
蒙城	阴平	阴平	阴平	阴平	阴平	阳平	阴平

表 2-42 天津话核心词中全浊入声归派及与周边方言的比较

例字 地点	舌	直	白	石
唐山	阳平	阳平	阳平	阳平
天津	阳平	阳平	阳平	阳平
北京	阳平	阳平	阳平	阳平
保定	阳平	阳平	阳平	阳平
沧州	阳平	阳平	阳平	阳平
济南	阳平	阳平	阳平	阳平
徐州	阳平	阳平	阳平	阳平
蒙城	阳平	阳平	阳平	阳平

表 2-43　天津话核心词中次浊入声归派及与周边方言的比较

例字\n地点	热	月	薄	绿
唐山	去声	去声	阳平	去声
天津	去声	去声	阳平	去声
北京	去声	去声	阳平	去声
保定	去声	去声	阳平	去声
沧州	去声	去声	阳平	去声
济南	去声	去声	阳平	去声
徐州	阴平	阴平	阳平	阴平
蒙城	阴平	阴平	阳平	阴平

　　由以上各表可知，各地入声归派中，全浊入声几乎无一例外都归入了阳平，只有清入声和次浊入声能够显示出较大的不同点。

　　从清入声角度看，各地之间存在着差别，但是总体上说，各种差别是以济南为分界线，南北不同。济南则和南北都有相似的部分，属于一个过渡的地点。这里面我们注意到，核心词中共有 15 个清入声字，排除"吃、黑、发发财、擦、吸"5 个声调一致的，有 10 个声调不一致，这里以属中原官话的徐州和蒙城点的读音为标准，与徐州、蒙城（或其中一个）归调一致的字数从高到低排列：天津 9 个（其中 8 个表现于归阴平），唐山 7 个，保定 7 个，济南 4 个，沧州 3 个，北京 3 个。显然，天津话与中原官话清入声归调（主要是归阴平）高度重合，达到 90%，这种结果用语言底层相同来解释是合理的。

　　这里还有一个不能回避的问题：天津话的次浊入声的归派呈现出与中原官话徐州方言和蒙城方言南北截然不同的特点，而与周边北京、冀鲁官话方言归派一致。对此，我们的思考解释如下。

　　学界关于北方官话入声消失时间顺序的观点：全浊入声最早，次浊入次之，清入声最晚消失（钱曾怡 2010：138）；据刘淑学（2000：28—31）调查统计，河北方言里，东南部的大名县次浊入声 74% 归阴平，以此为起点由南向北相邻方言 10 个点的次浊入读阴平的数量递减，到东北部献县已有 91% 读去声了；但是，这一线方言点清入声绝大多数仍归阴平的比例却变化不大，大名县 85% 清入声归阴平，献县 61% 归阴平。对此，我们的想法是：在河北官话中，东南部紧邻河南的大名县次浊入、清入归阴平与中原官话一致，由此自南向北，各方言点的次浊入声归阴平的比例从 74% 递减到 5%，而清入声归阴平的数量则从 85% 仅减到 61%。显然，在这些方言点里，次浊入声的归派变得快，而清入声的归派变得慢；究其原因，次浊入声字数少，变归调类去声明确；而清入声字数多，且变归调类不统一。相对而言，次浊入声由阴平变去声属显性变化，清入声由阴平分派四声则属隐性变化。

语言接触过程中，显性音类容易变，隐性音类则不太容易变。因此，次浊入声的归派不宜作为底层来源的依据，而清入声字的归派比例，尤其是核心词的归派，在一定程度上能够反映其底层来源。

天津话呈现出的清入声核心词归派倾向于中原官话特点，这有可能是其底层来源的痕迹；而次浊入声归派倾向于紧邻的北京、冀鲁官话，是后来受周边方言影响的结果。

2.5.2.3　小结

本节采用阶曲线判定法，对天津话清入归调的层次来源做出推测：归阳平、去声的属于外源性层次；归上声、阴平的属于自源层次，其中上声字很少，而阴平字多，因此推测清入声归阴平可能是早期天津话自源性主层次。

再进一步通过核心词里各相关方言点存在声调差异的清入声字归调情况的比较分析，发现只有天津话里核心词清入声归调与中原官话徐州、蒙城的一致度最高，达到 90%，这客观的数据在一定程度上支持了天津话源自明代南京官话，即通行于明代南直隶（包括今苏皖地区）的中原官话、江淮官话的融合体。即使经过了 600 多年的历史流变，天津话不断受到周边冀鲁官话和北京官话的影响发生了许多变化，但一些底层痕迹犹在。

第六节　本章结语

本章从明代档案文献考察入手，结合语言本体的纵横比较分析，针对学界关于天津话来源的争议问题，寻求"天津话的源头在哪里？""紧邻北京的天津话为什么听起来很另类？""天津话是否发生了从明代南京官话到现代冀鲁官话的转变？""方言的源头与现代归属的关系？"系列问题的答案，这里将主要结论归纳如下：

（1）开拓天津城的明代天津三卫军官籍贯近一半来自南直隶，他们之间的主流通用语应是明代南京（南直隶）官话。"燕王扫北"的民间传说是李世瑜（1991）论述天津话来自淮北地区的重要论据，王临惠（2009，2010a，2010b，2012）则由于天津卫的人口来自淮北"于史无稽"而断言"明初的淮北不可能向外输出兵源"。本章通过发掘考察《中国明代档案总汇》（第68册）里的"武职选簿"和清代《新校天津卫志》"户口"中的详细记载，发现明代天津三卫军官的籍贯地近一半属南京（南直隶），由"军官籍"可推知"士兵籍""家属籍"，因此，这个作为天津城的开拓者、人数超过5万的庞大军队移民群体，他们的主流语言理应是明代南京官话，此即天津话的主要源头。

（2）天津话主要源自明代南京（南直隶）官话，其特点是中原官话、江淮官话的融合体，尤其是入声字读音会因人而异，存在着中原官话母语者无入声，江淮官话母语者有入声的差异。这种弹性动态的音系，并不影响天津三卫群体内的相互交流理解。以往学者们论天津话的来源形成，主要着眼于现代共时语言现象的比较，所以，李世瑜（1991）"天津话来自宿州、固镇一带"的主要证据是听感上两地方言很相似；王临惠（2009，2010a，2010b，2012）"冀鲁官话是天津话底层""天津话与宿州、固镇方言没有血缘关系"的主要证据是知庄章日等声母读音天津与冀鲁官话基本相同，而入声归派天津与宿州、固镇方言完全不同。本章将天津话与明代《西儒耳目资》音系、《交泰韵》音系、清代反映天津方言的《韵籁》音系以及现代相关南北官话等相关语料进行全面纵横比较，认为作为天津话的源头"明代南京官话"，并非现代的南京城话或安徽固镇话等某个方言点所能代表的，而是明代南京（南直隶）区域通行的官话，其特点类似于今"安徽普通话"或"江苏普通话"，来自中原官话、江淮官话不同家乡的人，会带有各自的方音特色，尤其是入声字方面中原官话母语者与江淮官话母语者明显差异，不过，在交流过程中，特别是在周边北京话、冀鲁官话的影响下，天津卫群体内部分人的入声字读音会首先被磨损掉，随着时间的推移而整体朝现代天津话逐渐演变。

（3）天津话在语音方面尚存有源头语言的底层痕迹，即：①早期知庄章声母读音"南京型"（§2.5.1.4，表2-32）；②连调式"阴阴→上阴"（§2.5.1.7，表2-36）；③常用词清入声读阴平调属自源层次（§2.5.2.1）；④核心词清入声90%归阴平调（§2.5.2.2，表2-40）。可以说，最不容易变化的是隐性的语音特征。

为了便于观察理解天津话的历史流变，这里将天津话的纵横比较归纳如下表（"+"表示有，"-"表示基本没有或极少有，空白表示无数据材料；相近度数字：低1—2—3—4高）：

表 2-44　天津话历史源流比较表

语言特点		明《西儒耳目资》江淮官话	明《交泰韵》中原官话	南边		北边		天津话
				江淮官话	中原官话	冀鲁官话	北京官话	
语音	分尖团	+	+	+/-	+/-			
	分平翘	+	+	+	+	+	+	+
	知庄章 南京型	+	+/-	+	+/-	-	-	+（清末《韵籁》）
	昌徐型			-	+/-	+/-	-	+（20世纪老派）
	济南型			-	+/-	+/-	+	+（21世纪新派）
	疑影母读 n-	-	-	-	-	+/-	-	+（后起）
	日母细音 Ø-(j, y)	-	-	-	-	+/-	-	+（后起）
	韵母 -n、-ŋ 分明	+	+	-	+	+	+	+
	有入声调	+	-	+	-	-	-	-
	常用词清入归阴		+		+	+/-	-	+（底层）
	核心词清入归阴		+		+			+
	阴平低于阳平	-		+/-	+/-	+/-		
连调式	阴阴→上阴			+	+	-	-	+
	上上→阳上			-	-	+	+	+
	去去→阴去			-	-	-	-	+
	去阴→阳阴			-	-	-	-	+

（续表）

词汇语法①	问句式"可 VP？"			+	+	−	−	−
	常用词相近度			1	2	3	4	
	语法词类相近度			1	2	3	4	
	语法句式相近度			1	2	3	4	

从上表的对比可以看出，天津话与明代《西儒耳目资》音系、《交泰韵》音系的纵向比较，以及与现代江淮官话、中原官话的横向比较，各项特点与《交泰韵》、中原官话的重合度更高些，因此，推测明初天津三卫群体中，可能以中原官话为母语者居多，否则，难以解释上表中的结果。

（4）天津从明朝永乐二年（1404）建城到清代雍正三年（1725）一直是"天津卫"军事建制，这种持续长达 320 年的军城历史，对于天津话形成"另类"个性起到了至关重要的作用。

无论在相声小品还是在电影、电视剧中，只要演员的天津话一出口，观众立即感觉"另类"且忍俊不禁。其实天津话的词汇、语法很接近北京、冀鲁官话，可是，语音尤其是声调却特立独行，也正因为如此，天津话与北京话听起来"迥异"。那么，为什么天津话在声调方面坚持与周边官话相异呢？

张之洞在 100 多年前曾写道②：

> 天津民多义勇，击发递有效，近年习见洋人枪炮、船雷，可先募津勇十余营，以习战营官领之。……

现代作家冯骥才在《俗世奇人·序》（作家出版社，2008）中也写道：

> 天津卫本是水陆码头，居民五方杂处，性格迥然相异。然燕赵故地，血气刚烈；水咸土碱，风习强悍。近百余年来，举凡中华大灾大

---

① 词汇、语法方面的具体分析详见骆津湘的硕士学位论文（2013）。

② 引自张之洞《致电总署转奏朝廷陈津防、关防、辽防管见五条》（1894 年 9 月 27 日），参见吴剑杰（2009：389—390）。

难，无不首当其冲，因生出各种怪异人物，既在显耀上层，更在市井民间。

以上两段话生动描述了天津人的群体性格，而这种群体性格的形成与天津城的历史密切相关。

天津是个开放的移民城市，自明初建城发展为港口大都市，人口从几万到如今超千万，天津方言亦容纳百川，许多语言成分已与周边官话方言水乳交融。可是，尽管经过 600 多年"改头换面"的流变，天津话听起来仍然与周边方言"迥异"。究其原因，一方面是语言接触变异所致；另一方面，天津经历过长达约 320 年（1404—1725）以军人为核心的军事卫制，这在我国大都市中绝无仅有，天津话的"另类"也许是这座特殊历史城市百姓个性心态的一种彰显，即语言态度对于语言个性的决定性作用①。正如托马森（Thomason 2007）所指出的：某一群体的说话者往往会因"别同"心理而"蓄意"选择语言的词汇、语法或语音的某种表现形式。世界上许多语言个案都证实了这一点。

---

① 最近，王临惠（2019：176）指出："天津方言与周边方言底层一致，个别变异现象从周边的方言中都可以找到源头，如天津方言阴平读低降调，与山东境内的方言一致，知庄章组字声母与精组洪音字声母合流和东北官话、胶辽官话一致。因此，可以断言，天津方言的底层是生活在这一区域土著居民的方言，在发展演变过程中受到来自周边的北京官话、冀鲁官话、东北官话、胶辽官话的影响。"对此，笔者的疑问是：同在一个区域，同样不可避免受到周边各种官话方言的渗透影响，为什么天津老城话与近郊区静海、西青、宁河等土著方言明显不同？

第 三 章

云南官话的源流

本章关键问题思考：

◎ 云南官话的形成是否与明代大量入滇卫所军户直接相关？

◎ 最早进入云南的汉语是不是云南官话的源头？

◎ 如何证明云南官话与明代南京官话的渊源关系？

◎ 云南官话与周边西南官话有哪些异同？

第一节　引言

3.1.1　云南官话再探源的必要性

无论是民间还是学界，都存在云南官话来自明代南京官话的说法。可是，当我们要坐实这一观点时，才发现迄今相关著述极少，且有分歧和疑问，归纳如下：

（1）关于云南官话的形成，至今学界存在不同观点。代表性的有：① 云南汉语方言形成于元代，与来自陕西、四川、湖南、湖北、江西以及江苏南京的汉族移民密切相关（毛玉玲 1997：35—36）；② 云南方言形成于明代，是以南京话为代表的江淮官话为基础的（李兆同 1999）；③ 云贵川三省的西南官话是以四川话为中心发展起来的，唐代云南已经有了稳定的汉语方言（李蓝 2010：237—239）。这三种观点究竟哪一种更符合历史呢？

（2）被统称为云南官话的汉语方言内部是否存在不同的来源和历史层次？云南官话与西南官话的关系如何？

（3）有学者论证云南官话的反复问句型"K-VP"与南京官话有关（张敏 1990，丁崇明、荣晶 2009），仅此特征能否足以证明云南官话的形成时间和历史来源？

（4）我们在云南调查汉语方言时，多数点的发音人说祖上是明代从南京来的（也有说祖上是清代从湖南、江西等地迁来的），若再追问，他们也都表示不知是真是假，因为没有家谱或其他证据。

鉴于上述情况，我们认为很有必要对云南官话的来龙去脉尽可能做全面细致的考察，将一直以来似是而非的说法探究清楚，才能切实推进云南官话史的研究。

3.1.2 基本研究方法和思路

（1）历史文献考证与语言事实并重。在前人关于云南汉族移民历史研究的基础上，发掘考察《中国明朝档案总汇》（2001）中关于明代入滇卫所军官籍贯地的记载，以便坐实明代大批进入云南的军人及家属的主要来源地。

（2）云南官话属于西南官话，如果云南官话中那些异于周边西南官话的特点与苏皖官话（包括中原官话、江淮官话）成系列对应，那么，这些特点很可能是云南官话源头的历史痕迹。（说明：明代南直隶区域覆盖今江苏、安徽省，明代南直隶官话区域大致覆盖现代江苏、安徽官话区域，故文中简称"苏皖官话"，后同。）

（3）虽然官话方言一致性强，但可以利用 100 核心词的统计分析来考察官话方言内部的亲疏关系。云南官话究竟源自何方，核心词方面应该有所体现。

第二节　云南汉族移民的历史考察

3.2.1 明代开始大规模汉族移民入滇

方国瑜（1987：1132—1136）："在元以前，汉族人口迁徙至云南者，历代有之。惟数量比原住各族人户只是少数，汉族移民与原住各族人民错杂而居，共同劳动生产，久之汉人融于各族；虽汉人之生产技术、生活方式以及文化广泛传播于各族社会，然无长期保持汉族特征之人们共同体。……

明代为云南居民族属巨大改变时期。"万历初年云南军、民户之总数为四十七万一千零四十八，其中军户占百分之七十强，民户占百分之三十弱。……《滇略》谓云南人户'土著者少，寄籍者多'，当日之实况如此也。"

葛剑雄等（1993：534）："由于南诏和大理的主要人口不是汉人，而是白蛮、乌蛮、东爨、西爨等当地民族，所以唐宋统治者并不把它视为自己应有的疆域的一部分，只要它不入侵，就不干预它的独立存在。……明初和以后对云南大规模的移民就不仅仅是一种安置和开发，而是使疆域得到巩固的重大措施。实际上，正是从明朝开始，中原移民才成为云南的主要人口。"

曹树基（1997：308）："洪武二十六年云南卫所共有士卒约 12 万人，与家属合计，总人口为 36 万。《明太祖实录》有关云南戍守军人家属的记载：'洪武二十八年八月，诏："在京军士戍守云南，其家属均遣诣戍所。"'"

明代云南卫所的数量和设置地一直有变动。根据方国瑜（1986：1136—1141）对明代云南卫所名称、军户分布的地理位置的列表，选取其中洪武年间云南卫所的数量和分布统计如下简表：

表 3-1　明代洪武年间云南卫所数量及分布统计表

卫所名称	治所	设置年代	千户所	屯田地今市县
云南左卫	会城（云南府）		6	
云南右卫	会城		6	昆明市（包括所辖各县，后同）、江川、澄江
云南前卫	会城		5	
云南后卫	会城		5	
临安卫	临安府		5	蒙自县、通海县
楚雄卫	楚雄府	洪武十五年（1382）	5	楚雄市
大理卫	大理府		10	大理市
永昌卫	永昌府		10	保山市、永平、潞江、施甸、腾冲等县及高黎贡山以西地区
通海御①	通海		2	通海县
木密所	寻甸军民府		1	寻甸县
云南中卫	会城	洪武十六年	5	昆明市

① 这种称为"御"的机构设置数量较少，一般下辖 2 到 3 个千户所。

（续表）

永平御	永平县	洪武十九年	2	永平县
曲靖卫	曲靖路		6	曲靖县老城
洱海卫	云南县	洪武二十年	6	祥云县
鹤庆御	鹤庆府		2	鹤庆、剑川等县及洱源县北部
姚安所	姚州	洪武二十一年	1	姚安县
平夷卫	沾益州罗山县	洪武二十二年	2	富源县
马隆所	马隆州		1	曲靖市
越州卫	曲靖		3	
陆凉卫	陆凉州西南	洪武二十三年	5	曲靖市陆良县
蒙化卫	蒙化州（蒙化府）		8	巍山回族彝族自治县
景东卫	景东府		5	景东彝族自治县
宜良所	宜良县		1	宜良县
杨林所	嵩明州		1	嵩明县
安宁所	安宁州	洪武二十四年	1	安宁县
易门所	易门县		1	易门县
定远所	定远		1	牟定县
中屯所	大姚	洪武二十八年	1	大姚县
澜沧卫	北胜州	洪武二十九年	5	永胜县
广南卫	会城		5	昆明市

从上表可知，明代洪武年间云南设有18个卫，117个所（含卫辖所数）。根据谭其骧主编的《中国历史地图集·元明时期》（第七册）（1996：76—77）中明代万历十年（1582）云南地图中所标注的当时云南卫所分布地，在此基础上，再根据表3-1标注明代洪武年间卫所的分布地，由此可以了解明代云南卫所驻地的基本分布情况。

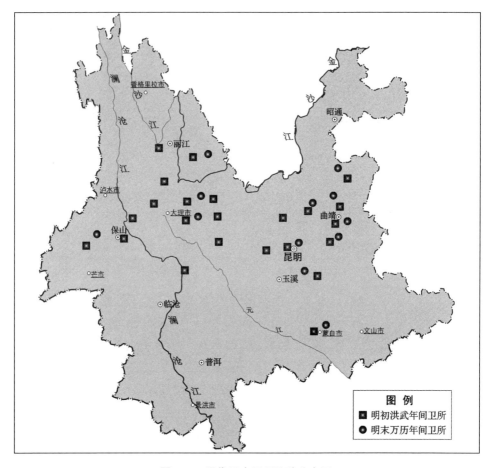

图 3-1 明代云南卫所驻地分布图

从上图看，再根据前述各位学者的研究结论，可以概言之，元代之前云南的汉族移民很少，他们与当地土著杂居，并未形成汉族特征的共同体。明代开始大规模汉族移民入滇，当时军户移民占云南总人口数的 70%，从此，汉族移民成为云南人口的主体。

那么，明代云南卫所的军户移民主要来自哪里呢？

3.2.2 明代入滇军户移民来源考察

在《中国明朝档案总汇》（2001）第 58、59 册里，我们查找到了明代嘉靖末年（1560 左右）云南 8 个卫所自洪武年间世袭军官名册军官的档案资料。这 8 个卫所的基本情况如下表：

表 3-2 《中国明代档案总汇》中云南 8 个卫所基本信息表

卫所名称	驻地明代地名	驻地现代地名
云南都司·云南左卫	云南中庆路云南府	昆明市
云南都司·云南右卫	云南中庆路云南府	昆明市
云南都司·临安卫	临安府	红河哈尼族彝族自治州建水县
云南都司·越州卫	越州	曲靖市
云南都司·云南后卫	云南中庆路云南府	云南省昆明市
云南都司·大罗卫	宾川州城东大罗山下	大理宾川县
云南都司·木密关守御所	寻甸府南易龙堡	昆明市寻甸回族彝族自治县
云南都司·凤梧守御所	寻甸府	昆明市寻甸回族彝族自治县

这里选摘《中国明朝档案总汇》中云南卫所军官记载的内容如下（原表竖版改横版）：

云南左卫

"武职选簿"目录（《中国明朝档案总汇》第 58 册第 379 页）

官 职	人 员
指挥使贰员	壹号魏国忠，始祖魏孙儿，代七，莱芜县人 贰号武荫隆，始祖武让，代七，邹县人
年远事故叁员	陈泸 卢和，仪真县人 潘晃
革发壹员	张瑜，定远县人
署指挥使贰员指挥同知叁员	壹号高举，始祖高斌，署使，代九，全椒县人 贰号王辅，始祖王成，署使，代七，商县人 叁号马性，始祖马梅，代九，西宁州人 肆号申承祖，始祖申贵，代九，夏蔡县人 伍号王之臣，始祖王泰，代七，含山县人
指挥佥事拾壹员	……
年远事故肆员	……
……	……

"武职选簿"详表（《中国明朝档案总汇》第 58 册第 384—385 页）

魏国忠 指挥使	
一辈魏孙儿	缺
二辈魏茂	旧选簿查有。永乐四年十二月，魏茂系金吾左卫前所阵亡副千户魏孙儿亲侄，敬袭世袭副千户。
三辈魏铺	旧选簿查有。正统七年二月，魏铺系云南左卫故指挥金事魏茂庶长男。
四辈魏润	旧选簿查有。弘治五年八月，魏润，莱芜县人，系云南左卫故世袭指挥金事魏铺嫡长男。指挥同知指挥使功次，俱载五辈选条。
五辈魏玺	旧选簿查有。嘉靖元年四月，魏玺，莱芜县人，系云南都司故指挥金事魏润嫡长男。伊父原袭云南左卫指挥金事，历功升前职缘都指挥，系流官本人照例于原袭指挥金事，上加梁王山普安功贰级与做指挥使□① 原卫。钦与世袭。
六辈魏俊	旧选簿查有。嘉靖三年九月，魏俊，莱芜县人，系云南左卫故世袭指挥使魏玺嫡长男。
七辈魏国忠	旧选簿查有。嘉靖四十三年九月，魏国忠，年八岁，莱芜县人，系云南左卫年老指挥使推升署都指挥金事魏俊庶长男，查得本舍父魏俊，原袭指挥使历功升署都指挥金事，所□署都指挥金事系流官，例不准袭本舍，革作指挥使，俸优给至嘉靖五十年终往支。隆庆六年二月，魏国忠，年十六岁，莱芜县人，系云南左卫故指挥使魏俊嫡长男，优给出□袭职。
八辈魏□徽	万历四十一年八月，大选过云南左卫指挥使一员，魏□徽，年二十岁，系□指挥使魏国忠嫡长男，比中三等。
武荫隆 指挥使	内黄查有。武让，邹县人，兄武兴，洪武二年从军，故将让补□三十二年，真定升小旗，□村□升勇士百户。三十三年，济南升副千户。三十四年，西水寨升本卫指挥同知。三十五年，渡江升都指挥金事。永乐元年，钦升河南都司都指挥同知。八年，阿鲁台有功，升本司都指挥使。十年，具启授流官。
一辈武让	已载前黄。
二辈武贤	旧选簿查有。宣德五年二月，武贤，系云南都司流官都指挥使武让嫡长男，父原系指挥同知，到京奇功该升都指挥金事，因平定九门有功，加升都指挥同知，征剿胡寇升前职管事。钦准本人替世袭指挥使授云南左卫。
……	……

根据如上选摘内容，每一家族选择一位军人，按卫所逐一记录其籍贯所在地，再查找其籍贯所在地对应的现代县市地名，对这 8 个卫所的军官人数及籍贯地进行统计。这里列出其中云南左卫、云南右卫、云南后卫的详细统计表。

---

① 此字因影印文献资料字迹模糊（因印刷或纸张破损）无法识别，用"□"表示，后同。

表 3-3　明代云南左卫军官数量及籍贯地统计表

明代洪武年间入滇官员籍贯地		人数	占可确定籍贯
籍贯地	今属		人数的比例
合肥、滁州、六安、安庆、马鞍山、凤台、巢湖、宿州、无为、黄山、宣城、固镇、怀远	安徽	55	25.46%
镇江、江都、盱眙、江宁、南京、徐州、泰州、宿迁、无锡、金坛、常熟、上元、溧阳、连云港、江阴、扬州	江苏	28	12.96%
龙山、桃源、澧阳、衡阳、长沙、岳阳、湘潭、新化、邵阳、炎陵、石门、洪江、攸县	湖南	23	10.65%
卢龙、宁晋、山后、遵化、丰润、滦州	河北	21	9.72%
开封、西平、信阳、兰阳、兰考、郑州、辉县、濮阳、新乡、汝州、鄢陵	河南	17	7.87%
沔阳、十堰、安陆、浠水、京山、汉阳、荆州、汉川、江夏、武陵	湖北	14	6.48%
宜良、澄江、河阳、昆明、玉溪、呈贡、晋宁	云南	12	5.56%
莱芜、邹城、蒙阴、恩县、济宁、德州、宁阳、东平	山东	10	4.63%
钱塘、宁波、长兴、宁海、台州、丽水	浙江	9	4.17%
北京、宛平	北京	8	3.70%
鄱阳、南昌、萍乡、婺源、万安、大庾	江西	7	3.24%
山阳、商县、干县、西安	陕西	4	1.85%
洪洞、大同、静乐、高平	山西	4	1.85%
武清	天津	1	0.46%
归化	福建	1	0.46%
巫溪	四川	1	0.46%
藤县	广西	1	0.46%
	不明	58	
合计		274	

表 3-4　明代云南右卫军官数量及籍贯地统计表

明代洪武年间入滇官员籍贯地		人数	占可确定籍贯
籍贯地	今属		人数的比例
合肥、蒙城、滁州、怀远、巢湖、固镇、凤阳、宣城、六安、亳县、马鞍山、宿州、安庆、蚌埠	安徽	50	24.39%
宿迁、盱眙、如皋、扬州、泰兴、常熟、泰州、江阴、上元、宜兴、吴县、无锡、溧阳	江苏	32	15.61%

（续表）

安宁、富民、晋宁、罗次、江川、武定、昆明	云南	19	9.27%
江夏、丹江口、蕲春、监利、黄冈、随州、荆州、沔阳、天门、襄阳	湖北	16	7.80%
杭州、宁波、嘉兴、余姚、温州、海宁、湖州	浙江	13	6.34%
枣庄、任城、聊城、郯城、宁阳、莱州、莒县、沂水、五莲、寿光、潍坊、章丘	山东	12	5.85%
信阳、扶沟、洛阳、延津、郑州、新乡、开封、永城、潢川	河南	12	5.85%
山后、涞水、滦州、西宁、藁城、固安、唐县、秦皇岛	河北	9	4.39%
北京、宛平、通州、大兴	北京	8	3.90%
大同、汾州、徐沟、山阴	山西	6	2.93%
沅州、湘潭、沅陵、桃源	湖南	5	2.44%
宜春、南昌、临川	江西	4	1.95%
清流、泉州、兴化	福建	4	1.95%
咸阳、西安、华阴	陕西	4	1.95%
灌县、成都、华阳	四川	3	1.46%
辽阳	辽宁	2	0.96%
南海、茂名	广东	2	0.96%
上海	上海	2	0.96%
上林	广西	1	0.49%
铜梁	重庆	1	0.49%
	不明	61	
合计		266	

表3-5　明代云南后卫军官数量及籍贯地统计表

明代洪武年间入滇官员籍贯地		人数	占可确定籍贯人数的比例
籍贯地	今属地		
滁州、怀远、六安、黄山、亳县、马鞍山、安庆、固镇、当涂、蒙城、合肥、宿州、宣城、巢县	安徽	35	25.74%
吴江、宝应、上元、江阴、盱眙、金坛、高邮、泰州、扬州、丹徒、如皋、吴县、溧阳、沐阳	江苏	22	16.18%
兰考、周口、太康、新蔡、信阳、永城、郑州、开封、夏邑、郾城、郡阳、商丘、三门峡	河南	16	11.76%
济宁、青州、滨州、寿光、平度、五莲、即墨、聊城	山东	9	6.62%

（续表）

沧州、卢龙、迁安、滦州、山后、秦皇岛	河北	8	5.88%
天门、荆州、监利、浠水、黄冈、江夏、谷城	湖北	8	5.88%
赣州、新涂、卢陵、鄱阳、星子、宜春、南昌	江西	7	5.15%
余姚、金华、黄岩、杭州、宁波	浙江	6	4.41%
汉中、西安、商洛、蓝田、咸宁	陕西	5	3.68%
茂名、高要、番禺、怀集	广东	4	2.94%
郴州、衡阳	湖南	3	2.21%
北京、通州	北京	3	2.21%
上海	上海	2	1.47%
丹棱、华阳	四川	2	1.47%
大同、太原	山西	2	1.47%
霞浦、泉州	福建	2	1.47%
重庆	重庆	1	0.74%
全州	广西	1	0.74%
	不明	32	
合计		168	136

其他5个卫的军籍统计也同样照此方法进行，统计简表如下：

表3-6　明代云南临安卫军官数量及籍贯地统计表

临安卫军官籍贯今属地	军官人数	占175位军官总人数比例	
安徽	52	29.71%	来自明代南京的占50.85%
江苏	37	21.14%	
山东	3	1.71%	
云南	1	0.57%	来自云南及周边的约22.28%
湖北、湖南、四川、重庆	14，12，7，5	21.71%	
河北、河南、天津、陕西、山西、青海	14，11，2，5，3，1	20.57%	来自北方地区
江西、福建	4，4	4.57%	来自南方地区
不明	21		
合计	196		

表 3-7　明代云南大罗卫军官数量及籍贯地统计表

大罗卫军官籍贯今属地	军官人数	占 35 位军官总人数比例	
安徽	7	20.00%	来自明代南京的占 51.43%
江苏	11	31.43%	
浙江	4	11.43%	
湖北	2	5.71%	来自云南及周边的约 5.71%
河北、河南、陕西、辽宁、北京	2，2，1，1，3	25.71%	来自北方地区
江西	2	5.71	来自南方地区
合计	35		

表 3-8　明代云南越州卫军官数量及籍贯地统计表

越州卫军官籍贯今属地	军官人数	占 52 位军官总人数比例	
安徽	19	36.54%	来自明代南京的占 53.85%
江苏	9	17.31%	
山东	2	3.85%	来自明代南京周边的约 3.85%
湖北、湖南	4，3	13.46%	来自云南及周边的约 13.46%
河北、河南、陕西、辽宁、北京	3，6，2，1，2	26.92%	来自北方地区
福建	1	1.92	来自南方地区
不明	23		
合计	75		

表 3-9　明代云南木密关守御所军官数量及籍贯地统计表

木密关守御所军官籍贯今属地	军官人数	占 25 位军官总人数比例	
安徽	8	32.00%	来自明代南京的占 44.00%
江苏	3	12.00%	
山东	2	8.00%	来自明代南京周边的约 8.00%
湖北	1	4.00%	来自云南周边的约 4.00%
河北、北京、天津、山西、甘肃	3，3，1，1，1	36.00%	来自北方地区
福建	2	8.00%	来自南方地区
不明	6		
合计	31		

表 3-10　明代云南凤梧守御所军官数量及籍贯地统计表

凤梧守御所军官籍贯今属地	军官人数	占可确定籍贯人数的比例
云南	31	96.88%
河北	1	3.12%
合计	32	

注：凤梧守御所的军官资料缺失不全，因此统计得到的籍贯比例与之前 7 个卫所的结果不同。

除去《中国明朝档案总汇》（2001）第 58、59 册里云南 8 个卫所军官档案资料中 195 位籍贯未明的，总共 875 位军官的籍贯情况统计如下表：

表 3-11　明代云南 8 个卫所军官籍贯地统计表

籍贯地 军官人数、比例	南直隶		北方地区		中部地区		东南地区		滇	
	皖、苏		京、冀、鲁、豫、晋等		湘、鄂、川、渝		浙、赣、闽、粤、桂等			
云南三卫 556	224	40%	162	29%	77	14%	62	11%	31	5%
木密关所 25	11	44%	11	44%	1	4%	2	8%	0	0
越州卫 52	28	54%	16	30%	7	13%	1	2%	0	0
临安卫 175	89	51%	39	22%	38	22%	8	5%	1	0.5%
大罗卫 35	18	51%	9	26%	2	6%	6	17%	0	0
凤梧所 32	0	0	1	3%	0	0	0	0	31	97%
总计 875	370	42%	238	27%	125	14%	79	9%	63	7%

上表说明：

（1）来自南直隶的最多，占军官总数的 42%；其次来自北方地区，占 27%；

（2）表中各卫均设置于明前中期，只有凤梧所设置于明后期嘉靖七年（1528），其军官来源比例很特殊；

（3）虽然仅查找到明代云南卫所部分军官档案材料，但很有代表性；又由于明代实行军户制，从军官籍可推测士兵籍、家属籍；因此，表中统计结果能反映明代入滇军屯移民来源地的基本比例情况。

3.2.3　清代入滇汉族移民的主要来源及走向

曹树基（2001：214）指出："清代前中期，来自东部各省及四川等地的移民源源不断地迁入云南，云南中心区的汉人也向边缘区的少数民族聚居地迁移。"又据葛剑雄等（1993：439—440）研究，清代移民进入云南的时间主要在乾隆以后。道光《广南府志》（卷2）记载："楚蜀黔粤之民，携挈妻孥，风餐露宿而来，视瘴乡如乐土。"以南部普洱府为例，雍正七年（1729）设府后下属四厅，道光十六年（1836）稽查户口的结果是：四厅总户数为88485，其中土著占45%，屯民户（驻军及退役驻军户）占46%，客家户（"内地人民远走谋生者"）9%。其他如广南府、开化府、元江州的户口统计，与普洱府的大体相当，屯民户与客户的比例占55%。

值得注意的是，云南矿山大多分布于滇东地区。曹树基（2001：245、707）研究认为，自1776至1850年间，滇东为人口高速增长地区，平均增长率达7%。另据葛剑雄等（1993：442）研究，嘉庆年间西南地区矿工达50万人，他们多在云南，其中70%由湖广、江西、四川迁入，合家属共100万左右。清代乾嘉时期云南的移民及其后裔约占人口总数的20%，其中外省移民大多进入矿山和城市。

第三节　现代云南官话特点分析

3.3.1　现代云南官话主体基本特点

3.3.1.1　云南官话代表音系

云南官话的特点主要体现于语音系统。这里以滇中的昆明话和滇西腾冲话为代表。

3.3.1.1.1　昆明话音系（引自陈希 2013b：§2.1.1）

声母22个：

声母	例字	声母	例字
p	巴比杯帮	p^h	琶披陪旁
m	妈米每忙	f	法夫费方
t	达低堆当	t^h	他梯推汤
n	那女内男	l	拉驴雷兰
ts	砸子最钟	ts^h	擦此崔仓
s	撒思虽生	tʂ	蚱知周张

（续表）

tʂʰ	叉吃抽昌	ʂ	沙石收商
ɻ	日热肉让	tɕ	家基交将
tɕʰ	掐期悄强	ɕ	虾西消相
k	姑个够刚	kʰ	枯去口康
x	呼黑后杭	∅	阿尾言远耳

韵母 28 个：

韵母	例字	韵母	例字	韵母	例字	韵母	例字
【开口呼】							
ɿ	姿词思柿	ʅ	知尺诗日	ɚ	二贰耳	ə	白责尔河
a	巴爬擦拉	ɛ	摆派代鞋	ɔ	包跑刀考	o	波多罗国
ã	班忙三康	ei	杯美非贼	ə̃	奔门灯硬	əu	斗走州口
						oŋ	崩风同空
【齐齿呼】							
i	比驴玉铁	ia	家掐虾压	iɛ̃	边天年元	io	略悄确学
ĩ	兵民丁心	iau	标秒条小	iã	娘两将羊	iəu	牛刘秋有
						ioŋ	穷兄荣永
【合口呼】							
u	布木书户	ua	瓜夸化挖	uai	衰乖快外	uei	对内累回
uə̃	吞准棍问	uã	端爽官光				

单字调 4 个：

阴平　44　巴妈披翻听冬掏兄

阳平　42　拔麻皮凡停同桃熊

上声　53　把马痦反挺董讨拥

去声　31　怕骂屁饭令动套用

3.3.1.1.2　腾冲话音系（引自陈晓 2011）

声母 23 个：

声母	例字	声母	例字
p	布步别帮	pʰ	怕盘爬朋
m	门木暮慢	f	飞冯符方

（续表）

t	到道夺东	tʰ	太同题团
n	难怒女年	l	兰路吕连
ts	精节糟争增	tsʰ	秋齐仓从醋
s	修旋散师生	tʂ	招真知捉
tʂʰ	昌潮崇处	ʂ	扇书诗声
ʐ	认然软若	tɕ	经结吉杰
tɕʰ	丘旗穷桥	ɕ	休玄虚血
k	贵跪孤告	kʰ	开葵哭口去
x	灰红胡虎	∅	耳严闻爱
ŋ	我安岸昂		

韵母 32 个：

韵母	例字	韵母	例字	韵母	例字	韵母	例字
【开口呼】							
ɹ	资词子	ɻ	支知诗直	ə	儿耳去给	o	河合割确
ʌ	爬马查沙	e	蛇色白特	ʌu	饱保桃老	əu	斗丑收口
ʌi	盖介太害	ei	信妹悲佩				
ʌn	竿含半男	ein	根庚横温	ʌŋ	桑党仓房	oŋ	红东翁共
【齐齿呼】							
i	第地以雨	iʌ	架家虾鸦	ie	姐舌铁接	io	虐略
in	云群林邻	iʌu	条小鸟飘	iu	郁育狱欲	iəu	牛秋求流
		iʌn	连检廉元	iʌŋ	讲亮将香	ioŋ	胸兄雄穷
【合口呼】							
u	木出六绿	uʌ	花抓挂刷	uʌi	怪帅外怀	ui	桂贵退雷
uen	魂嫩顿坤	uʌn	官酸关短	uʌŋ	床光庄撞		

单字调 4 个：

阴平 44　知批巴高开婚抽通

阳平 42　直皮八陈鹅急仇同

上声 52　纸鄙把古口五丑统

去声 313　制屁坝盖汉共臭痛

3.3.1.2 云南官话主体共同特点

云南官话主体共同特点如下表（材料引自吴积才1989，毛玉玲1997）：

表3-12 云南官话主体基本特点

语音方面	（1）阴、阳、上、去四声，古入声绝大多数归阳平；（2）大多地区无撮口呼；（3）鼻音尾韵母读为鼻化元音；（4）大多地区无卷舌 er 韵母。	毛玉玲 1997：37；吴积才 1989：13
词汇方面	名词：热头（太阳），太阴（月亮），囡（女儿）…… 动词：瞄（看），拗（挪动、扭动），搐（塞）…… 形容词：日脓（窝囊），渣精（难缠），相因（便宜）……	毛玉玲 1997：37—38；吴积才 198：227—233
语法方面	（1）后缀—场（吃场、想场）、—法（好法、快法）等表某种附加义； （2）单音节重叠（名：包包、桶桶；动：走走、瞄瞄、扫扫抹抹）； （3）形容词重叠"A了A"（香了香、甜了甜）表程度加深； （4）疑问句句型为"主＋格＋谓"（你格去？你格要？）； （5）否定副词"不有"相当于普通话的"没""没有"。	毛玉玲 1997：37—38；吴积才 1989：493—513

云南官话主体的许多共性特征与川黔鄂等地西南官话主流交叉一致，但部分异于西南官话主流的现象也相当凸显，而这些现象尤其值得关注，后文将做详细比较分析。

3.3.2 明代云南卫所驻地对应的现代云南官话选点调查

杨时逢《云南方言调查报告》（1969）中详细记录了20世纪40年代云南全省113个官话方言点的语音系统。吴积才主编的《云南省志·汉语方言志》（1989）中描述了20世纪80年代云南全省126个点官话方言的声母韵母系统，详细分析比较了云南官话方言内部滇中、滇南、滇西、滇东四大片区语音、词汇、语法方面的异同；而且，书中还列出了昆明、曲靖、思茅、临沧、蒙自、文山、大理、保山、昭通9个代表点的声韵调配合表和同音字表，并且与杨时逢《云南方言调查报告》中的对应点进行了音系的纵向比较。总的来看，自1940年代到1980年代，云南官话方言语音系统变化不大，比较明显的变化是宜良、文山、昭通、大理等方言点1940年代的平舌 [ts] [tsʰ] [s] 和翘舌 [tʂ] [tʂʰ] [ʂ] 两组声母，在1980年代已经合流为一组平舌音了，相应地，韵母中的舌尖元音也由 [ɿ] [ʅ] 减少为一个 [ɿ]。由此可见，现代云南官话音系的调查描写已经相当全面了。

我们根据历史文献记载的明代云南卫所驻地，对应现代云南官话的方言点，于 2011 年和 2013 年暑假期间两次到云南分别选择调查了昆明官渡区、宜良县城区、澄江县城区、大理城区、弥渡县彩云镇、腾冲县城区的官话方言①，调查结果显示，各地语音系统分别与杨时逢（1969）、吴积才（1989）书中的各点大致对应；昆明话还与卢开礴（1990）、毛玉玲（1997）的做了对比，也大致对应，基本上变化不大。因此，我们的调查可以称之为体验式调查。相较而言，在已有的云南官话资料中，滇西腾冲话资料少见，因此在本书附录二中附上我们调查获得的有特色的腾冲话同音字表。

不过，值得提出来的是，我们在调查中发现昆明、宜良、大理这几个方言点有高元音 i>ɿ、u>ʮ 自由变体的倾向，比如：阿姨 [ji/zɿ]、喜 [ɕi/sɿ] 欢、基 [tɕi/tsɿ] 本上、没有必 [pi/pɿ] 要。陈希（2013b：§2.1.3，2.2.3）指出昆明话、宜良话高元音 u 发生舌尖元音 [ʮ] 自由变体，这与声母组合有一定关系，即：

表 3-13　昆明话 u/ʮ 自由变体的音节结构条件

声母 韵摄	精组	知组	庄组	章组	日母
效开二	—	—	ua	—	—
蟹合三	uei	uei	uei	uei	uei
止合三	—	uei	uai	uei	uei

---

① 其中昆明话、宜良话由陈希 2011 年 7—8 月调查，腾冲话由陈晓 2011 年 8 月调查，曾晓渝 2013 年调查了昆明话和其他各点。昆明话发音合作者有：罗志强，男，1962 年出生，汉族，初中文化，农民，会说昆明话和普通话，一直居住在昆明官渡区普自村；杨泰福，男，1944 年出生，汉族，小学文化，农民，只会说昆明话，不会说普通话，一直居住在昆明市官渡区普自村；小李，女，1991 年生，汉族，大学生，昆明市区人，会普通话。宜良话发音合作者：安女士，1961 年出生，汉族，初中文化，退休工人，只会说宜良话，不会说普通话，一直居住在宜良县城。澄江话发音合作者：暴大爷，1948 年生，汉族，工人，初中文化，只会说澄江话，一直居住在澄江县城龙街。大理话发音合作者：杨老师，女，1958 年生，白族，中学教师，中专文化，会说大理汉语，不会白语，但能听懂。弥渡话发音合作者：杨大娘，1943 年生，农民，初中文化，只会说弥渡汉语，一直居住在弥渡县彩云镇。腾冲话发音合作者：孙兰崇，女，1961 年出生，原籍是腾冲县芒棒乡，中等师专毕业，职业是小学教师；幼时语言环境和教师语言均为腾冲话，会说普通话，但不流利；能听懂傣语，但不会说；一直居住在腾冲县城。

（续表）

山合三	－	uã	－	uã	uã
江开二	－	uã	uã	－	－
宕开三	－	－	uã	－	－
山合二	－	－	uã	－	－

上表说明：昆明话韵母 [ua][uei][uai][uã] 的介音往往读为舌尖圆唇元音 [ɥ]，同时与这些韵母拼合的卷舌声母有了平舌化的趋势。其他合口呼韵母如 [u][uə̃] 或其他声母拼合的合口呼韵母没有舌尖圆唇元音 [ɥ] 这一语音变体，相应地，与之拼合的卷舌声母也不发生平舌化的语音变化。

表 3-14　宜良话 u/ɥ 自由变体的音节结构条件

声母 韵摄	精组	知组	庄组	章组	日母
遇合三	－	u	u	u	u
臻合三入	－	－	－	－	－
通合三入	u	u	－	u	u
山合二入	－	－	ua	－	－
宕开三入	－	－	－	－	o(uə)
江开二入	－	o(uə)	u	－	－
蟹合三	uei	uei	－	uei	uei
止合三	uei	uei	uɛ	uei	－

说明：上表中的韵母 [u] 实际读音往往是舌尖元音 [ɥ]，山摄合口二等庄组入声字韵母 [ua] 的介音为 [ɥ]，宕摄开口三等日母入声字和江摄开口二等知组入声字的 [o] 韵母因为有复音化的趋势，因此韵母实际发音为舌尖元音 [ɥ]，江摄开口二等庄组入声字今韵母为舌尖元音 [ɥ]，蟹摄合口三等和止摄合口三等精组、知组、章组、日母字韵母今实际读音为 [ɥei]，止摄合口三等庄组字今读 [ɥɛ]。

3.3.3　丽江话音系调查研究 [①]

丽江自古以来纳西族人口占多数，少数民族和汉族多为双语者，目前汉语为通用语。《中国语言地图集》（1987）里丽江汉语方言属于西南官话灌赤片丽川小片。前人对丽江汉语的描述均有差异（杨时逢 1969［1940］，吴积才 1989，丽江地区地方志编纂委员会 2000），而且描述简略，所以专节讨论。

在云南官话中，丽江话别具一格，是滇西北有入声调汉语官话的典型代表。目前，丽江汉语分老派和新派两种，老派汉语主要使用者为丽江汉族、纳西族及其他少数民族老年人，新派汉语是最近几十年受昆明话影响才进入当地，现在是当地汉语的主流。年轻人不会说老派汉语，老派汉语使用范围在逐渐缩小。

3.3.3.1　老派丽江话的声韵调系统

3.3.3.1.1　声母系统

老派丽江话有声母 25 个，其中辅音声母 24 个，零声母 1 个。

表 3-15　老派丽江话声母表

声母	例字	声母	例字
p	步布别北	pʰ	怕盘皮爬
m	门米明闷	f	饭飞冯符费
v	闻午武	t	到道夺地
tʰ	太同特踢	n	难怒女年
l	兰路吕连	ts	招租猪主
tsʰ	糟仓昌巢	s	税散扇帅
z	认绕若闰软	tʂ	支知直
tʂʰ	尺	ʂ	师诗
ʐ	日	tɕ	杰精经节结

---

① 丽江话由陈希 2011 年 8 月实地调查。老派汉语发音人李光增，男，1956 年出生，纳西族，初中文化，母语为纳西语，三岁时学习汉语，会说纳西话、丽江汉语、普通话，一直居住在丽江古城区，没有去过外地。新派汉语发音人李永德，男，1988 年生，纳西族，大学毕业，在昆明上大学三年，除此之外一直在丽江生活，会说丽江新派汉语和普通话，能听懂纳西话，但不经常说；秦建英，女，1958 年出生，汉族，高中文化，工人，原籍河南，自幼随父亲来到云南丽江，会说纳西语和丽江汉语（新派）。此节参考引用了陈希（2013a）文中主要内容。

（续表）

tɕʰ	秋丘齐旗全	ɕ	溪修休旋玄
k	跪贵姑割	kʰ	开快葵括
ŋ	我	x	换灰红胡化话
∅	尾严盐岸案围危微袄		

上表说明：

（1）清擦音 [f] 唇齿摩擦强烈，听感明显；

（2）合口呼零声母字如"尾、王"的摩擦不明显，但 [u] 韵母字如"午、武"时唇齿摩擦明显，记为 [v] 声母；

（3）鼻音声母 [n] 和边音声母 [l] 不混淆，[n] 声母在 [i] 韵母前没有变读为舌面前鼻音 ȵ；

（4）舌尖前塞擦音 [ts] [tsʰ] [s] 与舌尖后塞擦音 [tʂ] [tʂʰ] [ʂ] 不混淆，但翘舌音在合口呼前有平舌化的趋势，翘舌音字的读音范围比普通话小。

3.3.3.1.2　韵母系统

老派丽江话共有 35 个韵母。

表 3-16　老派丽江话韵母表

韵母	例字	韵母	例字	韵母	例字	韵母	例字
【开口呼】							
ɿ	资	ʅ	支知师诗	ɚ	而耳	ʮ	祖主处租猪朱竹
a	爬辣法蔡改盖	Œ	河过落刮活郭	au	饱保桃烧	ɤ	蛇色舌割
an	胆党三桑	ei	背倍妹	ən	根庚横程	əu	斗丑收
						oŋ	红东融
【齐齿呼】							
i	皮地第以林灵	ia	架夹	iɛ	姐茄接铁	iəu	流
in	紧邻心星	iau	条	ian	衔减连良	iaŋ	讲
						ioŋ	荣胸穷永
【合口呼】							
u	布故绿木	ua	花滑划挂	uɛ	怪	uei	贵
uə	国括	uan	短酸光关	uən	魂温纯	uŋ	翁

（续表）

【撮口呼】							
y	鱼雨虚域	yɛ	缺月	yœ	靴确药	yan	园权
yn	勋群云允						

上表说明：

（1）四呼俱全，老派丽江汉语方言韵母系统中有撮口呼韵母；

（2）老派丽江汉语方言的低元音 [a] 发音部位比普通话靠后，尤其是单独做韵腹时，严式记音可记为 [ɑ]；

（3）双元音韵母增多，出现了 [iau] [uei] [uai] 等听感明显有动程的双元音韵母；

（4）有卷舌韵母 [ɚ]，与昆明方言不同；

（5）合口呼韵母 [u] 与舌尖前声母 [ts] [tsʰ] [s] 组合时部分字读为舌尖元音 [ʮ]。

3.3.3.1.3　声调系统

老派丽江话共有 4 个单字调：

阴平　阳平　去声　入声

　42　　31　　55　　24

老派丽江话声调的特点是：保留了独立的入声调；古全浊上声今归去声；清上声、次浊上声与今阴平调相同。

3.3.3.2　新派丽江话的声韵调系统

3.3.3.2.1　声母系统

新派丽江话共有辅音声母 22 个，零声母 1 个，共 23 个声母。

表 3-17　新派丽江话声母表

声母	例字	声母	例字
p	布别北背	pʰ	怕盘爬皮
m	门母名闷	f	饭费冯符
t	到道夺第	tʰ	太同踢桃
n	难怒女年	l	兰路吕连
ts	猪祖生声	tsʰ	粗初除出

（续表）

s	税散扇书	z	认绕若闰
tʂ	知支直	tʂʰ	尺
ʂ	师诗	ʐ	日
tɕ	杰精节经	tɕʰ	秋齐枪去
ɕ	溪修旋虚	k	贵跪姑国
kʰ	开快葵括	x	换灰红胡
∅	闻严岸午而		

上表说明：

（1）清擦音 [f] 唇齿摩擦强烈，听感明显；

（2）合口呼零声母字如"尾、王"的摩擦不明显，没有 [v] 声母；

（3）鼻音声母 [n] 和边音声母 [l] 不混淆；

（4）舌尖前塞擦音 [ts] [tsʰ] [s] 与舌尖后塞擦音 [tʂ] [tʂʰ] [ʂ] 不混淆，但翘舌音在合口呼前有平舌化的趋势，翘舌音字的读音范围比普通话小；

（5）其他声母音色与普通话声母相同。

3.3.3.2.2 韵母系统

新派丽江方言共有 35 个韵母。

表 3-18 新派丽江话韵母表

韵母	例字	韵母	例字	韵母	例字	韵母	例字
【开口呼】							
ɿ	资	ʅ	支知直日	ɚ	而耳	ʮ	竹粗除主
a	爬法辣怕	ai	蔡改盖	au	饱保桃烧	ɤ	河蛇色合
an	胆党三桑	ei	倍妹背	ən	根庚横程	əu	斗丑收
						oŋ	彭棚荣东
【齐齿呼】							
i	皮地以急	ia	架	iɛ	姐茄野接	iəu	流
in	林灵心星	iau	条	ian	间连廉检	iaŋ	良讲
						ioŋ	穷胸永勇

（续表）

【合口呼】							
u	故赌母布	ua	花刮滑挂	uɛ	怪帅	uei	睡贵
uə	过落国活	uan	官光床船	uən	温魂	uŋ	翁
【撮口呼】							
y	雨虚欲鱼	yə	药	yɛ	月缺确靴	yan	圆权
yn	云群勋寻						

上表说明：

（1）新派丽江汉语方言四呼俱全，韵母系统中有撮口呼韵母；

（2）低元音 [a] 发音部位比普通话靠后，尤其是单独做韵腹时，严式记音可记为 [ɑ]；

（3）双元音韵母增多，出现了 [iau] [uei] 等听感明显有动程的双元音韵母；

（4）有卷舌韵母 [ɚ]；

（5）合口呼韵母 [u] 与舌尖前声母 [ts] [tsʰ] [s] 组合时部分字读为舌尖元音 [ɿ]。

3.3.3.2.3　声调系统

新派丽江汉语方言共有 4 个单字调：

阴平　阳平　上声　去声

　44　　42　　52　　31

新派丽江汉语方言的声调格局与昆明方言类似，古入声归阳平调。

3.3.3.3　不同时期丽江话调查资料对比

最早对丽江汉语方言的调查报告是由董同龢先生 1940 年记录的（载杨时逢《云南方言调查报告》1969 ［1940］：1618—1634），当时只有老派汉语方言的记录。我们的调查材料老派丽江话与《报告》声母、声调基本一致，韵母的差别表现在《报告》中老派丽江汉语全为开音节，没有鼻音韵尾，而现在我们调查的老派汉语已经有了鼻音韵母。现在丽江新、老两派汉语音系的主要差异体现在声调系统上。

我们记录的新派、老派丽江话声调与杨时逢《云南方言调查报告》

（1969［1940］：1620）、吴积才《云南省志·汉语方言志》（1989：119）
中的丽江话声调系统对比如下：

表 3-19　丽江话声调对比及例字表

材料		阴平		阳平		上声		去声		入声	
杨时逢（1969/1940）		42	诗史	31	时题			55	试事	24	石笛
陈希 （2013a）	老派	42	诗史	31	时题			55	试事	24	石笛
	新派	44	诗梯	31	时石	52	史体	31	试事		
吴积才（1989）		54	机梯	31	时石	42	史体	213	试事		

上表说明：

（1）今老派声调与 70 年前董同龢的调查结果基本一致，新派汉语与昆
明话声调格局基本一致。

（2）70 年前丽江可能尚未出现新派汉语，新派丽江话可能是受云南通
用官话——昆明话的影响近几十年才通行于丽江的。

（3）老派与新派比较，其特点是保留了独立的入声调；古全浊上声今
归去声，清上声、次浊上声与今阴平调相同。新派汉语有上声，入声不分
清浊均归入阳平。

（4）今老派汉语入声调的字已出现分歧，有了归入其他声调的趋势，
其中部分入声字声调与阴平、阳平调同，极个别入声字读为曲折调 213，
大部分入声字仍读为低升调。

鉴于老派丽江话中上声与阴平合流，而且有入声调类，这样的特殊情
况是否受周边的汉语方言影响呢？这里将丽江周围三县的汉语声调情况总
结如下表：

表 3-20　丽江话声调与周围邻近方言点声调对比表

		阴平	阳平	上声	去声	入声
老派丽江话（陈希 2013a）		42	31		55	24
新派丽江话（陈希 2013a）		44	31	52	31	
永胜	《丽江地区志》（2000）	434	31	42	35	全归阳平
	杨时逢（1969/1940）	55	31/21	42	35	
	吴积才（1989）	343	32	41	54	

（续表）

华坪	《丽江地区志》（2000）	44	31	53	213
	吴积才（1989）	55	31	53	212
宁蒗	吴积才（1980）	44	31	53	212

由上表可知，丽江周围三县汉语方言都有上声、无入声，其声调系统与昆明话声调格局一致。此外，周围三县的音系中有完整的鼻音韵尾、永胜县汉语无撮口呼等音系特点也与昆明话相同，其汉语来源应该也与昆明话相同。由此看来，老派丽江汉语的特殊声调系统与周边汉语方言似乎来源不同。

那么，老派丽江汉语音系是怎样形成的呢？

3.3.3.4　老派丽江话的历史来源考察

3.3.3.4.1　社会历史背景考察

丽江居住着纳西、汉、白、傈僳、普米、彝、苗、藏、回、壮等民族。其中以纳西族为主，1990 年丽江纳西族人口 184669 人，占全县总人口的58.2%（丽江地区地方志编纂委员会 2000）。丽江古城区从建成至今 800多年，一直是纳西族聚居地。从现代的人口统计数据看出，丽江纳西族占人口多数；有关丽江历史的许多研究也提到，明朝以前丽江汉族很少，有史料记载的规模最大的汉族移民即明朝洪武时期的永胜卫军屯移民。

再追溯到唐代，丽江是南诏国属地。自唐至德始，南诏派遣大批贵族子弟到成都等地学习儒学，前后长达 50 多年。南诏的文化获得高度发展，《德化碑》是南诏深厚汉文学功底的标志。《新唐书·南诏传》记载，太和三年（829），南诏从川西"乃掠子女工技数万引而南"。《新唐书·南蛮传》记载南诏"语言与中原同"。南诏君臣大多能诗，近人袁嘉谷说这些诗"雅有唐音"，并使用了大量汉语词汇（参见吴积才 1989：1—2）。流传至今的纳西古乐亦"雅有唐风"，如今丽江纳西族民居在广泛吸收白族建筑特点的同时，更多地保留了唐宋中原建筑的一些古朴特点（《纳西族简史》，2008），这些也都缘于南诏与汉文化的融合。丽江古代属南诏国，至今少数民族人口仍然占绝大多数。历史上长期强大的土司统治一直对外族外地人实施严格的同化政策。根据田野调查发现，当地的三户现在已是纳西族的丽江人称，祖上来到丽江时还是汉族，为了融入当地的生活之中，现在成为了纳西族。正如方国瑜（1987：1132）所述，明代之前进入云南的汉人因数量稀少久之也融于当地少数民族。另外，云南大理、洱海也零星发现有类似老派丽江汉语的特殊汉语（黄宗谷 1983；吴积才 1989：515；毛玉玲 1997：39；薛才德 1992，2013），其分布点历史上都曾经有过强大的少数民族贵族势力。

3.3.3.4.2　老派丽江话与纳西语音系比较

与云南官话主流特点相比，老派丽江话音系最特殊处在于：（1）声调阴平、上声合流，有入声调；（2）四个调类中有三个的调值（31、55、13）与当地纳西语重合；（3）没有鼻韵尾（现在有的发音人带有少量鼻音尾），这也与当地纳西语音系无鼻音尾一致。

这里以丽江坝青龙乡纳西话为例（和即仁、姜竹仪 1985：5）：

声母：p　pʰ　b　mb　m　f　v

　　　t　tʰ　d　nd　n　l

　　　ts　tsʰ　dz　ndz　s　z

　　　tʂ　tʂʰ　dʐ　ndʐ　ʂ　ʐ

　　　tɕ　tɕʰ　dʑ　ndʑ　ȵ　ɕ　ʑ

　　　k　kʰ　g　ng　ŋ　x　ɣ

韵母：ɑ　e　ɚ　a　o　ɯ　ɯ　ə

　　　i　ia　ie　iɑ　io　əi　iə

　　　u　ua　uɑ　ue　uə

　　　y　ya　ye

声调：高平　中平　低降　低升

　　　　55　　33　　31　　13

首先，对比声调系统。纳西语每个音节有一个固定的声调，声调一般为四个，高平 55，中平 33，中降 31，低升 13。纳西语中的 33 调、31 调出现频率高，55 调很少出现在浊声母音节里，13 调主要出现在汉语借词里，如"[pi] 笔、[pʰu] 扑、[fa] 罚、[kuə] 国、[la] 蜡、[ta fu] 答复"等词。13 调在本族固有词里有少数，如"[ŋa] 我家、[tʰa] 他家、[na] 你家、[ma] 女性（爱称）"等少数词，同时还起构词等语法作用。

纳西语汉语借词是按纳西语读音习惯从当地汉语中借入的，从纳西语中的汉语借词可以看出纳西语声调与汉语声调的对应关系。汉语的阴平、上声对应纳西语的 33 调，阳平调对应 31 调，去声对应 55 调（和即仁 1985：16）。古汉语的入声字在纳西语借词中都读低升调 13。

表 3-21　纳西语与老派丽江话声调比较表

	中平	低降	高平	低升
纳西语	33	31	55	13
老派丽江话	42	31	55	13
	阴平、上声	阳平	去声	入声

丽江纳西语的声调和老派汉语的声调数量相同，四个调中有三个调的调型和调值都相同。

我们设想，明朝前丽江所存在的汉语方言有五个调类：阴平、阳平、上声、去声、入声。这种设想可以从现在周边入声保留区的汉语声调系统以及同方言小片的邻近四川地区入声保留区声调发展情况得到证实。纳西人在学习汉语时，以本民族语言固有的调类[①] 去匹配汉语，在匹配了阳平、去声、入声三个汉语声调后，本民族语言中只剩下一个调类，而汉语中剩下两个，所以只能一对二地匹配。而这种匹配，我们认为存在两种可能性：一种是纳西族最初学习汉语时就将汉语的阴平和上声合并了，学成了一个调。另一种情况是当时学习了五个声调，但是由于母语声调系统的制约，发展成阴平、上声合流。从语言接触理论讲，是语音"干扰（interference）"所致（Weinreich, Uriel 1970：14—28），这种语音干扰具体体现为纳西族学汉语时，母语纳西语的声调影响了汉语的声调。用第二语言习得理论来看，是"母语负迁移"现象的体现（Ellis 1994）。

少数民族在学习汉语时，出现匹配上的问题，在前人研究中也有所表明。黄宗谷（1983）研究中发现在云南大理白族自治州，洱海地区的彝族聚居区流行的彝族土著汉话特点也和白族土著汉话一样，保留了中古汉语的入声，不同之处是彝族土著汉话的阳平归并入上声中。彝族土著汉话声

---

① 参见李永燧《缅彝语：一种声调祖语》（2008）。缅彝语作为一种声调祖语，祖调系统有 A、B、C、D 四类。缅彝语支诸语言在声调上反映出它们的亲缘关系。纳西语属于藏缅语族缅彝语支彝语分支。

调类型具体为阴平 44，上声 31，去声 34，入声 212。我们查阅当地彝族的声调情况，与丽江纳西语类似，当地彝语方言声调也是四个调[①]。所以当地土著汉话声调也发生了归并。而洱海地区白族聚居地的土著汉语声调类型为阴平 44，阳平 51，上声 31，去声 34，入声 212。声调没有发生合并，因为当地白族方言声调是八个调，白族在匹配汉语声调时能够完全匹配上，所以汉语声调没有被归并。

不仅声调归并情况与丽江相似，洱海地区的语言情况也与丽江相似，当地汉语方言有两套：一套类似丽江的老派汉语，这种老派汉语也保留了独立的入声调。一套是以昆明话为代表的西南官话，其入声调已经归入阳平。当地至今仍有不少人既会说土著汉话，也能用云南官话交谈。推广普通话后，虽然云南官话和普通话在洱海地区越来越普遍，但是土著汉语仍然存在。

其次，对比音节结构。老派丽江话的开音节特点也是受到纳西语影响的结果。杨时逢（1969［1940］）认为丽江话没有鼻辅音韵尾，即《广韵》音系中的咸深山臻宕江曾梗通九摄的舒声字全都读为阴声韵，也没有任何鼻化元音韵母，这种现象在我们目前所知的现代汉语官话方言中仅此一例（钱曾怡 2010）。丽江汉语无鼻韵尾、甚至语流中亦无鼻化元音的现象十分特殊，这显然是受到纳西语音系的制约和影响。纳西语音节都是开音节，无带辅音尾韵母。设想纳西族人在学汉语时，由于母语负迁移的作用，未能完全学习汉语的鼻音尾，逐渐地使老派丽江汉语的音节都成了开音节。不过，我们在的田野调查中发现，老派汉语因为受到昆明话、普通话影响，已经不是完全没有鼻音尾音节。新派汉语与昆明话类似，有完整的鼻音尾。

可见，老派丽江话声调系统、音节结构都是汉语与纳西语匹配后的结果，受纳西语影响很深，具有皮钦（pidgin）语特点，这意味着它的历史可能比源自明代军屯移民语言的云南官话更长。

3.3.3.5 小结

新派和老派丽江话有着不同的来源，属于不同的历史层次。

新派丽江话是近几十年随着云南官话通语昆明话影响的不断加大而兴起的。

---

① 根据《云南省志·少数民族语言文字志》（1998），西部彝语声调为：55、33、21、13。

老派丽江话可能是唐代从四川进入云南的，是当时南诏贵族学习的目标语，受到母语负迁移影响，在十分有限的使用环境中逐渐形成并流传下来。因此，就时间层次而言，丽江、大理等少数民族聚居区零星存在着的受少数民族音系深刻影响的特殊汉语，虽然可能更古老，但并非云南官话的源头。换言之，云南官话的主体并不是在类似于老派丽江话这些零星特殊汉语基础上发展起来的，尽管这些特殊汉语现在被纳入了云南官话的范围。

第四节　云南官话语音特点比较

云南官话属于西南官话，那些与川黔鄂西南官话主流特点相异的云南官话特点，是云南官话的特殊现象，这些特殊现象是共时比较的重点。

云南官话语言特点的比较先从语音入手。由于云南官话不是一个点，而是全省若干点形成的片区，再加上比较范围不仅是西南官话，还涉及安徽、江苏的中原官话、江淮官话，所以，在比较方法上辅之以直观的语言地图形式[①]，贺登崧（2003：107）指出："要建立起可靠的历史研究，只有唯一的一个方法，那就是进行以现代方言为证据的语言地质学的研究。"所以，这种辅之以语言地图的方法也有理论依据。

3.4.1　知庄章声母读音类型比较

《切韵》音系知庄章三组声母在现代官话方言中的读音情况，不仅反映其当代方音的声母特点，也在一定程度上关系到其历史来源问题。

李蓝（1995：94，2010：273）将西南官话中知庄章三组声母的演变类型分为川黔型（知庄章合并，大多全读平舌 ts 组，少数点全读卷舌 tʂ 组）、湖广型（知庄章按开合或等摄分化为 ts 和 tɕ 组）和云南型，"云南型

---

① 图中选取云南、贵州、四川、广西、湖北、安徽、江苏等省官话的主要代表点进行比较标注。除了我们田野调查所得的云南、贵州、重庆、广西、安徽的有限官话方言点语料，参考引用的方言语料主要有：杨时逢（1969，1984），赵元任等（1948），四川方言调查工作组（1960），陈章太、李行健（1996），吴积才（1989），涂光禄（1998），广西壮族自治区地方志编纂委员会（1998），安徽省地方志编纂委员会（1997），鲍明炜（1998），曹志耘（2008）等编著的大型方言语料著述；崔荣昌（1997），毛玉玲（1997），李金陵（1997），李蓝（1997），刘丹青（1997），刘兴策（1997），刘村汉（1998）等编著的方言音档；孙宜志（2006），陈晓（2011），陈希（2013），冯法强（2014），崔山佳（2014）著述中的语言资料。若同一方言点的特征不同材料来源有差异时（如是否声母分平翘等），以更早材料为主。

就是南京型"。

Simmon（史皓元 2012）认为昆明话的知庄章读音类型与南京-合肥话代表的明清南方系官话相对应，这与移民有关。

岩田礼（2014）提出设想："'南京型'在以南京为中心的江淮地区产生，后来沿着长江往上游地区传播，最终到达云南。"

以上各学者都提及云南官话知庄章的读音与"南京型"相关，但事实上云南官话内部知庄章的读音并非一致。另外，究竟为什么云南官话知庄章读音类似"南京型"，学者们的论证亦尚显粗略，有待坐实。再者，我们注意到《云南方言调查报告》（杨时逢 1969［1940］）与近 30 年来记录的《云南省志·汉语方言志》（吴积才 1989）差异不少，而《汉语方言地图集·语音卷》（曹志耘 2008：71—79）中所标注的云南官话知庄章声母的读音大多与西南官话主流的"川黔型"基本一致，这也需要以发展的眼光来进行分析。

3.4.1.1 声母平翘之分的分布比较

云南官话属于西南官话，但在声母的平翘之分方面则与四川、贵州、湖北西南官话的主流特点相异，如下图所示：

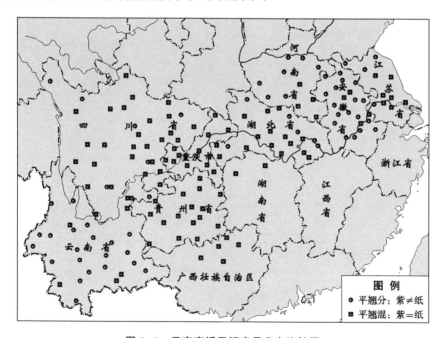

图 3-2 云南官话平翘声母分布比较图

显然，云南官话大部分都分平翘，而四川、贵州、湖北西南官话的主流地区则平翘不分。不过，四川、湖北也有零星分平翘声母的方言点，这些点的知庄章声母读音与云南官话的是否有差异呢？

3.4.1.2　相关方言点知庄章声母读音比较

这里主要选取云南官话中的20个代表点（引自杨时逢1969［1940］），与分平翘声母的四川（引自杨时逢1984［1940］）和湖北（引自赵元任等1948）境内的西南官话方言点对比；同时，也加上南京话（刘丹青1997）、合肥（李金陵1997）的江淮官话读音做比较。

下表符号说明：（1）知庄章组声母字不少，但常用字并不多，选字原则是既具有音类代表性，又便于在各方言材料中查到；（2）为了清晰可辨，下表中用"+"代表卷舌声母 [tʂ、tʂʻ、ʂ]，用"−"代表平舌声母 [ts、tsʻ、s]；（3）斜线"/"前面的表示70多年前丁声树、董同龢等先生的记音（杨时逢1969［1940］，1984［1940］），"/"后面的表示后来的记音（参照吴积才1989，陈晓2011，陈希2013b，四川方言调查工作组1960）；（4）若遇其他特殊情况则直接标注音标。

表3-22　云南官话知庄章读音比较表

例字 / 方言点	知　组			庄　组						章　组		
	二等	二等	三等	二等	二等	二等	三等	三等	三等	三等	三等	三等
	桌	茶	珍	生	争	沙	床	愁	师	诗	身	针
滇　昆明	+	+	+	−	+	−	+	−	−	+	+	+
滇　澄江	+	+	+	−	+	−	+	−	−	+	+	+
滇　嵩明	+	+	+	−	+	−	+	−	−	+	+	+
滇　宜良	+/-	+/-	+/-	−	+/-	−	+/-	+/-	−	+/-	+/-	+/-
滇　弥渡	+	+	+	−	+	−	+	−	−	+	+	+
滇　曲靖	+	+	+	−	+	−	+	−	−	+	+	+
滇　玉溪	+	+	+	−	+	−	+	−	−	+	+	+
滇　楚雄	+	+	+	−	+	−	+	−	−	+	+	+
滇　蒙自	−	−	−		−		tɕʻ					
滇　文山	−	−	−							+/-	+/-	+/-
滇　昭通	+/-	+/-	+/-	−	+/-	−	+/-	+/-	−	+/-	+/-	+/-
滇　大理	+/-	+/-	+/-	−	+/-	−	+/-	+/-	−	+/-	+/-	+/-
滇　永胜	+/-	+/-	+/-	−	+/-	−	+/-	+/-	−	+/-	+/-	+/-
滇　丽江	−	−	+		−		+		−	+	+	+

（续表）

滇	剑川	−	−	−	−	−	−	−	−	−	−	−	−
滇	保山	+	+	+	−	−	+	−/+	−	−	+	+	+
滇	腾冲	+	+	+	−	−	+	−	−	−	+	+	+/−
滇	陇川	+	+	+	−	−	+	−	−	−	+	+	+
滇	澜沧	−	−	−	−	−	−	−	−	−	−	−	−
滇	思茅	+	+	+	−	−	+	+	−	−	+	+	+
川	自贡	+	+	+	−	−	+	+	−	−	+	+	+
川	新繁	+	+	+	−	−	+	+	−	−	+	+	+
川	西昌	+	+	+	−	−	+	+	−	−	+	+	+
川	南江	+	+	+	−	−	+	−	−	−/+	+	+	+
鄂	恩施	+	+	+	−	−	+	+	−	−	+	+	+
皖	合肥	+	+	+	−	−	+	+	−	−	+	+	+
苏	南京	+	+	+	−	−	+	+	−	−	+	+	+

3.4.1.3　云南官话知庄章声母读音类型分析

根据前节表3-22所示，云南官话知庄章声母读音的类型归纳比较如下：

表3-23　云南官话知庄章声母读音分类表

类　型	读音特点及说明	代表点
1 昆明型	即"南京型"。梗摄庄二、庄三（宕止摄部分除外）平舌，其余读卷舌。	昆明、澄江、嵩明、弥渡、曲靖、玉溪、楚雄、保山、腾冲、陇川、思茅
2 蒙自型	知庄章合并，全读平舌。这与西南官话主流读音一致。	蒙自、剑川、澜沧
3 宜良型	从"南京型"演变为"蒙自型"，显示了语言演变的动态状况。	宜良、昭通、大理、永胜
4 文山型	止摄开口前分平翘似"南京型"，其余韵摄读平舌。现代已经演变为"蒙自型"全读平舌。	文山
5 丽江型	分平翘，但读音特殊，自成一类。这是老派丽江话，新派丽江话接近昆明话。	丽江

以上五种类型中"昆明型"（即"南京型"）是云南官话知庄章读音类型的主流，若根据70年前的记音（杨时逢1969［1940］），20个代表点中15个点同"南京型"，占75%；再看50年之后的记录（吴积才1989），15个点中已有4个正脱离"南京型"，由此可见云南官话在知庄章读音方面的演变速度是比较快的。

老派丽江话知庄章读音类型特殊，这是因为它的形成渊源异于其他主流云南官话（参见前文 §3.3.3.4）。

3.4.1.4　云南官话知庄章读音类型分布比较

根据前面的表 3-22、表 3-23 所示，云南官话知庄章声母读音的主流类型是"南京型"，四川、湖北代表点的亦然，均与合肥、南京的读音一致。这里用地图来直观展示其分布情况：

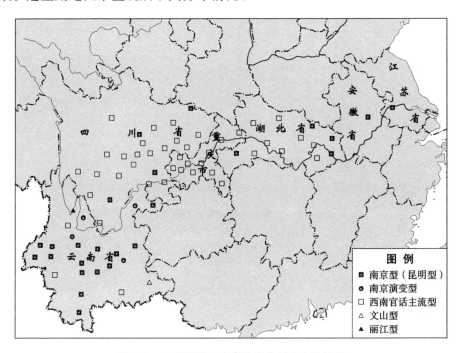

图 3-3　云南官话知庄章读音类型分布比较图

3.4.1.5　云南官话知庄章读音"南京型"的来源及途径

岩田礼（2014）提出："云南（知庄章读音）的'南京型'一部分是由明初以来的移民带去的，但事实是'南京型'也出现在安徽、湖北、陕南、湖南以及四川，总体来看形成连续性分布。提出移民说的论者必须要说明这种分布格局是如何形成的。我们认为，促进'南京型'传播的主要媒体是长江（即船运式传播）。"岩田先生认为云南官话知庄章读音的"南京型"还有一条途径是通过长江传播而来的。我们认为这种可能性有，但也许这不是主要途径。理由如下：

（1）前文（§3.2.1，§3.2.2）详细考察了明代初年大规模汉族军屯移民进入云南，人数多达当时云南人口总数的 70%，如曹树基《中国移民史》（1997：306—309）叙述："如果将卫所带管的州县人口也计入统计，则属于军籍系统的人口可达 45 万以上，比民籍人口多出 20 万。"而这些军屯移民中近一半来自南直隶（大南京），所以，南直隶军屯移民直接入滇，应是云南官话知庄章读音"南京型"的主要途径。

（2）从图 3-2、图 3-3 观察，以及其他材料记载，四川、湖北境内长江及支流周边确实也分布有"南京型"知庄章读音的方言点，但是，这些方言点的音系及语法、词汇等方面与云南官话有诸多差异，其形成或来源途径与云南官话可能是不同的。早在元代的《中原音韵》音系就呈现出知二庄、知三章的二分读音类别，相对靠近中原地区的四川、湖北境内零星分布的"南京型"知庄章读音现象，有可能是早期中原官话的痕迹。

（3）明清时期四川官话已经存在知庄章与精组字相混的现象，这也旁证云南官话的知庄章读音可能不是经四川沿长江到云南。施向东（2015）根据明清时期《西番译语》中藏汉对音研究，注意到其中汉字音在一定程度上反映了当时川西汉语的一些特点，其中之一即知庄章与精组声母的相混。具体论述是："现代汉语官话中有 [ts/tsʰ/s、tʂ/tʂʰ/ʂ、tɕ/tɕʰ/ɕ]（ts 组来源于中古汉语精组洪音，近现代中古知庄章合并为 tʂ 组、中古见组、精组细音合并为 tɕ 组）三组不同的塞擦音，但是在方言中存在相混的情况。清代川西方言三组塞擦音常常相混。如松潘 char-pa（雨）读'岔耳瓦'，chaŋ（酒）读'唱'，chu（水）读'曲'，chos-gos（法衣）读'却郭'，[tʂʰ] 和 [tɕʰ] 混；rca-ba（根）读'咱瓦'，bcod（茜）读'作'，cog-tse（卓）读'卓借'，cu-la（李）读'竹勒'，[ts-] 与 [tʂ-] 混；ser-ba（雹）读'色耳瓦'，seŋ-ge（狮子）读'生革'，se-g·yob（陈皮）读'谢约'，[s-] [ʂ-] 与 [ɕ] 混；zhwa-daŋ-ske-rags（冠带）读'辖革纳'，zhu-yig（奏文）读'熟夷'，[ʂ-] 与 [ɕ] 混，等等。木坪 char-pa（雨）读'叉耳罢'，gsol-mchod（祭祀）读'雪促'，chen-pa（肝）读'轻罢'，sa-cha-gtsaŋ-ma（清静）读'塞恰杂马'，[tsʰ] [tʂʰ] 和 [tɕʰ] 混；cig-pa（墙）读'作巴'，lce（舌）读'遮'，gcig（一）读'己'，bcos-ka-byas（修理）读'脚革揭'，[ts] [tʂ] 和 [tɕ] 混；tsi-rtsam（若干）读'之赞'，[tʂ] 和 [ts] 混；tshar（了）读'擦耳'，mtshov（肥）读

'初'，tshe-riŋ-bya（仙鹤）读'七岭甲'，[tsʰ] [tʂʰ] 和 [tɕʰ] 混；等等。"可见，早在清代，四川官话中就存在平翘舌相混的现象了。

3.4.1.6　小结

与主流西南官话不同，云南官话知庄章声母读音有"昆明型""蒙自型""宜良型""文山型""丽江型"五种类型，其中以昆明型为代表的"南京型"是主体，"宜良型""文山型""蒙自型"反映了主体类型朝着川黔鄂西南官话主流读音类型演变的不同阶段。而老派丽江话知庄章读音类型特殊，则是由于与其他几种类型来源不同。

云南官话知庄章声母读音主体类型为"南京型"，这是其主要源自明代南直隶官话的证据之一。

3.4.2　其他语音特征的比较

3.4.2.1　鼻边音声母的比较

鼻音、边音声母不分是四川、贵州、湖北西南官话的主要语音特点之一，而云南官话则鼻边分明，下面是分布比较图：

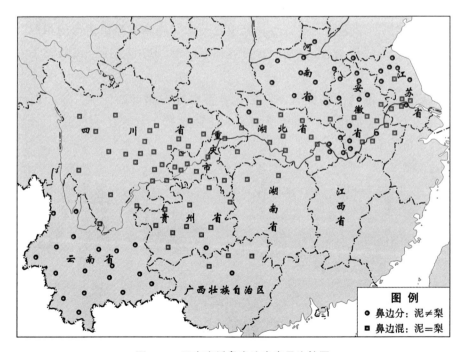

图 3-4　云南官话鼻音边音声母比较图

从上图可见，云南官话的区分鼻音、边音声母的特点，与河南地区及苏皖北部的中原官话遥相对应，这恰恰又和前面考证的明代初期大批入滇的军屯移民中近一半来自南直隶（辖今安徽、江苏）相吻合。

现代江淮官话内部鼻音、边音声母的读音比较复杂，冯法强（2014：§3.3.2）在实地田野调查基础上，又查阅了大量已有的调查研究资料，对现代江淮官话鼻音、边音声母读音进行了分类，并参考相关历史文献记载对共时不同类型做了历史演变阶段的排序分析。这里引用其相关论述如下：

表 3-24　现代江淮官话泥来母读音分类表

类型	声母	范围	江淮官话方言点举例
T1	n-	中古泥母	黄梅、盐城、泰兴、如皋
	l-	中古来母	
T2	n-	中古泥母洪音，来母	麻城、黄冈、英山
	ȵ-	中古泥母细音	
T3A	n-	今读细音韵母前	孝感、滁州、扬州、南京、镇江、句容
	l-	今读洪音韵母前	
T3B	z-	ʅ、ʮ 韵母前	合肥、舒城
	l-	非 ʅ、ʮ 韵母前	
T3C	n-	今读细音韵母前	庐江
	ʐ-	今 u 韵母（来自鱼韵）前	
	l-	其他洪音韵母前	
T4	n-	今读鼻音韵母前	淮安、宝应
	l-	今读非鼻音韵母前	
T5	n- 或 l-	所有中古泥来母	六安、连云港、大丰、兴化、泰州

上表各类型的排序是：T1 → T2/T3（ABC）/T4 → T5。T1 的泥、来二分显然更古老，同《切韵》音系；T2 稍后讨论；T3 应该是在 T1 基础上的调整，以韵母的洪细为条件对 n、l 进行分化（或再分化）；T4 也是在 T1 基础上进行的调整，是以韵母的鼻音特征为条件对 n、l 进行分化；T5 在 T3 或 T4 基础上忽略语音条件的差异，n、l 完全相混，倾向于读其中一种。

对于 T2 的位置，可能存在争议。它有两种可能：一种是在 T5 之后，经历过泥、来全读 n 的阶段，而后泥母细音读成 ȵ 与来母细音读 n 区别，形成新的音位。这种可能假设泥、来经历过由分到合，再由合到分的过程。

我们认为不可取，原因有两点：一是既然合并了就没有再分开的必要，这不符合语言演变的一般规则：在没有外在因素影响的情况下，语言应该是由一种有序状态向另一种有序状态演变，而不是从有序到无序，再到有序的转变。二是分化的条件不清楚，合并后仅仅泥母细音分了出来，为什么来母细音不分化？缺乏说服力。另一种可能是 T2 在 T1 的基础上进一步发展，我们倾向于肯定这一种，它最初为泥、来有别，然后经历了细音前的腭化和 n-、l- 相混的两条音变，如下：

表 3-25　江淮官话泥来母读音的历史阶段

		第一阶段 （泥、来有别）	第二阶段 （腭化）	第三阶段 （n、l 相混）
泥母	洪	n-	n-	n-
	细	n-	ɲ-	ɲ-
来母	洪	l-	l-	n-
	细	l-	l-	n-

腭化音变在前，n、l 相混在后，当 n 腭化为 ɲ 后，就在后面的 n、l 相混音变中失去音变条件，所以保持 ɲ 不变，从而与来母细音前的 n 形成对立。

根据以上冯法强的论述，近代江淮官话在第一、二阶段（约明代到清初）无论洪细泥来母分明，到第三阶段（清中后期）才泥来母相混的。

另外，施向东（2015）通过明清时期《西番译语》中藏汉对音研究，指出当时四川官话中已经存在泥来母相混的现象，具体论述是："清代川西汉语方言的 n、l 声母相混的现象很普遍。仍以松潘为例，如 nyo-tshoŋ（买卖），读'料从'，nye-ba（亲）读立凹，gnas-brtan（罗汉）读'立丹'，nyan-thos（声闻）读'连托'，nag-tshal（林）读'朗擦'，naŋ-la-yoŋ（人）读'浪纳容'，nya（鱼）读'良'；nyi-ma-nub（日落）读'尼麻吕'，blon-po（臣）读'难播'，lar-pa（手）读'纳巴'，lo-dar（罗）读'纳达'；等等。藏文 r- 多用来母字译音，如 re-shig（暂且）读'列失'，raŋ（自）读'郎'，rol-mo（乐器）读'罗磨'，等等，故 r- 亦常与 n- 混，如 ri（山）读'贰'，ra-ba（园）读'纳瓦'，zhwa-daŋ-ske-rags（冠带）读'辖革纳'，等等。"

综上，江淮官话在明代和清初还是泥来母分明的，而明清时期四川官话已经存在泥来母相混的现象，所以，这也可以侧面证明云南官话的主要源头是直接来自明代南直隶官话。

3.4.2.2　尖音团音声母的比较

尖音、团音声母不分也是四川、贵州、湖北西南官话的主要语音特点之一，而云南官话的西部则分尖音、团音，下面是分布比较图：

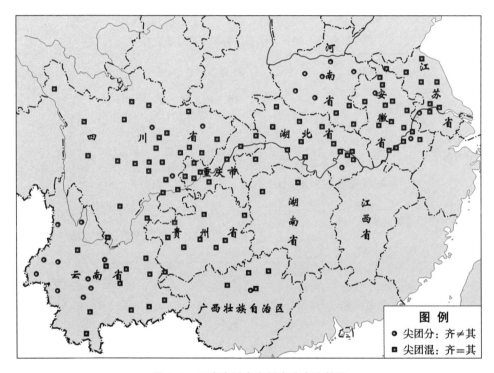

图 3-5　云南官话尖音团音分布比较图

从上图看，比较集中体现尖音、团音声母分明的地区是滇西官话和河南中原官话。由于尖团音合流是整个汉语官话方言在近代的一个共同的音变规律，因此，是否可能在明代期间南直隶官话大部分以及云南官话大部分是区分尖团音声母的，只是后来发生了腭化而尖团合流了呢？

这里以明代相关韵书为据。明代本悟《韵略易通》（1586）①音系基本

---

①　另一本兰茂的《韵略易通》（1442）反映的是北方官话通语，其后 100 多年云南人本悟的《韵略易通》（1586）才真正反映明代云南官话（张玉来 1999：19—21，宁忌浮 2009：189—190）。

反映了明代云南官话音系特点：全浊声母清化；分平翘，分尖团音（有部分混），鼻边分明；-m>-n，前后鼻音 an/aŋ、in/iŋ 有混；有阴、阳、上、去、入五个声调（参见沈建民、杨信川 1995，张玉来 1999：47—58，宁忌浮 2009：190—196）。再将《韵略易通》与明代中原官话、江淮官话以及南直隶通用音系《西儒耳目资》的语音特点做比较，明代官话基本上都分尖团音声母，如下表：

表 3-26　明代云南官话尖团音声母比较表

官话方言	韵书韵图	主要音系特点	备　注
云南	《韵略易通》（1586）（本悟，云南嵩明人）	全浊声母清化；分平翘，分尖团（部分混），鼻边分明；-m>-n，前后鼻音 an/aŋ、in/iŋ 有混；有阴、阳、上、去、入五个声调。	宁忌浮 2009：190—196
中原	《交泰韵》（1603）（吕坤，河南宁陵人）	全浊声母清化，分尖团，知照混（但是，知≠支）；-m>-n，-n、-ŋ 分明，无入声韵；平分阴阳，浊上归去，清入、次浊入归阴平、全浊入归阳平。	宁忌浮 2009：205—224；叶宝奎 2017：68—69
江淮	《书文音义便考私编》（1586）（李登，上元/南京人）	全浊声母清化，分尖团，知照合；-m>-n，-n、-ŋ 分明，有入声-ʔ 韵尾；平分阴阳，浊上归去，有入声调。	宁忌浮 2009：275—291
	《切韵声原》（1641）（方以智，安徽桐城人）	全浊声母清化，分尖团，知照合，庄组部分归精；保留-m尾，-n、-ŋ 有混，有入声-ʔ 尾，或少有-p尾；平分阴阳，浊上归去，有入声调。	孙宜志 2005
南直隶	《西儒耳目资》（1626）（金尼阁，外国传教士）	全浊声母在清化，分尖团，知照合，庄组部分归精；-m>-n，-n、-ŋ 分明，无入声韵；平分阴阳，浊上未归去，有入声调。	曾晓渝 2014a

上表显示，明代反映中原、江淮官话及南直隶通用音系的韵书中基本上都区分尖团音声母，那么，这也可以在一定程度上肯定回答前面的疑问：明代期间南直隶官话大部分以及云南官话大部分是区分尖团音声母的，只是后来发生了腭化而尖团合流了。

不过，本悟《韵略易通》中也反映了明代云南官话中已有部分尖团音相混的现象，例如（引自宁忌浮 2009：194—195）：

二江阳　见　（平）江　（入）角　重精下

　　　　精　（平）将　（入）爵　见下（重见下）

溪群 （平）腔 （入）却　清下（重清下）

清从 （平）将 （入）鹊　重本前

本悟是云南嵩明（属今昆明辖区内）人，可见，书中"重×韵"的注释，表明当时昆明话里"江、将""腔、枪""角、爵""却、鹊"已经有混了。但是，本悟《韵略易通》的声母系统的尖团合流只见于江阳韵（张玉来 1999：58），总体是区分尖团音声母的。由此推测，明代云南官话中尖团音的相混，滇中昆明一带先发生于江阳韵，再逐渐扩散到其他韵部。后来，昆明话的尖团合流影响到滇东滇南，而相对闭塞人口流动少的滇西则一直保持着尖团音声母的区别。

根据明清时期傣汉对音的辞书《百夷译语》系列分析，也可以旁证直到清代乾隆年间云南官话仍然存在分尖团音的现象（曾晓渝 2015b）。（利用《百夷译语》考察明清云南官话，后文 §3.7.1 将专题讨论。）

3.4.2.3　有无撮口呼韵母的比较

没有撮口呼是云南官话大部分区域的语音特征，这也是与四川、贵州、湖北西南官话主流特点相悖的，比较如下图：

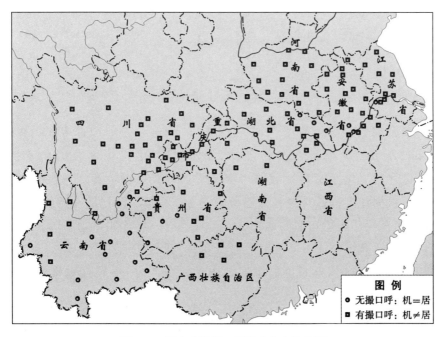

图 3-6　云南官话撮口呼读音分布比较图

上图表明，云南官话无撮口呼的特点与湖北西部、苏皖南部的江淮官话黄孝片遥相对应，这种现象似乎也与明代初期大批入滇的军屯移民中近一半来自南直隶（辖今安徽、江苏）的历史相符。可是，问题并不这么简单。

王力《汉语语音史》（1985：406—407）："（明清）居鱼部拟测为 [y]，与元代鱼模部撮口呼 [ju] 不同，为什么呢？元代鱼模撮口呼必须拟为 [ju]，然后能和合口呼 [u] 相押；明代居鱼部正好相反，它和衣期同属《等韵图经》（1602）的止摄，必须是转化为 [y]，[y] 与 [i] 才能相押，正如今天十三辙 [y] [i] 同属衣期辙一样。"

宁忌浮（2009：195）研究《韵略易通》指出："今昆明方言无撮口呼，本悟时代也没有，居鱼韵读 [iu]。今昆明读 [i]，大概是本悟以后的演变。"

冯法强（2014：§4.3.1，§7.2.2）针对江淮官话黄孝片中一些无撮口呼的现象做了详细分析。这里选择引用其中遇摄部分的分析如下：

【黄孝片】

	谱帮	肚端	府非	树禅	鱼疑	序邪	锄崇	所生
	遇合一	遇合一	遇合三	遇合三	遇合三	遇合三	遇合三	遇合三
孝感	pʰu⁵³	təu⁵³	fu⁵³	ʂʯ³³	ʯ³¹	ɕi³³	tsʰəu³¹	so⁵³
黄冈	pʰu⁴²	təu⁴²	fu⁴²	ɕy⁴⁴	y³¹³	ɕi⁴⁴	tsʰəu³¹³	so⁴²
麻城	pʰu⁵⁵	təu⁵⁵	fu⁵⁵	ʂʯ³³	ʯ⁴²	ɕi³³	tsʰəu⁴²	so⁵⁵
黄梅	pʰu³⁵	teu³⁵	fu³⁵	ɕy³³	y⁵³	ɕi³³	tsʰeu⁵³	so³⁵
英山	pʰu⁴⁴	təu⁴⁴	fu⁴⁴	ʂʯ³³	ʯ³¹	ɕi³³	tsʰəu³¹	so⁴⁴

黄孝片遇摄一等一般读为 u，也有部分读 əu；三等读音多样，有：u、y/ʯ、əu、i、o，其中 u、ʯ/y 占多数，u 分布于中古非组之后，ʯ/y 分布于其他声母之后（包括知系）。遇摄三等合口韵母的不同读音，与声母的不同相关。再根据江淮官话其他各点遇摄的读音，构拟早期江淮官话的韵母：*u（包含中遇合一、非组知系的遇合三）；*y（遇合三，除非组知系）。

归纳上述观点：（1）汉语官话撮口呼 [y] 形成于明代中后期；（2）明代反映云南官话的《韵略易通》中居鱼韵还读 [iu]；（3）早期江淮官话遇合三等韵拟音 *y。

根据学者们的研究，这里推测有两种可能：第一种，今云南官话、江淮官话黄孝片撮口呼读 [i] 可能都是后起的，二者撮口呼读 [i] 的特点遥相呼应，仅仅是同步发展的结果，并非同源关系；第二种，明代南直隶官话（包括中原官话、江淮官话）内部有差异，这种差异随明代军屯移民带到了云南，比如撮口呼读 [y] 的方音带到滇西，今滇西官话撮口呼仍读 [y]，撮口呼读 [i] 的方音带到昆明，又由于云南卫所总部在昆明，驻军人员集中数量多，昆明话具权威通用性，所以其撮口呼读 [i] 的特点会扩散开来，形成如今大部分云南官话的这一特点。

3.4.2.4 咸山宕摄韵母读音的比较

云南官话韵母有别于川、黔、鄂西南官话主流的另一突出特点是中古咸山宕摄韵母相混，比较如下图：

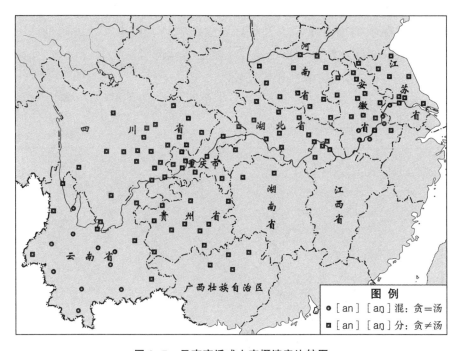

图 3-7 云南官话咸山宕摄读音比较图

在官话方言中古咸山宕摄韵母相混的现象不多见，而云南官话却与江淮官话遥相对应，这难以简单否定二者之间不存在关联。

明代的云南官话里已存在这种现象。宁忌浮（2009：191）根据本悟《韵略易通》中的"重 × 韵"，指出书中反映出当时的云南官话"光＝关＝官""邦＝班＝般""荒＝欢"等。

冯法强（2014：§6.3.1）分析了现代江淮官话咸山宕摄韵母读音分混的各种类型，分析总结其历史发展序列如下：

表3-27　近代江淮官话咸山宕摄历史演变序列

韵摄	鼻化过程	说　明
咸山	vn > ṽ > v	V类型多样，前低、前高、后、央元音都有
宕江	vŋ > ṽ > v	V多数为前低元音，少数为后低元音

上表中咸山宕摄在鼻化阶段合流相混，而这个相混过程的时间段是不是在明代已经发生了？查看明代反映江淮官话的韵书似乎找不到明确记载。不过，如今云南官话普遍存在类似的咸山宕摄相混现象，加上历史文献记载明代数量庞大的南直隶军人及家属长途跋涉到云南屯守，由此也许可以反过来证明，明代江淮官话里已经发生咸山宕摄韵母鼻化合流现象了。

3.4.2.5　"儿"韵母读音的比较

云南官话普遍没有卷舌元音 [ɚ]，这也明显有别于川、黔、鄂三省的主流西南官话，其分布比较图如下：

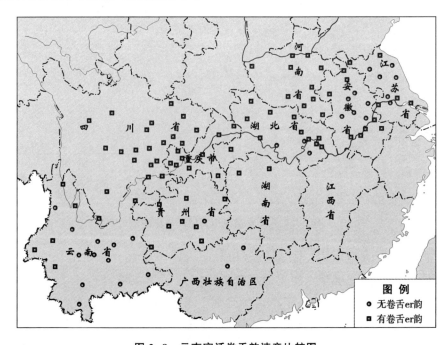

图3-8　云南官话卷舌韵读音比较图

　　上图显示云南官话缺乏卷舌元音的特点，又主要与苏皖官话遥相呼应。这也许说明了二者的渊源关系，但我们对此有疑问。

　　张玉来（1999：109—110）构拟本悟《韵略易通》"儿而耳二"的读音是 [ʐʅ]，宁忌浮（2009：195）构拟本悟《韵略易通》"儿"的韵母为 [ɐ]，因此，明代云南官话里"儿耳二"的韵母可能还不是卷舌元音。

　　杨时逢《云南方言调查报告》（1969［1940］）记录 20 世纪 40 年代的昆明话、宜良话、腾冲话等云南官话里较多存在"儿耳二"读卷舌韵母 [ɚ]情况，但是，这与吴积才（1989）、毛玉玲（1997）的调查记录以及我们的调查结果有些差异。例如：

表 3-28　云南官话"儿耳二"读音比较表

方言点	杨时逢（1969［1940］）	吴积才（1989）	陈希、陈晓、曾晓渝（2011、2013）
昆明	ɚ，相当于 ə 的卷舌音（P19）	ə（P61）	ɐ / ə
弥渡	ə，近标准的央元音（P190）	ɤ（P90）	ə
澄江	ɚ，相当于北平的 ɚ（P291）	ɚ（P75）	ɚ
宜良	ɚ，相当于 ə 的卷舌音（P324）	ə（P63）	ɐ
大理	e，比标准 e 元音较开（P1002）	ɐ（P88）	ɛ
腾冲	ɚ，是卷舌的央元音 ə（P1586）	з（P93）	ə
丽江	ɚ，是央元音 ə 的略带一点卷舌的倾向（P1637）	ɚ（P61）	ɚ

　　从上表看，昆明、宜良、腾冲三个点在 20 世纪 40 年代的记录中"儿耳二"读卷舌音 [ɚ]，而之后的记音则为非卷舌的 [ə/ɐ]，有可能在近几十年发生了 ɚ>ə/ɐ 的音变。

　　在曹志耘《汉语方言地图集》（2008：205）"儿日止开三的声韵母"图中，官话方言区域里，只有云南官话、苏皖官话较普遍分布"儿"音为非卷舌的 ə/ɤ、ɛ/æ。可是，根据杨时逢（1969［1940］）中记录的云南官话多数点"儿"读卷舌音 [ɚ]，那么是不是云南官话"儿"的非卷舌读音近几十年才变得与遥远的苏皖官话相互对应呢？

　　对于上述的情况，我们推测两种可能：（1）20 世纪 40 年代董同龢、丁声树、杨时逢等先生调查云南官话时，发音合作人大多是走出家乡在外求学的青年学生，他们的发音可能在一定程度上受了读书音影响，当时他们家乡"儿耳二"

的实际发音未必是卷舌音；（2）近几十年来昆明、宜良、腾冲等云南官话"儿"的读音确实经历了由卷舌音到非卷舌音 ɚ>ə/ɛ 的音变过程。

3.4.2.6　云南官话连读变调的比较

云南官话两字组连读变调最明显的是后字轻声变阴平。例如"姑娘、姑爷、牙齿、耳朵、师傅、记性、爸爸、爷爷、瞧瞧、奶奶、妹妹、石头、骨头、舌头、木头"等等（参见吴积才 1989：134—135），这种现象在四川、贵州、湖北的西南官话中也普遍存在，此不赘述。

通过天津话的两字组非轻声连读变调与苏皖官话及周边官话的比较，发现天津话的变调"阴阴→上阴"与江淮官话、中原官话一致；"上上→阳上"则与周边北京官话、冀鲁官话一致；由此印证天津话与中原官话、江淮官话的底层关系，以及发展过程中与北京、冀鲁官话的接触关系。因此，这里也对云南官话两字组非轻声连读变调的连调式进行类似的比较，探究在连读变调方面云南官话与苏皖官话是否有相似之处。

3.4.2.6.1　昆明、宜良、腾冲三点两字组非轻声连读变调分析①

基于田野调查录音材料，下表中的调值数据经过南开大学石锋、朱思俞开发的"桌上语言工作室"软件的实验分析，其中黑体调值表示非调位性变调，黑体加框的调值表示发生了调位性变调。

表 3-29　昆明、宜良、腾冲三点两字组非轻声连读变调表

		阴平 44	阳平 42	上声 53	去声 31
昆明	阴平 44	**33**+33	24 +42	24 +41	24 +31
	阳平 42	42+44	42+42	42+53	42+31
	上声 53	**54**+44	**54**+42	**54**+53	**54**+42
	去声 31	**42**+44	**42**+42	**42**+52	**32**+32
		阴平 44	阳平 42	上声 51	去声 213
宜良	阴平 44	**45**+44	**45**+42	**45**+52	**45**+ 42
	阳平 42	**43**+44	**43**+42	**43**+52	**43**+ 31
	上声 51	**54**+43	**54**+42	**54**+52	**54**+ 31
	去声 213	213+44	213+42	213+52	213+ 31

----

① 昆明、宜良两点的连读变调材料由陈希 2011 年调查所得，腾冲点的由陈晓 2011 年调查所得。具体分析部分引自陈希（2013b：§4.5.1）。

（续表）

		阴平 44	阳平 42	上声 52	去声 313
腾冲	阴平 44	44+44	**45+53**	**45+51**	**45+313**
	阳平 42	42+44	42+41	41+52	42+315
	上声 52	**54+44**	**53+41**	**54+51**	**53+314**
	去声 313	313+44	313+53	313+52	314+313

注：连读变调中调型不变，调值稍微有变，以及宜良、腾冲的阴平 44 调在连读中为 45，均视为基本保持原调。

3.4.2.6.2　云南官话两字组非轻声连读变调比较

这里将相关官话方言里的变调组合进行比较，材料来源同前述，其中西南官话：重庆话单字调（曾晓渝 2013c）：阴平 45，阳平 31，上声 441，去声 214；贵阳话单字调（李蓝 1997）：阴平 55，阳平 21，上声 42，去声 213；武汉话单字调（刘兴策、向平 1997）：阴平 55，阳平 213，上声 42，去声 35。

表 3-30　云南官话两字组非轻声连读变调比较

本调	阴阴	阴阳	阴上	阴去	阳阴	阳阳	阳上	阳去
天津	上阴	—	—	—	—	—	—	—
塘沽	阳阴	—	—	—	—	—	—	—
静海	阳阴	—	—	—	—	—	—	—
北京	—	—	—	—	—	—	—	—
蒙城	上阴	—	—	—	—	—	—	—
固镇	上阴	—	—	—	—	—	—	—
合肥	上阴	—	—	上去	—	—	—	—
南京	33 阴	—	—	—	—	—	—	—
昆明	—	24 阳	24 上	24 去	—	—	—	—
腾冲	—	—	—	—	—	—	—	—
宜良	—	—	—	阴阳	—	—	—	阳 31
重庆	—	—	—	阴阳	33 33	33 阳	33 上	33 阳
贵阳	—	—	—	—	—	—	—	—
武汉	—	—	—	—	—	13 阳	—	—

（续表）

本调	上阴	上阳	上上	上去	去阴	去阳	去上	去去
天津	—	—	阳上	—	阳阴	—	—	阴去
塘沽	—	—	阳上	—	—	—	—	—
静海	—	—	—	—	上阴	—	—	上去
北京	—	—	阳上	—	—	—	—	—
蒙城	—	—	—	—	—	—	—	—
固镇	—	—	—	—	—	—	—	—
合肥	—	—	—	—	—	—	—	—
南京	12 阴	11 阳	12 上	11 去	—	—	—	—
昆明	—	—	—	—	—	—	—	—
腾冲	—	—	—	—	—	—	—	—
宜良	—	—	—	上 31	—	—	—	去 31
重庆	44 阴	44 阳	44 上	44 阳	阳阴	24 阳	24 上	24 阳
贵阳	—	—	—	—	—	—	—	—
武汉	—	—	—	—	—	—	—	—

注：南京话、合肥话还有入声调，因变调方面与其他点不可比而省略。

很明显，上表中"阴阴→上阴"只有天津话与江淮官话、中原官话一致，这可以看出其渊源关系；云南官话却不然，没有一种连调式与中原、江淮官话交集一致；倒是宜良话与重庆话的"阴去""上去""去去"实际调值调型很相似。因此，就连读变调而言，云南官话稍倾向于西南官话。

第五节　云南官话词汇语法特点比较

3.5.1　词汇的比较

3.5.1.1　云南官话与其他官话方言 100 核心词比较

这里依据大型工具书《普通话基础方言基本词汇集》（陈章太、李行健 1996），选取其中 40 个方言点（主要分布于冀鲁、中原、江淮、西南官话）的材料，找到了斯瓦迪士 100 核心词中的 62 个词项[1]，进行异同对比后得出

---

[1]　在《普通话基础方言基本词汇集》里，第 100 核心词中有 38 个未找到，这些词项是：不、全部、二、人、鱼、种子、叶子、手、根儿、皮肤、血、脂肪、角儿、心、肝、喝、吃、看见、听、睡、死、杀、飞、走、来、躺、坐、说、地、云、烟、燃、热、冷、满、新、圆、干（枯）。

六种类型，如下表（参考宋名利 2016：15—16）：

表 3-31　相关官话方言 100 核心词中 62 词项异同比较表

类型	内容特点及统计	62 核心词项及说明
一	40 个方言点的说法与词目完全相同，共 23 项，占 62 项中的 37%	你、这、一、大、长、肉、尾巴、毛、咬、耳朵、水、雨、火、灰、路、山、红、绿、黄、那、白、黑、虱子
二	各方言点说法与词目语素不完全相同，但无碍交流（如"眼/眼睛""沙子/沙得"），共 20 项，占 62 项中的 32%	眼睛、小、狗、树皮、爪子、鼻子、名字、石头、骨头、头发、舌头、游泳、膝盖、脚、给、沙子、男人、乳房、牙、好
三	中原、冀鲁官话不同于其他官话：共 5 项，占 62 项中的 8%	谁、我、我们、知道、鸡蛋
四	西南官话内部基本一致，与其他官话不同，共 6 项，占 62 项中的 9.6%	树、嘴、爪子、肚子、头、星星（西南官话分别是"树子、嘴巴、爪爪儿、肚皮、脑壳、星宿儿"）
五	云南官话与周边西南官话不同，也不与中原、江淮官话对应，共 2 项，占 62 项中的 3%	月亮、夜里（云南官话分别是"太阴、夜首"）
六	云南官话与周边西南官话有差异，却与江淮、中原等其他官话对应，共 6 项，占 62 项中的 9.6%	太阳、脖子、什么、鸟、站着、女人

值得注意的是上表中的第六类，将其 6 项核心词再做对比如下（据陈章太、李行健 1996）：

表 3-32　云南官话 6 项核心词与其他官话方言对比表

核心词项	冀鲁官话			中原官话			江淮官话			西南官话		
	天津	石家庄	济南	郑州	信阳	西安	芜湖	合肥	南京	成都	贵阳	昆明
太阳	太阳日头	太阳日头	太阳	太阳日头	太阳	太阳日头	太阳热头	太阳热头	太阳	太阳	太阳	太阳热头
脖子	脖子	脖子	脖子	脖子	脖子	脖子	颈子	老颈子	颈子	颈项	颈根	脖子
什么	嘛	啥	什么	啥	啥	什么	什么	什么	什么	啥子	哪样	什么
鸟	鸟儿	鸟儿	鸟儿	虫蚁儿	鸟儿	鸟儿	鸟雀子	鸟雀子	雀儿	鸟	鸟	鸟小雀
站着	站着	立着	站着	站着	站着	站着	站着	站着	站着	站倒	站倒	站着
女人	女的娘们儿	女的	女的娘们儿	娘们儿	女的	女的婆娘	女的奶奶们	女的	女的	女的婆娘	女的婆娘	女的

利用斯瓦迪士100核心词来考察汉语方言间的亲疏关系行之有效（徐通锵2008［1991］：464），而且方言材料取自同一工具书，这样比较结果应该有说服力。据表3-31、表3-32，我们认为：（1）冀鲁、中原、江淮、西南官话方言核心词绝大多数基本一致（表3-31中的第一、第二类相加达69%），显示出官话方言内部共性很强；（2）云南官话与周边西南官话确实有明显差异，9.6%的核心词不同于周边西南官话却与江淮、中原官话对应（少数亦对应冀鲁官话），表现出云南官话与江淮、中原官话特殊的亲近关系。

3.5.1.2 "太阳""祖父""祖母""脖子"四词的比较

为了更细致地进行词汇比较，这里选取"太阳""祖父""祖母""脖子"这几个常用词，用语言地图的形式显示与云南官话以及四川、贵州、湖北的主流西南官话的不同，却与中原、江淮官话相同的情况。

（1）"热头"（太阳）

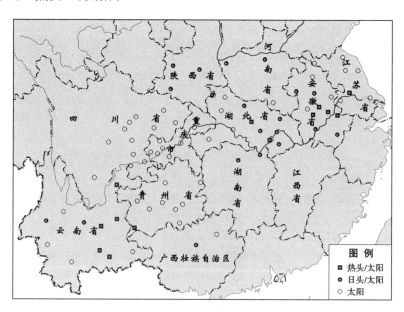

图3-9　云南官话"太阳"一词的分布比较

（2）"老爹"（祖父）

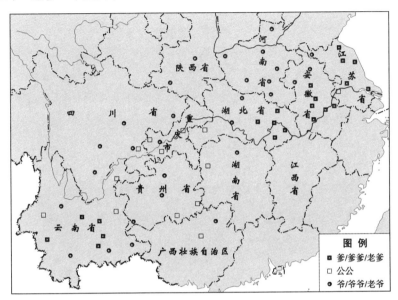

图 3-10　云南官话"祖父"一词的分布比较

（3）"奶 / 阿奶"（祖母）

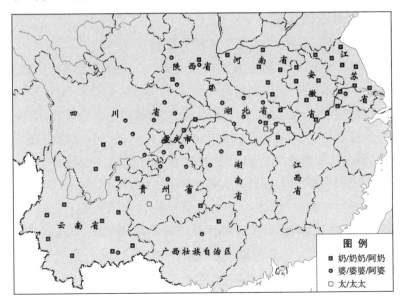

图 3-11　云南官话"祖母"一词的分布比较

（4）"脖子"

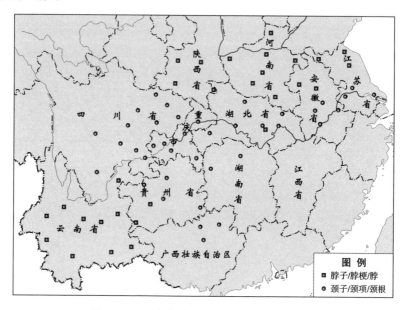

图3-12　云南官话"脖子"一词的分布比较

3.5.2　语法的比较

3.5.2.1　"瞧"与"VV瞧"用法的比较

动词"看"在云南官话中普遍说成"瞧"，且常常重叠为"瞧瞧"（毛玉玲1997：38、56；吴积才1989：228、499）；而且，"VV看"（"问问看""试试看"）在云南官话里也普遍是"VV瞧"（参看曹志耘2008：语法篇91）。崔山佳（2014）研究指出，南京、扬州、合肥话等江淮官话里存在"VV瞧"，云南昆明、临沧等各地官话方言的"VV瞧"与之有渊源关系。"瞧""VV瞧"相关分布比较如图3-13所示。

云南官话的"瞧""瞧瞧""VV瞧"的用法异于西南官话的主流特点。川黔鄂西南官话里基本上不存在单音节动词重叠"VV"形式，其含义大多用"V+（一）下（子）"来表示（李蓝2010：287）。

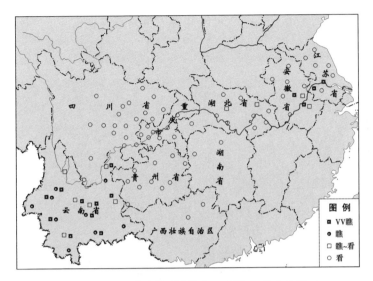

图 3-13 云南官话"瞧""VV瞧"的分布比较

3.5.2.2 使用"K+VP"问句型的比较

云南官话普遍存在"K+VP"问句型,比如"格去?"(去不去 / 去吗?)这种问句型在川黔鄂西南官话里没查到记录,却是苏皖官话的一个语法特点,其分布比较展示如下图:

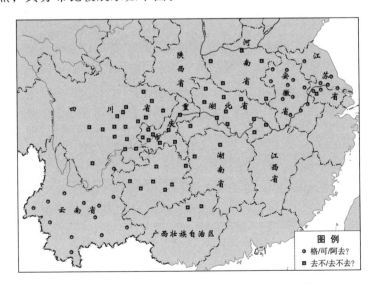

图 3-14 云南官话"K+VP"问句型的分布比较

张敏（1990：160）指出，明代淮安人吴承恩《西游记》等作品中大量使用了 K+VP 疑问句型，其结论是"'K+VP'句型在明代南京官话中已经存在"。

江蓝生（2007：76）对明代冯梦龙《古今小说》做了研究统计，其中既有"可 VP？"（9 次）句型，也有"可 VP 否／没有？"（2 次）句型。这里需要说明的是，冯梦龙（1574—1646）是明代南直隶苏州府人，学界公认他编述的民歌集《山歌》反映了当时的北部吴方言，但他所著的《古今小说》反映的则是江淮官话口语。因此，根据冯梦龙的白话小说《古今小说》中"可 VP？""可 VP 否／没有？"并存的现象，推测明代南京官话口语中这两种反复问句句型都存在。

3.5.2.3 "下雨"说法的比较

"下雨"在西南官话里，四川只说作"落雨"，贵州、湖北则"落雨""下雨"并用，而云南只说"下雨"，与中原官话、江淮官话一致，如下图：

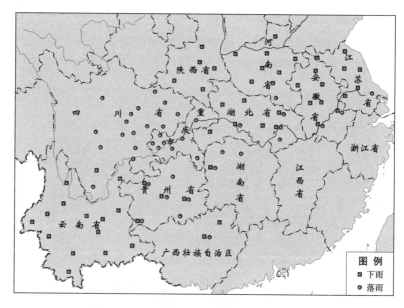

图 3-15　云南官话"下雨"说法的分布比较

云南官话说"下雨"而非"落雨",这使人联想到另一动词"掉"的用法。"掉"在云南官话中使用频繁,与其他西南官话不同,比如:云南说"掉叶子",与大多江淮官话、中原官话一致,而其他西南官话则普遍说"落叶子"(参见曹志耘 2008:词汇卷 146)。

3.5.2.4 使用持续体助词"—着"的比较

西南官话典型的持续体助词是"—倒",而云南官话则用"—着",这也是云南官话与其他西南官话显著区别的语法现象,比较如下图所示:

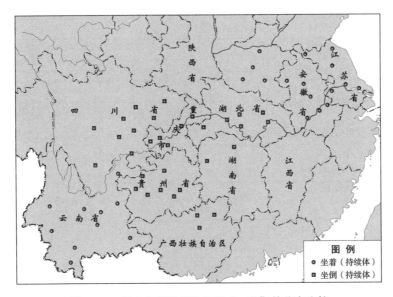

图 3-16 云南官话持续体助词"—着"的分布比较

显然,云南官话持续体助词"—着"与苏皖地区的江淮官话、中原官话一致。

第六节 云南官话主体形成的源头

3.6.1 云南官话的主要源头

通过本章第二节云南汉族移民历史的详细考察,我们认为,随着明代云南居民人口 70% 为汉族军户移民这一巨大结构变化,云南官话开始形成。

这里在本章第三、四、五节对云南官话语音、词汇、语法各项特征分析比较的基础上再做如下概括：

表 3-33　云南官话主要特殊现象与西南、江淮、中原官话比较表

云南官话特殊现象		西南官话					江淮官话			中原官话	
		四川	重庆	贵州	湖北	湘桂	湖北	安徽	江苏	苏皖	河南
语音	分平翘（紫≠纸）	-/+	-	-	-	-	+	+/-	-/$_+$	+/-	+/-
	分鼻边（泥≠梨）	-	-	-	-	-	+	-/+	-/$_+$	+	+
	分尖团（齐≠其）	-/+	-	-	-	-	-/$_+$	-/$_+$	-/$_+$	-/$_+$	+/-
	无撮口呼（机=居）	-	-	-	-/+	-	+/-	-/+	-/$_+$	-	-
	[an][aŋ] 混（贪=汤）	-	-	-	-	-	-	+/-	-/$_+$	-	-
	无卷舌 er 韵母	-	-	-/+	-	-/+	-/+	+/-	+/-	-/+	-/+
词汇	热 / 日头（太阳）	-	-	-	-/+	$_+$/-	+	+	-/$_+$	-/+	+/-
	老爹（祖父）	-	-	-	-/$_+$	-	+	+/-	+/-	+/-	-
	奶 / 阿奶（祖母）	-/+	-/+	-/$_+$	-/$_+$	-/+	+/-	+	+	+	+
	脖子（与"颈 -"相对）	-	-	-/+	-/$_+$	-	-	-	-	+	+
	下雨（与"落雨"相对）	-/$_+$	-	-/+	-/+	-/+	+/-	+/-	+/-	+	+
语法	多少（与"好多"相对）	-	-	-	-	-	-	-/+	+	+	+
	坐着（与"坐倒"相对）	-	-	-	-	-	-	+	+	+	+
	试试瞧（VV 瞧）	-	-	-	-	-	-	-	+	+	+
	格去？（K+VP 问句型）	-	-	-	-	-	-	-	+	+	+/-

上表说明：

（1）考虑到主流分布区域及选点情况，湖南、广西的西南官话合列为"湘桂"；

（2）表中用"+"表示有，"−"表示无；如果两可存在，则"+"放在"/"前面的表示多一些，反之则少些；如果只是个别点有分布则用下标"$_+$"表示；

（3）表中官话方言区片方言代表点的选择及材料来源与第四节开头的

方言地图所注的相同。

下面再根据表 3-33 做进一步的"对应重合度"综合统计。具体计算方法：表中的"－"＝0，"＋"＝1，"＋/－"＝0.6，"－/＋"＝0.4，"－/₊"＝0.1；相加所得数高的即"对应重合度"高。结果如下：

表 3-34　云南官话特殊现象与西南、江淮、中原官话对应重合度

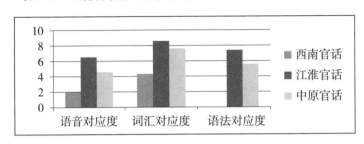

显然，就语音、词汇而言，云南官话的主要特殊现象与江淮官话对应重合度最高，其次是中原官话；而语法方面的特殊现象只对应于江淮官话。

综上，可以得出结论：明代南直隶官话（中原官话、江淮官话的融合体）是云南官话的主要源头。

3.6.2　云南官话与西南官话

3.6.2.1　西南官话的发源形成

就汉语方言历史而言，西南官话形成是最晚的。王洪君（2014 ［2009］：632）研究认为："宋代以后的阶段，只发生了北方方言对某些地方方言的推平和替换（如新产生了西南官话），和已形成的大方言之间的移民和方言接触，没有再分裂出新的大方言，全国的方言类别渐趋稳定。"

据周振鹤、游汝杰（1986：30、31、42、43）的研究，唐代中叶之后的"安史之乱"引发了北方人民大规模向南迁移，大量移民的北方方言取代了荆南地区的固有方言，而奠定了西南官话的基础。中唐以后汉语方言地理的宏观格局至此已经基本形成。到了明清时代，西南官话随着流民和屯垦活动向四川、贵州、云南地区逐步推移，南线到达西南边陲。

李蓝（2010：237、285）认为："云贵川三省的西南官话是以四川话为中心发展起来的。""西南官话大概是先在四川成形，然后以四川为中心，逐步扩展到湖北、贵州、云南、广西及其他省市的。"主要理据有："《广

韵》去声祃韵必驾切：'坝，蜀人谓平川为坝。'根据现有材料，这个词在现代汉语方言中，主要用于云贵川三省的西南官话，湖南、湖北、江西等地极少使用。如果明代进入四川的湖北话真的取代了原来的四川话，就没有办法解释现代西南官话中这个词的分布情况。"

对于李蓝的观点，我们认为尚可商榷。首先，古巴蜀语言有别于汉语，不宜用来作为四川官话方言的证据；况且"'笔'曰'不律'、'母'曰'姐'、'平川'曰'坝'"均为巴蜀方言的原始层沉淀（参见崔荣昌1996：63），单举"坝"一词，说服力不够。其次，以可靠史料为据，四川话是明清两次"湖广填四川"的产物。明代洪武年间第一次"湖广填四川"（注：湖广辖今湖北、湖南），当时四川土著人口约30万—40万，接受移民总数约80万（曹树基1997：150—159）；清代前期第二次"湖广填四川"，湖南南部、湖北东部、江西中部及广东东部山区的人口大规模迁入四川（曹树基2001：721）；因此，我们赞成崔荣昌（1985：14）关于四川话形成的结论："元末明初的大移民把以湖北话为代表的官话方言传播到四川，从而形成了以湖北话为基础的四川话。"

综上我们认为，西南官话形成于宋代以荆南为中心的湖广地区，明代随大规模移民"推平"四川土著语言，清代再一次随移民大潮涌入川黔滇等地，形成如今西南官话方言区格局。

3.6.2.2　云南官话与西南官话的关系问题

"入声归阳平，这是西南官话一个最重要的特点。"（赵元任等1991［1948］：1568）前面论证了云南官话的主要源头是明代南直隶官话，当时应有独立入声调。今云南官话归属于西南官话，入声调归阳平，那么，该如何理解云南官话的历史面貌及其与西南官话的关系呢？下节（§3.7.2.2）将对此进行探讨。

第七节　明清云南官话的基本面貌

3.7.1　从《百夷译语》傣汉对音探讨明清云南官话

3.7.1.1　明清《百夷译语》简介

《百夷译语》是明清时期由官方编辑的傣汉对译词汇资料的统称（傣族

旧称"百夷"或"摆夷""摆彝"），这些文献资料对研究云南傣语、汉语的近代历史有重要学术价值。

目前存世的有乙种本《百夷译语》（明初期永乐五年/1407年四夷馆编辑），丙种本《百夷译语》（明万历年间17世纪初会同馆编纂），丁种本《百夷译语》包括云南地区的《耿马译语》《镇康译语》《猛卯译语》《潞江译语》《南甸译语》《僰夷译语》《车里译语》《湾甸译语》《芒市译语》《猛麻译语》《孟连译语》《干崖译语》《猛缅译语》（清乾隆十三年/1748年之后会同四译馆编辑）。其中乙种本、丙种本的各钞本大多散落海外，只有丁种本完整保存于北京故宫博物院图书馆。

表 3-35 《百夷译语》文献资料存世情况简表

种 类	时 间	种 数	藏本所在地
乙种本	明 1407 年	《百夷译语》1 种	北京、台北、东京、巴黎等
丙种本	明 1573 年后	《百夷译语》1 种	东京、伦敦、河内等
丁种本	清 1748 年后	车里、芒市、孟连等 13 种译语	北京、台北、河内等

各种《百夷译语》均按天文门、地理门等分类，分别收有 400—700 词条。其中乙种本、丙种本的每一词条由傣文、汉语义、汉字注傣语读音三部分组成，丙种本的词条只由汉语义和汉字注傣语读音两部分组成。

通过明清《百夷译语》中的对音汉字，可以反观对译汉语自身的语音特点，因此，《百夷译语》也是汉语史研究十分珍贵的文献资料。将乙、丙、丁种本《百夷译语》相互参照，通过其中的傣汉对音来探讨汉语音系的面貌，前人尚未做过，对此我们做了尝试性探究（曾晓渝 2015b）。

3.7.1.2 明代乙种本、丙种本《百夷译语》的傣语基础方言考证

通过傣汉对音考察汉语注音字的语音特点，首先要弄清楚傣语的基础方言。明初乙种本《百夷译语》、明末丙种本《百夷译语》分别是在北京四夷馆、会同馆编辑的，这两种《百夷译语》是以哪一地区傣语为基础的，一直以来并不清楚，而弄清乙种本、丙种本《百夷译语》的傣语基础方言，是利用《百夷译语》研究傣语近代语音历史演变的重要前提条件。

这里需要说明的是，远藤光晓教授（2014-10-24）与笔者通信指出："西田龙雄已经揭示了乙、丙种本《百夷译语》根据德宏傣语，七、八年前我去芒市

请了当地民族出版社退休编辑对乙种本《百夷译语》和现代傣语进行比较，也就是因为如此。"本节的讨论结果确实再次证明了西田龙雄先生的观点。不过，由于论证材料和方式有所不同，所以依然保留以供读者参考。

3.7.1.2.1 考证的基本思路方法

选取丁种本《百夷译语》中具有地区代表性的译语，同时也参考现代傣语方言的分区及材料，与乙种本、丙种本《百夷译语》相比较，与之相近的可能就是其基础方言。

现代傣语方言主要分为德宏、西双版纳、金平、红金四种方言（文中傣语方言及其他侗台语材料主要参考周耀文、罗美珍 2001：10—14，梁敏、张均如 1996，Mahidol University & Central University for Nationalities 泰国玛希隆大学和中国中央民族大学 1996，中央民族学院少数民族语言研究所 1985；莲山傣语方言引自罗常培、邢庆兰（公畹）1950《莲山摆彝语文初探》），清代丁种本中 13 种译语材料的地点分布情况如下图：

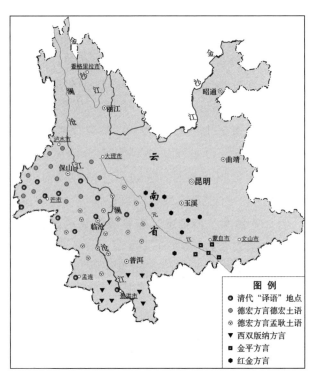

图 3-17 丁种本系列译语地点及现代傣语方言分布图

上图显示，清代傣汉对译的 13 种译语全部分布于傣语德宏方言、西双版纳方言区域里，可见这个区域是傣语的主流区域，设想乙种本、丙种本所依据的傣语基础方言也在这个范围之内。因此，我们选取清代的《芒市译语》《孟连译语》《车里译语》分别对应芒市傣语（今德宏方言德宏土语代表点）、孟连傣语（今德宏方言孟耿土语代表点）、景洪傣语（今西双版纳方言代表点）进行比较。

3.7.1.2.2 乙、丙、丁种本《百夷译语》词项比较分析

为了避免主观性，这里按照乙种本《百夷译语》词汇分类顺序，将乙、丙、丁种本《百夷译语》均收有的词项一一对比，把交叉共有的 99 条词项列出来，同时与现代傣语芒市、孟连、景洪方言材料相对应。根据这 99 条词项的对比表（参见曾晓渝 2015b），做如下分析解释。

首先，99 条词项中，明清时期乙、丙、丁种本《百夷译语》核心语素的音义呈对应规律的有 80 条，占 80%。如下表所示：

表 3-36 乙、丙、丁种本《百夷译语》词项音义对应举例

汉语义（词项）	乙种本 1407 百夷译语	丙种本 1573— 百夷译语	丁种本 1748— 芒市译语	孟连译语	车里译语	备 注
天	法	法	法	法	法	
日	扛挽	挽	晚	宛	大挽	这里词缀部分暂时忽略
月	楞	棱	冷	冷	楞	
风	伦	伦	陇	龙	仑	音译汉字前后鼻音有混
雨	念	念	粉	奋	念	
水	喃	湳	湳	难	南	
果	抹	抹	骂	骂	漫	汉语"漫"鼻化音，后论
马	麻	马	麻	麻	麻	
猪	茂	茂	么	木	木	
鸟	奴	弩	卢	浓	喏	后文将讨论 n->l- 问题
石	令	欣	幸	幸	幸	后文将讨论 l-、h- 声母的关系问题
房	伦	狠	狠	恨	恨	

其次，存在不一致现象的有19条。其中，乙、丙种本之间基本一致，主要差异在于与丁种本《车里译语》的不同，具体情况统计如下表（表中空格表示无记录，后同）。

表 3-37　乙、丙、丁种本《百夷译语》词项差异举例

汉语义（词项）	乙种本 1407	丙种本 1573—	丁种本 1748—			备　注
	百夷译语	百夷译语	芒市译语	孟连译语	车里译语	
云	莫	莫	暮	暮	发	乙种本、丙种本《百夷译语》与丁种本《芒市译语》一致，部分与《孟连译语》一致，与《车里译语》全都不同。这部分有15条，占19条总数的78%
雷	法浪	法浪	法朗	法郎	音法	
石榴	抹章	抹章	骂章	骂章	漫各简	
刀	剌	剌	扒 / 辣	把	扒	
鼻	浪	琅	朗	郎	荡	
身	悻	荇	（今音 xiŋ²）		敦	
心	遮	招	昭	遮	债	
骨	奴	六	路		度	
布	蛮圭	蛮归	瞒	完	肥	
裤（裤）		裙烘	裙	丢	丢	
茶	芽泥	芽以	芽益	辣	腊	
白	怕	迫	帛	怕	耗	
黑	烂	烂	澜		干	
百	八	八	耙		淮	
千	令	幸	庆		版	
椅	党翁	荡翁	荡愗		共荡	乙、丙种本与丁种本不同
山	赖	赖	澄	邓	蜕	
核桃	抹歺	抹兑	骂快	骂满	漫满	乙、丙、丁种本均不同
头	户	贺	户	拿帕	贺	《孟连译语》不同

再次，根据前面的统计分析，99条词项中，乙、丙种本的一致性最强，且与清代丁种本中的《芒市译语》绝大部分对应一致。在有差别的19条词项里，主要是乙、丙种本与丁种本中《车里译语》的不同（占78%）。明代的芒市司、车里宣慰司在清代分属永昌府芒市司和普洱府车里司（谭其骧1996：[七]76—77，[八]48—49），如今两地的傣语为两种方言的代表，

由此推想，清代已经存在车里（景洪）傣语与芒市傣语的方言差异了。

综上，明代乙、丙种本《百夷译语》是基于同一种傣语方言，即芒市傣语。

3.7.1.3　明代《百夷译语》中音译汉字所反映的汉语方音

鉴于前面论证的明代乙种本、丙种本《百夷译语》中的傣语是以芒市傣语为基础，那么，这里就将这两种《百夷译语》的音译汉字与芒市傣语相对照，来观察当时用以对译的汉语方音的某些特点。这里举例如下表（乙、丙、丁种本《百夷译语》与现代傣语方言词项比较全表详见曾晓渝 2015b）：

表 3-38　明代《百夷译语》所反映的汉语方音特点

汉语义（词项）	乙种本 1407		丙种本 1573—	汉字音中古来源	现代芒市傣语	汉语方言特点
	傣文转写	音译汉字				
风	lom	伦	伦	l-, -n	lom^2	-m>-n 基本分鼻边声母（芒市傣语清代 n->l- ）
水	nam	喃	湳	n-, -m	lam^4	
苦	k^hom	困	困	-n	xom^1	
梦	fan	反	泛	-n; -m	fan^1	
月	nön	楞	稜	-ŋ	$lən^6$	-ŋ>-n
城	wing	允	允	-n	$veŋ^2$	
红	niñ	炼	炼	-n	$leŋ^6$	
果	mak	抹	抹	-t	$ma{:}k^9$	塞音尾 -p、-t、-k 消失，但大多用入声字注音，可能还有 -ʔ 尾
辣	p'it[frit]	辟	辟	-k	p^het^9	
铁	lik	力	立	-k; -p	lek^9	
身	k^hing	悻	荇	ɣ-（匣）	$xiŋ^9$	浊音清化，基本分尖团
针	k^hing	悻	欠	ɣ-（匣），k^h-	xem^1	
鞋	kip	计	结	k-	$kɛp^9$	
七		摺	摺	tɕ-	$tset^9$	
咸	cin	枕	谨	tɕ-, kj-	$tsem^2$	
江	nam $k^hŭ$a	喃血	湳血	血 xiwet	xe^2lam^4	"血"对应今音 xe^2，撮口呼

上表中所体现的汉语方音特点，相似于本悟《韵略易通》（1586）所记明代云南官话音系特点（张玉来 1999：47—58，宁忌浮 2009：190—196）：全浊声母清化；分平翘，部分尖团音混，鼻边分明；-m>-n，前后

鼻音 an/aŋ、in/iŋ 有混；有阴、阳、上、去、入五个声调。

　　但是，乙种本、丙种本《百夷译语》分别是在北京的四夷馆、会同馆由译官所翻译编辑的，有可能是用南京官话而不是云南官话对译的。不过，如前文的详细考证，云南官话的形成与明代大规模南直隶军屯移民入滇密切相关，所以，明代的云南官话与南京官话的基本特点是一致的。

3.7.1.4　丁种本系列《百夷译语》所反映的清代乾隆年间云南汉语方言

　　根据《清实录》（一三，卷324）"乾隆十三年（1748）九月上"（中华书局，1986：352）记载，丁种本《百夷译语》是遵照乾隆皇帝谕旨在云南永昌府、普洱府所属的各地记录翻译再上报朝廷，因此，丁种本的十三种《百夷译语》（《耿马译语》《镇康译语》《猛卯译语》《潞江译语》《南甸译语》《僰夷译语》《车里译语》《湾甸译语》《芒市译语》《猛麻译语》《孟连译语》《干崖译语》《猛缅译语》），可以确定是在云南当地采集记录的，其汉字读音真实反映了云南汉语官话方言的特点。

　　这里，仅就丁种本中几种译语的材料初步分析如下（下表中注音汉字旁所注的是中古音地位）：

表 3-39　清代《百夷译语》所反映的汉语方音特点

汉语义（词项）	清代丁种本"百夷译语"			现代傣语方言			汉语方音特点
	芒市	孟连	车里景洪	芒市	孟连	景洪	
月	冷 -ŋ	冷 -ŋ	楞 -ŋ	$l\partial n^6$	$l\partial n^6$	$d\partial n^1$	
红	连 -n	恋 -n	连 -n	$le\eta^6$	$le\eta^6$	$de\eta^1$	（1）-ŋ>-n；
风	陇 -ŋ	龙 -ŋ	仑 -n	lom^2	lom^2	lum^2	（2）-m>-n；
舌	林 -m	灵 -ŋ	林 -m	lin^4	lin^4	lin^4	（3）an、aŋ 相混；
苦	混 -n	空 -ŋ	控 -ŋ	xom^1	xom^1	xum^1	（4）区分鼻边声母 l-、n-
鸦	戛烂（丙）	戞郎	喏戞	ka^6lam^6	ka^6lam^6	ka^1dam^1	（清代前期芒市傣语 n->l-,
坐	曩 naŋ		喃 nam	$la\eta^6$	$na\eta^6$	$na\eta^6$	参见曾晓渝 2015b）；
水	湳 nam	难 nan	南 nam	lam^4	nam^4	nam^4	
铁	冽 -t		另 -ŋ	lek^9	lek^{10}	lek^7	
天晴	法列 -t		法敛 -m	$l\varepsilon t^9$	$l\varepsilon t^9$	$d\varepsilon t^9$	（5）入声塞音尾消失；
鸟	卢 -0	浓 -ŋ	喏 -0	lok^8	nok^8	nok^8	（6）部分鼻音尾弱化；
果	骂 -0	骂 -0	漫 -n	$ma:k^9$	$ma:k^9$	$ma:k^9$	
鸡	盖 -i	斤 -n	盖 -i	kai^5	kai^5	kai^5	

（续表）

头	户 ɣ-(匣)	拿帕	贺 ɣ-(匣)	ho^1	ho^1	ho^1	
目（眼睛）	打 t-	达 d-	大 d-	ta^6	ta^6	ta^1	（7）浊音清化； （8）基本区分尖团音（清代傣语 kʰ->x-，参见曾晓渝2015b）。
鸽	戞洁 k-	戞结 k-	戞絜 k-	ka^{6}ke^6	ka^{6}ke^6	ka^{1}kɛ^1	
针	欠(丙) kʰ-	庆 kʰ-	倖 ɣ-(匣)	xem^1	xem^1	xim^1	
咸	井 ts-	整 tɕ-	井 ts-	tsem^2	tsɛm^2	tsim^2	
七	借 ts-	结 k-	借 ts-	tset^9	tset^{10}	tset^7	
十	昔 s-	息 s-	谢 z-(邪)	sip^7	sip^{10}	sip^7	

上表分析呈现的清代乾隆年间的云南官话特点，基本上都延续至现代云南官话。在此基础上再说明如下几点：

（1）明代乙、丙两种《百夷译语》多用入声字注入声音节，虽然塞音尾 -p、-t、-k 已消失，但可能还有喉塞音 -ʔ 尾；而清代丁种本用不少阴声字注入声音节，说明喉塞尾 -ʔ 已消失了。

（2）由于傣语只有一个塞擦音声母 ts-，所以，无法根据对音汉字分析出清代云南官话是否分平翘（今大部分云南官话分平翘）。

（3）上表中显示芒市、车里（景洪）译语的音译汉字尖团音分明，但孟连译语的译音汉字却有以"结 k-"注傣语"ts-"声母的现象，表明尖团音有混。杨时逢（1969［1940］)《云南方言调查报告》（下）后附的第四图"尖团分混"显示，芒市汉语分尖团，孟连、景洪已尖团不分了。由此推测，300 年前孟连汉语已尖团有混，随后是相隔不太远的景洪汉语。今滇西片云南官话基本能代表清前期云南官话的面貌。

3.7.2 明清云南官话的基本特点

3.7.2.1 明代云南官话的基本特点

通过本章第三、四、五节将云南官话的语音、词汇、语法特点与周边西南官话及苏皖中原官话、江淮官话的共时比较，以及与明代反映云南官话的韵书《韵略易通》（本悟 1586）的纵向比较，采纳学者们有关研究成果，在本节又利用明清傣汉对音资料《百夷译语》来探究云南官话的语音特点，综合前面的研究分析观点，这里可以大致勾勒出明代云南官话主流的基本特点。

（1）语音方面

① 全浊声母已经清化，塞音塞擦音平声送气、仄声不送气；

② 声母有平翘舌两组 [ts-、tsʰ-、s-] 和 [tʂ-、tʂʰ-、ʂ-]，日母读卷舌 [ʐ]，中古庄组内转字多读平舌，如梗开二的"争生"、流开三的"愁"、止开三的"师"等字；

③ 分尖团音，但是江阳韵已出现尖团音合流前兆，如"江见＝将精""腔溪＝枪清"；

④ 鼻音边音分明，n- 与 l- 是不同声母；

⑤ 韵母已经完成 -m>-n 的演变；

⑥ 前后鼻音 an/aŋ、in/iŋ 有混，尤其是中古咸山宕摄相混，如"光＝关＝官""邦＝班＝般""荒＝欢"等；

⑦ 无撮口呼，中古遇摄合口三等读 [iu]；

⑧ 无卷舌元音，"儿耳二"读音可能为 [ɐ]；

⑨ 可能尚存入声韵，但是塞音尾 -p、-t、-k 已经脱落，也许有喉塞尾 -ʔ；

⑩ 有阴、阳、上、去、入五个声调。

（2）词汇语法方面

① 核心词中 69% 与官话方言一致，但有约 10% 的比例主要对应江淮、中原官话，而与其他官话方言有区别；

② "K+VP"是典型常用的疑问句型；

③ 普遍使用持续体助词"—着"；

④ 普遍使用"VV瞧"句式。

以上成系列的语言特点至今大多仍是云南官话的主流特征，这些特征往往与邻近的四川、贵州、湖北的西南官话主流特点格格不入，却与遥远的安徽、江苏的中原官话、江淮官话遥相呼应。语言是人类历史的 DNA，这样的语言事实只能证明云南官话与明代南直隶官话的渊源关系。

3.7.2.2　清代云南官话的基本特点

将明代云南官话与现代云南官话主流音系比较，我们认为：清代云南官话延续了明代云南官话语音、词汇、语法的主要特点，不过又有一些变化发展。根据《百夷译语》傣汉对音分析，清代云南官话的鼻音韵尾在弱化，发生了鼻化现象，尖团音声母在一些方言中相混，而整体性的最大变化是入声调消失，基本上都归入阳平。

那么，清代云南官话是否发生或已完成了入声归阳平的变化呢？直接反映清代云南官话的文献材料尚未找到，下面只能通过一些间接材料来讨论。

首先，查看"华夷译语"中的云南地区傣汉对音材料。明代有云南傣汉对译的《百夷译语》，清代乾隆年间也有傣汉对译的《芒市译语》《干崖译语》《车里译语》《孟卯译语》等。日本学者更科慎一（2003）研究发现，明代《百夷译语》（乙种本）中音译汉字的入声调字与傣语收塞音尾的7、8调字有一定的对应关系，曾晓渝（2013b）对明代丙种本《百夷译语》语音研究亦注意到这一点，这说明明代音译傣语的汉语有入声调。不过，明代《百夷译语》是在北京四夷馆、会同馆翻译的，其对译汉语可能并非云南官话。而清代傣汉对音的系列译语则不同，是奉乾隆皇帝命令在云南当地采集翻译再呈送朝廷的（《清实录》一三，卷324），推测音译汉字的语音基础是云南官话。我们注意到，对译傣语收塞音尾音节的汉字不像明代多用入声字，而是多用舒声字。这里因篇幅所限，仅以数词为例比较如下：

表 3-40　明清傣汉"译语"数词音译汉字比较

汉义	丙种本《百夷译语》明末（1573 之后）	丁种本傣汉"译语"清前期乾隆年间（1736 之后）				现代傣语（芒市）
		芒市	车里	干崖	猛卯	
一	稜	冷	楞	楞	楞	ləŋ⁶
二	送	送	送	宋	双	sɔŋ¹
三	散	散	散	散	三	sa:m¹
四	细	细	细	细	细	si⁵
五	哈	哈	哈	哈	哈	ha³
六	忽入	户	贺	户	呵	hok⁹
七	摺入	借	借	借	嗟	tset⁹
八	别入	别入	别入	别入	别入	pɛt⁹
九	高	稿	高	稿	藁	kau³
十	习入	昔入	谢	习入	西	sip⁹
百	八入	耙	淮(?)	罢	霸	pa:k⁹
千	幸	庆	版(?)	庆	幸	heŋ¹
万	闷	闷	闷	闷	闷	mun⁵

　　傣语的数词与中古汉语有音义对应关系，其中"六、七、八、十、百"是古汉语入声字，傣语均以收塞音尾的音节对应。明代的音译汉字均以入声字"忽、摺、别、习、八"对应，但清代傣语各方言点的音译汉字则大多改为舒声字并且声调不一，这表明清代云南官话已基本上无入声韵和入声调了[①]。

　　其次，查看西南官话的韵书材料。清代反映西南官话的韵书《万字归宗标韵》（清代京都学士胡鹏春、张芝俊等八人选辑，湖北张永春承录，具体年代未详，有光绪年间刻本），据我们对《万字归宗标韵》（残本）的初步考察，书中韵部按阴、阳、上、去、入五调分列，例如四声相承的韵部：巴加（阴平）、麻虾（阳平）、马瓦（上声）、架下（去声）、伐夹（入声）（此入声韵部有"伐夹答纳塌撒甲洽扎……"），显然入声调独立，未与阳平合并。

　　再查看有关传教士的记音材料。远藤光晓（2015：201）根据英国传教士艾约瑟（Joseph Edkins）著的《上海口语语法》（1868）中关于四川成都华阳话声调的记录符号，研究整理出了当时成都华阳话的调类调值：阴平55/35，阳平11/31，上声53，去声13，入声归阳平。

　　朱建颂（1988：92）根据英格尔（James Addison Ingle）编著的《汉音集字》（1899）分析整理出当时武汉话的音系特点：n-、l- 开始有混，日母多读卷舌 [ʐ]，有 [ɚ] 韵母，入声自成调类。

　　甄尚灵（1988：216）据英国传教士钟秀芝（Adam Grainger）编著的《西蜀方言》（1900）整理出当时成都话的音系特点：分平翘，分尖团，有阴平、阳平、上声、去声、入声五调，入声调独立（但钟秀芝在书的"前言"中提到"第五声（入声）有时难与第二声（阳平）分辨"）。

　　另外，赵元任（2007［1922］：28—33）说明入声调在湖北、四川官话里已归入阳平，在南京官话里仍旧保存，并用实验方法记录了汉语方言的声调，文中五线谱显示的武昌方言调类调值：阴平34、阳平213、上声

442，去声 35；重庆方言的调类调值：阴平 445，阳平 21，上声 442，去声 24。武昌、重庆均四个调类，其调值也与现代十分接近。

综上所述，有关清代西南官话入声调的情况，按材料时间顺序列表如下：

表 3-41 　清代及民国初年西南官话入声调情况比较

云南官话	成都华阳话	湖北（？）话	武汉话	成都话	武昌、重庆话
无入声调	入归阳	入声调独立	入声调独立	入声调独立	无入声调
傣汉"译语"材料 清乾隆年间	《上海口语语法》 艾约瑟 1868	《万字归宗标韵》 约清光绪年间	《汉音集字》 英格尔 1899	《西蜀方言》 钟秀芝 1900	中国言语字调实验 赵元任 1922

上表显示，各材料反映的清代西南官话入声调现象参差不齐，尤其是同为英国传教士且都记成都话，艾约瑟（1868）记入声调已归阳平，30 多年后钟秀芝（1900）却记入声调仍独立，这有可能因发音人不同（至今成都、武汉周边一些方言点仍有入声），而另一种更大可能性是清代末期成都并行雅、俗两套口语音系，《西蜀方言》反映的是文雅口语音（入声调独立，声母分平翘舌，尖团音分明），而通俗口语音则已经入声归阳平，尖团合流了（曾晓渝 2018b）。

第八节　本章结语

围绕本章开头的几个关键性问题："云南官话的形成是否与明代大量入滇卫所军户直接相关？""最早进入云南的汉语是不是云南官话的源头？""如何证明云南官话与明代南京官话的渊源关系？""云南官话与周边西南官话有哪些异同？"经过前面各节从不同角度展开的深入探讨，这里将主要结论归纳如下：

（1）元代之前云南的汉族移民很少，并未形成汉族特征的共同体。至明代大规模汉族军屯移民入滇，军户移民占云南总人口数的 70%，他们驻扎屯守于云南全省的大部分地区，从此，汉族移民成为云南人口的主体，云南官话随之开始形成。

（2）《明朝档案总汇》（第 58、59 册）中记载明初云南 8 个卫所的军官名册及籍贯档案，其中来自南直隶（辖今江苏、安徽）的最多，占军官总数的 42%；由于明代实行军户制，从军官籍可推测士兵籍、家属籍，因此有理由推测明代军户移民中近一半来自南直隶（大南京）；再就现代云南官话语音、词汇、语法成系列的特点异于周边西南官话而与苏皖中原官话、江淮官话遥相对应重合的事实，可以得出结论：明代南直隶官话（中原官话、江淮官话的融合体）是云南官话的主要源头。

（3）明代云南官话的主要面貌，通过云南官话与周边西南官话及苏皖中原官话、江淮官话的共时比较，以及与明代反映云南官话的韵书《韵略易通》（本悟 1586）的纵向比较，再利用明清傣汉对音资料《百夷译语》探究其中注音汉字的语音特点，可大致勾勒出。语音方面：① 全浊声母已经清化，塞音塞擦音平声送气、仄声不送气；② 声母有平翘舌两组 [ts-、tsʰ-、s-] 和 [tʂ-、tʂʰ-、ʂ-]，日母读卷舌 [ʐ]，中古庄组内转字多读平舌；③ 分尖团音，但江阳韵开始合流；④ 鼻音边音分明，n- 与 l- 是不同声母；⑤ 韵母已完成 -m>-n 的演变；⑥ 前后鼻音 an/aŋ、in/iŋ 有混，尤其是中古咸山宕摄相混；⑦ 无撮口呼，中古遇摄合口三等读 [iu]；⑧ 无卷舌元音，"儿耳二"音 [ɐ]；⑨ 可能尚存入声韵，但是塞音尾 -p、-t、-k 已经脱落，也许有喉塞尾 -ʔ；⑩ 有阴、阳、上、去、入五个声调。词汇语法方面：① 核心词中大部分与官话方言一致，但其中约 10% 主要对应江淮、中原官话，而与其他官话方言有区别；② 常用"K+VP"型问句；③ 普遍使用持续体助词"—着"；④ 普遍使用"VV瞧"句式。

明代云南官话当与南京官话同系属，明代的南京官话是中原官话、江淮官话的融合体。不过，云南官话内部存在差异，就像明代南直隶官话内部存在中原官话、江淮官话的差异一样，不同卫所的军户成员可能各自有相对集中的老乡群体。即使存在差异，并且还有非南直隶的其他各省军户移民，但可以肯定的是，当时云南的权威性通用语是南京官话，否则就不会形成如今仍带有中原官话、江淮官话色彩的云南官话。

（4）清代云南官话逐渐成为西南官话的成员。清代的云南官话延续明代的主要特点，随着乾嘉时期外省大量移民潮涌入云南的矿山和城市，云南官话受到湖广、四川话持续的影响渗透，入声韵消失，入声调归阳平（个别方言点除外，如陆良话还有入声调），调类调值趋同于西南官话，听感上与西南官话相近，不过底层的源语言色彩难以抹去。

（5）老派丽江汉语虽然也称为云南官话，但历史层次更早，来源也不同。老派丽江话可能是唐代从四川进入云南的，是当时南诏贵族学习的目标语，受到母语负迁移影响，在十分有限的使用环境中逐渐形成并流传下来。因此，就时间层次而言，丽江、大理等少数民族聚居区零星存在着的受少数民族音系深刻影响的特殊汉语，虽然可能更古老，但并非云南官话的源头。换言之，云南官话的主体并不是在类似于老派丽江话这些零星特殊汉语基础上扩散演变而来的。

第 四 章

贵州安顺屯堡话的源流

本章关键问题思考：

◎ 如何证实安顺屯堡话源自明代南京官话？

◎ 为什么安顺屯堡话相似于明代中原官话却不同于江淮官话？

◎ 从明代至今安顺屯堡话究竟保持了哪些源语言特征，又发生了哪些
变化？

第一节　贵州安顺屯堡话的语言背景及
已有研究简述

4.1.1　贵州汉语方言的形成及内部差异

4.1.1.1　贵州汉语方言的形成

在元代之前，贵州区域属少数民族聚居区，即使有少数汉族人，在生
活语言方面基本上都融入于当地少数民族。贵州汉语方言的形成，与明代
初年贵州建省、大量汉族军籍移民随着卫所屯堡的密集设置而进入贵州密
切相关。

《贵州省志·汉语方言志》（涂光禄 1998：2）："追溯贵州历史，历代
中央政权虽很早就开始经略贵州，但直到唐宋时期尚未对贵州实行直接统
治。贵州境内多是一些在中央政权的'经制州''羁縻州'制约下的相对独
立的少数民族政权。元代实行行省制度，今贵州地域分属湖南、四川、云

南三省管辖，在推行土司制度的同时，设立路、府、州、县，为中央政权在贵州建立行省打下了基础。明代永乐十一年（公元1413年），贵州建省，所辖地域分别由湖南、四川、云南三省划入。同时大规模推行军屯、民屯制度。在四川、湖南经贵州通往云南的交通要道上，遍立卫、所、屯、堡。明代二百四十余年中，……这些推行卫所制度的地区，人口构成逐渐由汉族占少数发展为汉族占多数。"

《简明中国移民史》（葛剑雄、曹树基、吴松弟 1993：387—388）："洪武十四年（1381年），蓝玉、沐英等率军进入贵州，设13卫、1所，有军士10万多人，合家属则有30万人。据《明史·地理志》记载，弘治四年（1491年）全省有43467户，258963人，民户56584户，250420口；军、民籍数量基本接近……。明初的军籍移民对于贵州汉族人口的形成至关重要。"

综上，明代初年贵州建省，30万军籍移民进入贵州，贵州人口由原少数民族为主转而为汉族人口与之相当，从此，贵州汉语方言开始形成。

4.1.1.2　贵州汉语方言内部的差异

贵州汉语方言形成于明代初期，历史不长，除了零星的方言岛外（比如"酸汤话""喇叭话"），如今总体划归于西南官话（内部分川黔、黔东南、黔南三大片区），其分区大体与历史建制沿革和汉族移民的来源一致，相互之间的差异主要在语音方面。这里将贵州官话内部的主要语音差异归纳比较如下（参考涂光禄 1998：5—111）：

表 4-1　贵州官话内部主要语音差异

语音特点	川黔方言（贵阳点）	黔东南方言（镇远点）	黔南方言（都匀点）
声调	阴 55 阳 21 上 42 去 13	阴 33 阳 21 上 42 去 35	阴 33 阳 53 上 45 去 12 入 42
晓匣声母	x（花）、f/_u（虎）	f（花、虎）	x（花）、f/_u（虎）
泥来声母	n、l 混，多读 n（泥＝梨）	n、l 混，多读 n（泥＝梨）	分 n、l（泥≠梨）
咸山摄韵	an（班南）uan（端关）	an（班南）uan（端关）	ia（班南）ø（端关）
蟹止摄合口	uei（对堆内雷）	ei（对堆内雷）	ei（对堆内雷）
撮口呼韵母	i（鸡鱼居）	i（鸡）y（鱼居）	tɕi（鸡）tɕy（居）i（衣）vi（鱼）
"儿"韵	ɚ（儿而耳二）	e（儿而耳二）	ə（儿而耳二）

4.1.2 安顺屯堡话简介

安顺屯堡话十分另类,不属于前述贵州方言的任何一个片区。它分布于贵州中部安顺辖区内的平坝县天龙镇,安顺西秀区大西桥镇、七眼桥镇等地的部分村寨。贵州方言地图上标注出了这些特殊的"入声归阴平"的村镇,我们圈注如下:

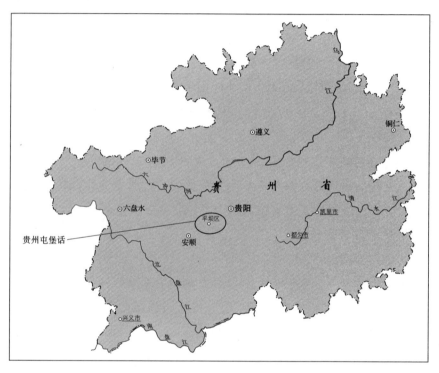

图 4-1 贵州安顺屯堡话分布点

屯堡话语音上的最大特点是清入声、次浊入声归阴平调,声母分平翘舌,这样的音系特点与中原官话相似。再参照明代地图,如今特殊的屯堡话分布地,基本上属于明代平坝卫辖区的屯堡分布地域。显然,屯堡话与明代的平坝卫驻军有直接关系。

龙异腾、吴伟军、宋宣、明生荣著的《黔中屯堡方言研究》(2011),详细考察了安顺屯堡话的分布及其历史成因:明朝初年朱元璋为平定云南不肯降服的元朝梁王,于洪武十四年(1381)派军队武力征伐,而黔中地区是兵伐云南的必经之地,即所谓"黔之腹,滇之喉",故特别在具重要军事地理位置的黔中地区设置重兵。书中指出，明初黔中安顺府内驻守的普定、平坝、安庄三卫军人及家属不少于 16 万人，其中一部分成为黔中屯堡人的"入黔祖先"（2011：14—15、16、18、20）；书中还根据清代道光《安顺府志》中"屯军堡子"籍贯"故多江南大户"的一句记载，以及如今屯堡人大都称其祖是南京人，并对屯堡人的家谱族进行分析，结合有关研究成果，认为洪武年间入黔的屯堡人先祖主体来自明代的南京（南直隶），具体而言来自今江苏、安徽、江西和上海四省（市），200 多年来由于他们相对封闭的"世外桃源""独立王国"式的生活环境，逐渐形成了他们独有的屯堡文化和屯堡方言（2011：28—29）。该书还以安顺西秀区九溪村的屯堡话为代表，详细描述了其语音系统、同音字表、词汇语法现象（2011：37—252），并与周边贵州、云南、四川、江西几省的安顺、威宁、昆明、西昌、钟祥方言点做了共时比较，认为屯堡话的次浊入声、清入声归阴平是保留了其明代语音的底层成分（2011：283）。此外，涂光禄（1998：116—122）也描述了安顺西秀区七眼桥镇二铺村屯堡话的语音系统。

　　本章将在上述学者关于屯堡话研究成果基础上，拟作如下进一步探究：（1）根据在平坝天龙镇、安顺九溪村实地调查的资料，对屯堡话的语音现象如声母平翘舌的读音规律、连读变调现象做补充描写；（2）发掘新的文献资料，力求证实安顺屯堡人的祖先主体来自明代南直隶；（3）对屯堡话的入声归调与明代中原官话相似，却不同于明代的江淮官话做出解释；（4）将屯堡话与中原官话做细致比较，观察分析在不同的环境下，同源语言的不同变化。

第二节　安顺屯堡话语音调查研究

　　笔者于 2012 年 1 月到贵州中部的平坝县天龙镇天龙村、安顺市西秀区上九溪村①的屯堡村寨进行实地调查。在那里首先的直观感受是屯堡村特色鲜明的石砌房屋，据说大多始建于明代初年（后来也经过不断修缮），尤其是当地政府为了开发旅游资源，有意识地保留天龙村的老建筑，那些全用片石砌成的房屋建筑连成片，房屋之间巷道相通，窗户高而小，整个屯堡具有封闭性，防御性极强，使人确信屯堡当初作为军事单位的战斗防守功能。

---

　　① 安顺九溪村是个屯堡人的大村寨，沿九溪河又分上九溪村和下九溪村，作者曾晓渝调查的是上九溪村。

图4-2　贵州平坝天龙村屯堡建筑

王毓铨《明代的军屯》(2009：186—187)："明代军事屯田的生产组织是以'屯'为基本单位。一屯有若干人或若干户。一般言之，屯的基层组织是'屯所'，即屯田百户所。在边地为防御敌人的侵掠，合几个'屯'或'屯所'建立一个'屯堡'。……洪武二十年，谕西平侯沐英等：自永宁至大理，每六十里设一堡，置军屯田(《太祖实录》，187，十二月丁巳)。平'九溪洞蛮'后，亦立营堡屯田(《明史》，132，《蓝玉传》附《陈桓传》)。不过，这些营堡的设立，其主要目的是屯兵防守，因便屯田；并不是先为屯田，先为保护屯军，而建立的防御设备。"这一段话可以帮助我们理解明代安顺屯堡的建筑特点与功用。

至今屯堡人的生活相对封闭，一般不与屯堡外的人通婚，妇女服饰的蓝色大襟、丝头腰围、银簪发髻的特点，以及喜爱年糕等不同于当地少数民族和汉族的生活习俗，带有苏皖地区色彩。他们都说先祖是明代南京来的军屯人。现在仍然居住在屯堡村寨的大约8000人。不过，近年来年轻人外出打工的较多，有的也与屯堡外的人结婚，他们的语言受外界影响较大。

4.2.1　屯堡话音系特点 ①

4.2.1.1　天龙镇屯堡话音系

天龙镇屯堡话有声母 24 个，韵母 29 个，声调 4 个。分别列表如下：

表 4-2　平坝县天龙镇屯堡话声母系统

p 坝病本	pʰ 平皮堡	m 忙门谋	f 胡符放风	v 五吴
t 读党地	tʰ 屯天桃			l 六怒龙农他
ts 中州字	tsʰ 村产茶		s 事说省顺	z 弱人认
tʂ 猪局举祖	tʂʰ 出锄初粗		ʂ 是室市书	ʐ 入如软
tɕ 酒九疾家金	tɕʰ 其千球秋		ɕ 县夏先谢	
k 根解贵共	kʰ 口开苦解	ŋ 安饿恶鹅	x 话喝河黑	
∅ 而外一药游银				

表 4-3　平坝县天龙镇屯堡话韵母系统

	开口呼	齐齿呼	合口呼
阴声韵	ɿ 资子事	i 鸡米鱼	u 堡吐局
	ʅ 知纸是		
	ɚ 而二耳		
	a 坝茶马	ia 家夏鸭	ua 瓜话要
	o 婆坐合	io 鹊脚学	
	ai 买该海		uai 坏甩外
	ei 车客岁		uei 国回水
	au 饱朝烧	iau 表鸟要	
	əu 豆收楼	iəu 牛球有	
阳声韵	an 安男含	ian 天千全	uan 穿酸晚
	ən 门生村	in 平军银	uən 棍顺蚊
	aŋ 帮当上	iaŋ 亮枪秧	uaŋ 筐黄王
	oŋ 中农空	ioŋ 穷兄容	

---

① 文中屯堡话材料由曾晓渝 2012 年实地调查所得。发音合作人：陈先元，女，69 岁，平坝县天龙镇人，初中文化，退休小学民办教师；陈中秀，女，62 岁，平坝县天龙村人，小学文化，务农，现茶馆服务员；宋年发，男，48 岁，安顺西秀区上九溪村人，初中文化，务农，现做年糕生意。

表 4-4　平坝县天龙镇屯堡话单字调系统

		阴平 55	阳平 31	上声 42	去声 35
平	清	高猪安开偏婚三			
	次浊		鹅人龙难文云		
	全浊		穷陈平寒神扶		
上	清			古纸比好口丑楚	
	次浊			五女染老暖买碗	
	全浊				近柱是抱厚社
去	清				盖帐抗唱菜世
	次浊				岸让漏怒帽望
	全浊				共阵助害树谢
入	清	竹一漆雀出黑色刷割桌窄缺切铁拍歇说发	急织积得笔曲七秃匹湿锡福接搭百约尺削		
	次浊	月药墨六麦袜	入纳		
	全浊		局宅食杂读白合舌服		

4.2.1.2　天龙镇屯堡话音系特点说明

屯堡话语音上与周边西南官话相比较，有两点很明显的差异。

（1）声母有平翘之别

① 当韵母为舌尖元音时平翘分明。例如：

资 [tsɿ] ≠ 知 [tʂʅ]　此 [tsʰɿ] ≠ 耻 [tʂʰʅ]　事 [sɿ] ≠ 是 [ʂʅ]

② 开口呼（除舌尖元音）的一律不卷舌。例如：

声　母	例　字
ts-	砸＝炸　昨＝桌　赞＝站　脏＝张
tsʰ-	擦＝茶　才＝柴　参＝掺　仓＝窗
s-	三＝山　桑＝伤　缩＝说　赛＝晒
z-	弱 热 然 人 让

③ 卷舌声母一般为合口韵字，单韵母 [u] 的也多变读为卷舌声母。例如：

声　母	例　字	备　注
tʂ-	抓锥砖装朱猪住 / 租局 [-u]	嘴 [tsei]，开口呼，不卷舌
tʂʰ-	揣锤穿春疮出锄 / 醋	春 [tʂʰuən44] ≠ 村 [tsʰən44]，后者开口不卷舌
ʂ-	刷衰水双树书 / 酥	
ʐ-	软闰肉 [u-]/[u]	

可见，如今屯堡话的平翘声母字已经发生了特殊变异，总结其演变规则为：

① 平舌 [ts-、tsʰ-、s-] → 卷舌 [tʂ-、tʂʰ-、ʂ-] / __V（合口）

② 卷舌 [tʂ-、tʂʰ-、ʂ-] → 平舌 [ts-、tsʰ-、s-] / __V（开口）

（2）清入声和次浊入声归阴平

屯堡话里，古全浊入声归阳平，古清入声和次浊入声在口语中大多都归阴平，但读声调调查表时，发音合作者有的字会阴平 / 阳平犹疑，或只读阳平，可能是周边西南官话影响的结果。例如：

中古音来源	阴　平	阳　平	阴平 / 阳平
清声母入声字	竹一八织笔漆雀七秃黑色刷湿割桌搭百约缺切铁拍歇说发	急积得曲匹锡福接尺削	出窄切铁拍说发
次浊声母入声字	月药墨六麦袜	入纳	六麦袜
全浊声母入声字		局宅食杂读白合舌服	

屯堡话清入声与次浊入声归阴平，全浊入归阳平，与今苏皖中原官话相似。

4.2.2　屯堡话两字组连读变调及实验分析 [①]

4.2.2.1　天龙镇屯堡话连读变调实验分析（发音人：陈先元，女，69岁）

4.2.2.1.1　单字调实验分析

说明：古清入声、次浊入声字连读中有的读作阴平，有的读作阳平，下面实验数据图中分开显示，归阴平的注明"（清、次浊 -1）"，归阳平的注明"（清、次浊 -2）"，后同。

[①]　屯堡话单字调和二字组连读变调由陈希根据曾晓渝贵州调查录音资料完成实验分析。

格局曲线：各声调的五度值

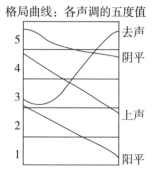

下面是组平均结果（五度坐标）

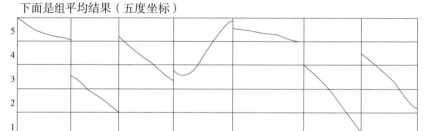

图4-3　天龙镇屯堡话单字调声调格局

4.2.2.1.2　非轻声二字组连读变调

下面是组平均结果（五度坐标）

下面是组平均结果（五度坐标）

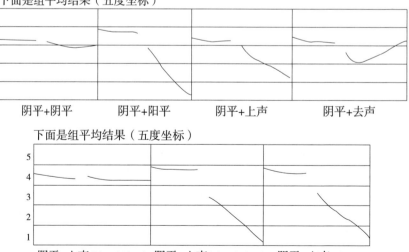

图4-4　天龙镇屯堡话阴平前字变调图

下面是组平均结果（五度坐标）

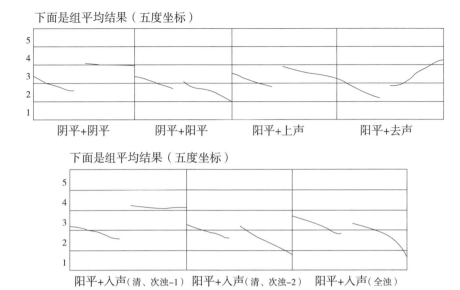

下面是组平均结果（五度坐标）

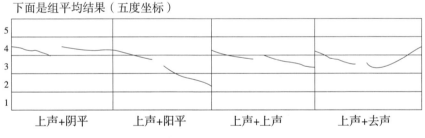

图 4-5　天龙镇屯堡话阳平前字变调图

下面是组平均结果（五度坐标）

下面是组平均结果（五度坐标）

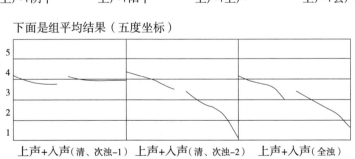

图 4-6　天龙镇屯堡话上声前字变调图

下面是组平均结果（五度坐标）

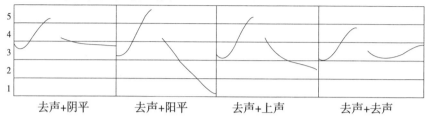

下面是组平均结果（五度坐标）

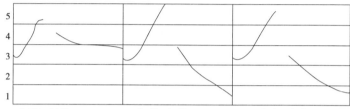

图 4-7　天龙镇屯堡话去声前字变调图

下面是组平均结果（五度坐标）

下面是组平均结果（五度坐标）

下面是组平均结果（五度坐标）

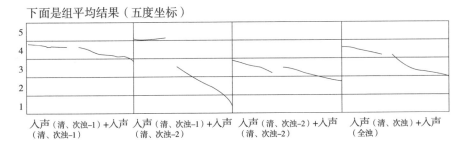

图 4-8　入声（古清、次浊）前字变调图

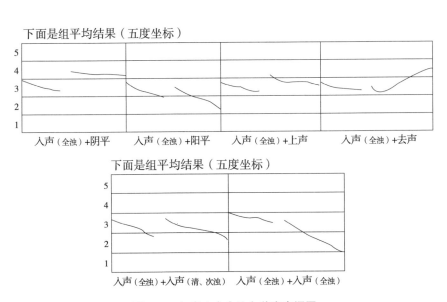

图 4-9　入声（古全浊）前字变调图

4.2.2.1.3　非轻声两字组连读变调实验数据图分析总结

天龙镇屯堡话的二字组连读变调多为非调位性变调，阳平与上声在二字组连读变调中没有发生中和，高低的对比很明显，各调分析总结如下：

（1）阴平：前字和后字调型不变，调域降低，由高平 55 调变为半高平 44 调。

（2）阳平：前字时调型不变，调域范围变窄，调尾缩短，由低降 31 调变为 32 调。后字时多与前字相同，在阴平和部分中古入声字后面调型不变。

（3）上声：前字时调型不变，调域范围变窄，调尾缩短，由半高降42调变43调。后字有时和前字变调相同，与阴平、阳平、去声组合时不变。

（4）去声：前字不变调。后字调尾缩短，调域降低，调头的凹型明显。

（5）中古入声字：二字组中清、次清入声字也表现为两种调型（除了入声清＋入声清、入声全浊＋入声清两种组合中没有出现分歧之外）。一种是半高平44调，类似今阴平调；一种是低降调32，类似今阳平调。全浊上声字在前字时为半高降43调，类似今上声前字的调型；后字时却为低降调31，类似今阳平调。

表4-5　天龙镇屯堡话非轻声两字组连读变调表

	阴平55	阳平31	上声42	去声35	入声		
					清、次浊-1	清、次浊-2	全浊
阴平55	44+44	44+31	44+42	44+324	44+44	44+31	44+31
阳平31	32+44	32+32	32+42	32+24	32+44	32+32	32+31
上声42	43+44	43+32	43+42	43+324	43+44	43+31	43+31
去声35	35+44	35+41	35+42	35+324	35+44	35+31	35+31
入声 清、次浊-1	44+44	55+41	44+43	44+324	44+44	44+31	44+43
入声 清、次浊-2	32+44	32+31	43+43	32+34		43+32	
入声 全浊	43+44	43+32	43+43	43+324	32+32		43+31

4.2.2.1.4　关于中古入声字的今读声调

中古入声字的变调结果如上表总结。前面实验可以看出，单字调中，中古清入声今读存在两种声调类型：一种是半高平调，一种是降调。而且清声中今读降调的那些字和全浊入声字的调型比较接近今上声。如果按照中原官话的入声归派规律以及前辈学者调查的屯堡话的情况，清入声和次浊入声应该归入今阴平调，全浊入声归入今阳平调。那么，二字组连读变调中是否能够更详细看出入声的归派呢？我们将中古入声字的二字组组合[①]和今阳平、上声的变调情况放在一起做对比，如下图：

---

① 次浊入声字的情况与清入声类似，也分为平调和降调两种声调，因字表中次浊入声字数量较少，实验很难统计，此处以清入声为代表讨论入声的归派问题。

下面是组平均结果（五度坐标）

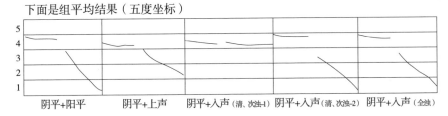

图 4-10　阴平前字时阳平、上声、入声声调对比图

下面是组平均结果（五度坐标）

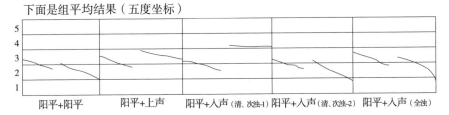

图 4-11　阳平前字时阳平、上声、入声声调对比图

下面是组平均结果（五度坐标）

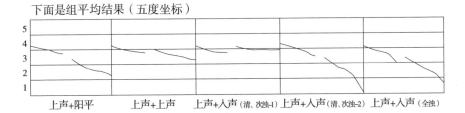

图 4-12　上声前字时阳平、上声、入声声调对比图

下面是组平均结果（五度坐标）

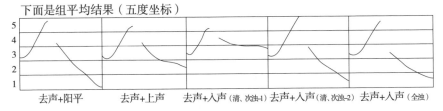

图 4-13　去声前字时阳平、上声、入声声调对比图

下面是组平均结果（五度坐标）

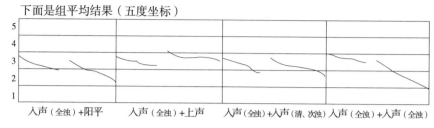

入声（全浊）+阳平　　入声（全浊）+上声　　入声（全浊）+入声（清、次浊）入声（全浊）+入声（全浊）

图 4-14　入声（全浊）前字时阳平、上声、入声声调对比图

从上述实验对比图我们也可以看出，降调型（归阳平的）清、次浊入声和全浊入声在二字组的后字位置时，调型和调值接近今阳平调。但是在前字时（见上面入声前字变调图），却接近今上声。

4.2.2.2　上九溪村屯堡话连读变调实验分析（发音人：宋年发，男，48 岁）

4.2.2.2.1　单字调实验分析

格局曲线：各声调的五度值

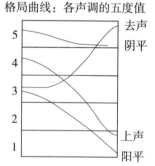

下面是组平均结果（五度坐标）

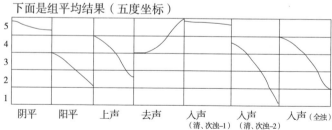

阴平　　阳平　　上声　　去声　　入声　　　入声　　　入声（全浊）
　　　　　　　　　　　　　　　　（清、次浊-1）（清、次浊-2）

图 4-15　上九溪村屯堡话单字调声调格局

表 4-6　上九溪村屯堡话单字调表

		阴平 55	阳平 31	上声 42	去声 35
平	清	高猪安开偏婚三			
	次浊		鹅人龙难文云		
	全浊		穷陈平寒神扶		
上	清			古纸比好口丑楚	
	次浊			五女染老暖买碗	
	全浊				近柱是抱厚社
去	清				盖帐抗唱菜世
	次浊				岸让漏怒帽望
	全浊				共阵助害树谢
入	清	急竹一出黑窄割桌缺切铁拍歇说发		织积得笔曲七秃匹湿锡福搭接搭百约尺削	
	次浊	月六麦袜药		入纳	
	全浊			局宅食杂读白合舌服	

上九溪村单字调实验结果有两点值得注意：

（1）阳平和上声听感较接近，仔细听主要差别在声调起点的高低上。阳平、上声是否有合并的趋势？

（2）古入声字的声调读音，其中清入声、次浊入声归阴平调的没有问题，但其中读降调的部分似归上声，因为实验图上起点高，更接近今上声；全浊入声今读也类似，起点高，实际更接近上声。

4.2.2.2.2　非轻声两字组连读变调实验分析

为了清晰观察规律，以下实验排除了古入声字的组词成分：

下面是组平均结果（五度坐标）

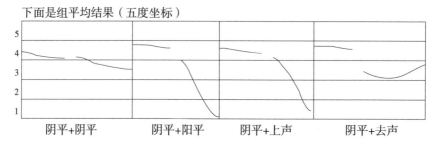

图 4-16　阴平前字变调图

下面是组平均结果（五度坐标）

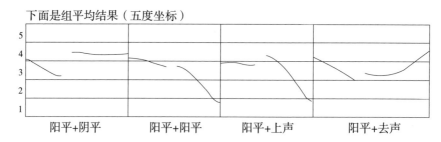

图 4-17　阳平前字变调图

下面是组平均结果（五度坐标）

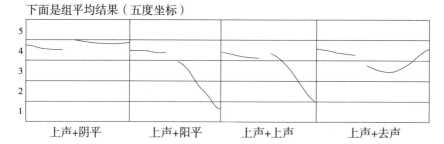

图 4-18　上声前字变调图

下面是组平均结果（五度坐标）

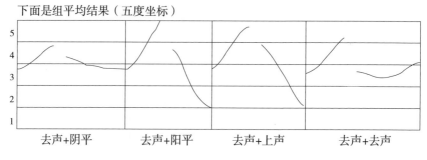

图 4-19　去声前字变调图

4.2.2.2.3　非轻声两字组连读变调实验分析总结

表 4-7　二字组连读变调总结表

	阴平 55	阳平 31	上声 42	去声 35
阴平 55	44+44	44+ 42	44+42	44+324
阳平 31	43+44	43+31	44+42	43+324
上声 42	44 +55	44 + 42	44 +42	44 +324
去声 35	35+44	35+ 42	35+42	35+324

（1）调位性变调

① 阳平：后字由低降 31 调变为半高降 42 调，与上声合并。前字与上声组合时变为半高平调，其他组合中为半高降 43 调。

阴平 55+ 阳平 31 → 44+42

上声 42+ 阳平 31 → 44+42

去声 35+ 阳平 31 → 35+42

② 上声：前字由半高降 42 调变为半高平 44 调，与阴平合并。后字不变调。

上声 42+ 阴平 55 → 44+55

上声 42+ 阳平 31 → 44+42

上声 42+ 上声 42 → 44+42

上声 42+ 去声 35 → 44+324

（2）非调位性变调

① 阴平：前字和后字调型不变，调域降低，由高平 55 调变为半高平 44 调。

② 去声：前字不变。后字调型不变，调域范围变窄，调尾缩短，由 35 调变为 324 调。

（3）二字组调型的中和

① 阴平 + 阴平 = 阴平 + 上声 = 上声 + 阳平 = 阳平 + 上声 = 上声 + 上声 =44+42

② 阴平 + 去声 = 上声 + 去声 =44+324

③ 去声 + 阳平 = 去声 + 上声 =35+42

4.2.2.3 两村屯堡话语音实验分析比较

（1）单字调的比较

就单字调的调类、调值而言，两村基本一致，但是，值得注意的是其中入声字的归调问题。上九溪村（发音人宋连发，男，48岁）的实验结果（图4-15）不同于前面天龙镇（发音人陈先元，女，69岁）的单字调实验结果（图4-3）。天龙镇的阳平、上声实验图上区别度要大些；部分读降调的清入声、次浊入声读音明显归阳平，全浊入声也明显归阳平。这究竟是天龙村与九溪村的读音差异呢，还是男女性别或年龄的读音差异呢？也许都有关系。

（2）非轻声两字组连读变调的比较

为了清晰观察，我们排除了较复杂的古入声字读音情况，选择阴、阳、上、去四声的连读变调做比较。根据录音所做的实验分析，天龙镇与上九溪村的两字组连读变调的连调式稍有差异：① 上声前字时，上九溪村的基本读高平调，与前字阴平调的连调式中和了；② 上九溪村阳平后字基本上与上声中和了，这与这位发音合作者的单字调特点一致。

表4-8 两村非轻声两字组连读变调比较

		阴平 55	阳平 31	上声 42	去声 35
天龙镇（女）	阴平 55	44+44	44+31	44+42	44+324
	阳平 31	32+44	32+32	32+42	32+24
	上声 42	43+44	43+32	43+43	43+324
	去声 35	35+44	35+41	35+42	35+324
		阴平 55	阳平 31	上声 42	去声 35
上九溪村（男）	阴平 55	44+44	44+ 42	44+42	44+324
	阳平 31	43+44	43+31	44+42	43+324
	上声 42	44 +55	44 + 42	44 +42	44 +324
	去声 35	35+44	35+ 42	35+42	35+324

语音实验分析是微观研究，上述二者的读音差异，单就我们田野调查时的听音记音是很难发现的，因此，语音实验分析很有必要。这些差异是否将继续扩大发展，究竟如何准确解释，还有待我们进一步调查研究。

第三节　安顺屯堡话的历史来源考察

在本章第二节开头提到，已有学者研究认为，安顺屯堡人的祖先是明代初年从南京（南直隶）进军贵州的安顺府内普定、平坝、安庄三卫的部分军人和家属（龙异腾等 2011：16、29）。可是，这样的推测还宽泛了些，而且，究竟这些军人和家属是不是来自明代南直隶，需要有更加直接明确的史料来证实；另外，明代的南直隶辖今江苏、安徽和上海区域，当时辖区内同时存在江淮官话和中原官话，而在南直隶通用的南京官话实际上是江苏、安徽官话的融合体（曾晓渝 2013b，2016），为什么如今屯堡话的入声归派类似于中原官话，而不同于江淮官话，这个问题也需要做出解释。所以，本节拟对这些问题进行探讨。

4.3.1　《中国明朝档案总汇》里贵州都司军官籍贯的记录

我们从《中国明代档案总汇》（第 60 册）（2001：1—165）中查找到了明初设置于贵州的威清卫、平越卫、安南卫三卫军官籍贯档案，具体统计如下表：

表 4-9　明代贵州都司威清卫军官籍贯地统计表

军官籍贯地明代地名及人数	今省份	人数统计
定远县 5，合肥县 4，滁州 4，凤阳县 3，临淮县 3，含山县 2，和州 1，歙县 1，巢县 1，灵璧县 1，宜城县 1，怀宁县 1，黄梅县 1	安徽	28
仪真县 4，江都县 2，句容县 1，泰州 1，盱眙县 1，兴化县 1，常熟县 1，睢宁县 1	江苏	12
安吉县 2，鄞县 1，海盐县 1，嘉兴县 1，仁和县 1，建德县 1，长兴县 1	浙江	8
黄州府 1，公安县 1，襄阳县 1，潜江县 1，武昌县 1，宜城县 1，江夏县 1，黄冈县 1	湖北	8
溆浦县 1，湘乡县 3，浏阳县 4	湖南	8
武定州 1，峄县 2，泗水县 1，嘉祥县 1，沂州 1	山东	6
鹿邑县 1，西华县 1，拓城县 1，阳武县 1	河南	4
山后县 1，三河县 1，井陉县 1	河北	3
大兴县 1，昌平县 1	北京	2
涪州 1	重庆	1

（续表）

广宁县1	广东	1
泰和县1	江西	1
东胜州1	内蒙	1
天城县1	山西	1
不详待查		6
合计		90

表4-10　明代贵州都司平越卫军官籍贯地统计表

军官籍贯地明代地名及人数	今省份	人数统计
定远县10，六安州4，合肥县3，临淮县3，寿州3，无为州2，天长县2，舒城县2，宣城县2，滁州1，和州1，亳县1，萧县1，濠州1，颍上县1	安徽	37
无锡县9，江都县3，盱眙县2，江阴县2，六合县2，宿迁县2，高邮县2，睢宁县1，宝应县1，沭阳县1，扬州府1，江宁县1，宜兴县1，赣榆县1，武进县1	江苏	30
鄞县1，金华县1，德清县2，钱塘县1，余姚县1	浙江	6
武陵县1，宜城县1，通城县1，江陵县1，麻城县1	湖北	5
巴陵县1，新化县3，武岗州2，麻阳县2，沅州1，湘阴县1，衡山县1，攸县1，安仁县1，醴陵县1，平江县1，茶陵县1	湖南	16
齐东县1，黄县1，福山县1，峄县1	山东	4
长葛县1，信阳县2，鄢陵县1，汝宁府1，滑县1，偃师县1，叶县1，汝阳县3，固始县1，睢州1	河南	13
山后县1，迁安县1，丰润县1，固安县1，滦州1，永平府1	河北	6
大兴县1，顺天府1，通州1，密云县1	北京	4
安岳县1，阆中县1	四川	2
长乐县1，顺昌县1	福建	2
德安县1，南昌县1，进贤县1，永丰县1	江西	4
陇西县1，宁县1	甘肃	2
马邑县1	山西	1
山阳县2	陕西	2
不详待查		12
合计		146

表 4-11 明代贵州都司安南卫军官籍贯地统计表

军官籍贯地明代地名及人数	今省份	数统计
定远县 6，滁州 5，凤阳县 2，寿州 4，合肥县 5，颍上县 1，巢县 1，六安州 1，和州 1，含山县 1，安庆府 1，太湖县 1，陆安州 1，来安县 1，	安徽	31
武进县 2，兴化县 2，盱眙县 1，泰州 1，江都县 2，如皋县 1，溧阳县 1，上元县 1，常熟县 1，泗州 1	江苏	13
安吉县 1，黄严县 1，衢州府 1，黄岩县 2，长兴县 1	浙江	6
黄冈县 1，光华县 1，蕲州 1，荆门州 1，江夏县 2，汉阳县 1	湖北	7
长沙县 1，浏阳县 1，武岗州 15，丰（城）县 2，邵阳县 6，湘潭县 1，新化县 5，澧阳县 1，安化县 1	湖南	33
堂邑县 1，莒州 1，曹县 1，冠县 1	山东	4
汝阳县 1，杞县 1，遂平县 1，汲县 1，祥符县 1	河南	5
迁安县 1，山后县 2，定兴县 1，唐县 1，涿州 1，乐亭县 1	河北	7
宛平县 1	北京	1
安岳县 1	四川	1
巴州 1，巴县 1	重庆	2
庐陵县 2	江西	2
山阳县 2	陕西	2
不详待查		7
合计		121

4.3.2 明代贵州都司威清、平越、安南三卫军官籍贯地比例统计

根据前面表 4-9、表 4-10、表 4-11 的数据，这里再对其中来自南直隶（今安徽、江苏省）的军官比例进行统计分析。

表 4-12 明代贵州都司威清、平越、安南三卫军官籍贯地比例统计

威清卫			平越卫			安南卫		
籍贯	人数	占总人数比例	籍贯	人数	占总人数比例	籍贯	人数	占总人数比例
安徽	28	31.11%	安徽	37	25.34%	湖南	33	27.27%
江苏	12	13.33%	江苏	30	20.55%	安徽	31	25.62%
浙江	8	8.89%	湖南	16	10.96%	江苏	13	10.74%

（续表）

湖北	8	8.89%	河南	13	8.90%	河北	7	5.79%
湖南	8	8.89%	河北	6	4.11%	湖北	7	5.79%
山东	6	6.67%	浙江	6	4.11%	浙江	6	4.96%
河南	4	4.44%	湖北	5	3.42%	河南	5	4.13%
河北	3	3.33%	山东	4	2.74%	山东	4	3.31%
北京	2	2.22%	江西	4	2.74%	江西	2	1.65%
重庆	1	1.11%	北京	4	2.74%	重庆	2	1.65%
广东	1	1.11%	四川	2	1.37%	陕西	2	1.65%
江西	1	1.11%	福建	2	1.37%	北京	1	0.83%
内蒙古	1	1.11%	陕西	2	1.37%	四川	1	0.83%
山西	1	1.11%	甘肃	2	1.37%			
			山西	1	0.68%			
待查	6	6.67%	待查	12	8.22%	待查	7	5.79%
合计	90		合计	146		合计	121	

根据上表数据，威清卫军官来自南直隶的有 40 人，占军官总数的 44%；平越卫军官来自南直隶的有 67 人，约占军官总数的 46%；安南卫军官来自南直隶的有 44 人，占总人数的 36%。三卫军官中来自南直隶的总数是 151 人，平均占军官总数的 42%。可见，这三卫军官中确实来自南直隶的是主流。

4.3.3 明代贵州都司威清、平越、安南三卫中南直隶军官籍贯地官话方言分析

军官的籍贯比例基本上反映士兵、家属的籍贯比例，因此，可以推测，这三卫军人和家属之间的通用语是南直隶官话。但是，明代南直隶区域内已存在江淮官话和中原官话，那么，下面有必要将这些来自南直隶军官的具体籍贯地与今天安徽、江苏的官话方言分布情况做对比，虽然明代南直隶区域内中原官话、江淮官话及其他方言的分布可能不同于现代，但差别不会很大，通过这种对应可以看出大致的情况。

表 4-13　明代贵州威清、平越、安南三卫南直隶军官籍贯地与今官话方言对应

现代官话方言		威清卫	平越卫	安南卫	合　计
江淮官话	洪巢片 107	定远县 5	定远县 10	定远县 6	定远县 21
		合肥县 4	合肥县 3	合肥县 5	合肥县 12
		滁州 4	滁州 1	滁州 5	滁州 10
			寿州 3	寿州 4	寿州 7
			六安州 4	六安州 1	六安州 5
		凤阳县 3		凤阳县 2	凤阳县 5
		宣城县 1	宣城县 2		宣城县 3
		含山县 2		含山县 1	含山县 3
		和州 1	和州 1	和州 1	和州 3
		巢县 1		巢县 1	巢县 2
				来安县 1	来安县 1
			无为州 2 舒城县 2 天长县 2		无为州 2 舒城县 2 天长县 2
		怀宁县 1			怀宁县 1
			濠州 1		濠州 1
				安庆府 1	安庆府 1
				陆安州 1	陆安州 1
		江都县 2	江都县 3	江都县 2	江都县 7
		仪真县 4			仪真县 4
		盱眙县 1	盱眙县 2	盱眙县 1	盱眙县 4
			六合县 2		六合县 2
			高邮县 2		高邮县 2
			扬州府 1	上元县 1	扬州府 1 上元县 1
			江宁县 1	泗州 1	江宁县 1 泗州 1
		句容县 1			句容县 1
			宝应县 1		宝应县 1
	分卫所统计	30	43	34	107

（续表）

	泰如片6	兴化县1		兴化县2	兴化县3
		泰州1		**泰州1**	**泰州2**
				如皋县1	**如皋县1**
	分卫所统计	2	0	4	6
	黄孝片1	黄梅县1			黄梅县1
	分卫所统计	1	0		1
中原官话17人	郑曹片9		萧县1		萧县1
			亳县1		亳县1
		灵璧县1			灵璧县1
			颍上县1	颍上县1	颍上县2
			宿迁县2		**宿迁县2**
			赣榆县1		**赣榆县1**
			沐阳县1		**沐阳县1**
	分卫所统计	1	7	1	9
	信蚌片6	临淮县3	临淮县3		临淮县6
	洛徐片2	**睢宁县1**	**睢宁县1**		**睢宁县2**
徽语1		歙县1			歙县1
赣语1				太湖县1	太湖县1
吴语18			**无锡县9**		**无锡县9**
			武进县1	**武进县2**	**武进县3**
			江阴县2		**江阴县2**
		常熟县1		**常熟县1**	**常熟县2**
			宜兴县1		**宜兴县1**
				溧阳县1	**溧阳县1**
	分卫所统计	1	13	4	18

注：上表中加黑的地名今属江苏省，其余属安徽省。

再将以上表4-13精简为以下统计比例表：

表 4-14　明代贵州都司威清、平越、安南三卫
南直隶军官籍贯地的今官话方言比例

今方言点		威清卫	平越卫	安南卫	合计	总计	百分比
江淮官话	洪巢片	30	43	34	107	114	75.50%
	泰如片	2	0	4	6		
	黄孝片	1	0	0	1		
中原官话	郑曹片	1	7	1	9	17	11.26%
	信蚌片	3	3	0	6		
	洛徐片	1	1	0	2		
吴方言		1	13	4	18	18	11.92%
徽州话		1	0	0	1	1	0.66%
赣方言		0	0	1	1	1	0.66%
总计		40	67	44		151	100%

从以上两个统计表看，明代贵州都司威清、平越、安南三卫南直隶军官籍贯地绝大部分（75.5%）分布于现代的江淮官话区，只有少部分（11.26%）分布于中原官话区。也就是说，很可能当时威清、平越、安南三卫的南直隶军人及家属大部分说的是有入声的江淮官话，而不是中原官话。

4.3.4　安顺屯堡话的历史来源推测

4.3.4.1　根据明朝档案推测明代贵州都司庞大群体内的通用语

根据所查阅到的明代贵州都司威清、平越、安南三卫的军官籍贯档案统计分析，他们当中近一半（平均 42%）来自明代南直隶。下面根据谭其骧主编《中国历史地图集·元明时期》（第七册，1996：80—81）上标注的卫所，圆圈标注黔中三卫驻扎地，如图：

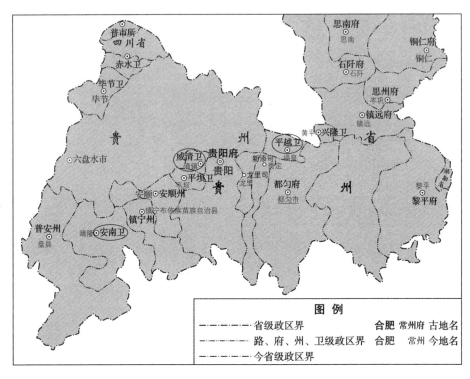

图 4-20　明朝档案所记贵州威清、平越、安南三卫分布地

　　虽然只查阅到明代贵州都司威清、平越、安南三卫的档案，而且这三卫驻扎地并不对应于如今屯堡村寨的所在地，但是，其军官籍贯统计数能大致反映明代贵州都司各卫所军人及家属的来源地比例，因此，这在一定程度上可以证实作者在贵州调查时每位屯堡人都强调的祖先来自明代南京的说法。

　　但是，前面的统计分析又表明，这三卫里来自南直隶的军官中，绝大部分（75.5%）的家乡是江淮官话区，只有很少部分（11.26%）的家乡在中原官话区。当然，统计分析仅限于南直隶军官籍贯地的官话方言，按现代官话方言区划，河南的官话方言基本上属于中原官话，如果根据表 4-12，把这三卫里河南籍 22 位军官（占总数 357 人的 6%）的数量也加上，中原官话籍贯地的军官仍然占很少比例。由此我们认为，明代贵州各卫军人与家属庞大群体的主流通用语倾向于江淮官话而不是中原官话。

　　那么，为什么如今安顺屯堡话却相似于中原官话呢？下文继续探讨。

4.3.4.2 安顺屯堡人祖先很可能是明代平坝卫军人及家属

从明代地图看（图4-20），安顺屯堡村寨是当时平坝卫安营扎寨之地，所以，今安顺屯堡人的祖先很大可能是明代初年平坝卫的军人及家属。

平坝卫属于明代安顺府三卫，即黔中三卫之一，明代地图（图4-20）显示，与平坝卫相邻的是普定卫，那么，是否可能今安顺屯堡人的祖先也与明代普定卫有关呢？

曹树基《中国人口史》（第四卷）（2000：177—180）关于明代洪武年间贵州军卫人口的论述："洪武时期的贵州并未设省，却设有贵州都司。……洪武二十三年设平坝卫，辖5个所（表5-2）。……最值得注意的是普定卫。据《明史·兵志》，该卫在洪武年间就属贵州都司，不见其有所属有什么变动。《明史》卷46《地理志》'安顺军民府'条称：'洪武十五年三月属普定府，十八年直隶云南布政司，二十五年八月属四川普定卫，正统三年八月直隶贵州布政司。'将普定卫划入四川（都司）。而在洪武二十五年之前，曾一度属云南布政司。弘治《贵州图经新志》卷14的说法还有不同，'洪武十四年，仍置普定府，领州三，长官司六，属四川布政司，筑城于城东二十里，寻增置普定卫，徙今城。十八年，府废，以州、司附于卫。二十五年，改置普定卫军民指挥司，仍属四川。正统三年，割所领三州六长官司隶贵州布政司，而卫改属贵州都司，领千户所五'。"

从以上论述可以明确两点：第一，明初洪武年间平坝卫的设置地点固定不变，且一直属贵州都司；第二，普定卫并未列于洪武年间贵州都司所辖军卫的表5-2中，而且有记载普定卫曾属普定府而不是安顺府，曾直隶云南布政司、四川布政司，其名称、设置地点也有变动，管辖范围也比较宽泛不定。据此，基本可以排除今安顺屯堡人的祖先是普定卫的可能性。

4.3.4.3 安顺屯堡话的历史来源推测

基于前文的考察论述，至此我们推测，明代平坝卫的军人及家属中可能大多来自南直隶区域中原官话的州县，河南籍的也不少，或者平坝卫的指挥使、正副千户、百户等从上到下各级军官大多来自中原官话区，他们所操的中原官话乡音颇具权威性和影响力；同时，由于当时在贵州少数民族地区建立的屯堡主要功能是保护屯军，各个卫所独立封闭驻扎，平坝卫的军人和家属生活于与外界隔绝的防御性很强的屯堡内，这样，群体内相互交流的通用语即以中原官话为主，经过几百年传承，逐渐形成了如今特殊的安顺屯堡话。如果当初平坝卫内部的通用语主流不是中原官话而是倾向于江淮官话或其他官话方言，如今的屯堡话不会呈现出清入声、次浊入声为阴平的特点。此外，目前还找不到其他更合理的解释。

第四节　安顺屯堡话语言特点与中原官话比较

基于前述，安顺屯堡话很大可能源自明代初年贵州平坝卫内部通用的中原官话，那么，安顺屯堡话与中原官话有哪些异同呢？根据我们所调查掌握的材料，屯堡话的特殊之处更凸显于语音方面，所以，我们主要进行语音方面的比较分析。

语音方面，除了显而易见的在周边西南官话长期包围影响下趋同于贵州官话的语音特点外，更值得关注的是屯堡人始终顽强坚守的、不同于周边西南官话的那些特点与中原官话相比发生了哪些变化。

明代反映中原官话的韵书《交泰韵》（吕坤1603）音系特点是："全浊声母清化，分尖团，知照混；-m > -n, -n、-ŋ 分明，无入声韵；平分阴阳，浊上归去，清入、次浊入归阴平、全浊入归阳平。"（宁忌浮2009：205—224，叶宝奎2017：68—69）[①]如今的中原官话基本上也有这些共性特点。所以，本节主要与现代中原官话做共时比较。

《中国明朝档案总汇》记录的贵州威清、平越、安南三卫南直隶籍军官中，来自中原官话州县的共17人，其中6人是临淮县（今安徽固镇县）人，占三分之一强（参见表4-13，图4-20），鉴于此，本节将主要选取我们实地调查过的安徽固镇话（同音字表见附录一）与屯堡话进行比较。

4.4.1　卷舌声母的比较

声母方面，屯堡话与周边西南官话安顺话、贵阳话的最大区别是分平翘，存在 ts-、tsʰ-、s-、z- 与 tʂ-、tʂʰ-、ʂ-、ʐ- 两组音位对立的辅音。

4.4.1.1　对已有研究的思考

龙异腾等（2011：256—259）将屯堡话里古知庄章精几组声母字与西

---

① 《交泰韵》中的知照组基本上混同，但是在"支韵""齐韵"中有一定区别，"支（章三）"在支韵，"知（知三）"在齐韵，因此，支≠知，知照有别。

南官话中存在卷舌声母的方言点以及中原官话和西北官话的相关方言点做了比较，一方面指出屯堡方言的卷舌声母与合口呼组合的特点反映自身音系拼合规律，另一方面根据"湖北东部、西北部的'楚语'以及中原官话的最南边缘的光山方言……等也有与屯堡方言相类似的情况"，指出"贵州黔中的明代汉族移民多来自湖北、湖南、江西一带，屯堡方言今天的 tʂ- 组声母及其与合口呼韵的密切关系是否是明代移民语言的底层现象，屯堡方言以及早期的西南官话与湖北'楚语'的关系，这里似乎显露了一些信息"。根据龙文的研究，我们先列出以下比较表（表中威宁方言参考吴鼎先 1994，昆明方言参考毛玉玲 1997，麻城、光山方言引自龙异腾 2011：258—259）：

表 4-15　屯堡话卷舌声母与相关方言比较

例字	贵州 屯堡	贵州 威宁	云南 昆明	湖北 麻城	河南 光山	北京	备　注
租	tʂu	tsu	tsu	tsəu	tsəu	tsu	精模合一平遇
猪	tʂu	tʂu	tʂu	tʂʅ	tʂʅ	tʂu	知鱼合三平遇
粗	tʂʰu	tsʰu	tsʰu	tsʰəu	tsʰəu	tsʰu	清模合一平遇
初	tʂʰu	tʂʰu	tʂʰu	tʂʰʅ	tʂʰʅ	tʂʰu	穿鱼合三平遇
苏	ʂu	su	su			su	心模合一平遇
疏	ʂu	su	su			ʂu	生鱼合三平遇
书	ʂu	ʂu	ʂu	ʂʅ	ʂʅ	ʂu	书鱼合三平遇
如	zu	zu	zu	zʅ	ʅ	zu	日鱼合三平遇
专	tʂuan	tʂuan	tʂuÃ	tʂʮan	tʂʮan	tʂuan	章仙合三平山
钻	tʂuan	tsuan	tsuÃ	tsan	tsan	tsuan	精桓合一平山
篡	tʂʰuan	tsʰuan	tsʰuÃ	tsʰan	tsʰan	tsʰuan	初谏合二去山
酸	ʂuan	suan	suÃ	san	san	suan	心桓合一平山
春	tʂʰuən	tʂʰuen	tʂʰuə̃	tʂʰʮən	tʂʰʮən	tʂʰuən	昌谆合三平臻
局	tʂu	tɕiu	tɕi	tʂʅ	tʂʅ	tɕy	群烛合三入通
曲	tʂʰu	tɕʰiu	tɕʰiu	tʂʰʅ	tʂʰʅ	tɕʰy	溪烛合三入通
续	ʂu	ɕiu	su	ʂʅ	ʂʅ	ɕy	邪烛合三入通
俗	ʂu	su	su	səu	səu	su	邪烛合三入通

根据上面的词表，将屯堡话在卷舌声母方面与五个方言点的异同分析如下表（"+"表示是，"-"表示否）：

表 4-16　屯堡话卷舌声母拼合规则与其他方言异同表

方言点	①精知庄章组日母合口一律卷舌	②精组合口平舌	③知章组日母合口卷舌	④庄组合口平舌	⑤见、精组烛合三入字非卷舌
屯堡话	+	−	+	−	−
威宁（西南官话）	−	+	+	+（疏篡）	+
昆明（西南官话）	−	+	+	+（疏篡）	+
麻城（江淮官话）	−	+（租粗钻酸）/−（续）	+	+（篡）	+（俗）/−
光山（中原官话）	−	+（租粗钻酸）/−（续）	+	+（篡）	+（俗）/−
北京（普通话）	−	+	+	+（篡）/−（疏）	+

很明显，上表中除了第③项屯堡话与各方言点一致，其他各项与北京、威宁、昆明完全不同，也与麻城、光山均不相同，只是其中第②⑤项稍有交叉，但这尚不足以支持"屯堡话与湖北'楚语'有底层关系"的观点。更何况，依据前面对有历史记载的明代贵州威清、平越、安南三卫军官籍贯地的考察统计推测，明初贵州的军屯移民并非"多来自湖北、湖南、江西一带"，而是主体（平均42%）来自南直隶，其他各省的平均不到10%（见表4-12）。

不过，值得注意的是，与屯堡话卷舌声母读音特点发生交叉的麻城、光山方言分别属于江淮官话黄孝片、中原官话信蚌片，这又直接关系着明代南直隶官话的基础方言，尤其是光山话所属的中原官话信蚌片，与安徽腹地的固镇、蚌埠、泗县等划归同一个中原官话方言小片，所以，与其说屯堡话与麻城、光山方言点的语音特征有交叉反映其楚地移民及楚语底层，不如说这在一定程度上反映了与明代南京官话的渊源关系。

在已有研究基础上[①]，下面拟尝试将屯堡话与中原官话的卷舌声母读音进行系统性比较，以求证屯堡话的源头问题。

---

① 相关研究还有《贵州屯堡话与明代官话比较研究》（邓彦 2017），由于对该书中明代官话的界说、材料以及比较研究的思路方法等，笔者有不同看法，故本书未予讨论。

4.4.1.2　屯堡话与中原官话平舌卷舌声母拼合关系异同对比分析

4.4.1.2.1　九溪村屯堡话与固镇方言平舌卷舌声母对比表

下表说明：（1）九溪屯堡话因年龄差异，不少字读音卷舌与否存在差异；相对而言，中、老年人读卷舌的情况比较稳定，年轻人则平、卷舌两读，往往读平舌的多。下表中的例字以老年人的最常用读音为准。（2）固镇汪庄子发音合作人的读音稳定，一般没有两读现象。

表 4-17　九溪村屯堡话与固镇方言卷舌声母对比表

贵州安顺九溪村屯堡话 （龙异腾等 2011，曾晓渝 2012 调查）		安徽固镇汪庄子中原官话 （曾晓渝 2011 调查）		备　注
读音	例字	读音	例字	
tsʅ	资子字	tsʅ	资子字	精组开三止
tʂʅ	知直指指引志	tʂʅ	知直指志	知章组开三止
tsʰʅ	参参差词此次	tsʰʅ	参参差词此次	精庄（参）组开三止
tʂʰʅ	痴吃迟耻齿	tʂʰʅ	痴吃迟耻齿翅	"吃"溪开四入锡梗， 其余知章组开三止
sʅ	私师死四事	sʅ	私师死四	精庄开三止
ʂʅ	尸时史是	ʂʅ	尸时史是事	"史事"庄组开三止， 其余章组开三止
zʅ	日	zʅ	日	
tʂu	租足祖	tsu	租足祖	精组合口
tʂu	猪竹主住局	tʂu	猪竹主住	知章组合口 "局"群烛合三入通
tʂʰu	粗醋	tsʰu	粗族醋	精组合口
tʂʰu	出除楚处	tʂʰu	出除楚处	知庄章合口
ʂu	苏俗素	su	苏俗素	精组合口
ʂu	书熟署树	ʂu	书熟署树	章组合口
zu	辱如入乳蠕肉	ʐu	辱如入乳儒	
tsa	杂酢	tsa	杂砸（咋）	精组开口
tsa	扎渣闸眨炸	tʂa	扎渣闸眨炸	庄组二开
tsʰa	擦	tsʰa	擦	清开一入曷山
tsʰa	叉插茶诧	tʂʰa	叉插茶诧	知庄二开
sa	撒卅	sa	撒卅	"卅"心合一入咸
sa	沙杀傻厦	ʂa	沙杀傻厦	庄组二开

tsei	遮泽则责	tsə	遮泽则责	遮章；泽澄；则精，责庄
	哲浙折者这	tʂə	哲浙折者这	知章组三开
tsʰei	册侧策测	tsʰə	册侧策测	庄组开二、三
	车彻撤扯	tʂʰə	车彻撤扯	知章组开三
sei	色	sə	色涩	庄组生开三
	奢舌蛇舍社射赦	ʂə	奢舌蛇舍社射赦	章组开三
zei	热惹	ɻə	热惹	
tsau	遭早枣灶皂造造肇	tsɔ	遭早枣灶皂造燥	精组开一
	招昭诏兆照罩	tʂɔ	招昭诏兆照罩	知章开口二、三
tsʰau	操曹巢草糙造造房子燥	tsʰɔ	操曹巢草糙	精组开一
	抄超朝潮吵钞炒	tʂʰɔ	抄超朝潮吵钞炒	知庄开口二、三
sau	臊骚扫嫂	sɔ	臊骚扫嫂	心开一
	捎梢烧韶绍少哨	ʂɔ	捎梢烧韶绍少哨	庄章开口二、三
zau	饶扰绕	ɻɔ	饶扰绕	
tso	作捉昨琢凿左坐作座	tsuo	作捉昨琢凿左撮坐作做座	精知庄开二
	浊桌卓苗着衣着	tʂuo	浊桌卓苗着	知庄开口二、三
tsʰo	撮	tsʰuo	搓撮锉措错锉	精组一等
	戳	tʂʰuo	戳	彻开二觉入江
so	梭梳勺妁数锁唢所索硕烁	suo	梭梳勺妁数锁唢所索硕烁	精庄章二三等
	说	ʂuo	说	书合三薛如山
zo	若弱	ɻuo	若弱	
tsai	灾栽斋宰崽再在	tsɛ	灾栽斋宰崽再在	精庄开二、三等
	债寨	tʂɛ	债寨	庄开二等
tsʰai	猜才财裁豺采彩菜蔡	tsʰɛ	猜才财裁豺采彩菜蔡	精庄开一、二等
	差出差钗柴	tʂʰɛ	差出差钗柴	庄开二等
sai	腮塞赛晒	sɛ	腮塞赛晒	精庄开一、二等
	筛	ʂɛ	筛	庄开二等佳蟹
tʂuai	拽	tʂuɛ	拽	只有卷舌声母，全对应
tʂʰuai	揣	tʂʰuɛ	揣	穿合三支止

（续表）

ṣuai	衰摔甩帅率蟀	ṣuɛ	衰摔甩帅率蟀	庄组三合口
tsei	窄贼嘴最罪醉	tsei	窄贼嘴最罪醉	窄，庄开二陌入梗贼，从开一德入曾嘴最罪醉，精组一三合
tsʰei	崔摧催粹翠脆	tsʰei	崔摧催粹翠脆	精组一三合
sei	尿虽随遂髓岁穗碎	sei	尿虽随遂髓岁穗碎	精组一三合
ṣuei	谁	ṣei	谁	禅脂合三平止
	水税睡	ṣuei	水睡税	书合三等；水止，睡税蟹
tsei	最（重前）	tsuei	最（重前）	
tṣuei	追锥坠赘	tṣuei	追锥赘	知章组合三
tsʰei	脆（重前）	tsʰuei	脆（重前）	
tṣʰuei	吹炊垂棰锤	tṣʰuei	吹炊垂棰锤	知章组三合
ʐuei	蕊瑞锐	ɻuei	瑞锐	瑞禅锐喻
tsəu	走奏揍	tsou	走奏揍骤	精开一；骤，崇开三
	州舟周洲肘宙咒昼	tṣou	州舟周洲肘宙咒昼	知章组开三
tsʰəu	凑	tsʰou	凑	知庄章组开三
	抽仇惆筹愁稠绸丑臭	tṣʰou	抽仇惆筹愁稠绸丑臭	仇，群尤开三平流
səu	搜馊搂叟嗽	sou	搜馊搂叟嗽	生心开一三流
	收手守首寿受兽售瘦	ṣou	收手守首寿受兽售瘦	章庄组开三
zəu	柔揉	ɻou	柔揉蹂肉	
tsan	簪毡钻咱赞	tsæ̃	簪毡钻咱攒	精组一等
	沾展盏崭辗占站栈绽	tṣæ̃	沾展盏崭辗占站栈绽	知章开三
tsʰan	参餐蚕残惭惨忏	tsʰæ̃	参餐蚕残惭惨忏	精组一等；忏，初开二咸
	搀馋婵产铲灿清母	tṣʰæ̃	搀馋婵产铲灿清母	知庄章组开二、三
san	三伞散	sæ̃	三伞散	心开一
	山杉删衫闪膻善擅鳝	ṣæ̃	山杉删衫闪膻善擅鳝	庄章组开二、三
zan	然燃染冉	ɻæ̃	然染	
tṣuan	钻攥	tsuæ̃	钻攥	精组合口一等
		tṣuæ̃	余穿川传船喘舛串	知庄章组合口二、三

（续表）

tsʰuan	篡	tsʰuæ	篡	初母合口二等
	专砖转转弯赚传撰转	tsʰuæ	专砖转转弯赚传撰转	知章组合口三
ṣuan	酸算	suæ	酸算	心母合口一等
	栓涮（汕疝）	ṣuæ	栓涮	生母合口二等
ʐuan	软阮	ɻuæ	软阮	
tsən	增尊遵怎争睁	tsɤ̃	尊遵怎	知庄章精组开三
	榛斟真针珍诊枕震振镇朕阵蒸贞侦正征拯	tʂɤ̃	榛斟真针珍诊枕震振镇朕阵	知章组开三
tsʰən	参村存寸曾层	tsʰɤ̃	参村存寸	庄精组开、合
	沉臣辰晨尘陈衬趁称成城承呈程撑	tʂʰɤ̃	沉臣辰晨尘陈衬趁称	知章组开三 知章组开三
sən	森孙损榫笋	sɤ̃	森孙损榫笋	庄精组开、合
	深申伸绅参身什神审沈婶甚椹慎肾深申生剩胜圣	ʂɤ̃	深申伸绅参身什神审沈婶甚椹慎肾	知章组开三 庄章组开、合
zən	扔仍人任仁忍认任刃	ɻɤ̃	人任仁忍认任刃	
tʂuən	准	tʂuɤ̃	肫谆准	只有卷舌声母，全对应
tʂʰuən	春椿蠢	tʂʰuɤ̃	春椿唇纯鹑蠢	同上
ʂuən	舜瞬顺唇纯	ʂuɤ̃	舜瞬顺	同上
ʐuən	闰润孕	ɻuɤ̃	闰润	同上
tsaŋ	脏赃葬藏	tsaŋ	脏赃葬藏	庄精组
	章樟蟑张瘴长障帐胀丈杖仗	tʂaŋ	章樟蟑张瘴长障帐胀丈杖仗	知章组
tsʰaŋ	仓苍舱昌菖猖娼藏倡	tsʰaŋ	仓苍舱昌菖猖娼藏倡	精章组，平卷舌混
	尝偿常长肠场敞畅唱	tʂʰaŋ	尝偿常长肠场敞畅唱	知章组
saŋ	桑操嗓赏垧晌裳上	saŋ	桑操嗓赏垧晌裳上	桑心；其余书、禅母
	丧商伤	ʂaŋ	丧商伤	丧心；其余书母
zaŋ	嚷壤让酿	ɻaŋ	嚷壤让酿	
tʂuaŋ	装妆庄桩幢壮状	tʂuaŋ	装妆庄桩幢壮状	只有卷舌声母，全对应
tʂʰuaŋ	窗疮床闯撞创	tʂʰuaŋ	窗疮床闯撞创	同上
ʂuaŋ	霜双爽	ʂuaŋ	霜双爽	同上

（续表）

tsən	贞侦（重前）	tsəŋ	增侦憎	前后鼻音有混
	蒸正征拯争睁（重前）	tʂəŋ	征蒸整正郑证拯	
tsʰən	曾层（重前）	tsʰəŋ	争曾层	
	成城承呈程撑（重前）	tʂʰəŋ	称橙成诚城呈乘盛	
sən	孙损榫笋（重前）	səŋ	森僧	前后鼻音有混
	生剩胜圣（重前）	ʂəŋ	绳省盛胜剩圣	
zən	扔仍（重前）	ʐəŋ	扔仍	
tsoŋ	宗棕踪总粽纵	tsoŋ	宗棕踪总粽纵	
	中忠钟终肿种众种重	tʂoŋ	中忠钟终肿种众种重	
tsʰoŋ	充聪葱匆从丛	tsʰoŋ	充聪葱匆从丛	充，昌母
	冲虫重重复冲说话重崇	tʂʰoŋ	冲虫重重复冲说话重崇	
soŋ	松淞耸宋送颂诵讼	soŋ	松淞耸宋送颂诵讼	只有平舌，全对应
zoŋ	戎绒茸冗	ʐoŋ	荣容绒溶融嵘	

4.4.1.2.2　九溪村屯堡话与固镇方言平舌卷舌声母拼合关系异同分析

在表 4-17 的基础上，可以再对九溪村屯堡话与固镇方言卷舌声母的对应情况进行提炼分析。下表说明：（1）纵列的韵母九溪村屯堡话与固镇方言是对应关系；（2）为了清晰观察声韵配合结构系统，声调忽略，无论是否四声俱全，只要声母、韵母之间有拼合关系，表中即用"√"表示；（3）对于重出的字，以常用的拼合关系为准，个别非常用的忽略不计；（4）特殊情况列出例字。

表 4-18　九溪村屯堡话与固镇方言平卷舌声母音节组合关系对比

	贵州安顺九溪村屯堡话								安徽固镇汪庄子中原官话							
	ts	tʂ	tsʰ	tʂʰ	s	ʂ	z	ʐ		ts	tʂ	tsʰ	tʂʰ	s	ʂ	ɻ
ɿ	√		√	√师					ɿ	√	√	√		√师		
ʅ		√		√		√		√	ʅ		√		√		√	√
u	√		√		√				u	√	√	√	√	√	√	√
a	√		√		√				a	√		√		√		
ei	√		√		√		√		ei	√		√		√		√

（续表）

韵母					韵母						
au	√	√	√	√	ɔ	√	√	√	√	√	√
o	√捉	√	√	√	ou	√捉	√	√	√	√	
ai	√斋	√豺	√晒	√	ɛ	√斋		√豺	√	√晒	
uai		√	√	√	uɛ		√		√		√
ei	√窄贼嘴	√崔粹脆	√尿虽岁		ei	√窄贼嘴		√崔粹脆		√尿虽岁	
uei		√	√	√	uei		√		√	√	√
əu	√	√	√	√	ou	√	√	√	√		
an	√	√忓			æ	√		√忓			
uan		√	√	√	uæ		√		√		√
ən	√尊蒸	√村层	√孙生	√扔仍	ɔ̃	√尊	√村	√孙	√扔		
					əŋ	√	√	√	√	√	
uən		√	√		uɔ̃		√		√		
aŋ	√	√昌	√上		aŋ	√		√昌	√上		
uaŋ		√	√	√	uaŋ		√		√		√
oŋ	√	√崇			oŋ	√		√崇			√

从上表可以看到，屯堡话总共有 19 个韵母与平舌、卷舌声母有拼合关系，其中 7 个与固镇方言完全一致，即 36.8% 的平卷舌声母拼合关系同中原官话；其余的 12 个韵母，固镇方言平舌、卷舌对立，而屯堡话均以平舌或卷舌对应，而这当中一半的平、卷舌声母的拼合关系是与固镇方言一致的，即再有 31.6% 的平舌或卷舌声母的拼合关系与中原官话相同，这样，屯堡话的平舌、卷舌声母总共有 68.4% 的与固镇话有一致拼合关系。

此外，通过对比还发现了屯堡话与固镇话之间一些令人吃惊的一致性细节，因此有必要再做如下比较分析。为了简明表述，这里仍以列表对比的形式举例说明。

表 4-19　屯堡话与相关方言同声韵字组对比较

方言点	声母韵母相同的字组	备　注
九溪村屯堡话 （龙异腾等 2011）	○窄贼嘴最罪醉 [tsei] ○增争尊遵 [tsən]	屯堡话与中原官话 信蚌片一致
固镇汪庄子话 （曾晓渝 2011）	○窄贼嘴最罪醉 [tsei] ○增争尊遵 [tsə̃]	中原官话 （信蚌片）
蚌埠城区话 （王晓淮 2010）	○窄贼嘴最罪醉 [tsei] ○增争尊遵 [tsə̃]	
蒙城话 （胡利华 2011）	○窄责 [tʂe]　○贼 [tse]　○嘴最罪醉 [tsue] ○增曾 [tsən]　○争蒸 [tʂen]　○尊遵 [tsuə̃]	中原官话 （郑曹片）
贵阳话 （李蓝 1997）	○窄 [tsɛ]　○贼 [tsɛ/tsuɛ]　○嘴最罪 [tsuei] ○增争尊遵 [tsen]	西南官话 （昆贵片）
昆明话 （毛玉玲 1997）	○窄责 [tsə]　○贼 [tsei]　○嘴最罪醉 [tsuei] ○增争 [tsə̃]　○尊遵 [tsuə̃]	
南京话 （刘丹青 1997）	○窄贼 [tsəʔ]　○嘴最罪醉 [tsuəi] ○增曾 [tsən]　○尊遵 [tsun]	江淮官话 （洪巢片）
合肥话（《汉语方音 字汇》2003 新版）	○窄 [tsɐʔ]　○贼嘴最罪醉 [tse] ○增曾尊遵 [tsən]	

上表清晰显示，屯堡话字组在平翘、开合口、前后鼻音等语音细节方面的组合归类，不同于周边的西南官话，也不同于江淮官话，甚至也不同于中原官话郑曹片的蒙城话，而是与中原官话信蚌片的固镇话、蚌埠话惊人一致。

其实，类似上表的例子还有不少（参见表 4-17）。虽然上表仅仅是以两组声韵拼合相同的字组为例，但足以启示我们对屯堡话来源的正确理解。

4.4.1.3　屯堡话卷舌声母比较分析小结

对于本节屯堡话与相关的西南官话、江淮官话、中原官话方言代表点在平舌、卷舌声母的拼合规则、同声韵字组等方面进行的比较分析，归纳以下几点：

（1）屯堡话卷舌声母的音系表现既不同于西南官话威宁话、昆明话，也不同于湖北麻城话、河南光山话，因此并不支持"屯堡话与湖北'楚语'有底层关系"的推测（见表 4-15，表 4-16）；

（2）屯堡话的平舌、卷舌声母的拼合特点以及同声韵字组，近 70% 与中原官话固镇话的读音特点相同（见表 4-17，表 4-18）；

（3）屯堡话字组在声母平翘、韵母开合口、前后鼻音等语音等字组归类的细节特征，体现了其源语言的底层形式，而这些特征不同于周边邻近的其他官话方言，却与中原官话信蚌片的固镇话、蚌埠话一致（表4-19）。

4.4.2 古入声字归派的比较

4.4.2.1 入声调的归派比较

声调方面，就调类调值看，屯堡话与周边西南官话安顺话、贵阳话十分相似，比如：贵阳话四个调类"阴平55，阳平21，上声42，去声13"，屯堡话（天龙、九溪）四个调类"阴平55，阳平31，上声42，去声35"，但是，与之最大的区别是古入声字的归调。

古入声归阳平，这是西南官话的标志性特征，可是屯堡话却不然，古全浊入声归阳平，古清入声、次浊入声归阴平（见表4-4，表4-6），这种归派规律在西南官话中是绝无仅有的，而与中原官话遥相对应。

那么，在入声归派方面，屯堡话与中原官话究竟有哪些异同，还有必要做细致对比。这里仍以屯堡话老派的常用读音为主，与中原官话的固镇话进行对比。

由于全浊入声归阳平是无入声官话方言的共同规律，屯堡话、中原官话也不例外，所以，下表主要对屯堡话与固镇话清入声、次浊入声的归调做比较（有的入声字缺，主要因口语中不常用调查材料中没有，或者屯堡话与固镇话一方没有不便对比而未采用）：

表4-20　屯堡话与固镇话古清、次浊入声归调异同对比

贵州安顺九溪村屯堡话 （龙异腾等2011，曾晓渝2012调查）		安徽固镇汪庄子中原官话 （曾晓渝2011调查）		备　注
韵母	例字	韵母	例字	
ㄭ	【阴】质~量汁只__~知职吃尺赤虱湿失室饰释 【阳】识认~	ㄭ	【阴】汁只__~知职吃尺赤虱湿识认~失室饰释 【阳】质~量	
i	【阴】逼必匹辟僻劈蜜密逆滴剔踢匿历力粒立吉击迹激漆七乞膝吸息析一揖乙急惜益律畜 【阳】笔	i, y	【阴】逼笔必匹辟僻劈蜜密剔踢逆匿力粒立吉击迹激漆七乞膝吸息析一揖乙律畜 【阳】滴急 【去】历惜益	屯堡话以[i]或[u]对应固镇话的[y]韵母；屯堡无"浴郁狱曲"

（续表）

u	【阴】不扑朴目沐牧没福复覆督凸秃突鹿六录碌绿漉骨谷哭窟忽出竹筑促叔入物屋勿缩 【阳】牧目福复足 【去】幕恶可~	u	【阴】不木没福复督凸秃突鹿录碌绿漉骨谷哭窟忽足竹筑出促入物屋缩 【阳】扑~克牌足~够俗 【上】朴覆叔 【去】目沐牧幕没~收肃恶可~勿	存在同一种方言重出两读现象；"缩"屯堡话韵母 [o]
a, ua	【阴】八发理~法发~球袜答搭塌踏塔纳呐腊辣蜡擦扎杀刮刷扩	a, ua	【阴】八发理~法发~球袜搭塌踏塔纳呐腊辣蜡擦扎杀刮刷 【阳】答	
ia	【阴】夹掐瞎押鸭甲洽恰 【去】压	ia	【阴】夹掐瞎压押鸭 【阳】夹~道欢迎甲 【去】洽恰	"压"屯堡话声韵 [ŋa]
i, io	【阴】鳖撇灭蔑篾帖贴铁聂镊孽裂列劣烈猎接秸揭街结节切歇蝎叶业噎页角脚决鹊雀确削雪靴薛约药月钥越阅 【阳】越	iɛ, yɤ	【阴】鳖撇灭蔑篾帖贴铁聂镊孽裂列劣烈猎接秸揭街结节切歇蝎叶业噎页角脚决缺鹊雀确削雪靴薛约药月钥越阅 【去】窃切~脉却悦	
o	【阴】剥拨博伯泼魄末脉默沫得割鸽疙葛各角牛~渴瞎恶托脱落烙洛郭豁作捉沃卧握撮桌戳说若弱索 【阳】括	uo, ɤ	【阴】剥拨博伯泼魄末脉默沫得割鸽疙葛各角牛~渴瞎浙哲彻热恶托脱落烙洛郭豁作捉沃卧握撮桌戳说若弱 【阳】扩括廓 【上】索	屯堡话一些字的声韵有异，分别归在相应韵类格里：扩 [kʰua]、热 [zei]
ei	【阴】百柏没迫魄麦脉默墨德得肋勒隔革格刻克客给扼黑窄设测窄责则册侧策色涩热 【上】给	ei, ɛ	【阴】百柏迫魄麦脉默墨德得肋勒隔革格刻克客黑窄责则册侧策色涩 【上】给扼 【去】没	

　　从上表看，屯堡话与固镇话清入声、次浊入声均在90%以上归阴平，二者一致，规律性很强。但也有个别例外现象，比如：全浊入声"夺铎特"固镇话按规律归阳平，屯堡则非规律地归阴平；又如："目沐牧肃勿测设"在固镇话里归去声，"幕恶可~"则在固镇、屯堡话里都读去声，显然是受普通话影响所致。

4.4.2.2　入声韵的归向比较

中原官话入声韵归向的共性特点（参见钱曾怡2010：178—179）：

（1）宕江两摄的入声韵与阴声韵果摄韵母合流，大致规律是：宕摄开口一等、三等知系字、合口一等、三等非组字和江摄开口二等见系以外的字与果摄一等字合流（江开二的雹、铰等字与效摄合流，例外）；宕摄开口三等字知系以外的字以及合口三等见系字与果摄合口三等字合流。

（2）曾梗两摄入声韵与阴声韵蟹止两摄韵母合流，具体规律是：曾开一、梗开二归蟹合一帮组；曾开三、梗开三四、梗合三归蟹开三四、止开三。

屯堡话与中原官话固镇话的上述入声韵归向也是一致的，这也体现了二者的渊源关系。下面列表举例说明：

表 4-21　屯堡话与固镇话古宕江摄、曾梗摄入声归向例字对比表

贵州安顺九溪村屯堡话 （龙异腾等 2011，曾晓渝 2012 调查）		安徽固镇汪庄子中原官话 （曾晓渝 2011 调查）		备　注
韵母	例字	韵母	例字	
o	【宕一铎韵】博托落索作 【江二觉韵】剥桌捉	uo	【宕开一铎韵】博托落索作 【江二觉韵】剥桌捉	入声韵归向一致
o	【果一歌、戈韵】 多拖玻菠萝坐	uo	【果一歌、戈韵】 多拖玻菠萝坐	
io	【宕开三药韵】 脚鹊雀确削约药钥	yɤ	【宕开三药韵】 脚鹊雀确削约药钥	屯堡话"瘸"说作 "跛"
io		yɤ	【果合三戈韵】瘸	
ei	【曾开一德韵】 北默墨德得肋勒刻克黑 【梗开二麦韵】 麦脉隔革扼	ei	【曾开一德韵】 北默墨德得肋勒刻克黑 【梗开二麦韵】 麦脉隔革扼	入声韵归向一致
ei	【蟹合帮一】 杯卑悲背	ei	【蟹合帮一】 杯卑悲背	
i, ɿ, ei	【曾开三职韵】 逼匿力息直职色涩即极 【梗开三昔韵】 僻积席惜益尺赤石射 【梗开四锡韵】 劈剔踢历析击	i, ʅ, ɛ, ɤ	【曾开三职韵】 逼匿力息直职色涩即极 【梗开三昔韵】 僻积席惜益尺赤石射 【梗开四锡韵】 劈剔踢历析击	入声韵归向大多一致；固镇话"色涩"韵[ɛ]"射"韵[ɤ]，与蟹开三四或止开三的韵母读音不合，例外
i, ɿ, ei	【蟹开三、四】 币敝制世批低泥西鸡 【止开三】 卑悲离知指	i, ɿ, ei	【蟹开三、四】 币敝制世批低泥西鸡 【止开三】 卑悲离知指	

4.4.3　两字组非轻声连读变调的比较

根据前面表 4-8 所呈现的屯堡天龙镇、上九溪村两字组非轻声连读变调的规律，将其与相关方言的连调式对比如下：

表 4-22　屯堡话两字组非轻声连读变调比较

本调	阴阴	阴阳	阴上	阴去	阳阴	阳阳	阳上	阳去
屯堡天龙	—	—	—	阴324	—	—	—	—
屯堡九溪	—	阴上	—	阴324	—	—	—	阳324
固镇	上阴	—	—	—	—	—	—	—
蒙城	上阴	—	—	—	—	—	—	—
昆明	—	24阳	24上	24去	—	—	—	—
腾冲	—	—	—	—	—	—	—	—
重庆	—	—	—	阴阳	33 33	33 阳	33 上	33 阳
贵阳	—	—	—	—	—	—	—	—
武汉	—	—	—	—	—	13 阳	—	—

（续表）

本调	上阴	上阳	上上	上去	去阴	去阳	去上	去去
屯堡天龙	—	—	—	上324	—	—	—	—
屯堡九溪	44 阴	44 上	44 上	44 324	—	去上	—	去 324
固镇	—	—	—	—	—	—	—	—
蒙城	—	—	—	—	—	—	—	—
昆明	—	—	—	—	—	—	—	—
腾冲	—	—	—	—	—	—	—	—
宜良	—	—	—	上 31	—	—	—	去 31
重庆	44 阴	44 阳	44 上	44 阳	阳阴	24 阳	24 上	24 阳
贵阳	—	—	—	—	—	—	—	—
武汉	—	—	—	—	—	—	—	—

根据上表显示，屯堡话两字组非轻声连读变调的连调式与中原官话固镇、蒙城方言并不相同，倒是上九溪村的连调式与西南官话的重庆话有些相似。

4.4.4　词汇语法的比较

根据我们调查掌握的材料，屯堡话在词汇、语法方面与西南官话十分接近，没有感觉出明显的差异。

4.4.4.1　斯瓦迪士第100核心词比较

这里依据大型工具书《普通话基础方言基本词汇集》（陈章太、李行健1996），将贵州屯堡话中8个相关方言点（主要分布于西南官话、中原官话、江淮官话）的材料进行比较，找到了斯瓦迪士100核心词中的62词项[①]，如下表（参见宋名利2016：15—16）：

表4-23　屯堡话与相关方言核心词比较

词目	贵州屯堡话	西南官话				江淮官话		中原官话	
		贵阳	昆明	重庆	武汉	合肥	南京	信阳	郑州
你	你	你	你	你	你	你	你	你	你
这	这	这	这	这	这	这	这	这	这
一	一	一	一	一	一	一	一	一	一
大	大	大	大	大	大	大	大	大	大
长	长	长	长	长	长	长	长	长	长
肉	肉	肉	肉	肉	肉	肉	肉	肉	肉
尾巴	尾巴	尾巴	尾巴	尾巴	尾巴	尾巴	尾巴	尾巴	尾巴
毛	毛	毛	毛	毛	毛	毛	毛	毛	毛
咬	咬	咬	咬	咬	咬	咬	咬	咬	咬
耳朵	耳朵	耳朵	耳朵	耳朵	耳朵	耳朵	耳朵	耳朵	耳朵
水	水	水	水	水	水	水	水	水	水
雨	雨	雨	雨	雨	雨	雨	雨	雨	雨
火	火	火	火	火	火	火	火	火	火
灰	灰	灰	灰	灰	灰	灰	灰	灰	灰
路	路	路	路	路	路	路	路	路	路
山	山	山	山	山	山	山	山	山	山
红	红	红	红	红	红	红	红	红	红
绿	绿	绿	绿	绿	绿	绿	绿	绿	绿

[①] 在《普通话基础方言基本词汇集》里，第100核心词中有38个未找到，这些词项是：不、全部、二、人、鱼、种子、叶子、手、根儿、皮肤、血、脂肪、角儿、心、肝、喝、吃、看见、听、睡、死、杀、飞、走、来、躺、坐、说、地、云、烟、燃、热、冷、满、新、圆、干（枯）。

（续表）

黄	黄	黄	黄	黄	黄	黄	黄	黄	黄
那	那	那	那	那	那	那	那	那	那
白	白	白	白	白	白	白	白	白	白
黑	黑	黑	黑	黑	黑	黑	黑	黑	黑
虮子	虮子	虮子	虮子	虮子	虮子	虮子	虮子	虮子	虮子
名字	名字	名字	名字	名字	名字	名字	名字	名字	名儿
石头	石头	石头	石头	石头	石头	石头	石头	石头	石头
眼睛	眼睛	眼睛	眼睛	眼睛	眼（睛）	眼（睛）	眼睛	眼睛	眼
小	小	小	小	小	小	小	小	小	小
狗	狗	狗	狗	狗	狗（子）	狗	狗	狗	狗
树皮	树皮	树皮	树皮	树皮	树皮	树皮	树皮	树皮	树皮
骨头	骨头	骨头	骨头	骨头	骨头、骨嘟	骨头	骨头	骨头	骨头
鼻子	鼻子	鼻子	鼻子	鼻子	鼻子、鼻头	鼻子	鼻子	鼻子	鼻子
头发	头发	头发	头发	头发	头发	头发	头发	头发	头发
舌头	舌头	舌头	舌头	舌头	舌头	舌头	舌头	舌头	舌头
牙	牙齿	牙齿	牙（齿）	牙齿	牙齿	牙齿	牙（齿）	牙	牙
乳房	咪咪	咪咪	乳房、奶	咪咪	乳房、奶子	奶	奶儿	奶头	妈
男人	男的	男人（家）	男人（家）、男的、男子汉	男人	男的、男人（家）、男子汉	男的、男人	男人家、男的	男的	爷们儿
膝盖	克膝头	磕膝头	磕膝头、波罗盖		膝盖、磕膝头	膝盖、磕老求	磕膝头儿	腿包子	波老盖儿
沙子	沙子	沙子、沙沙	沙	沙	沙（子）	沙	沙	沙（子儿）	沙
脚	脚	脚板儿	脚板儿	脚板儿	脚板儿	脚	脚底巴	脚	脚
给	无	跟	给、替、跟、为	帮、跟、为	给、替、为、跟	给、为	给、替、跟、为	给、替、为	给、替、跟、为
游泳	洗澡	游泳	游泳	游泳	游泳	游泳	游泳	游泳	游泳
月亮	月亮	月亮	月亮、太阴	月亮、月亮婆婆	月亮	月亮	月亮、月亮公公	月亮	月亮、月奶奶

（续表）

夜里	夜晚	晚上	晚上、夜首	晚上、夜晚	夜里、晚上	夜里面	夜里、夜头	夜里	夜里
爪子	无	脚爪、爪爪	爪子	脚爪儿	爪子	爪子	爪子	爪子	爪子
肚子	无	肚皮	肚子、肚皮儿	肚皮	肚子、肚皮	肚子	肚子、肚皮	肚子	肚皮
树	树	树	树	树子	树	树	树	树	树
嘴	嘴巴	嘴巴	嘴（巴）	嘴巴	嘴（巴）	嘴	嘴巴	嘴	嘴
头	脑壳	脑壳	脑袋、脑壳	脑壳、沙罐儿	头、脑壳、脑瓜子	头	头儿	头	头、脑袋
星星	星星、星宿	星星	星（宿）	星星儿、星宿儿	星（星）	星（星）	星	星星	星（星）
鸡蛋	鸡蛋	鸡蛋	鸡蛋	（鸡）蛋	鸡蛋	鸡蛋	鸡蛋	鸡蛋	鸡蛋
谁	哪个	哪个	哪个、谁	哪个	哪个、啥个、谁	哪个	哪个	谁	谁
我	我	我	我	我	我	我	我	我	我、俺
我们	我们	我们	我们	我们	我们	我们	我们	我们	我们、俺
知道	晓得	晓得	晓得、知道	晓得	知道、晓得	晓得、知道	晓得	知道	知道、晓得
鸟	鸟	鸟	鸟、小雀	鸟、雀儿	鸟	鸟、雀子	雀儿	鸟儿	虫蚁儿
什么	哪样	哪样	什么、哪样	啥子	什么、么事	什么	什么	啥	啥
女人	女的	女人、女的、婆娘、妇道人家	女人、女的、妇女、妇道人家	女人、堂客、女的、婆娘	女人、女的、妇道人家	女人、女的	女的、妇道人家	女的	娘儿们
太阳	太阳	太阳	太阳、热头	太阳	太阳、日头	太阳、热头	太阳	太阳	太阳、日头
脖子	脖颈	颈根	脖子	颈子、颈项	颈子	老颈子	颈子	脖子	脖子
好	好	好、强	好	好	好、强	好	好	好	好、强
站着	站着	站倒	站着	站起、站（倒）	站着、站倒	站着	站着	站着	站着

上表显示，各官话方言大部分核心词是相同的，其中官话方言之间有差异的部分，屯堡话有的与西南官话相近，如"嘴巴、脑壳、咪咪、哪样"，有的则不同于大多西南官话，而与中原官话相同或相近，如"脚、脖颈、站着"，由此体现与中原官话的渊源关系。

4.4.4.2　语法比较

屯堡话的词法、句法与周边西南官话安顺话、贵阳话十分接近，比如：有丰富的名词重叠；有动词后缀"—场"（看场、想场、做场）；有名词后缀"—家"（娃儿家、姑娘家）等。此不赘述。

值得提及的是，作者调查过程中与数位屯堡人用西南官话交谈，注意到两点：首先，中老年人少用周边西南官话的"—倒""—起"（或连用"—倒起"），而是说"房子空着""记着""吓着了""找着了"；其次，没有听到有人说"K+VP"问句句型，我们特意问他们："'去不去？'能否像云南话说'格去？'或'可去？'？"所有人都摇头，表示他们不这么问，而是说"去不去"或"去不"。"K+VP"问句句型是中原官话、江淮官话的典型语法特点，至今云南官话还保留着，但是屯堡话里却不见其痕迹，这值得探究。

第五节　本章结语

本章围绕"如何证实安顺屯堡话源自明代南京官话？""为什么安顺屯堡话相似于明代中原官话却不同于江淮官话？""从明代至今安顺屯堡话究竟保持了哪些源语言特征，又发生了哪些变化？"这几个问题，展开了各节内容的讨论研究，这里将主要结论归纳如下：

（1）《明朝档案总汇》里记载的明代贵州都司威清、平越、安南三卫军官籍贯地其中近一半（42%）来自南直隶（表4-12），虽然这三卫驻扎地并不对应于如今屯堡村寨所在地，但由此能大致反映明代贵州都司各卫所军人及家属的来源地比例，并在一定程度上可以证实屯堡人都强调的祖先来自明代南京的说法。

（2）根据统计分析，这三卫里来自南直隶的军官中，绝大部分（75.5%）的家乡是江淮官话区，只有很少部分（11.26%）的家乡在中原官话区

（4-14）。若再加上三卫中河南籍 22 位军官，也仅占总数 357 人的 6%。由此推测，明代贵州各卫军人与家属庞大群体的主流通用语理应倾向于江淮官话，而不是中原官话。

（3）经过细致比较分析发现，屯堡话异于周边西南官话的特点，却恰与中原官话信蚌片的固镇话高度吻合，即：① 屯堡话平舌、卷舌声母的组合规则绝大多数（近 70%）与中原官话固镇话一致（表 4-14，表 4-18）；② 在体现源语言底层特点的同声韵字音组合的细节方面，屯堡话表现出与中原官话固镇话一致（表 4-19）；③ 清入声、次浊入声归派阴平调的规律 90% 以上与中原官话固镇话一致（表 4-20）；④ 屯堡话同固镇话，宕江两摄的入声韵与阴声韵果摄韵母合流、曾梗两摄入声韵与阴声韵蟹止两摄韵母合流，即在入声韵的主流归向上屯堡话与中原官话一致（表 4-21）。

（4）从明代地图看，安顺屯堡村寨是当时平坝卫安营扎寨之地（图 4-20），今安顺屯堡人的祖先很大可能是明代初年平坝卫的军人及家属。有理由推测，平坝卫军人及家属大多来自南直隶区域中原官话的州县以及河南的一些州县，或者平坝卫从上到下的各级军官大多来自中原官话区，他们所操的中原官话乡音具权威性和影响力；由于当时在贵州少数民族地区建立的屯堡主要功能是保护屯军，各个卫所独立封闭驻扎，平坝卫的军人和家属生活于与外界隔绝的防御性很强的屯堡内，这样，群体内相互交流的通用语即以中原官话为主。否则，如今屯堡话语音特点就不会与中原官话遥相呼应，高度相似。

（5）600 多年岁月里，屯堡话一方面顽强地坚持着自身特点，另一方面也在周边环境的包围影响下发生变化。比如：坚持声母分平翘的同时，卷舌声母按照"平舌 [ts-、tsʰ-、s-] →卷舌 [tʂ-、tʂʰ-、ʂ-] / __V（合口）"和"卷舌 [tʂ-、tʂʰ-、ʂ-] →平舌 [ts-、tsʰ-、s-] / __V（开口）"这两条音变规则发生了演变；又比如：受周边西南官话影响，n-、l- 声母相混，韵母前后鼻音 -in/-iŋ、-ən/-əŋ 相混；四声调值及连读变调已经趋同于周边西南官话；词汇、语法方面也基本上与周边西南官话相同。不过，核心词"脚、脖颈、站着"的说法不同于西南官话而与中原官话相似，且习用与中原官话相同的"—着"，而不是西南官话典型的"—倒、—起、—倒起"。

第 五 章
海南崖城军话的源流

本章关键问题思考：

◎ 作为海南官话方言岛的崖城军话究竟始于何时、源自何方？

◎ 崖城军话与明代南京官话是否有直接关系？

◎ 崖城军话与江淮官话、中原官话的异同？

第一节 海南崖城军话所在地及已有研究简述

5.1.1 海南崖城的历史文化 [①]

崖城（今三亚市崖城镇）古称崖州，位于海南岛南端三亚市的西部，是中国最南端的古城。崖城镇是三亚第一大镇，人口以汉族和黎族为主，当地汉语方言有全海南岛通用的海南闽方言、军话（限于城内），迈话（城外）；少数民族语言是黎语侾方言。

崖城的历史十分悠久，有近千年作为琼岛南部的州县首府，是当地政治、经济、文化、军事中心。秦朝时崖城就已纳入了中央集权政府的治理版图，属于象郡的外境。据《崖州志》记载："珠崖，唐虞为南交。三代为扬越南裔。秦为象郡外徼。"汉武帝时始置珠崖郡，建武时改设珠崖县。梁代时置崖州于儋耳（今儋县）。隋朝大业三年（607），又恢复汉时的珠崖郡，六年（610）改为临振

---

① 海南三亚市崖城镇于 2014 年改为崖州区，本书沿用当初调查研究时的名称，并依学界习惯称崖城军话。

郡，领五县。当时郡内所领的宁远、延德二县就在今天崖城的区域范围中（《隋书·地理志》）。唐代武德五年（622），改临振郡为振州。经隋历唐，崖州区域越来越大。五代时沿用唐制。宋朝开宝五年（972），始改振州为崖州，隶琼州府，从那时起，崖州指的就是今天的崖城镇了。元朝时，改振州为吉阳军，明朝洪武元年再改为崖州，属琼州府，隶广东。后来一直沿袭至民国和解放初期，1919 年改称崖县。1954 年，县城从崖城迁往今天的三亚市，崖城始成崖城人民公社、崖城公社革命委员会、崖城区公所、崖城镇人民政府。2001 年 8 月三亚市实行乡镇行政区划撤并，将原崖城镇、保港镇、梅山镇、雅亮乡撤并成为现在的崖城镇。

据史料记载，古崖州城在宋朝以前为土城，南宋庆元四年（1198）始砌砖墙，绍定六年（1233）扩大城址，开东、西、南三个城门。古城后经元、明、清三代扩建，成为南疆规模较大的坚固城池。清道光年间，古城建筑基本定形，城墙四周长约 2270 米，高约 8 米。古城东、西、南、北门分别是阳春门、镇海门、文明门和凝秀门。城外开护城河，设吊桥，城内设御敌楼、谯楼、月城等。

崖城历史文化积淀深厚，古代的民居建筑群随处可见。崖州古城世称"诗礼之乡，文化重镇"，自宋朝起，各个朝代有不少著名的政治家、文学家被流放到这里，故崖城又有"幽人处士家"的称号。历代的文人墨客、圣贤学者、达官名流的流配谪居，广东、浙江、福建等发达地区的商贾留居落籍，对崖州城的兴盛，具有重要的影响。到了明代时，崖州已呈现"弦诵声黎民物庶，宦游都道小苏杭"的盛况。崖城自古以来重视教育，在作为州府期间，周边地区的人民甚至包括少数民族人民都会把自己的孩子送到崖城去接受教育，学习先进的文化。至今在古城内仍然保留着的崖城学宫（孔庙），作为古崖州最高学府，是我国最南端祭祀孔子的纪念性建筑，在崖州文化教育史上留有重重一笔。据记载，崖城学宫创建于北宋庆历年间，经十余次迁移、重修，清道光三年迁建今址，迄今已有 960 多年的历史。另一处彰显崖城地位的重要建筑便是崖城的老街。老街始建于明代，横贯于孔庙门前。现今，崖城老街的路已经改成平坦的水泥路，水泥路面两边许多很有特色的老式建筑，夹杂在新建的楼宇屋群之间。这些老式建筑都是清一色的南洋骑楼风格，两层或三层砖瓦结构的楼房，正面一楼都有一个宽敞的骑楼走廊，群落特色鲜明。几百年过去了，崖城老街残留下的骑楼，由于常年失修，未得到很好的挖掘或保护，这些骑楼残存街区的规模远不及海口的老街，但是崖城当年作为重要军事和商埠港口的辉煌还是不经意间就会从那些砖缝瓦隙中流露出来。2007 年，在第三批中国历史文化名镇评选中，三亚市崖城镇被国家建设部和国家文物局评为中国历史文化名镇，成为海南唯一的"中国历史文化名镇"。

　　海南三亚崖城军话所在地如下图所示（注：此图目的是标注崖城军话位置，故海南闽语的其他小片以及其他方言的分布未予呈现）：

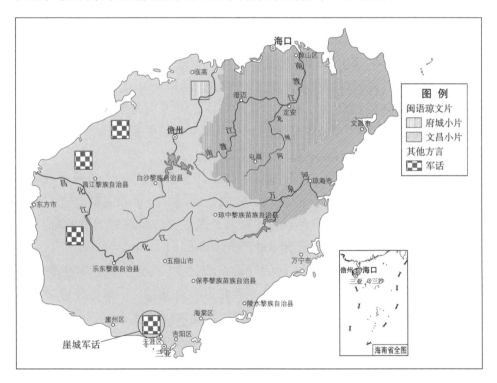

图 5-1　海南崖城军话所在地

5.1.2　海南的军话及已有研究

5.1.2.1　明清文献有关海南军话的记载

明代万历《琼州府志·地理志·风俗·方言》（1991：68）："语有数种，有官语，即中州正音，缙绅士夫及居城所者类言之，乡落莫晓。有东语，又名客语，似闽音。有西江黎语，即广西梧州等处音。有军语、地黎语，乃本土音，大率音语以琼山郡城为正，使乡落一切以此渐相染习，皆四通八达之正韵矣，尚待以胡黎杂语病之，然习以成俗，弗能易也。"这段记载的时间相对较早，然而我们已经可以看出：首先，军语和官语在那个时候似乎是不同的，且军语是本土音。其次，在日常的生活中各种语言之间的相互接触已经对语言造成了"习以成俗"的改变。

清代张巂等《崖州志·舆地志一·风俗》（2011：37）记载："崖语有六种。曰军语，即官语，正音，城内外三坊言之。其初本内地人仕宦从军来崖，因家焉，故其音语尚存，而以军名。曰迈语，音与广州语相似，附城四厢及三亚里、椰根里言之。曰客语，与闽音相似，永宁里、临川里、保平里及西六里言之。与郡语同。曰番语，所三亚里言之，即回语。曰儋语，儋人隶籍者言之，与迈语相似。曰黎语，东西黎言之，互有异同。"此处关于崖州军话的记载认为军语也就是官语，并说明其来源是"内地人仕宦从军来崖"，指明了崖城军话的形成和军队驻防的关系。

5.1.2.2　现代海南军话及已有研究

在我国大陆和台湾都广泛分布有所谓的"军话"。然而，不同区域军话之间的差异巨大。综观已有的相关研究成果，同样处于非官话方言或少数民族语言的包围中，与大陆粤、桂、闽等地及台湾省境内军话的表现不同，海南岛的军话仍然基本保持了官话的语言特征。

詹伯慧先生的《海南岛"军话"语音概述》（1959）首先对崖城军话进行了音系调查描写，并认为它"接近北方方言系统"；黄谷甘、李如龙（1986）认为"海南岛的'军话'是闽方言地区中的北方方言岛"；游汝杰（2004：7）认为海南三亚的"军话"就是官话方言岛；刘新中（2006：45）认为"军话是几百年前来海南戍边的军人及其苗裔传入海南岛的西南官话"。丘学强《军话研究》（2005：51）调查了分布于广东、广西、海南三省的八个点军话，他以接近北方方言的程度为标准，从高到低排序为：八所——崖城——中和——平海——坎石潭——青塘——永安。其中"最接近北方方言"的前三项——八所、崖城、中和三点的军话全部位于海南岛境内，平海、坎石潭和青塘军话位于广东省境内，永安军话位于广西壮族自治区合浦县。

迄今为止研究海南军话的成果很少，其中丘学强的专著《军话研究》

（2005）特别值得称道。在实地田野调查基础上，书中描写了海南东方八所、三亚崖城、儋州中和三个点的声、韵、调语音系统，记录了三个点的儋州军话民歌、东方八所军歌、三亚崖城儿歌，并且与广东、广西五个点的军话做了语音、词汇、语法特点的比较讨论。此部著作研究重点是广东惠东平海军话，不过，书中关于海南军话的描写分析很值得学习借鉴。

笔者于 2009 年带领学生调查崖城军话，并指导学生完成了博士学位论文《海南军话研究——海南少数民族语言包围中的一种近代官话的源与流》（刘春陶 2011）。经过这几年的思考和积累，对崖城军话的源流问题又有了新的认识，拟就崖城军话的来源、明代南京官话的关系、崖城军话与江淮官话、中原官话的异同等问题再进行深入探讨。

第二节　海南崖城军话调查研究

我们于 2009 年 2 月到海南三亚调查了崖城军话[①]。崖城军话是一个很小的官话方言岛，中心在崖城镇城区宁远河以北的古崖州城旧址周围，使用人口约 1 万人。

崖城军话处于海南话（闽方言，在当地被成为客话）、迈话（粤方言）、黎语（侾方言）的包围之中。日常生活中城区内汉族居民之间的交流主要使用军话，但与黎族或岛内其他地区人民的交流则主要使用海南闽方言，部分深入黎族人民居住区的崖城人也能较为熟练地使用黎语进行交流。因此可以说，大部分的军话母语者也同时会说至少一种其他方言或者民族语言，事实上是双方言或多方言者。

调查中我们注意到，虽然当地说崖城军话的人数很少，但相比于当地其他居民，他们的文化教育程度普遍较高，有明显的优越感，发音合作者几次提到，他们传统习惯不与"城外"人通婚，一般都是崖城军话人内部联姻。

---

① 2009 年 2 月曾晓渝带领刘春陶、陈晓在崖城调查了军话，发音合作者是：郑联凤，男，66 岁，崖城出生，三亚市崖城中学的退休教师，母语军话，后来也学会说海南话和迈话；洪定伟，男，72 岁，崖城出生，小学退休教师，母语军话，后来学会海南话，能听懂黎语并会基本词汇；郑联球，男，73 岁，崖城出生，大队书记，母语军话，后来学会迈话和海南话，能听懂黎语并会基本词汇；左晶晶，女，20 岁，崖城出生，海南琼州学院学生，母语军话，会说普通话。本书的音系描写主要依据郑联凤老师的发音。

5.2.1　崖城军话语音系统

5.2.1.1　崖城军话声母系统

崖城军话共有辅音声母 20 个，零声母 1 个，共 21 个声母。

表 5-1　崖城军话声母表

声母	例字	声母	例字
p	巴摆帮比	p^h	趴盼跑皮
m	妈埋慢米	v	挖飞翻完
t	打代单底	t^h	塔台汤梯
n	拿奶男你	l	拉来蓝力
ts	眨斋针脏	ts^h	差猜蚕泉
s	沙腮三烧	tɕ	尖猪将蕉
$tɕ^h$	千妻枪秋	ɕ	仙书箱消
z	牙羊人冤	j	烟衣爷游
k	街干给鸡	k^h	开客钳期
ŋ	艾安硬我	x	鞋含项喜
∅	挨欧翁		

上表说明：

（1）声母 [ts] [tsʰ] [s]、[tɕ] [tɕʰ] [ɕ] 均来源于中古知、庄、章、精组，在开口呼与合口呼韵母前读音为 [ts] [tsʰ] [s]，在齐齿呼韵母前读音为 [tɕ] [tɕʰ] [ɕ]。两组塞擦音、擦音声母在分布上基本是互补的，但是因为音色差别很明显，故在音位归并时将它们分作两组。这与詹伯慧、丘学强二位先生将两组声母合并的处理方法不同。

（2）崖城军话中零声母字极少，基本上是中古影母一等字，且音节开头有轻微的喉塞色彩。其他普通话中读为零声母的字在崖城军话中分别读为 [z] [j] [v] 三个声母，即在开口呼前读作声母 [z]，齐齿呼前读作声母 [j]，合口呼前读作声母 [v]。值得注意的是，声母 [v] 摩擦色彩不强烈，与半元音 [w] 存在自由变体。

（3）声母 [x] 在前元音前实际音值接近 [x]，在后元音前实际读音接近 [h]。

（4）其他声母的音色与汉语普通话差别不大。

5.2.1.2　崖城军话韵母系统

崖城军话共有韵母 32 个。

表 5-2　崖城军话韵母表

韵母	例字	韵母	例字	韵母	例字	韵母	例字
【开口呼】							
a	巴拿沙阿			æ	他	o	波摸所喝
ai	摆奶腮海	ɐi	杯每岁黑				
au	包脑扫好	ɐu	斗楼收后				
an	扳男三汗	ɐn	本嫩孙恨	æn	帮忙伤项		
		ɐŋ	灯能生坑			oŋ	朋芒松红
ein	冰名星杏	ʅ	资师次	ɤ	去二		
【齐齿呼】							
i	比尼西戏	ia	家掐虾	ie	别捏写血	io	虐鹊觉学
iu	丢牛秋休	iau	表猫消晓				
in	边年仙闲						
		iaŋ	娘两将乡			ioŋ	穷凶熊
【合口呼】							
u	不母暑户	ua	爪耍刮花	uo	锅和活		
ui	胃锥水灰	uai	乖快坏环				
un	搬暖酸欢	uan	还				
		uaŋ	装床筐黄				

上表说明：

（1）崖城军话的韵母系统中没有撮口呼韵母。

（2）韵腹元音 a 在带有韵尾时有长短差别，如 [a:i] — [ai]，[a:u] —
[au]。由于长短元音在音质上存在细微差别，我们将音长元音 [a] 标为 [a]，
短元音 [a] 标为 [ɐ]。

（3）韵母 [au] 实际读音是 [a:ᵘ]，韵腹 [a] 长，韵尾 [-u] 不太明显，几
乎只是音节末尾一个合口的动作，仅靠耳听难以察觉。

（4）韵母 [ai] 实际读音是 [aːⁱ]，韵腹 [a] 长，韵尾 [-i] 不太明显，情形和韵母 [au] 相似。

（5）韵母 [æn] 的主要元音 [æ] 在实际读音中带有鼻音色彩。

（6）韵母 [ein] 在实际读音中元音 [e] 和元音 [i] 具有同等的音长和音强，需要同时饱满完整的发音，这个韵母的结构在汉语方言中较为少见[①]。此外，该韵母鼻音尾的发音位置较普通话的鼻音尾 [-n] 靠后，同时又比 [-ŋ] 靠前。

（7）詹伯慧（1959）调查材料中的韵母 [ie]（非入声韵）和 [iːe]（入声韵）我们归为一个韵母 [ie]。丘学强（2005：58）也将其合并。由于崖城军话入声调的嘎裂特点，使入声音节相对较长，所以分布于入声中的韵母 [ie] 读音长一些，成为一个伴随性的特征。

（8）韵母 [uan] 今仅有一个例字"还"，出现环境为"还钱、还债"，相同音韵地位其他例字的韵母读音为 [un]。

（9）由于阳平调的降幅小且时长略短，其中部分鼻音尾字的韵尾有弱化的倾向，听感上有时趋于消失。对此詹伯慧和丘学强两位先生均有提到，"阳平调的字韵尾一律收喉塞尾 -ʔ，阳平调的阳韵字鼻音尾一般不显著，有的阳韵字在阳平调中索性变为阴韵字了"（詹伯慧 1959）。詹伯慧先生在处理这部分字的时候将它们单独记成另外的韵母。但是在我们的调查中，并未感知到阳平调音节尾带有明显的喉塞特征，只是在最小对比听辨中可以分辨出阳平调阳声韵字的鼻音尾略弱于上声调的鼻音尾，阳平调阳声韵字的元音带有鼻化色彩。从实验语图上也仍然可以看到阳平调阳声韵字音节末的鼻音，故在此说明，不再将其记成新的韵母。

5.2.1.3　崖城军话声调系统

5.2.1.3.1 调类与调值

崖城军话共有单字调 5 个：

[①] 据潘悟云先生（2011 年 3 月南开大学文学院讲座"面向经验科学的第三代音韵学"的有关规范记音的讨论）提出新的东亚语言音节结构模型，闽南方言中与崖城军话相似音节中的 [i] 处于模型中"后滑音"的地位，这样的说法很有道理。但就崖城军话的语音实际看来，韵母 [ein] 中的 [i] 时长与另一个元音 [e] 几乎相等。如发音人识读音节"云 [zein]"的数据显示其中元音 [e] 的时长大约 46 毫秒，[i] 的时长约为 44 毫秒；音节"近 [kein]"的数据显示元音 [e] 的时长为 85 毫秒，而 [i] 的时长约为 98 毫秒。我们认为，如此相近时长的两个元音之间难以做"主元音"与"后滑音"的区分，因此本书论述中暂未采用潘先生的说法。

阴平　33　巴妈翻边披包中风

阳平　32　爬麻平缝娘牛槌黄

上声　21　把尾敏米宝我讲苦

去声　55　大代屁碰庙就步会

入声　324　拔塔杀七吃喝活药

说明：

（1）阳平调和上声调调型均为降调，然而阳平调的起点和终点都略高于上声，且降幅小于上声调。上声调域整体低于阳平，降幅大于阳平，且部分字的时长较阳平调长，接近332或221。下图为崖城军话的声调格局图[①]：

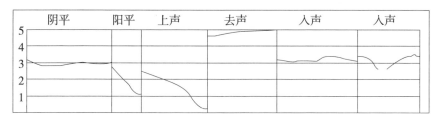

图5-2　崖城军话声调格局

（2）崖城军话较为完整地保留了入声。古入声字的塞音尾已经消失，但是在崖城军话中有一个单独的调类使入声字得以和其他调类的字区分开来。入声调型调值均不十分稳定，大部分入声字的调型是曲折调，调域大致在3、4之间，且时长较长。上图所标两类入声并非完全对立，我们暂且将入声调值标注为324。通过语音实验我们看到，所有入声调例字的共性是在音节中间插入了一个具有喉音色彩的辅音，听感上"紧喉"色彩明显，上图中两类入声调的调型不一致，但是这两种调型之间并不是对立关系，而是自由变体，我们通过分析判断崖城军话的入声实际上是一种不太稳定的"嘎裂调"。

5.2.1.3.1 入声调分析

詹伯慧《海南岛"军话"语音概述》（1959）文中对崖城军话音系入声字的描述："中古汉语的入声在'军话'中仍自成一类，但是韵母已经失去

---

① 语音实验及图像采用南开大学 Mini Speech 桌上语音工作室软件，后同。

了塞音收尾，调值因而也不是短促的了。这个入声的调值我们定为低降升[214]，事实上在 i，i:e，u，ua，ai 几个韵母中，它是先低平后中平的，因此我们又以 [11 33] 作为它的另一调值。这不同的调值既然有韵母作为分化的条件，来源又都是中古的入声，我们就不另分出一个调类来，只把它们当做一个入声。"

我们在实际调查中，听感上觉得调型是中升调，但是从语音实验的语图上看，入声字的声调曲线并不一致，甚至调型的整体走向也会有所区别，例如我们截取入声调型分析的部分语图如下：

图 5-3　崖城军话入声调音高曲线

从上图中可以看出，入声字的调型不统一，有些字的调型图中间出现断裂，有些字则没有。调查时听感上对于入声的感觉是整体音节有一种"很紧"的印象，且时长并不短促。丘学强《军话研究》（2005∶18）沿用了詹伯慧的调值，只是进一步提出入声字在慢读时韵母中间带喉塞音ʔ，即存在中折调，如"别"读 [piʔeₐ]。这样看来，似乎与"嘎裂调"近似。在语音实验的基频图中，嘎裂调的基频曲线中间应该呈现明显的断裂。我们请发音人对《方言调查字表》中所列的入声字进行识读，此过程连续进行三遍。在对语音材料的分析中发现，在所有的入声字基频图中，只有部分字的基频曲线出现断裂，并且，在三遍识读的语音材料中，基频曲线出现断裂的字并不相同，且没有规律。由此我们发现，崖城军话的入声并非典型的"嘎裂调"。

于是我们对语音材料做了进一步的分析[①]。以"抹"[ma³²⁴]为例，首先看该字的波形图：

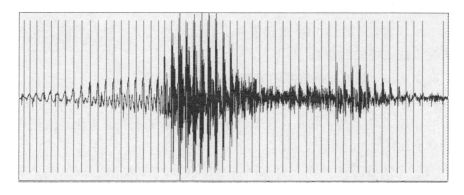

从放大之后的波形图中看出，韵母头尾部分的波形明显呈现出 [a] 的周期。

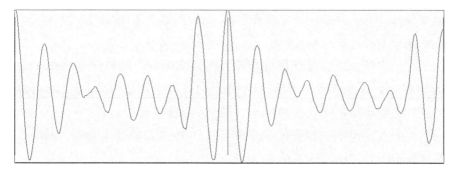

中间部分却插入了辅音呈现出的无规律波形：

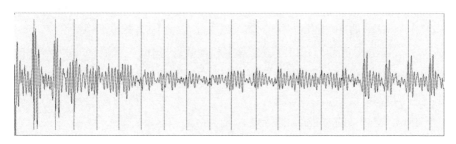

图 5-4　入声字"抹"[ma³²⁴] 的波形图

---

① 此分析使用的软件为 Praat。

此段辅音波形带有很强的喉音色彩，这恰是崖城军话入声字得以和其他调类区别开来的特征，也是造成听感上音节"很紧"的原因。也正是因为有了这个特征，即使入声字的调型不稳定，也不会影响听者的分辨。而同时，由于崖城军话入声字的调值并不低，即使音节中插入喉塞音，也并没有完全造成中间的断裂。

5.2.1.4　崖城军话音系的音韵特点及分析说明

5.2.1.4.1　声母的音韵特点

（1）中古帮、端、精、庄、章、见组全浊声母今全部清化，清化规律为"平送仄不送"。

（2）尖团音基本分明。精组字洪音前今读声母为 [ts] [tsʰ] [s]，细音前今读为 [tɕ] [tɕʰ] [ɕ]。见组字未发生腭化，今洪音细音前均读为声母 [k] [kʰ] [x]。例如：中古精母字"睛"在军话中读音为 [tsein³³]，见母字"惊"读音为 [kein³³]；中古从母字"齐"在军话中读音为 [tɕʰi³²]，群母字"骑"读音为 [kʰi³²]。

（3）中古知、庄、章组声母合并为两组塞擦音、擦音声母 [ts] [tsʰ] [s] 和 [tɕ] [tɕʰ] [ɕ]，在细音韵母前，[ts] [tsʰ] [s] 发生腭化读为 [tɕ] [tɕʰ] [ɕ]。

（4）中古非组字（非、敷、奉、微），今读声母 [v]。

（5）中古日母字在细音前读作声母 [j]，在洪音前读作 [z]。例如："让"读音为 [zæn⁵⁵]，"染"读音为 [jin²¹]。

（6）中古影母、喻母、疑母字，在普通话中读为零声母，崖城军话中合口呼前读作声母 [v]，开口呼前读作声母 [z]，齐齿呼前读作声母 [j]。

（7）崖城军话中零声母字较少，绝大多数为中古影母一等字。

（8）大部分中古疑母开口一、二等字和少数影母开口一等字今读为声母 [ŋ]。

（9）中古船母、禅母和少量邪母字在今天的崖城军话中存在塞音和塞擦音交替的现象。

5.2.1.4.2　韵母的音韵特点

（1）阴声韵特点

① 除"他、大、那、哪"韵母读为 [a] 外，中古果摄字韵母绝大部分读为 [o]，只有晓、匣两母，即今天的舌根擦音后读为 [uo]，见、溪两母个别例字存在 [o] [uo] 两读现象。

　　② 假摄开口二等字除见组外均读为韵母 [a]，见组开口二等字增生了介音 i，读为 [ia]。假摄开口三等字除个别例外（"且、车、者、扯"）读为 [æ] 外，其余均读为 [ie]。假摄合口二等字今读为 [ua]。

　　③ 除"做、错"等少数例外读 [o] 外，遇摄合口一等字今读为韵母 [u]。除庄、章组个别字读 [o] 外，遇摄合口三等鱼部字均读为韵母 [i]。遇摄合口三等虞部中，非组字读为韵母 [u]，来母字读为 [ɐu]，其他声母字读为 [i]。

　　④ 蟹摄开口一、二等字读为韵母 [ai]，其中极个别唇音声母字读为 [ɐi]。蟹摄开口三、四等字今读为韵母 [i]。蟹摄合口一等见晓组字读为韵母 [ui]，其余声母字读为韵母 [ɐi]。蟹摄合口二等字今读为韵母 [uai]。蟹摄合口三等字除少数例外读为 [ui] 外，其余读为韵母 [ɐi]。蟹摄合口四等字今读为韵母 [ui]。

　　詹伯慧（1959）、丘学强（2005）的崖城军话音系没有分 [ai] 和 [ɐi] 两个韵母，而是用一个 [ai] 来代表，如丘学强（2005：58）的韵母及例字"ai 胎排非对"，但是我们在调查中发现，这两个韵母在时长和音质上都存在差别，而且 [ai] 和 [ɐi] 存在最小对比对，例如 [pai⁵⁵]"拜败"与 [pɐi⁵⁵]"辈贝"；二者中古韵类来源不同，大体上表现在：ai——蟹摄开口一、二等字；ɐi——蟹摄合口一、三等字，及部分止摄三等字。

　　⑤ 止摄开口三等韵支、脂、之三部中，精组及少数庄章组声母字读为韵母 [ɿ]，其余绝大部分读作韵母 [i]，另有少数例外读作 [ɐi] 韵母。止摄开口三等微部字今均读为韵母 [i]。止摄合口三等支部字今读为韵母 [ui]，止摄合口三等微部非组声母字今读为韵母 [ɐi]，其余声母字今读为韵母 [ui]。止摄合口三等脂部字读音较为复杂，今读为 [ui] [ɐi] [uai] 三个韵母。

　　⑥ 效摄开口一等字今读为韵母 [au]。效摄二等字见晓组今读为韵母 [iau]，其余声母大部分读为韵母 [au]。值得注意的是，有些不是见晓组的字，例如"抛、猫、猫、梢"也增生了介音 [i]。效摄开口三等知、照组和影母、喻母字今读为 [au]，其余声母字今读为 [iau]。效摄开口四等字今读为韵母 [iau]。

　　⑦ 流摄开口一等字今读为韵母 [ɐu]，开口三等幽部字今读为韵母 [iu]。流摄开口三等尤部字读音较为复杂，今读为 [iu] [ɐu] [u] 三个韵母。

詹伯慧（1959）崖城军话音系中韵母 [au] 的例字我们在调查中发现分属两个韵母，丘学强（2004：58）崖城军话音系里没有 [au] [ɐu] 之分，而是合为一个韵母"ɐu 头斗搜召"。我们调查中注意到韵母 [au] 和 [ɐu] 存在时长和音质两方面的差异，且有最小对比：[pau³³] 包褒与 [pɐu³³] 煲钵。

（2）阳声韵特点（以下各韵摄讨论不含入声韵）

⑧ 中古阳声韵的 -m 尾在崖城军话中已经消失，归入 -n 尾。

⑨ 咸摄开口一等字今读为韵母 [an]。咸摄开口二等见晓组字今读为韵母 [in]，其他声母字读为韵母 [an]。咸摄开口三、四等字均读为韵母 [in]。咸摄合口三等字今读为韵母 [an]（例字只有非组字）。

⑩ 深摄开口三等知、庄、章组字今读为 [ɐn]，其余读为 [ein]。丘学强（2005：58）的韵母及例字"an 本根分论战"，不区分 [an] [ɐn]，我们注意到二者有最小对比：[pan³³] 班与 [pɐn³³] 奔。

⑪ 山摄开口一等字今读为韵母 [an]。山摄开口二等字见晓组字今读为韵母 [in]，其余声母字今读为韵母 [an]。山摄开口三、四等字今读为韵母 [in]。绝大部分山摄合口一、二等字今读为韵母 [un]，山摄合口二等字"还"今读为韵母 [uan]，"环、鬟"今读为韵母 [uai]。山摄合口三等仙部见组字和少数心、邪母字读为韵母 [in]，仙部其他声母字今读为韵母 [un]。山摄合口三等元部非组字今读为韵母 [an]，其余声母字今读为韵母 [un]。另仅有"劝、券"（溪母）两字读为韵母 [in]。山摄合口四等字今读为韵母 [in]。

⑫ 臻摄开口一等字今读为韵母 [ɐn]。臻摄开口三等知、庄、章组字今读为韵母 [ɐn]，其余声母字今读为韵母 [ein]。臻摄合口一等见晓组字今读为韵母 [un]，其他声母字今读为韵母 [ɐn]。臻摄合口三等见晓组及影母、喻母字今读为韵母 [ein]，其他声母字读音有 [ɐn] [un] 两种。

⑬ 宕摄开口一等字今读为韵母 [æn]。宕摄开口三等知、庄、章组字今读为韵母 [æn]，其余声母字大部分读为韵母 [iaŋ]，另有个别例外字读为韵母 [uaŋ]。宕摄合口一等字今读为韵母 [uaŋ]。宕摄合口三等非组及影母、喻母字今读为韵母 [æn]，其余声母字今读为韵母 [uaŋ]。

⑭ 江摄开口二等知、庄、章组字今读为韵母 [uaŋ]，其余声母字绝大部分读为韵母 [æn]。另有见组部分字读为韵母 [iaŋ]。

⑮ 曾摄开口一等字今读为韵母 [ɐŋ]。曾摄开口三等知、庄、章组字今读为韵母 [ɐŋ]，其余声母字今读为韵母 [ein]。

⑯ 梗摄开口二等字多数今读为韵母 [ɐŋ]，有部分韵母 [oŋ] [æn] [ein] 混入其中，主要混在帮组中。梗摄开口三等知、庄、章组字今读为韵母 [ɐŋ]，其余声母字今读为韵母 [ein]。梗摄开、合口四等字今均读为韵母 [ein]。梗摄合口二等庚部字今读为韵母 [uaŋ]。梗摄合口二等耕部、梗摄合口三等字今均读为韵母 [oŋ]。

我们音系中的韵母 [ein]，在詹伯慧（1959）、丘学强（2005）音系中被分作 [en] 和 [eŋ] 两个韵母。

⑰ 通摄字今读为韵母 [oŋ]。

（3）入声韵特点

⑱ 中古入声字塞音尾丢失，保留一个单独的调类。入声调字的韵母在发音时中间插入喉塞音，形成嘎裂调。

⑲ 咸摄开口一等合、盍韵见晓组今读为韵母 [o]，其余声母字读为韵母 [a]。咸摄开口二等洽、狎韵见、晓组字今读为韵母 [ia]，其余声母字今读为韵母 [a]。咸摄开口三等叶、业韵及四等贴韵今读为韵母 [ie]。咸摄合口三等乏韵今读为韵母 [a]。

⑳ 深摄开口三等缉韵绝大部分字今读为韵母 [i]。

㉑ 山摄开口一等曷韵见晓组字今读为韵母 [o]，其他声母字读为韵母 [a]。山摄开口二等辖、黠韵见晓组字读为韵母 [ia]，其余声母字读为韵母 [a]。山摄开口三等薛、月韵及四等屑韵今读为韵母 [ie]。山摄合口一等末韵见组字今读为韵母 [ua]，其余声母字读为韵母 [o]。山摄合口二等辖韵今读为韵母 [ua]。山摄合口三等薛韵今读为韵母 [ie]。山摄合口三等月韵见组今读为韵母 [ie]，非组今读为韵母 [a]。山摄合口四等屑韵今读为韵母 [ie]。

㉒ 臻摄开口三等质、迄韵今读为韵母 [i]。臻摄合口一等没韵今读为韵母 [u]。臻摄合口三等术韵今读为韵母 [i]。臻摄合口三等物韵见组今读为韵母 [i]，其余声母字今读为 [u]。

㉓ 宕摄开口、合口一等铎韵今读为韵母 [o]。宕摄开口三等药韵知、庄、章组及今普通话读为零声母的字崖城军话读为韵母 [o]，其余声母字读为 [io]。宕摄合口三等药韵今读为韵母 [o]。

㉔ 江摄开口二等觉韵今读为 [o] [u] 两韵母。

㉕ 曾摄开口一等德韵今读为韵母 [ɤ]。曾摄开口三等职韵大部分读为韵母 [i]。

㉖ 梗摄开口二等陌韵今读为 [iɤ] [a] [o] 三个韵母。梗摄开口二等麦韵今读为韵母 [ɤi]。梗摄开口三等陌、昔韵及四等锡韵今读为韵母 [i]。梗摄合口入声韵例字极少。

㉗ 通摄合口一等屋、沃韵及三等屋韵今读为韵母 [u]。通摄合口三等烛韵见组字绝大部分今读为韵母 [i]，其余声母字读为 [u]。

5.2.1.4.3　声调特点

（1）中古平声字今按声母的清浊分别归入阴平和阳平。

（2）中古清声母上声字和次浊声母上声字今仍然读上声，全浊上声今读为去声。

（3）中古去声字今仍读去声，以上声调归派规律与普通话相同。

（4）中古入声保留成为一个单独的调类。

5.2.1.5　崖城军话的非轻声两字组连读变调

崖城军话的非轻声两字组变调情况具有以下特点：

（1）除入声调外，只有上声位于前字位置时一律变调，并且产生了新的调值 22，其余调类无论位置前后均不变调。例如：

上声 + 阴平　　$21 \to 22 + 33$　　酒杯　$\text{tɕiu}^{21} \to 22\ \text{pɤi}^{33}$

上声 + 阳平　　$21 \to 22 + 31$　　打雷　$\text{ta}^{21} \to 22\ \text{lɤi}^{31}$

上声 + 上声　　$21 \to 22 + 21$　　水果　$\text{sui}^{21} \to 22\ \text{ko}^{21}$

上声 + 去声　　$21 \to 22 + 55$　　写信　$\text{sie}^{21} \to 22\ \text{sein}^{55}$

（2）入声的变调情况相对复杂，处于后字位置时，在上声和入声调后面的入声紧喉色彩减弱，调型变为升调，调值大约是24；处于前字位置时，入声调的时长明显变短，保留音节的紧喉色彩，且变调调值呈现以下规律：

入声 $324 \to 4/\underline{\quad}$（阳平，上声，入声）

入声 $324 \to 2/\underline{\quad}$（阴平，去声）

例如：

上声 + 入声　　$21 \to 22 + 324 \to 24$　　口渴　$\text{k}^\text{h}\text{ɤu}^{21} \to 22\ \text{k}^\text{h}\text{o}^{324} \to {}^{24}$

入声 + 阴平　　$324 \to 2 + 33$　　　　　　学生　$\text{xio}^{324} \to 2\ \text{sɤŋ}^{33}$

入声 + 阳平	$324 \to 4 + 31$	绿茶	$lu^{324} \to 4\ ts^ha^{31}$
入声 + 上声	$324 \to 4 + 21$	局长	$ki^{324} \to 4\ tsæn^{21}$
入声 + 去声	$324 \to 2 + 55$	活动	$xo^{324} \to 2\ toŋ^{55}$
入声 + 入声	$324 \to 4 + 324 \to 24$	毒药	$tu^{324} \to 4\ zo^{324} \to 24$

5.2.2　崖城军话的词法句法特点 [①]

崖城军话的词法句法与官话方言大多相同或相近，这里主要列举有特色的部分。

5.2.2.1　崖城军话的词法特点

5.2.2.1.1　名词前缀

（一）前缀"阿 [$ʔa^{33}$]"

崖城军话的亲属称谓不使用重叠式，即没有"爸爸""妈妈"这样的说法，全部由"阿"做前缀构成，如"阿公（祖父）、阿妈（祖母）、阿爸（父亲）、阿母（母亲）、阿爹（伯父、叔父）、阿娘（姑母、姨母）、阿哥、阿弟、阿妹"，都可以用作背称和面称。

例外的是唤自己的母亲作"阿姐"，只做面称，并且只能在自己家里、没有外人在场时使用。其形成的原因是以前女性结婚、生育相对较早，母亲与子女之间年龄差距较小，孩子对着比自己大十几岁的母亲不愿喊"妈妈"，所以叫"阿姐"。由于"阿姐"用作称呼自己的母亲，所以，对"姐姐"的称呼只能打破规律，称为"姐姐"。

"阿"除了用于构成亲属称谓，还可以加在人的名字前面（不包括姓），表示亲昵的称呼，如"阿华""阿芳"。

（二）前缀"□ [nia^{51}]"

"□ [nia^{51}]"是一个构词词缀，它的意义是表示同辈排行中最小的那一个，相当于普通话的"老"，如：□ [nia^{51}] 弟，是兄弟中最小的弟弟；□ [nia^{51}] 娘，是指最小的姑母或者姨母。另外，□ [nia^{51}] 还常常用于女性的小名中，比如"□ [nia^{51}] 侬"就是一个在当地很常见的女孩子的称呼，"侬"是指小孩子，迈话叫作"阿侬"。□ [nia^{51}] 之所以具有这样的用法，

---

① 　此节采用刘春陶（2011：§2.2，2.3）的部分内容。

是因为它本身可以独立成词，表示"小"的意思，比如："拿个□ [nia⁵¹] 的来""买一个比这个□ [nia⁵¹] 的包"。

5.2.2.1.2　动词重叠

汉语广义的动词重叠式可以包括"VV""V一V""V一下"等形式，崖城军话比较独特的表达方式是单音节动词使用"V下仔"（"下仔"就相当于"一下"），这一特点是与江淮官话（如南京话）和西南官话是基本一致的，刘丹青（1995：27）认为，南京方言也用动词重叠式表示短时小量，但是不如动词加"一下子"常用。而西南官话对应的形式是"V下子"。另外，崖城军话中的一些动词也可以使用"VV"和"V一V"两种重叠形式，但基本上是作为书面语或者在接近书面语的环境下使用，而大部分的动词根本就不用。双音节动词的重叠式主要是"VV"，但是也并不常用。重叠式的语法意义主要是表示短时或尝试。

V	VV	V一V	V一下	V下仔
想	作为书面语使用	不用	使用	常用
歇	不用	不用	使用	常用
问	使用	使用	使用	使用

另外，崖城军话重叠式"VV"后面不可以加上表示尝试的"看"，构成"试试看""说说看"这样的短语，但是可以说"试试做下仔"。

5.2.2.1.3　动物性别的表示

崖城军话普遍使用"动物名称＋性别"的语序，但是"公鸡""母鸡"两个词语序相反，例如：

崖城军话	意义	崖城军话	意义
kɐu²¹ koŋ³³　狗公	公狗	kɐu²¹mu²¹　狗母	母狗
tɕi³³ koŋ³³　猪公	公猪	tɕi³³ mu²¹　猪母	母猪
z³²⁴ koŋ³³　鸭公	公鸭	za³²⁴ mu²¹　鸭母	母鸭
niu³¹ koŋ³³　牛公	公牛	niu³¹ mu²¹　牛母	母牛
ma²¹ koŋ³³　马公	公马	ma²¹ mu²¹　马母	母马
miau³³ koŋ³³　猫公	公猫	miau³³ mu²¹　猫母	母猫
koŋ³³ ki³³	公鸡	mu²¹ ki³³	母鸡

5.2.2.1.4　能愿动词"阿 [ʔa⁵⁵]"

（1）表示意愿

崖城军话有一个比较有特色的能愿动词"阿 [ʔa⁵⁵]"，用于表示"想要、将要做某事""将要发生某事"或祈使、命令情态，如：

1）ŋo²¹ ʔa⁵⁵ kʰi³²⁴ pʰein³¹ ko²¹。

　我　阿　吃　苹　果。

　我要吃苹果。　　　　　　　　（表示"想要做某事"）

2）ŋo²¹ ʔa⁵⁵ kʰɯ⁵⁵ tsein²¹ ni²¹, ni²¹ lɐi³¹ lo³³。

　我　阿　去　请　你，你　来　了。

　我正想找你，你倒来了。　　　（表示"将要做某事"）

3）tʰin³³ ʔa⁵⁵ xia⁵⁵ ji²¹。或　ʔa⁵⁵ xia⁵⁵ ji²¹ lo³³。

　天　阿　下　雨。或 阿　下　雨　了。

　天要下雨了。　　　　　　　　（表示"将要发生某事"）

4）ʔa⁵⁵ kun³³ mɐn³¹ xau²¹。

　阿　关　门　好。

　把门关好。　　　　　　　　　（表示祈使、命令）

（2）表示对主客观条件判断

崖城军话表示"主观上有能力做某事"用"会"，不用"能"。在征询对方意愿的疑问句中，常常省略"能""要""会"等能愿动词，如：

5）ni²¹ ʔa⁵⁵ lɐi³¹ miu⁵⁵？

　你　阿　来　□（谬）①？

　你能不能来 / 你会不会来 / 你想不想来 / 你打算不打算来？

5.2.2.1.5　形容词的重叠

相对于海南、广东等地其他地方的军话而言，崖城军话的形容词重叠式并不发达，没有三叠、四叠等复杂形式，最常见的还是"AA"式，特别是描述物体的可被人感知的性状的单音节性质形容词可以重叠，如"冷冷、热热、香香、臭臭、胖胖、瘦瘦、长长、短短、浅浅"等。大部分形

---

① 　□ [miu⁵⁵] 在崖城军话中可以用作否定副词和语气词，后文多处论及，为行文方便，下文记作俗字"谬"。

容词重叠式的语法意义是强调比非重叠式更加突出其性质，甚至在一定的语境中可以表示最高级，比如"高高"可以表示某个比较范围之中的"最高"，"厚厚"可以表示"最厚"。但是，这并不是一条普遍规律，有的形容词重叠后的程度有降低的意味，如"甜甜"表示"有点儿甜"[①]，有的重叠式只是形容词生动形式，如"臭臭"。另外，崖城军话也有官话区常见的"AABB"式重叠，如：紧紧张张、干干净净等。

　　5.2.2.1.6　几个特色副词

（1）范围副词□ [lo³³]

□ [lo³³] 是一个全称副词，与普通话"都"表示总括的用法相当。崖城军话中也使用"都"，不过只在接近书面语的环境下使用。

6）liau²¹ liau²¹ lo³³ ɕi⁴⁴ lau²¹ sʅ³³。

　　　了　　了　　□　　是　老　　师。

　　在座的都是老师。

（2）时间副词"就就""几时""如今"

7）xæ³³ tɕiu⁵⁵ tɕiu⁵⁵ tsʰu³²⁴ kʰɯ⁵⁵。

　　　他　就　　就　　出　　去。

　　他刚刚出去了。　　　　　　　（"就就"义即"刚刚"）

8）xæ³³ ki²¹ ɕi³¹ tso⁵⁵ tsai⁵⁵ ko⁵⁵ lu⁵⁵。

　　　他　几　时　坐　在　这　路。

　　他一直坐在这。　　　　　　　（"几时"义即"一直"）

9）va³¹ tsɐi²¹ ji³¹ kein³³ kʰan⁵⁵ tin⁵⁵ ɕi⁵⁵。

　　　娃　仔　如　今　看　　电　视。

　　孩子正在看电视。　　　　　　（"如今"义即"正在"）

（3）重复副词

"另另"用于表示已经或将要重复的动作，不使用"又"或"再"，如：

10）xæ³³ lein⁵⁵ lein⁵⁵ lɐi³¹ lo³³。

　　　他　另　　另　　来　了。

　　他又来了。

"才"可以表示将要重复或发生的动作，不用"再"，如：

[①]　"甜"的最高级就用"最甜"。

11）k^hi^{324} $liau^{21}$ ts^hai^{31} $k^hɯ^{55}$。

　　吃　了　才　去。

　　吃了再走吧。

（4）否定副词"谬"

"谬"集现代汉语普通话里面的否定词"不""没/没有"（副词）和"没有"（动词）的功能于一身，可以构成否定句或独立做否定回答，如：

12）$ŋo^{21}$ miu^{55} $ɕi^{55}$ lau^{21} $sʅ^{33}$。

　　我　谬　是　老　师。

　　我不是老师。

13a）tso^{324} t^hin^{33} lau^{21} $sʅ^{33}$ miu^{55}　　liu^{31} tso^{324} jie^{324}。

　　昨　天　老　师　谬（有）留　作　业。

　　老师昨天没留作业。

14a）$ŋo^{21}$ miu^{55}　　$ɕi^{33}$ pau^{33}。

　　我　谬（有）书　包。

　　我没有书包。

"谬"还可以作为否定语素构成动词"谬有"，相当普通话动词"没有"。所以，例句14a还可以说成：

14b）$ŋo^{21}$ miu^{55} jiu^{21} $ɕi^{33}$ pau^{33}。

　　我　谬　有　书　包。

　　我没有书包。

但是，需要注意的是，"谬有"不能用作副词，即例句13b是错误的：

*13b）昨天老师谬有留作业。

5.2.2.1.7　代词

（1）人称代词

崖城军话的人称代词用法和官话十分接近，不同点主要有：

① 第三人称单数使用□ [$xæ^{33}$]，与官话 [t^ha^{55}] 的语音形式相差较大；

② 第一人称复数不区分包括式与排除式，无"咱们"一词；

③ 表示人称代词的多数使用"们"，但是名词多数不用"们"（名词复数的"们"是书面语），用"这多"（[ko^{55} to^{33}]），相当于普通话的"这些"，如"学生们"是"这多学生"，"猪们"是"这多猪"；表示名词双数不用"俩"，用"两人"，如"你们两人"。

表 5-3　崖城军话人称代词表

崖城军话	意　义
[ŋo²¹]（我）	第一人称单数
[ni²¹]（你）	第二人称单数
[xæ³³]（他）	第三人称单数
[ŋo²¹ mɐn³¹]（我们）	第一人称复数
[ni²¹ mɐn³¹]（你们）	第二人称复数
[xæ³³ mɐn³¹]（他们）	第三人称复数
[liau²¹ liau²¹]（了了）	表示一定范围内的所有人，"大家"
[tsʅ⁵⁵ ki²¹]（自己）	反身代词

（2）指示代词

崖城军话指示代词系统做近远二分，近指代词"这"[ko⁵⁵]，远指代词"那"[na⁵⁵]。下表是"这、那"构成的其他指示代词：

表 5-4　崖城军话指示代词表

这个	ko⁵⁵ko³²⁴
这里（路）	ko⁵⁵lu⁵⁵
这些（多）	ko⁵⁵to³³
这样	ko⁵⁵ zæn⁵⁵
那个	na⁵⁵ ko³²⁴
那里	na⁵⁵ lu⁵⁵
那样	na⁵⁵zæn⁵⁵
那些（多）	na⁵⁵to³³

（3）疑问代词

崖城军话的疑问代词如下表所列：

表 5-5　崖城军话疑问代词表

疑问内容	崖城军话	普通话对应词
事物的类属	□□ [mi⁵⁵ ni⁵⁵]	什么
确指的人或事物	[na²¹ ko³²⁴]（哪／哪个）	谁／哪个
处所	[na²¹ lu⁵⁵]（哪路）	哪里

（续表）

数量	[ki²¹ to³³]（几多）	多少
方式	[mo³³ tsɿ²¹]（么子）	怎么（样）
时间	□□ [mi⁵⁵ ni⁵⁵]（什么时候）	什么时候
原因	[tso⁵⁵ mi⁵⁵ ni⁵⁵]/[tso⁵⁵ mo³³ tsɿ²¹]（做什么/做么子）	为什么

"□□"（[mi⁵⁵ ni⁵⁵]）相当于普通话的"什么"，要求回答的是事物的类属。这个词有可能来自粤方言的"乜嘢"（[mɐt⁵⁵ jɛ¹³]）。另外，询问数量的"几多"也和粤方言的说法相同。

5.2.2.1.8　介词

（1）引介处所、时间成分的"把"

一般语言中引介处所成分的介词有三种含义：一是引出位移动词的起点（如"从"），二是引出位移动词的终点或目标（如"到"），三是表示存现动词所处的空间（如"在"）。崖城军话中"把"的基本用法是引介位移动词的起点，例如：

15）ni²¹ pa²¹ na²¹ lu⁵⁵ lɐi³¹？

　　你　把　哪　路　来？

　　你从哪里来？

但是，"把"还有一个比较特殊的用法，就是可以用于引介由方位名词表示的动作的方向，如：

16）xæ³³ pʰau²¹ pa²¹ vai⁵⁵ min⁵⁵。

　　他　跑　把　外　面。

　　他跑到外面。

汉语普通话中，用于引介动作方向的介词是"向"，"向"与表示方向的名词组成的介词短语一般位于动词之前，仅能出现在"少数单音节动词"（如：走、奔、冲、飞等）之后（参见刘月华等 2004：578）。但是，崖城军话中"把"与表示方向的名词组成的短语一律出现在动词之后，如：

17）tsɐu²¹ pa²¹ çi³³

　　走　把　西

　　向西走

认知语言学的研究表明，空间域概念容易投射到时间域；类型学的研究证明，世界语言普遍存在表示空间的介词演化为表示时间的介词。崖城军话也为这条规律提供了有力的证明："把"从表达动作空间上的起点扩展到表达时间上的起点，如：

18）k^hau^{21} φi^{55} pa^{21} pa^{324} tin^{21} tau^{55} φi^{324} tin^{21}。

　　考　　试　把　八　　点　　到　　十　　点。

考试从八点到十点。

（2）伴随介词

崖城军话最常用的伴随介词是"跟"，还可以使用"粘（$[nin^{31}]$）、凑（$[ts^heu^{55}]$）"，其中"凑"只用于人，不使用"和、同"，如：

19）ko^{55} ko^{324} $zein^{31}$ tso^{55} $s\text{ʅ}^{55}$ ken^{33} $zein^{31}$ kia^{33} miu^{55} $t^hoŋ^{31}$。

　　这　个　　人　　做　事　跟　人　　家　不　　同。

这个人办事和别人不一样。

20）$ŋo^{21}$ ts^heu^{55} $xæ^{33}$ $sæn^{55}$ kai^{33} mai^{21} $toŋ^{33}$ φi^{33}。

　　我　凑　他　上　　街　买　东　　西。

我和他上街买东西。

21）va^{31} $ts\text{ɐ}i^{21}$ nin^{31} $ŋo^{21}$ sui^{55}。

　　娃　仔　粘　我　睡。

孩子跟我睡。

例句21中"粘"带有附加意义，表示孩子与家长的亲密、紧密，比如可以说"娃仔粘我紧紧"。

"跟"还可以用于引进动作的对象，而不用"向"，如：

22）li^{21} $mein^{31}$ ken^{33} φiau^{21} li^{21} $tsie^{55}$ ko^{55} $t\varphi^hin^{31}$。

　　李　明　　跟　小　李　借　过　钱。

李明向小李借过钱。

此外，崖城军话的并列连词①也以"跟"最为常用，不用"和、与"等，如：

---

　　① 崖城军话中连词的用法和普通话基本相同，不再单独列出描写。由于汉语并列连词和伴随介词本就较为接近，甚至有的难以区分，故在这里一并介绍。

23）ŋo²¹ kɐn³³ xæ³³ lo³³ ɕi⁵⁵ zai³¹ tsʰɐŋ³¹ zein³¹。

　　我　跟　他　都　是　崖　城　　人。

　　我和他都是崖城人。

5.2.2.2　崖城军话的语法特点

（1）"阿 +VP+ 谬"式反复问句

这是崖城军话疑问句中最为普遍、使用频率最高的一种形式，有些用是非疑问句可以提问的语境，也都用这种问句代替了。其中"阿"是疑问副词，"谬"是疑问语气词，如：

24）ni²¹ ʔa⁵⁵ lɐi³¹ miu⁵⁵？

　　　你　阿　来　谬？

　　　你要来吗？ / 你想来吗？

25）ni²¹ ʔa⁵⁵ mai²¹ liaŋ²¹ ko³²⁴ miu⁵⁵？

　　　你　阿　买　两　个　谬？

　　　你是买两盒吗？

崖城军话不能使用"阿 VP 谬 VP"的结构，如：

26a）ni²¹ ʔa⁵⁵ kʰɯ⁵⁵ miu⁵⁵？

　　　　你　阿　去　谬？

26b）ni²¹ kʰɯ⁵⁵ miu⁵⁵ kʰɯ⁵⁵？

　　　　你　去　谬　去？

*26c）ni²¹ ʔa⁵⁵ kʰɯ⁵⁵ miu⁵⁵ kʰɯ⁵⁵？

　　　　你　阿　去　谬　去？

　　　　你到底去不去？

（2）表"先行""再次"的句法标记成分后置

27）ni²¹ kʰɯ⁵⁵ ko⁵⁵ ɕʰin³³。

　　　你　去　过　先。（这里"去过"可以看作近义词连用，相当于"去"）

　　　你先去。

28）ni²¹ lein⁵⁵ lein⁵⁵ kʰi³²⁴ ji³²⁴ van²¹ tsʰɐu⁵⁵。

　　　你　另　另　吃　一　碗　凑。

　　　你再吃一碗。

29）xuan^{31} jiu^{21} çi^{324} li^{21} lu^{55} ts^{h}eu^{55}。

还　　有　　十　　里　　路　　凑。

还剩（还有）十里路。

5. 2. 3　崖城军话与周边汉语方言的差异

崖城军话听感上明显属于官话体系，与周边紧邻的汉语方言迈话（粤方言）①、港门话（闽方言）差别很大，相互之间主要差异如下表所示：

表 5-6　崖城军话与汉语周边方言差异比较

崖城军话特点	举　例	备　注
（1）不分平翘	曾＝蒸 [tsɐŋ^{44}]、三＝山 [san^{44}]	只有平舌音 [ts] [ts^{h}] [s]
（2）尖团分明	尖 [tsin^{44}] ≠ 坚 [kin^{44}]、西 [si^{44}]＝希 [xi^{44}]	
（3）有舌尖元音	资蜘 [tsɿ^{44}]、次 [ts^{h}ɿ^{55}]、师丝 [sɿ^{44}]	周边闽、粤方言无 [ɿ]
（4）无撮口呼	仙＝宣 [sin^{44}]、喜＝许 [xi^{32}]	
（5）无 aŋ 韵母	帮忙伤项 [-æn]、扳男三汗 [-an]	周边闽、粤方言"帮 -ŋ" ≠ "扳 -n"
（6）无塞音尾	眨 [tsa^{334}]、八 [pa^{334}]、北 [pɐi^{334}]	周边闽、粤方言分别有短促入声韵
（7）五个调类	阴 33、阳 41、上 32、去 55、入 334	周边闽、粤方言 6—7 个调类
（8）K+VP 型问句	"你阿来谬？"（你来不来？）	周边闽、粤方言无此句型

以上崖城军话的八项主要特征中，有六项周边闽、粤方言与之不同，这些差别凸显出崖城军话的官话性质。

当然，崖城军话在周边闽、粤方言及少数民族语言黎语的长期包围之中，受到了不同程度的影响。比如：语音上平翘舌不分，韵腹 [a] 有长短之分（我们处理为 [a] 与 [ɐ] 的音位对立）；词汇上像指示代词"这 [ko^{55}]"等明显来自粤方言；语法方面，名词词头"阿"，词缀"仔"，以及"你去过先（你先去）""你另另吃一碗凑（你再吃一碗）"中表先行、再次的句法标记"先""凑"的后置语序，也都是吸收了闽、粤方言的特点，海口话"你先去"说作"汝去过前"（陈鸿迈 1997：35），海南中部的屯昌县闽方言"嚼加□ [ni^{55}] 肉凑"意即"再多吃几块肉"（钱奠香 2002：185—186）。

---

① 迈话的方言系属有争议，刘春陶有专文讨论（待刊）。

在周边闽、粤方言的包围中，崖城军话作为一个小小的官话方言岛显得十分另类。那么，崖城军话的官话方言源自哪里呢？对此，很有必要进行探究。

第三节　崖城军话的来源

5.3.1　崖城军话始于何时

依据"军话"名称，可以肯定崖城军话是外来驻军的移民语言。那么，军话是什么时候进入崖城的呢？

5.3.1.1　移民人口史中有关海南移民的基本情况

《简明中国移民史》（葛剑雄、曹树基、吴松弟 1993：253—254、306、425）中有关海南岛历代移民的记述："（隋唐时期）海南岛的移民，也多于五代迁入。例如在儋州，五代末中原来避乱的大家族，便有杜、曹、陈、张、王等十二姓。""（宋元时期）移民甚至渡过琼州海峡，进入海南岛。正德《琼台志》卷7说：'琼辟在南海屿，旧俗殊陋，唐宋以来多贤士放谪，式族侨寓，风声气息先后濡染。'……琼州、昌化军、万安军、吉阳军等各州军元初的户数皆比北宋崇宁户数有很大增加，分别达746%、263%、244% 和470%，可能在南宋和元初都有一定数量的移民迁入。"[①]"（明清时期）……许多客家人在官府组织下迁往雷州半岛和海南岛，构成客家人的又一次大迁徙。"

《中国移民史》（第五卷·明时期）（曹树基 1997：316）中提及两广地区的边卫移民只有很少的文字："在有关洪武移民的论述中，几乎没有涉及这一区域。……军籍移民的过程主要根据《明史·兵制》的记载。如广东都司，洪武二十六年有11卫13千户所。以标准兵力计算，约有士卒7.6万人，合家属约有23万。只有广东的军士是否含有当地的土兵，还不清楚。若按浙江等地情况推测，其中大多数为土著，外来移民是很少的，与

---

① 北宋的广南西路辖海南岛，岛内分琼州、万安军、朱崖军、昌化军四个行政区；南宋依然是广南西路辖海南岛，岛内分琼州、万安军、吉阳军（即北宋朱崖军）、昌化军四个行政区。所以，宋代海南岛的"万安军、吉阳军（即朱崖军）、昌化军"为行政区划名称，非军队建制名称。

洪武年间该省 300 余万人口相比，微不足道。也正是由于广东民籍人口大
大多于军籍人口，所以广东虽处边疆，其军卫并不具备边卫的特征。"随后
书中第 320 页的"表 7-8 洪武时期边卫地区的军籍移民"里没有广东军籍
移民的统计数据。

　　从《中国历史地图集》（谭其骧 1996）里看海南崖城的历代地图：隋
代时归岭南诸郡的临振郡，唐代归岭南道东部的振州，宋代归广南西路的
朱崖军（北宋）、吉阳军（南宋），明代、清代归广东省琼州府崖州。历代
地图中，只有明代地图中标有"海南卫"，驻地在海口附近，崖州处并未标
注卫所。

　　《中国人口史》（第四卷·明时期）（曹树基 2000：195—196）记述了
明代初期永乐三年至十二年，朝廷遣派官员刘铭等在琼州府招抚的生黎，
"刘铭等招抚的'生黎'合计约万余户，其人口应有 5 万人。若将后招抚之
罗沾等地'生黎'加之，合计人口应达 6 万人。再加上永乐十二、十三两
年的归化者 2400 户、1.2 万人。琼州府的黎民归附者达到 7 万余人。推测
洪武年间琼州的未归附黎民可达到 20 万人"。

　　根据以上资料可以归纳几点：（1）历代进入海南的移民数量很少；（2）
明代之前的零散移民均为民籍移民（或避乱的家族，或放谪的贤士，以及
部分客家人）；（3）明代广东都司卫所军人及家属总共约 23 万，在琼州府
设置有海南卫；（4）至明代，海南居民以土著黎族人为主体。

　　可是，以上信息并未为崖城军话来源提供直接证据，只是帮助了解历
代海南岛移民人口的大背景情况。

5.3.1.2　《崖州志》里的重要信息

　　清代《崖州志·经政志六·兵制》（张嶲、邢定纶、赵以濂纂修，郭
沫若点校）（2011：216）："明，军制设琼崖参将一员，首尾兼顾，岁防各
半。""洪武十七年，设崖州守御所。十五年，有制：以安置官吏、户丁充
军起发，崖州置守御所。至十七年始开设。正千户一员，副千户二员，百
户十员，镇抚一员。吏目一员。"又《崖州志·经政志六·军器》（2011：
224）："崖州所门城额器四千三百三十四件。门器一百八十五件。城器
四千三百五十件。千百户所库贮火器铜七十七件，铁二十二件。"

　　明代卫所制度规定：五千六百人称卫，一千一百二十人称千户所，

一百一十二人称百户所；卫所家属必须随军。所以，明代洪武十七年设置的崖州守御所（千户所）大约有军人1120人，加上随军家属共约3500人。

此外，《崖州志·舆地志一·风俗》（2011：37）记载："崖语有六种。曰军语，即官语，正音，城内外三坊言之。其初本内地人仕宦从军来崖，因家焉，故其音语尚存，而以军名。……"（另五种是迈语、客语、番语、儋语、黎语；参见前文 §5.1.2.1）从这段话可知，崖州千户所军人及家属使用的语言即军话，有别于当地其他方言、语言。

5.3.1.3　崖城军话始于明代

根据前面的移民史、人口史以及崖城地方志的考察，至此可以得出明确结论：崖城军话始于明代，其源头是设置于明代洪武十七年的崖州守御所（千户所）约3500军人及家属内部使用的通用语。

《崖州志》中记载明代崖州守御所的军人及家属"其初本内地人仕宦从军来崖"，这"内地"是否有一个主要的来源地呢？对此有必要继续考察。

5.3.2　崖城军话来自何方

5.3.2.1　崖城军话的方言归属问题

关于海南的军话，学者们有以下不同看法：

（1）崖城军话属于北方方言。詹伯慧（1959）通过调查崖城军话音系，认为"接近北方方言系统"；黄谷甘、李如龙（1986）认为"是闽方言地区中的北方方言岛"。

（2）海南军话属西南官话。刘新中（2004）认为"军话是几百年前来海南戍边的军人及其苗裔传入海南岛的西南官话"。

（3）海南军话属于明代"通语（包括读书音、南音和北音）"。丘学强（2005：134）认为："军话的语音基础是明代前后广义的'北方方言'，而不是北方方言中的某个地方方言。也许，较接近于当时以大南京或北京语音为基础的官话，……而某些军话带有江淮一带的语音特点，与当时的大南京包括的范围较大有关。也许，我们甚至还可以说'军话'就是明代'通语（包括读书音、南音和北音）'的'活化石'，要构拟明代'通语'的语音，它的参考作用甚至比那些已经发生了较大变化的现代北方方言还要大。"

据以上各种观点，可以理解其共同点是海南军话源自官话，但是究竟崖城军话源自哪里，还须做更有针对性、更细致的探究。

5.3.2.2 从崖州守御所军官籍贯探讨崖城军话的源头 [①]

已有学者（丘学强 2005：108—109）利用清代《崖州志·职官志三·武职》考察过崖州守御所军官的人员情况，这里，我们从更早的明代文献资料中查找相关信息。

《中国明朝档案总汇》（2001）中没有广东都司军官的档案资料，在《日本藏中国罕见地方志丛刊——万历琼州府志》（书目文献出版社，1990）中，则有目前可以见到的海南崖城地区外来人口情况最早的详细记录。

根据万历《琼州府志·秩官志》的记载，明代崖城外来人口主要按职责不同分为三类：第一类是州治的行政官员，其中记载崖州地区的长官资料始于唐代，然而材料极少且没有详细提及个人的籍贯信息，自明代洪武年间起便有个人的详细可靠材料记载；第二类记录了当时在官学中供教职的人员名单，包括学正和训导，起始时期与州官资料相同；最后一类是崖州守御所驻军和屯田的武职军官。下面分别就这三类情况进行统计分析。

（1）州治行政官员情况

万历《琼州府志》记载的行政官员共计 120 人，包含知州、州同、州判和吏目，迁来崖城的时间自明代洪武年间起至万历年间止，部分人员由于文献印刷原因无法辨别，其中可以确定籍贯的官员共 103 人，占行政官员总数的 85.8%。据方志中记载的官员籍贯我们统计如下：

表 5-7　明代洪武至万历年间来崖行政官员籍贯地统计表

明代洪武至万历年间来崖行政官员籍贯地		人数	占可确定籍贯人数的比例
籍贯地	今属		
晋江、浦城、长乐、沙县、宁德、侯官、闽县、清流、连城、莆田、罗源、福清、龙溪、欧宁、仙游	福建	31	30.1%
横州、宾州、临桂、全州、苍梧、平南、柳州、藤县、桂林	广西	21	20.4%
建昌、广信、丰城、兴国、清江、赣州、临江、安福、南康、永丰、临川、新喻	江西	14	13.6%
金华、诸暨、定海、永嘉、海宁、余姚	浙江	8	7.8%

---

① 此节中统计数据引自刘春陶（2011：§3.3.1）。

（续表）

建德、贵池、徽州、霍山、歙县	安徽	5	4.9%
崇安、吴州、吴江、苏州、常熟	江苏	5	4.9%
巴陵、永兴、宁乡	湖南	4	3.8%
蒲圻、孝感、武昌	湖北	3	2.9%
兴宁、怀集、番禺	广东	3	2.9%
昆明	云南	2	1.9%
高平、宪平	山西	2	1.9%
崇明	上海	1	1%
射洪	四川	1	1%
灵州	宁夏	1	1%
陕西	陕西	1	1%
湖广	?	1	1%

在崖州历任州治官员中，我们可以看出，人口来源最多的籍贯地区是福建、广西和江西，尤其是福建、广西，超过 50% 的行政官员来自这两个地方。

（2）教职人员的情况

明朝是我国封建社会发展中的一个重要历史阶段，也是中国古代教育发展历程中的一个重要阶段。一个社会想重新进入稳定的历史时期，必然要采取一定的措施巩固政权，恢复经济，统一思想，赢得民心，自然也会给教育带来新的发展契机。一个新政权的建立，必然会对其政治、经济、文化、科技等产生影响，自然对教育也会带来新的革命。明朝也不例外，明政权建立以后，将中国古代教育带入了一个新的变革与发展时期。明朝政府为了达到培养和笼络人才的目的，把教育放在重要地位，大力兴办学校。在这个时期，学校可分为中央官学与地方官学两大类。地方设立的有府学、州学、县学、卫学，统名为儒学。府学和州学里又分别设有教授、学正和训导等职，也就是下面表格反映的官职情况。万历《琼州府志》记载的教职人员共计 96 人，包含学正和训导，迁来崖城的时间自明代洪武年间起至万历年间止，其中可以确定籍贯的官员共 81 人，占教职人员总数的 84.4%。

表 5-8　明代洪武至万历年间来崖教职人员籍贯地统计表

明代洪武至万历年间来崖教职人员籍贯地		人数	占可确定籍贯人数的比例
籍贯地	今属		
南海、新会、海康、高要、顺德、肇庆、香山、会来、电白、罗定、新兴、封川、东莞、韶州、化州	广东	28	34.6%
全州、郁林、横州、藤县、庆远、柳州、桂林、苍梧、合浦、宜山、龙州	广西	19	23.5%
南昌、南康、湖口、临川、丰城、彭泽、龙南	江西	9	11.1%
南平、沙县、侯官、晋江、长汀、上杭、莆田	福建	9	11.1%
宁远、琼山、文昌、定安、澄迈	海南	8	9.9%
江夏、武昌	湖北	3	3.7%
天台、景宁	浙江	2	2.5%
大口	河南	1	1.2%
云南	云南	1	1.2%
保昌	内蒙古	1	1.2%

　　在崖州历任教职人员中，我们可以看出，人口来源最多的籍贯地是广东和广西，约占教职总人数的60%。

　　（3）崖州守御所军官情况

　　根据万历《琼州府志》（1991：386）中崖州守御所的军官名册，列出下表：

表 5-9　明代崖州守御所军官籍贯今所在地对照表

官职	姓名	世袭家族成员	籍贯	籍贯地今行政归属
正千户	胡敏	胡能、胡征、胡世勋、胡世杰、胡肇纪、胡橶、胡恩耀	定远	安徽
	陈政	陈瑛、陈朝辅、陈朝弼、陈笙、陈荫文、陈毕、陈廷策	全椒	安徽
	李典	无袭	未载	
	许龙	无袭	未载	
	朱旺	无袭	未载	
	周崇礼	无袭	湖广	湖南、湖北

（续表）

副千户	洪亮	洪毅、洪瑜、洪爵、洪源、洪策、洪晓、洪鉴	贵池	安徽
	于宪文	于继、于宪功	溧阳	江苏
	史直	史显、史恭、史泰、史昭、史廷芳、史廷奎	徐州	江苏
	陈禔	陈万钟、陈韬	华容	湖南（一说湖北）
	王鋈	王烜、王耀、王焕、王凤鸣、王鹤鸣	黄岩	浙江
百户	刘通	刘俊、刘玠、刘继文、刘谟、刘朝璋、刘邦桓	太原支城	山西
	曾贵	曾昱、曾浩、曾琼、曾玺、曾衡、曾国忠、曾重	新城	江苏
	刘忠	刘嵩、刘焕、刘汉臣、刘远	高邮	江苏
	王川儿	无袭 王成、王安、王铉、王教、王起	未载	
	张荣	无袭 张俊、张福、张鹗、张鹏	丹徒	江苏
	陈保儿	无袭 陈□、陈能、陈翰、陈杲	黄冈	湖北
	何真	无袭 何青、何章、何通、何渊	蒲□	
镇抚	孟贤	孟善、孟璋、孟崇、孟岩、孟鸾、孟宗孔、孟倬、孟延庆	河间	河北
	胡文	胡奎璧、胡海、胡高、胡□、胡伟、胡守忠、胡梦麟	凤阳	安徽

从上表可知，明代崖州守御所在册军官共有20人（不计世袭家族成员），除了存疑、未载的，有明确籍贯地的15人统计如下：

表5-10　明代崖州守御所军官籍贯地统计表

籍贯地 军官人数　　比例	南直隶 皖苏		南直隶周边 鲁浙		北方地区 京冀豫晋等		中部地区 湘鄂川		南方地区 赣闽粤桂等
15	9	60%	1	6 %	2	13%	3	20%	0

从军官籍贯可以推知士兵、家属的籍贯比例，所以，明代崖城守御所约3500人的军卫群体中，约60%来自南直隶（大南京），这个特殊群体内

的通用语应该是明代的南京官话。

5.3.3　崖城军话源自明代南京官话

中国移民史、人口史、历史地图等资料显示，历代进入海南岛的外地移民数量很少，明代之前主要是避乱家族，被放谪官员、贤士或部分客家人；直到明代，才有了海南军卫驻守以及崖州御守所驻军的明确记载。因此，可以得出明确结论：崖城军话始于明代，是设置于明代洪武十七年（1384）的崖州守御所（千户所）约 3500 军人及家属内部使用的通用语。

明代崖州行政官员、教职人员的籍贯来源与崖州守御所军人籍贯来源有很大差别：崖州行政官员、教职人员绝大部分（平均 54%）来自福建、广东、广西（参见表 5-7，表 5-8），而崖州守御所的军籍人员及家属却没有来自广东、广西、福建的，他们绝大部分（60%）来自南直隶（参见表 5-9，表 5-10）。由此可以肯定，崖州守御所内的通用语是明代的南京官话，即崖城军话的源头是明代南京官话。

在崖城调查军话时，我们能明显感受到军话发音合作者对自己母语的优越感，这会令人自然想到当初崖州守御所的军人及家属对自己光荣身份是怎样的高度认同与维护，这种荣誉感突出表现于他们始终坚守母语的语言态度，才使得不到一万人所讲的崖城军话在闽、粤方言的包围之中，经过 600 多年至今仍基本保持明代南京官话的特点。

第四节　崖城军话的纵横比较

前节论述了崖城军话的源头是明代南京官话，至今仍保持其基本特点。不过，崖城军话毕竟使用于远离南京的天涯海角，处于周边闽、粤方言及黎语包围的特殊环境之中，又经过 600 多年漫长岁月的磨砺，崖城军话与源语言之间发生了哪些变化，也是非常值得探究的。

5.4.1　崖城军话与《西儒耳目资》音系比较

在第一章已论述《西儒耳目资》（金尼阁 1626）音系可以代表明代南京官话音系，既然崖城军话的源头是明代南京官话，那么，其语音系统与

《西儒耳目资》音系（拟音依据曾晓渝1991，1992，2004）进行纵向比较，可以观察到崖城军话600多年来的语音变化情况。

5.4.1.1　声调系统比较

崖城军话与《西儒耳目资》的声调系统对比如下，表中《西儒耳目资》调值据作者构拟（曾晓渝1989，1992）。

表 5-11　崖城军话与《西儒耳目资》声调系统对比表

中古调类		例　字	《西儒耳目资》	崖城军话
平	清	巴沙书	阴平 33	阴平 33
	次浊	麻离罗	阳平 21	阳平 32
	全浊	茶奇皮		
上	清	把底起	上声 42	上声 21
	次浊	马里米		
	全浊	惰祸坐		
去	清	霸替破	去声 35	去声 55
	次浊	骂利那		
	全浊	大地树		
入	清	八法哭	入声 34	入声 324
	次浊	纳木落		
	全浊	达舌服		

上表说明：《西儒耳目资》的同音字表将全浊上声字归在上声，但有上面标有半圈符号，金尼阁在《西儒耳目资》（中）（1957［1626］：4）有专门说明："或问：'间有半圈在几字上何？'盖因多字之音，古今不同。假如'似'字，古音为上，今读为去。音韵之书从古，愚亦不敢从今，故表以半圈指之，然此类多在上声。"所以，《西儒耳目资》音系实际上是"浊上归去"，表中声调按实际读音归类。

从上表看，崖城军话的声调系统与《西儒耳目资》是很接近的，这说明崖城军话基本上保持着明代南京官话的声调格局。

5.4.1.2　声母系统比较

崖城军话与《西儒耳目资》声母系统对比如下，表中《西儒耳目资》声母系统据作者拟音（曾晓渝1989，2004）。

表 5-12　崖城军话与《西儒耳目资》声母系统对比表

中古《广韵》声母	《西儒耳目资》声母		崖城军话声母	备　注
帮、並（仄）	p 百	[p]	p	
滂、並（平）	'p 魄	[pʰ]	pʰ	
明	m 麦	[m]	m	
微	v 物	[v]	v	
非、敷、奉	f 弗	[f]		
影、喻、疑		∅		合口呼
端、定（仄）	t 德	[t]	t	
端、定（平）	't 忒	[tʰ]	tʰ	
泥	n 搦	[n]	n	
来	l 勒	[l]	l	
精、从（仄）	ç 则	[ts]	ts（洪）、tɕ（细）	崖城军话精知庄章四组声母全部合并，再按韵母的洪细分为 ts、tsʰ、s 与 tɕ、tɕʰ、ɕ 两组
知、庄、章、澄（仄）、崇（仄）、船（仄）	ch 者	[tʂ]		
清、从（平）	'ç 测	[tsʰ]	tsʰ（洪）、tɕʰ（细）	
彻、昌、初、澄（平）、船（平）、崇（平）	'ch 撦	[tʂʰ]		
心、邪	s 色	[s]	s（洪）、ɕ（细）	
生、书、禅、部分船母	x 石	[ʂ]		
见、群（仄）	k 格	[k]	k	
溪、群（平）	'k 克	[kʰ]	kʰ	见组细音未腭化
晓、匣	h 黑	[x]	x/h	
影、疑（部分）	g 额	[ŋ]	ŋ、∅	崖城军话读 ŋ- 的主要是古开口一、二等字
影、喻、疑（部分）		∅	z、j	崖城军话齐齿呼韵读 j- 声母，其余读 z- 声母
日	j 日	[ʐ]		
日（支脂之开口）			∅	例字"儿而耳二"

上表显示，崖城军话与《西儒耳目资》声母系统的主要差别是：

（1）古精、知、庄、章四组声母《西儒耳目资》平翘分明，崖城军话则合并为平舌音 Ts- 组，而且细音腭化为舌面音 Tɕ- 组；

（2）古日母字《西儒耳目资》为卷舌擦音 ʐ- 声母，崖城军话则齐齿呼为 j- 声母，开、合口韵为平舌擦音 z- 声母。

这种差异是崖城军话源语言自身的自然音变呢，还是受周边闽粤方言的影响所致？我们将在后文与现代江淮官话进行比较分析之中寻找答案。

5.4.1.3　韵母系统比较

崖城军话与《西儒耳目资》韵母系统对比如下，表中《西儒耳目资》韵母系统据作者拟音（曾晓渝 1989，2004）。

表 5-13　崖城军话与《西儒耳目资》韵母系统对比表

中古《广韵》韵目	《西儒耳目资》韵母		崖城军话韵母	备　　注
歌麻/合曷盍月乏	（1）a	[a]	a	入声属咸、山摄一、三等
皆佳咍夬泰/ 陌麦德职	（6）ai	[ai]	ai	入声属曾摄一等、梗摄二等，及曾摄职韵三等庄组字
	（30）iai	[iai]		
	（2）e 甚	[ɛ]		
微脂支灰泰废/ 德	（23）ui	[ui]	ɐi	入声属曾摄一等
	（39）oei	[uei]		
	（44）uei			
寒山	（9）an	[an]	an	
谈覃咸衔				
删元凡	（46）uan	[uan]	uan	军话只"还"字韵 uan
	（41）oan			
痕魂臻真谆殷文	（18）in	[in]	ɐn	
	（48）uen	[uən]		
	（42）oen			
	（27）un			
侵	（12）en	[ən]		
唐江阳	（8）am	[aŋ]	æn	
真殷	（18）in	[in]	ein	曾、梗摄三四等字如"冰兵名丁精青"等崖城军话读音归此韵，但知章组声母字除外
侵				
蒸庚耕清青	（17）im	[iŋ]		
真文	（37）iun	[iuən]		
仙元	（50）iuen	[iʉɐn]	un	仙元三等合口，崖城军话见精组字"宣圈劝"等读 in 韵（从母"全泉"例外读 [tsʰun]），零声母字"冤元远愿"等读 [zun]
先仙元	（34）ien	[iɛn]	in	
添盐严				

（续表）

登庚耕	（11）em	[ǝŋ]	ɐŋ	曾、梗摄一二等韵字，及梗摄三等知章组声母"程郑正成"等字
庚耕蒸清青				
支脂之	（3）i	[ʅ]	i	
支脂之齐祭/昔锡质迄职	（14）iê次	[i]		入声属梗摄三、四等
				入声属曾摄三等非庄组
	（2）ê次	[ʅ]		入声属臻摄三等
鱼虞	（16）iu	[iʉ]		
	（5）ụ中	[ʮ]		
魂文痕	（27）un	[uǝn]	un	
谆文				
删山	（48）uen			
仙先				
桓	（49）uon	[uɔn]		
麻	（2）e甚	[ɛ]	æ	军话例字"者车且扯"
豪肴宵萧	（7）ao	[au]	au	
侯尤幽	（10）eu	[ǝu]	ɐu	《西儒耳目资》"收首兽"eu、ieu两韵均收
	（33）ieu			
麻戈/薛屑叶业帖月	（14）ie甚	[iɛ]	ie	入声属咸、山摄三、四等；古山摄薛韵三等"说"字崖城军话音[ɕie³²⁴]
	（22）ue	[uo]		
	（35）iue	[iʉɛ]		
歌戈/曷合盍铎药觉	（4）o甚	[ɔ]	o/uo	入声属咸、宕、江摄
	（24）uo甚	[uɔ]		
鱼	（24）uó次	[uo]		
	（20）oe			
东冬钟登耕庚	（26）um	[uŋ]	oŋ	
	（36）ium	[iʉŋ]		
支脂之	（25）ul	[ɚ]	ɯ	例字"儿而耳二"
支脂之	（5）ú次	[ʅ]	ɿ	
麻/洽狎黠鎋	（13）ia	[ia]	ia	入声属咸、山摄二等
江阳	（29）eam	[iaŋ]	iaŋ	
	（32）iam			
肴宵萧	（28）eao	[iau]	iau	
	（31）iao			

（续表）

东钟庚	（36）ium	[iʉŋ]	ioŋ	
尤幽	（33）ieu	[uəi]	iu	
药觉	（15）io 甚	[iɔ]	io	入声属宕、江摄二、三等
	（15）iô 次	[io]		
鱼虞模 / 屋烛沃没物	（5）u 甚	[u]	u	入声属宕、臻摄一、三等
	（4）ô 次			
麻 / 末鎋	（19）oa	[ua]	ua	入声属山摄一、二等
	（21）ua			
皆	（38）oai	[uai]	uai	
	（43）uai			
灰泰齐支微	（23）ui	[uei]	ui	
	（39）oei			
唐阳江	（40）oam	[uaŋ]	uaŋ	
	（45）uam			

从上表看，崖城军话与《西儒耳目资》韵母系统总体是对应的，比较明显的差异是：

（1）古合口微脂支灰泰废韵字《西儒耳目资》韵 uei，崖城军话为开口的 ei。

（2）古合口仙元见精组字《西儒耳目资》为 iʉɛn，崖城军话读 in 韵，零声母字读 un 韵；遇合三等鱼虞韵《西儒耳目资》为 iʉ，崖城军话读 i 韵；这些合口三等韵在崖城军话中未演变成撮口呼。

（3）《西儒耳目资》前后鼻音 -n、-ŋ 分明，崖城军话则有混，如古宕江摄读 -æn，曾、梗三四等字读 -ein（梗摄三等知章组除外）。

（4）古日母支脂之开口三等"儿"韵《西儒耳目资》读卷舌元音 ɚ，崖城军话读非卷舌元音 ɯ。

为什么会形成这种差异？对此将与前面声母的差异问题一样，在下文与现代江淮官话进行比较分析之后求解。

5.4.2　崖城军话与江淮官话语音比较

由于崖城军话源于明代南京官话，而且与江淮官话的声调系统一致，因此，本节针对前面与《西儒耳目资》音系比较出的主要差异特点，与江淮官话进行比较。

5.4.2.1 精知庄章组声母读音比较

5.4.2.1.1 关于崖城军话塞擦音、擦音声母不同记录的说明

崖城军话中来自中古精、知、庄、章的声母今已合流，但是对于合流后塞擦音和擦音声母的描写，我们的调查描写与詹伯慧（1959）和丘学强（2005）不同，比较如下表：

表 5-14　崖城军话有关塞擦音、擦音的各家调查记录比较

	詹伯慧（1959）	丘学强（2005：58）	曾晓渝（2009）
ts	左资尖罪就庄状舟竹治韶		左资最装状周走竹招
tsʰ	搓仓妻曹齐叉巢丑抽茶		撮苍草叉次丑抽茶
s	锁小色梳施市蛇谢寺		所侧舒施事
z	牙热日椅义月院	牙热椅义	牙羊冤软让人肉药
tʃ		渣杂庄竹尖就	
tʃʰ		叉次曹抽	
ʃ		沙锁色施蛇小	
tɕ			尖酒就治
tɕʰ			妻齐七
ɕ			小蛇谢书西
j			热椅日月爷夜越叶

以上的差异可能反映了崖城军话内部的时空差异、发音人个体差异，也可能反映了对崖城军话音位系统处理的差异。在归纳音系时，我们考虑到 Ts- 组和 Tɕ- 组的韵母基本上是互补的，但是音色差别明显，如果合并为一组声母，困难是舌面元音 i 与舌尖元音 ɿ 的区别不便显现，而且处理为两组声母，还有利于观察一些声韵演变合并的复杂问题。

为了说明理由，列出下表。由于古日母字崖城军话分别读 z- 和 j- 两个声母，故表中列了通音 j- 声母。

表 5–15　崖城军话有关塞擦音、擦音的声韵配合例字表

	ts	tsʰ	s	z	tɕ	tɕʰ	ɕ	（j）
a	眨	叉差茶搽擦插	沙撒洒傻杀	牙哑鸭				
ai	斋在再	猜才裁柴菜蔡	腮筛赛晒	捱（捱夜）				
ɐi	嘴最醉贼摘窄	侧厕拆	岁塞涩虱					
an	簪毡钻斩站	蚕蝉产	三山衫散					
ɐn	针斟枕趁	沉陈晨衬趁	身深孙辰神肾					
ɐŋ	曾争睁蒸整正	称撑城乘程橙秤						
æn	脏张蟑掌长仗	苍藏长唱	伤丧尝尚上	羊阳养痒样让				
ein	晴精井净进静	亲寻	星心辛新申伸身信	鹰蝇阴晕人银云寅孕应认印				
in					尖煎砧剪贼箭溅	千钱前潜浅	仙先宣旋癣扇羡腺	
i	柱	池迟尺赤处	施舒屎世是婿视湿十石惜锡席熄实豉		芝鲫脊挤只趾止指治痣至侄集蛰疾直	蛆妻鼠娶齿齐徐脐翅漆七戚	书西媳时薯洗树细戌释息	衣鱼雨日
ʅ	资蜘子自字	祠紫刺次	师蛳狮丝私死事四士					
un	砖转赚	春穿传船喘串全泉	酸旬选顺蒜算	冤阎铅圆原软远砚怨愿				
aːu	招灶造赵照	抄钞搜草吵炒	烧扫嫂少	腰摇绕舀				
ɐu	周走咒凑	抽稠丑臭寿瘦	收手守首寿瘦	揉				

（续表）

ie					姐借蔗节 接折		泻射蛇写 谢说雪恤 舌	爷夜越热 月叶
æ		车						
ua	爪		耍刷					
o	左做坐凿 桌着昨作 龊	初锄错戳 撮	疏梳蔬蓑 所索	药狱				
oŋ	中钟种重 粽	冲春葱聪	松宋送	容熔泳用				
iaŋ					将酱	枪墙抢呛	相箱想象 像	
iau					椒蕉		消小笑晓 （晓又 x-）	
iu					酒就	秋	修羞绣袖	
io					嚼	鹊雀	削	
u	足竹烛	醋出	暑漱数竖 叔熟赎缩 塾	肉				
ui	锥追	吹槌捶	随垂谁水 睡	乳				
uaŋ	装状	窗床	桑霜双					

上表显示，精组细音已经发生腭化读作 Tɕ- 组声母（"星心辛新"因韵母为 -ein 声母为 s- 未腭化），古见组细音今崖城军话仍未腭化读 K- 组声母，所以崖城军话仍然尖团分明。

5.4.2.1.2　崖城军话与江淮官话比较

冯法强（2014：§3.5，§3.6）对江淮官话精、知、庄、章声母的读音类型做了详细分析，并对其近代演变进行了构拟，这里将论文中的主要观点引用归纳列表如下：

表 5-16　江淮官话精知庄章读音类型

		读音类型	备　注
精组	二分 Ts、Tɕ	Ts（洪）、Tɕ（细）	黄孝、扬淮、泰如、皖中片
	半分 Ts/Tɕ	南京全读 Ts；句容假咸山摄细音前读 Ts-；镇江只假摄细音前读 Ts-	苏南片
知庄章组	二分 Tʂ、Ts	知二庄组：Tʂ（低元音）、Ts（高元音） 知三章组：Tʂ	皖中、黄孝片（多）及南京市；知二庄组大致按内外转分平翘
	二分 Ts、Tɕ	Tɕ 类后起，是底层 Ts>Tɕ/__i- 的音变结果	扬淮、泰如片及黄孝片（少）
	一分 Ts	全读 Ts，是早期江淮地区方言底层遗留	多分布于扬淮片和泰如片
	一分 Tʂ	全读 Tʂ，此外精组洪音也读卷舌	连云港、灌云、灌南、响水

江淮官话知庄章读音类型分布图示如下：

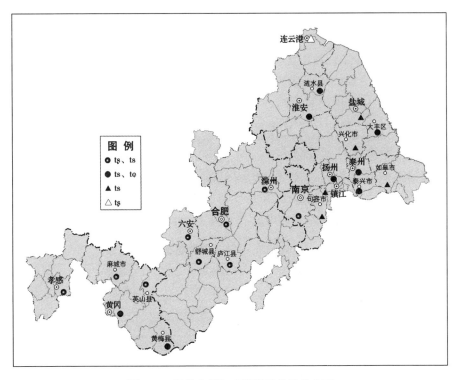

图 5-5　江淮官话知庄章读音类型分布图

对照以上冯法强（2014）分析研究的江淮官话方言古精、知、庄、章组的读音分类（表 5-16，图 5-5），崖城军话的读音类型（参见表 5-15）与分布于扬淮、泰如片及部分黄孝片的"二分 Ts、Tɕ"型很相似，因此，可以推测如今崖城军话精、知、庄、章组的读音类型源自江淮官话，或者与之同步自然音变。

此外，根据钱曾怡（2010：170—172）关于中原官话知、庄、章三组声母今读的分析，其读音分类比较丰富，其中包括江淮官话的各种读音类型，尤其分布于明代南直隶区域的安徽、江苏境内的中原官话精、知、庄、章组的读音分类，基本与江淮官话的交叉重合，所以，崖城军话精、知、庄、章组的读音类型也与中原官话很相似。

当然，崖城军话周边的闽、粤方言只有一组塞擦音，实际读音也因韵母洪细存在 Ts、Tɕ/ Tʃ 的变体形式，也不排除崖城军话受其影响的可能性。

5.4.2.2　非止摄开口日母声母读音比较

根据冯法强（2014：§3.7）对江淮官话日母字读音的分析研究，其中非止摄开口日母的读音特点是：第一，分为四种类型：① z/Ø、② z/Ø、③ l/Ø、④ Ø；第二，其中①②是主体，在皖中片一般是 z/Ø，在扬淮片多读 z/Ø；第三，读 Ø 声母的字数量大且成系统，像孝感、黄冈、英山、麻城的"如惹染入软热闰日"等字都读 Ø 母（最为彻底的是黄梅方言，日母全部读 Ø 声母）；第四，读 Ø 声母字大部分带 y/ʮ 介音，不仅分布于中古合口三等韵，中古开口三等韵也有。

崖城军话的读音类型 z/ Ø(j-) 与江淮官话的 z/Ø 型有类似之处，但具体字音又有较大差异，对此，有必要与江淮官话以及周边闽方言做如下比较（因着重比较声母读音，表中字音只注声母韵母）：

表 5-17　崖城军话 z- 声母例字与相关方言对比表

崖城军话（曾晓渝 2009）	海口话（陈鸿迈 1997）	南京话（刘丹青 1997）	泰兴话（顾黔 2001）	泰州话（冯法强 2014）
[ji] 如夷以鱼语雨	[zi] 如夷以鱼语雨	[zʮ] 如 [i] 夷以；[y] 鱼语雨	[zʮ] 如 [i] 夷以；[y] 鱼语雨	[zʮ] 如
[jie] 热爷野	[zua] 热；[ze] 爷野	[zəʔ] 热；[ie] 爷野	[iiʔ] 热；[ia] 爷野	[iiʔ] 热
[zau] 绕要；[zo] 药	[zio] 绕；[io] 药要	[zəo] 绕；[oəo] 要；[ioʔ] 药	[zo] 绕；[iaʔ] 药	[zo] 饶

（续表）

[zæn] 让壤阳扬养	[zaŋ] 让壤阳扬养	[zaŋ] 让壤； [iaŋ] 阳扬养	[zaŋ] 让壤； [iaŋ] 阳扬养	[zaŋ] 让
[za] 牙亚	[za] 牙；[a] 亚	[ia] 牙亚	[ia] 牙亚；[a] 牙哑	

上表显示，崖城军话非止摄日母字读音与江淮官话南京话、泰州话存在一定的类型对应，但就 z-、j- 声母字的具体读音而言，却与周边闽方言海南话明显相似，比如均无撮口呼，"牙"同音 [za]；不过，崖城军话细音读 j-、非细音读 z- 声母的规律性强，海口话则不然。此外，中原官话（钱曾怡 2010：174）日母字非止摄三等开口的今读类型中无细音读 j- 的现象。

由此推测，崖城军话非止摄开口日母字的底层读音与江淮官话有关，但几百年来受到周边闽方言的影响，其日母字 z-、j- 的读音扩散到了部分古影、喻、疑声母字，与海南话相似，但这只是表层现象。

5.4.2.3　开、合口及撮口呼的比较

将一些合口呼读作开口呼、没有撮口呼，是崖城军话韵母系统的一个显著特点，而无撮口呼在闽、粤方言较普遍存在，崖城军话是否受其影响呢？下面做代表字音的具体比较（表中《西儒耳目资》拟音据曾晓渝 2004，南京话据刘丹青 1997，合肥话据李金陵 1997，阳江话据北京大学中文系《汉语方音字汇》第二版重排本 2013 年版，海口话据陈鸿迈 1997）：

表 5-18　开、合口及撮口呼韵母崖城军话与相关方言代表字对比表

例字	中古韵摄	《西儒耳目资》	崖城军话	江淮官话		粤方言	闽方言
				南京话	合肥话	阳江话	海口话
对	蟹灰合一	uei	ɐi	uəi	e	ui	ui
最	止支合三	uei	ɐi	uəi	e	ui	ui
鱼	遇鱼合三	iʉ	i	y	ɥ	i	i文，u白
雨	遇虞合三	iʉ	i	y	ɥ	i	i文，ɔu白
园	山元合三	iʉɛn	un	yen	yĩ	in	uaŋ文，ui白
圆	山仙合三	iʉɛn	un	yen	yĩ	in	uaŋ文，i白

若仅以"鱼雨"字读音的表面现象看，崖城军话与闽、粤方言韵母相同，音节读音相似，但是，就整体对应关系来看，崖城军话的开合口读音

与明代的《西儒耳目资》和现代江淮官话的读音类别和音值整齐对应近似；此外，中原官话（钱曾怡 2010：177）蟹止两摄的非唇音声母字读音类型全都是合口呼，如"嘴 [-uei]"。因此，表 5-18 的对应现象很可能是崖城军话与江淮官话渊源关系的体现，而无摄口呼有可能受到周边闽粤方言的一定影响，不过，也很有可能当初崖城守御所的军人及家属们带来的南京官话本身就无摄口呼。

5.4.2.4 前后鼻音韵尾的比较

崖城军话里古宕江摄字部分读 -æn，梗摄三四等字读 -ein（知章组除外），而这些字音在《西儒耳目资》里全都是后鼻音 -ŋ 尾，那么，现代相关方言的对应情况怎样呢？比较如下表（表中材料来源同表 5-18）：

表 5-19　前后鼻音韵尾崖城军话与相关方言代表字对比表

中古韵摄	例　字	《西儒耳目资》	崖城军话	江淮官话		粤方言	闽方言
				南京话	合肥话	阳江话	海口话
宕开一唐韵	帮当郎仓冈	aŋ	æn	aŋ（＝班）	ã	ɔŋ	aŋ
宕开三阳韵（知系）	张长章上壤	aŋ	æn	aŋ（＝占）	ã	ɔŋ	iaŋ
宕合三阳韵（唇影喻）	方房亡王	aŋ	æn	aŋ（＝翻）	ã	ɔŋ	aŋ
江开二江韵（唇音）	邦庞棒	aŋ	æn	aŋ（＝盘）	ã	ɔŋ	aŋ
宕开三阳韵（影喻）	央阳杨羊	iaŋ	æn	iaŋ	iã	iɛŋ	aŋ 阳 iaŋ 羊
宕合三阳韵	良将枪疆香	iaŋ	iaŋ	iaŋ	iã	iɛŋ	iaŋ
江开二江韵（见系）	江	iaŋ	iaŋ	iaŋ	iã	iɛŋ	iaŋ
宕合一唐韵（见系）	光广荒黄	uaŋ	uaŋ	uaŋ（＝关）	uã	ɔŋ	uaŋ
宕开三阳韵（庄组）	庄床霜	uaŋ	uaŋ	uaŋ（＝专）	uã	ɔŋ	uaŋ
宕合三阳韵（见系）	筐狂	uaŋ	uaŋ	uaŋ（＝宽）	uã	ɔŋ	uaŋ
江开二江韵（庄组）	窗双	uaŋ	uaŋ	uaŋ（＝穿）	uã	ɔŋ	iaŋ
曾开一登韵	崩登能曾	əŋ	ŋa	ən（＝奔）	ən（崩 ŋe）	ŋa	əŋ
梗开二庚耕	冷生撑更争亨	əŋ	ŋa	ən（＝根）	ən（＝根）	ŋa 生争 aŋ	eŋ 生更亨 əŋ
梗开三清韵（知章）	呈正成整	iŋ	ŋa	ən（＝真）	ən（＝真）	ŋa	eŋ
梗开三庚韵	兵平京英	iŋ	ein	in（＝宾）	in（＝宾）	ŋa	eŋ
梗开三清韵	名精轻婴	iŋ	ein	in（＝民）	in（＝民）	ŋa	eŋ
梗开四青韵	瓶丁宁星经形	iŋ	ein	in（＝贫）	in（＝贫）	ŋa	eŋ

根据上表，并参考表 5-12、表 5-13，做如下分析：

（1）崖城军话里宕江摄字读作前鼻音 -n 尾的，主要是开口洪音（包含源自中古三等的轻唇 V-、知系 Ts-、影喻 z- 声母字）的变化：aŋ → æn/C__。

（2）崖城军话里梗摄字读作前鼻音 -n 尾的，主要是开口三、四等非知章声母字发生变化：iŋ → ein/[C，非知章]__；由于崖城军话的精知庄章组的洪音都合并为 Ts- 组，可见此项演变是在知照与精组合并之前发生的，也就是说，本来崖城军话知照与精组有别，在周边闽、粤方言影响下，知庄章与精组洪音声母合并为 Ts-。

（3）崖城军话里部分宕江摄、梗摄字音读前鼻音 -n 尾的现象，与周边的闽、粤方言的读音类型明显不同，也与西南官话川黔鄂主流宕江摄读为后鼻音 -ŋ 尾不同，而与江淮官话有一定对应关系，可是也有不同，例如：崖城军话"方 [væn33] ≠ 翻 [van33]""光 [kuaŋ33] ≠ 关 [kun33]"；南京话"方 [faŋ31]= 翻 [faŋ31]""光 [kuaŋ31]= 关 [kuaŋ31]"。可见，崖城军话在海南岛特殊环境中有其自身的创新演变，但仍然有其源头语言的类型特点。

5.4.2.5 "儿"系字读音比较

崖城军话里"儿"系字（止摄开口三等日母字）"儿而耳尔二"读零声母 [ɯ/ʔɯ]，不读卷舌元音 [ɚ]，这一特点也有必要做对比分析（下表材料来源同表 5-18，另昆明话、腾冲话、贵州屯堡话为曾晓渝调查）。

表 5-20 崖城军话里"儿"系字崖城军话里"儿"系字

例字	中古音	《西儒耳目资》	崖城军话	江淮官话		粤方言	闽方言	云南	贵州
				南京话	合肥话	阳江话	海口话	昆明、腾冲	屯堡话
儿	止开三日	zɚ	ɯ	ɚ	a	ji	zi	ə	ɚ
耳	止开三日	zɚ	ɯ	ɚ	a	ji	hi	ə	ɚ
二	止开三日	zɚ	ɯ	ɚ	a	ji	zi	ə	ɚ

上表显示，崖城军话"儿"系字与周边闽粤方言有很大差异，近似江淮官话，很可能是其源语言痕迹的体现。

5.4.3　崖城军话词汇语法特点比较

5.4.3.1　词汇特点的比较

刘春陶（2011：§4.2）依据曹志耘主编的《汉语方言地图集》（词汇卷）（2008）中所列的203项词例，逐一进行了崖城军话的调查对比，下面引用其部分研究结果。

在203个词例项目中，崖城军话的说法与官话区普遍用法相同的词汇项目有77个，占全部调查词汇的38%，如"002月亮、004雷、005下雨、006虹……121看、199件"等，此类词占比例最大，由此体现了崖城军话的官话性质；崖城军话独有或与海南省内有相同近似用法的词有59个，占全部调查词汇项目的29%；与全国普遍用法相同的词汇项目有42个，占全部调查词汇的20%，如"017花生、081脱、190错"等；与南方非官话区（主要是广东、广西、福建）普遍用法相同的词汇项目有25个，占全部调查词汇的12%，如"015红薯、049丈夫、150欠"等，这类词汇由于地域相邻而趋近，属于地域性的特征。

下面列出崖城军话中较为特殊的词，表中编号依据《汉语方言地图集》（词汇卷）（曹志耘2008）：

表 5-21　崖城军话特殊词举例

	词　项	崖城军话	备　注
008	今天	ji^{31} kein^{33} 如今	
022	西红柿	zæn^{31} tiau^{55} tsʰai^{55} 洋吊菜	
040	小孩儿	va^{31} tsai^{21}/ʔa^{33} mi^{55} tsai^{21} 娃仔 / 阿咪仔	
052	儿子 (叙称)	va^{31} tsai^{21} 娃仔	
076	乳房 (女性的)	tɕi^{21}	黎语 [tse^{55}]
084	吃 (~饭)	kʰi^{324}/la^{55} 喫 / □	黎语 [la^{55}]
144	藏 (把钱~在枕头下)	ŋan^{33} 安	
154	知道 (我~这件事)	xiau^{21}/xiau^{21} tɐi^{324}/toŋ^{21} 晓 / 晓得 / 懂	
158	睡 (他已经~了)	pi^{55} jin^{21} 闭眼	海南儋州话同
188	漂亮 (她很~)	tsʅ^{55} tsʰɐŋ^{31} 自成	

（续表）

024	种猪 (配种用的公猪)	tɕi³³ koŋ³³/sɛn³³ tɕi³³ 猪公/生猪	主要与江淮官话相同相近
026	阉 (~公猪)	ɕin⁵⁵ 骟	
087	夹 (~菜)	kʰin³¹ 搛	
088	倒 (~酒)	tsɛn³³ 斟	
102	屋子 (一间~)	væn³¹ kin³³ 房间	
141	擦 (把手~干)	kʰai³³ 揩	
196	只 (一~狗)	tʰiau³¹/ko³² 条/个	
013	玉米 (指植物)	van³³ mi²¹ 番米	这些词项主要与广东、广西、福建用法相同或相近。另，崖城军话中称未下蛋的小母鸡称为"□（[sɛn³³]）鸡"，这可能来自闽北方言的读音，而与海南当地闽方言的说法不相同。闽方言中的"偆"，未下过蛋的小母鸡说"鸡偆"。《广韵》："偆，鸡未成也，郎甸切。""偆"的音在闽北读 s 声母，永安读为 [sum⁵]，松溪读为 [suɛiŋ⁵]
021	茄子	tiau⁵⁵tsʰai⁵⁵ 吊菜	
027	宰 (~猪)	tʰæn³³ 劏	
036	鸟儿	tɕʰio³²⁴ tsɛi²¹/niau²¹ 雀仔/鸟	
041	客人	zein³¹ kʰɐi³²⁴ 人客	
042	爷爷 (呼称)	ʔa³³ koŋ³³ 阿公	
043	奶奶 (呼称)	ʔa³³ ma³³ 阿妈	
046	爸爸 (呼称)	ʔa³³ pa⁵⁵ 阿爸	
057	头 (人的)	tʰɐu³¹ kʰo³¹/tʰɐu³¹ 头壳/头	
080	系 (~鞋带)	pæn²¹ 绑	
094	猪舌头	tɕi³³ lɛ³³ 猪脷/猪舌	
108	水泥	xoŋ³¹ mau³¹ ni³¹ 红毛泥	
117	肥皂	van³³ kui²¹ kin²¹ 番鬼碱	
131	抓 (~小偷)	na³¹ 拿	
145	放 (把碗~在桌子上)	ŋan³³ 安	
151	给 (他~我一个苹果)	vɛn³³/kɐi³²⁴ 分/给	
155	怕 (你别~)	kein³³/pʰa⁵⁵ 惊/怕	
157	洗澡	ɕi²¹ sɛn³³ 洗身	
177	冷 (指天气)	liaŋ³¹ kʰuai⁵⁵ 凉快	
189	对 (账算~了)	tso³²⁴ 着	
203	毛 (一~钱)	xau³¹/mau³¹ 毫/毛	

在崖城军话较为特殊的用词中，来源于海南、广东、广西、福建的所占比例最大，可见闽、粤方言对于崖城军话词汇的影响。本章前面（表5-7，表5-8，§5.3.3）统计了明代洪武至万历年间在崖州的行政官员、教

职人员的籍贯地，其中绝大部分（平均 54%）来自福建、广东、广西，这些行政官员、教职人员的语言对海南汉语的影响很大，因而也会渗透进崖城军话之中。

此外，黎语"吃饭"的说法是"[la⁵⁵]（吃）[tʰa⁵⁵]（饭）"（张雷 2010），崖城军话借用了这个说法，并且动词 [la⁵⁵] 也可以搭配其他汉语词，如"[la⁵⁵] 包子（吃包子）""[la⁵⁵] 面（吃面）"等，这明显受到黎语影响，但这类词极个别。

5.4.3.2　语法特点的比较

刘春陶（2011：§4.2）依据《汉语方言地图集》（语法卷）（曹志耘 2008）中的 102 项语法特征例词例句对应调查了崖城军话，并与相关方言进行了对比，下面引用其语法特征对比表：

表 5-22　崖城军话语法特点比较表

编号	词　例	崖城军话	备　注
001	我 ~姓王	[ŋo²¹]（我）	
002	你 ~也姓王吗?	[ni²¹]（你）	
003	他 ~姓张	[xæ³³]（他）	接近安徽泾县吴方言
004	咱们 他们不去，~去吧	无对应代词	
005	人称代词复数表示法	[mɐn³¹]（们）	
006	俩 你们~	无合音形式	
007	我爸 ~今年八十岁	[ŋo²¹ pa⁵⁵]（我爸）	
008	自己	[tsɿ⁵⁵ ki²¹]（自己）	
009	大家	[liau²¹]（了）	崖城军话特有
010	这 ~个	[ko⁵⁵]（这）	
011	那 ~个	[na⁵⁵]（那）	
012	指示代词的分类	二分	
013	这是我的 指示代词做主语	无对应说法，用"这个""那个"	
014	只鸡死了〈方〉量词定指	无对应说法	
015	哪 ~个	[na²¹]（哪）	
016	谁 你找~?	[na²¹ ko³²⁴]（哪个）	

（续表）

017	什么 这个是~字?	[mi⁵⁵ ni⁵⁵]	与粤方言近似
018	多少 这个村儿有~人?	[ki²¹ to³³]（几多）	闽、粤、赣方言集中分布
019	怎么 这个字~写?	[mo³³ tsʅ²¹]（么子）	近似湖北、湖南"什么"
020	很 今天~热	无对应副词	
021	热很 〈方〉形 + 程度副词	无对应结构	
022	热得很 形 + 得 + 程度副词	无对应结构	
023	最 弟兄三个中他~高	[tsɐi⁵⁵]（最）	
024	就 我吃了饭~去	无对应结构	
025	又 他~来了	无对应结构	
026	也 我~去	无对应结构	
027	反正 不用急,~还来得及	[van²¹ tsɐŋ⁵⁵]（反正）	
028	不 明天我~去	[miu⁵⁵]（谬）	崖城军话特有
029	没有 昨天我~去	[miu⁵⁵]（谬）	崖城军话特有
030	没有 他~孩子	[miu⁵⁵jəu²¹]（谬有）	崖城军话特有
031	别 你~去	[poŋ²⁴]（甭）	散见于中原、冀鲁官话
032	否定词的分类	二分,"不 = 未 ≠ 无"	
033	否定语素的分类	一分	
034	从 ~今天起	[pa²¹]（把）	湘南、桂北等零星分布
035	在 他~家	[tsai⁵⁵]（在）	
036	在 他~城里工作	[tsai⁵⁵]（在）	
037	在 他坐~椅子上	[tsai⁵⁵]（在）	
038	是 他~老师	[si⁵⁵]（是）	
039	"是"表"在"的用法	无对应用法	
040	和 我~他都姓王	不用"和",用 [kən³³]（跟）	
041	的 我~东西	[ni³³]（的）	
042	上 桌子~	上	
043	阿 〈方〉名词前缀, 用于名字前	[ʔa³]（阿）	
044	阿 〈方〉名词前缀, 用于亲属称谓前	[ʔa³]（阿）	
045	老 〈方〉名词前缀, 用于亲属称谓前	无此前缀	

046	圪 〈方〉前缀	无此前缀	
047	"洋"类词头	用"洋""番""红毛""番鬼"	
048	头 〈方〉名词后缀	[tʰɐu³¹]（头）	
049	头 〈方〉名词后缀，于数量后表钱币	无对应后缀	
050	崽、仔 〈方〉名词后缀	[tsɐi²¹]（仔）	与闽、粤方言同
051	囝 〈方〉名词后缀	无此后缀	
052	儿 名词后缀和儿化	无后缀或儿化	
053	小称形式	无小称形式	
054	"叫花子"的后缀	"叫花"/"叫花子"都可	
055	"桌子"的后缀	"桌子""桌仔"都可	
056	"鸟儿"的后缀	无后缀，称"鸟"或者"雀仔"	
057	源自亲属称谓的后缀	无此后缀	
058	亲属称谓重叠式	无重叠式	
059	单音节名词重叠	无重叠式	
060	问问 〈方〉单音节动词重叠：你去~	[vɐn⁵⁵ vɐn⁵⁵]（问问）	
061	你看看清楚 〈方〉单音节动词重叠加补语	无重叠，说"你看清楚"	
062	今天很很热 〈方〉单音节程度副词重叠	无对应结构	
063	我吃了一碗饭 完成体	我吃了（liau²¹）一碗饭	
064	他来了三天了 了₁和了₂	他已经来了三天了	
065	了 他来~	他来了 lo³³	
066	他吃着饭呢 进行体	无对应结构，说"他如今（在）吃饭"	
067	你坐着 持续体：~！别站起来	你坐着，甭站！	
068	着 路上停~一辆车	路上停着一架车	
069	将然体和已然体助词的异同	将然体用"阿"，已然体无助词，如"天亮了"	崖城军话特有
070	吃得 可能补语"得"	吃得	
071	吃不得 可能补语"不得"	谬吃得	

（续表）

072	吃得饱 可能补语肯定式	无对应结构，说"可以饱"	
073	吃不饱 可能补语否定式	吃谬饱	
074	起来 你站~	[kʰi²¹ lɐi³¹]（起来）	
075	"鸡死掉了"的"掉"〈方〉"掉"是补语	无对应补语	
076	动物性别表示法	动物名称＋性别，只有"公鸡""母鸡"相反	崖城军话特殊
077	不知道 语序	说"谬晓得"	
078	我买菜去"去"的位置	我 [kɯ⁵⁵]（去）买菜	
079	我有去〈方〉"有"用于动词前	无对应结构	
080	打得过他 宾语和可能补语肯定式的顺序	打得过他	
081	打不过他 宾语和可能补语否定式的顺序	打谬过他	
082	下开雨了 宾语和趋向补语的顺序	无对应结构，只能说"下雨了"	
083	叫他一声 宾语和数量补语的顺序	叫他一声	
084	你先去 语序	你去过先	同闽、粤方言
085	"你去先"〈方〉"先"是后置成分，表示领先	先：你去过先	同闽、粤方言
086	"歇一会儿着再说"的"着"〈方〉"着"是后置成分，表示等做完某事（再进行下文的动作）	无对应成分，军话可以说"歇一下子另另做"	
087	再吃一碗 语序	另另吃一碗凑	崖城军话特殊
088	"吃一碗添"的"添"〈方〉"添"是后置成分，表示追加	凑：另另吃一碗凑	崖城军话特殊
089	"还有十里路添"的"添"〈方〉"添"是后置成分，表示剩余	凑：还有十里路凑	崖城军话特殊
090	"换一件过"的"过"〈方〉"过"是后置成分，表示重复	无对应成分	
091	"问问看"的"看"〈方〉"看"是后置成分，表示尝试	无对应成分	
092	他把碗打破了 处置句	属于"他打破了碗了"小类	

（续表）

093	把 ~衣服收回来	无对应介词	
094	碗被他打破了 被动句	碗被他打破了	
095	被 衣服~贼偷走了	给	
096	给我一支笔 祈使双宾句	给我一支笔	
097	"给一把一被"说法的异同	给＝被≠把	
098	我比他大 比较句	我打过他	
099	比 我~他大	无对应介词	
100	我没有他大 比较句否定式	无对应结构	
101	去不去? 反复问句：明天你~	阿去 / 去谬去	江淮官话、中原官话
102	去没去? 反复问句：昨天你~	去谬去	集中于江淮官话

根据上表，将崖城军话的语法项做如下分类统计：

第一类，其他地区普遍使用的。其中又分：

（1）官话区及全国通用的（如001、002项），共有33项，约占32%；

（2）在官话区使用（如004、005项），共有21项，约占21%；

（3）在非官话区（闽、粤、赣、吴、湘、客家）使用（如013、022项），共有12项，约占12%。

第二类，比较特殊的用法。其中又分：

（1）崖城军话所特有（如003、009项），共有13项，占13%；

（2）崖城军话和江淮、中原官话相同的用法，与其他官话不同（如101、102项），共有2项，约占2%；

（3）崖城军话与主要与闽、粤方言相同相近的用法（如017、018、084项），共有17项，占17%；

（4）崖城军话与江淮官话和闽、粤方言相同的用法，只有066一项，约占1%；

（5）崖城军话与零星方言点相同的用法，有034、095、097三项，约占3%。

从上述统计看，102 项语法项中，崖城军话用法与官话使用基本一致的共有 56 项，占总数的 55%，超过半数以上，证明了其官话性质，尤其是第 101、102 项，显示出崖城军话与江淮官话的渊源关系。

另外，值得注意的是，有 17% 的语法项崖城军话主要与周边的闽、粤方言用法相同相近，主要是一些语言要素，如词头"洋""阿"以及询问数量多少的疑问代词"几多"等从闽、粤方言直接借入；还有，一些显性表层的语序如"你去过先"也受闽、粤方言影响发生了改变。但是，基本语法结构崖城军话始终保持着官话用法。

第五节　本章结语

本章围绕"作为海南官话方言岛的崖城军话究竟始于何时、源自何方？""崖城军话与明代南京官话是否有直接关系？""崖城军话与江淮官话、中原官话的异同？"这几个关键问题，展开了各节内容的讨论研究，这里将主要结论归纳如下：

（1）直到明代，才有海南军卫驻守以及崖州御守所驻军的历史文献明确记载；海南的"军语""军话"最早出现于明清时期的《琼州府志》《崖州志》（参见 §5.1.2，§5.3.1）。因此，崖城军话始于明代，是设置于明代洪武十七年的崖州守御所（千户所）约 3500 军人及家属内部使用的通用语。

（2）明代崖州守御所的军籍人员及家属 60% 来自南直隶（参见 §5.3.2，表 5-9，表 5-10），由此可以肯定，崖州守御所内的通用语是明代南直隶官话，即崖城军话的源头是明代南京官话（包括江淮官话、中原官话，以及二者融合体）；通过语言特点的纵横比较，崖城军话的源头倾向于明代南直隶区域内的江淮官话。

（3）崖城军话与明代官话代表音系《西儒耳目资》音系比较，声调格局系统对应一致，声母、韵母系统整体对应，主要差异如下表（参见 §5.4.1，表 5-12，表 5-13）：

表 5-23　崖城军话与《西儒耳目资》声母差异表

中古音韵	《西儒耳目资》声母	崖城军话声母	备　注
精、从（仄）	ç 则	[ts]	崖城军话精知庄章四组声母全部合并，再按韵母的洪细分为 ts、tsʰ、s 与 tɕ、tɕʰ、ɕ 两组
知、庄、章、澄（仄）、崇（仄）、船（仄）	ch 者	[tʂ]	ts（洪）、tɕ（细）
清、从（平）	'ç 测	[tsʰ]	tsʰ（洪）、tɕʰ（细）
彻、昌、初、澄（平）、船（平）、崇（平）	'ch 撦	[tʂʰ]	
影、喻、疑（部分）		∅	崖城军话齐齿呼韵读 j- 声母，其余读 z- 声母
日	j 日	[z]	z、j
日（支脂之开口）		∅	例字"儿而耳二"

表 5-24　崖城军话与《西儒耳目资》韵母差异表

中古《广韵》韵目	《西儒耳目资》韵母	崖城军话韵母	备　注
蟹止摄一三等合口	（23）ui（39）oei（44）uei	[uei]	ɐi	例字"对最"
山摄三等合口	（50）iuen	[iʉɛn]	un	例字"园圆"
遇摄三等合口	（16）iu	[iʉ]	i	例字"鱼雨"
宕江摄一二三等开口	（8）am	[aŋ]	æn	三等唇音、知系、影喻
梗摄三四等开口	（17）im	[iŋ]	ein	梗摄三等知章组除外
止摄三等开口日母	（25）ul	[ɚ]	ɯ	例字"儿而耳二"

（4）针对崖城军话与《西儒耳目资》音系的差异部分，以及崖城军话里比较突出的语言特点，与现代相关方言如江淮官话、中原官话、周边闽粤方言进行语音、词汇、语法比较，从中分析出了崖城军话 600 多年来，一直坚守着哪些源语言特点，又发生了哪些变化（参见 §5.2.1，§5.2.2，§5.4.2 节），这里归纳如下表。

下表说明：

①"＋"表有，但并不是"只有"，"－"表无；

②江淮官话主要参照冯法强（2014），中原官话主要参照钱曾怡（2010），着重对比属明代南直隶所辖的安徽、江苏以及靠近的河南区域；

③闽、粤方言限于海南岛和靠近海南岛区域的方言点，主要依据海口

话（陈鸿迈 1997），阳江话（王福堂 2003），还参照了曹志耘《汉语方言地图集》（2008）。

表 5-25　崖城军话语言特点与现代相关方言主要异同对比分析

	崖城军话特点	崖城军话	江淮官话	中原官话	闽粤方言	分析说明
A	①阴、阳、上、去、入 5 调类	+	+	−	−	崖城军话与《西儒耳目资》同
	②精知庄章二分 Ts、Tɕ 型	+	+	+	−	江淮、中原官话还有分平翘等类型
	③日母今读 z(洪)、ø(j)(细)	+	+	−	−/+	非止开口三等
	④"对最"读开口	+	+	−	−	蟹止摄一三等合口非唇音字
	⑤"鱼雨园圆"非撮口呼	+	+	−	+	遇山摄合口三等非卷舌声母字
	⑥"帮邦章方"非 -ŋ 尾	+	−/+	−	+	宕江摄开口字
	⑦"兵平名瓶丁"读 -n 尾	+	+	−	−	梗摄开口三四等字
	⑧"儿耳二"读非卷舌元音	+	−/+	−/+	+	闽粤方言以 [i] 韵为主
	⑨有舌尖元音 [ɿ]	+	+	+	−	
	⑩"K+VP"问句型	+	+	+	+	"去不去？"：可去/格去/阿去？
B	①"牙"音 [za]	+	−	−	+	闽方言海口话"牙"音 [za]
	②亲属称谓"阿"词头	+	−/+	−	+	
	③"你过去先"（你先去）	+	−	−	+	
	④"吃一碗凑"（再吃一碗）	+	−	−	−/+	海南屯昌话有此说法
	⑤"吃"有 [la⁵⁵] 的说法	+	−	−	−	海南志强黎语"吃" [la⁵⁵]
	⑥韵腹 [a] 有长短之分	+	−	−	+	

上表中的 A 类显示，崖城军话的语言特点主要与江淮官话一致，体现了其源语言的底层特点；B 类则不同于江淮、中原官话，与周边的闽、粤方言一致，其中第⑤项甚至与黎语一致，表现出语言接触引起崖城军话的变化。

特别需要说明的是，崖城军话韵腹 a 分长短元音（我们处理为长元音 [aː] 标为 [a]，短元音 [a] 标为 [ɐ]）（§5.2.1.2，§5.2.1.4），不过，这种长短差异实际上整齐对应的是中古不同韵类来源，例如 [ai] 对应蟹摄开口一、二等字；[ɐi] 对应蟹摄合口一、三等字及部分止摄三等字。中古不同来源的字音演变成长短元音的对立，这在官话方言里是非常特殊的。

　　总体而言，600 多年来崖城军话始终坚守了源头语言的基本结构系统特点，音系格局、核心词汇、语法结构变化不大；语言接触引发的变化是零星的、限于表层显性的一些要素成分。这样的结果，一方面决定于崖城军话母语者的语言态度；另一方面，也可能受制于语言接触演变的一些隐性规则，对此将在下一章进行探讨。

第 六 章

津、滇、黔、琼四地
军屯移民语言历史流变比较

本章关键问题思考：

◎ 同样源自明代南京官话的军屯移民语言在南北不同环境下 600 多年来的演变有何异同？

◎ 如何解释津、滇、黔、琼四地军屯移民后裔语言的共性与个性特点？

◎ 能否从这四种个案语言的比较研究中发现官话内部语言接触演变的一些规律？

第一节 研究的基础与思路方法

6.1.1 研究基础

6.1.1.1 四地作为明代南京官话军屯移民后裔语言的考证

明代初期，为了巩固政权、加强国家的武装力量，朱元璋创设了卫所制度，卫所遍布全国各地（大抵 5600 军士为一卫，1120 军士为一千户所）。卫所制度规定：军士皆别立户籍，军户世袭；军户由国家分给土地，令其屯田自给；卫所军人的家属必须随军。明代前期，本籍军户一般不在本地卫所从军，北方卫所的军人来自南方，南方卫所的军人来自北方，这样，明代的卫所军户制就造成空前规模的超长距离军屯移民，构成明代移民历史的独特篇章（参见曹树基 1997：7—8）。

在前面第二、三、四、五章里，分别详细论述了天津话、云南官话、贵州安顺屯堡话、海南崖城军话的历史来源。基于移民史、人口史、地方志及相关历史文献的考察，天津城由明初天津卫军人始建，云南官话因明初数十万军屯移民入滇而形成，贵州安顺屯堡人的祖先很大可能是明初入黔的平坝卫军人及家属，海南崖城军话母语者的祖先是明初崖州守御所的军人及家属；再根据所能查阅到的明朝卫所军官籍贯档案资料的统计分析，明代天津、贵州、云南、海南崖城卫所的军官籍贯平均约 45% 来自明代的南直隶（大南京，辖今安徽、江苏），其他地区籍贯的则分散在 10% 以下，由军官籍贯推知士兵、家属的籍贯，所以，推测这四地军屯移民的主体来自明代南直隶，他们内部的主流交际语是明代南直隶的官话方言，也就是说，天津话、云南官话、贵州安顺屯堡话、海南崖城军话源自明代南京官话。

6.1.1.2　对明代南直隶辖区的官话方言及明代南京官话性质的论证

前面第一章对明代南直隶辖区分布的官话方言、明代南京官话的性质进行了深入探讨。主要论据及观点是：

（1）通过明代官话方言韵书语音特点的考察，以及历史上安徽、江苏区域内北方官话持续不断地自北向南推进渗入的分析，明代南直隶辖区已经是江淮官话与中原官话并行共存；

（2）《西儒耳目资》（金尼阁 1626）代表明代南京官话的基本音系特点，其基础并非局限于属于江淮官话的南京方言，而是江淮官话与中原官话的融合体；

（3）针对目前学界关于明代南京官话基础方言的争论，通过七种对音材料音系特点的考察比较，论证了明代南京官话具有权威通用性，而明代"南京官话"之名并非仅有"南京方言"之实；在传统"正音"观念下，明代南京官话的基础音系具有江淮官话、中原官话方言的综合性质，实际上是个动态弹性系统。

6.1.1.3　明代南京官话音系综合性的根源

之所以明代南京官话音系融合了江淮官话、中原官话，具有动态弹性，其根源还在于中国传统"正音"的口语音并无明确标准，只是倾向于某文化政治中心的方音。对此，在第一章第四节里做了讨论。自古以来，中国传统"正音"观念根深蒂固，但汉语史上"正音"标准却始终模糊不清，历代文人对"正音"有着各自不同的标准和见解。我们认为，由于古代读书音与口语音有明显差异而又双重并行，人们既崇尚读书音，又离不开随时代变化的口语音，所以论及何为"正音"时往往读书音、口语音二者所指不明、纠结含混；元明时期，即使在官场、书院等正式场合大家所操的"中原雅音"，实际上也因人而异，或多或少带有个人方音色彩（如同"地方普通话"）。古代口语"正音"没有明确刚性的标准，明代中原官话、江淮官话本来差别不大，相互交际基本无碍，因此，当时人们将南直隶辖区的中原官话、江淮官话统而称之为南京官话，是很自然的。

6.1.2　研究思路方法

源自明代南京官话的天津话如今归属冀鲁官话，云南官话、贵州屯堡话归属西南官话，海南三亚崖城军话在迈话（粤方言）、海南话（闽方言）的包围中为一个独立的官话方言岛。这四地方言与周边方言相比均有不少"另类"特点。

本章将以这四地方言为对象，选取若干代表性语言特点进行纵横对比，着重观察分析 600 多年来明代南京官话在津、滇、黔、琼不同语言接触环境下，分别发生了哪些变化，南北方是否有共性或个性的演变规律，并力求予以理论解释。

下文中天津话、云南官话、贵州屯堡话、海南崖城军话四地比较的语料以及《西儒耳目资》拟音、江淮官话、中原官话的出处均与第二、三、四、五章的一致，不再重复一一注出，必要时则予以注明。

第二节　四地语音特点比较

6.2.1　古知庄章组声母读音类型的比较

明代《西儒耳目资》（金尼阁 1626）里中古知庄章声母的读音类型倾向于江淮方言（孙宜志 2010），这体现了当时南京官话知庄章组声母读音的基本类型。知庄章组声母的读音类型是汉语方言各个层次区、片、点区别划分的一个重要参项，也是考察方言来源时不可忽视的语音特点。

现代官话方言的声母系统对应于中古知庄章组声母的读音，熊正辉（1990）归纳为三种类型：（1）济南型，全读卷舌声母；（2）昌徐型，大多读平舌声母，知（三）章（三）部分卷舌；（3）南京型，庄（三）读平舌（止摄合口和宕摄除外），知章庄（二）读卷舌（梗摄二等除外）。基于这种分类，我们根据对天津话、云南官话、贵州屯堡话、海南崖城军话的实地调查，以及查阅相关方言资料，绘制其分布地图如下①：

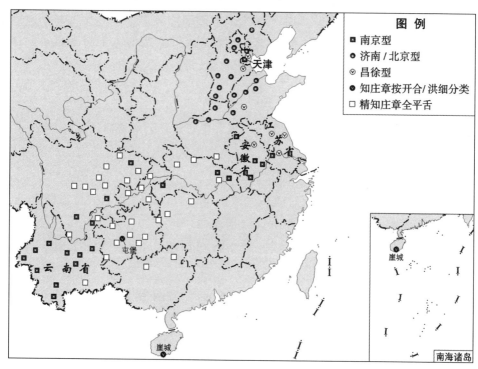

图 6-1　四地及相关官话方言知庄章读音类型比较

① 图中的云南官话、贵州屯堡话、海南崖城军话、安徽官话、江苏官话、天津话等若干方言点我们进行过实地田野调查，同时，参考引用的方言语料主要有：杨时逢《云南方言调查报告》（台北"中研院"历史语言研究所，1969），杨时逢《四川方言调查报告》（台北"中研院"历史语言研究所，1984），赵元任等《湖北方言调查报告》（台北"中研院"历史语言研究所印行，1991），《四川方言音系》（《四川大学学报》专号，1960年第3期），陈章太、李行健《普通话基础方言基本词汇集》（语文出版社，1996），吴积才《云南省志·汉语方言志》（云南人民出版社，1989），涂光禄《贵州省志·汉语方言志》（方志出版社，1998），《广西通志·汉语方言志》（广西人民出版社，1998），《安徽省志·方言志》（方志出版社，1997），鲍明炜《江苏省志·方言志》（南京大学出版社，1998），钱曾怡《山东方言研究》（齐鲁书社，2001），刘淑学《中古入声字在河北方言中的读音研究》（河北大学出版社，2000），曹志耘主编《汉语方言地图集》（商务印书馆，2008），以及崔荣昌《成都话音档》、毛玉玲《昆明话音档》、李金陵《合肥话音档》、李蓝《贵阳话音档》、刘丹青《南京话音档》、刘兴策《武汉话音档》、林焘《北京话音档》、杨自翔等《天津话音档》（上海教育出版社，1997—1999）。

图 6-1 说明如下：

（1）天津话、云南官话的知庄章声母读音存在"南京型"特点。

（2）贵州平坝屯堡话区分平翘舌声母，这与周边西南官话迥异，例如：事 [ʂʅ]（庄三崇母）≠ 是（章三禅母）[ʂʅ]，这种平翘舌的差异显示了"南京型"的痕迹。不过，除了舌尖元音韵母音节，屯堡话知庄章读音类型已发生了特殊变异，按开合口分类，演变规则为：

a. 平舌 [ts-、tsʰ-、s-] → 卷舌 [tʂ-、tʂʰ-、ʂ-] / ＿V（合口）

b. 卷舌 [tʂ-、tʂʰ-、ʂ-] → 平舌 [ts-、tsʰ-、s-] / ＿V（开口）

（3）海南三亚崖城军话是官话方言岛。现在崖城军话中虽然已经没有平翘舌声母的区分，但是依稀能辨析出"南京型"的痕迹，如：

事 [sʅ]（庄三崇母）≠ 是 [si]（章三禅母）

士 [sʅ]（庄三崇母）≠ 示 [si]（章三船母）

师 [sʅ]（庄三生母）≠ 施 [si]（章三书母）

梳 [so]（庄组，遇合三平鱼生）≠ 书 [ɕi]（章组，遇合三平鱼书）

助 [tsu]（庄组，遇合三去御崇）≠ 注 [tɕi]（章组，遇合三去遇章）

助 [tsu]（庄组，遇合三去御崇）≠ 柱 [tsi]（知组，遇合三上麌澄）

不过，崖城军话的知庄章读音类型也已发生了特殊变异，来源中古知庄章的字一般分为两套塞擦音声母 [ts] [tsʰ] [s] 和 [tɕ] [tɕʰ] [ɕ]，在开口呼与合口呼韵母前读音为 [ts] [tsʰ] [s]，在齐齿呼韵母前读音为 [tɕ] [tɕʰ] [ɕ]。两组塞擦音、擦音声母在分布上基本是互补的，但是音色差别很明显，这是军话区别于周边粤方言迈话、闽方言海南话的一个明显差异。

6.2.2　古入声调的读音类型对比

古入声调在如今天津话、云南官话、贵州屯堡话、海南崖城军话里的存在与否以及归派情况各异，如下图所示：

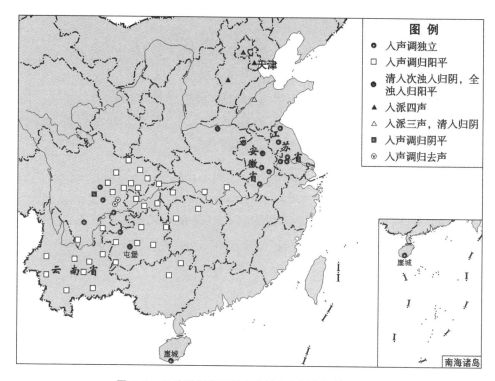

图 6-2　四地及相关官话方言的入声调归派情况比较

图 6-2 说明如下：

（1）海南崖城军话入声调独立（有阴、阳、上、去、入五调），与苏皖的江淮官话相对应，设想这样的声调格局是明代南京官话的遗存。

（2）贵州屯堡话清入次浊入归阴平，全浊入归阳平，这在整个西南官话里是没有的，极为特殊，却与皖北中原官话遥相对应，屯堡话直接传承保留了明代南直隶区域的中原官话特征。

（3）云南官话入声归阳平，与西南官话一致。在西南官话的强势影响下，源头语言南京官话入声调的特点在云南官话里已完全消变了。

（4）天津话入派四声，表面上看与北京话基本一致，这显然是受北京话强势影响所致。但是，如果再深入分析，从核心词清入声归派特点看，则发现天津话倾向于中原官话（参见 §2.5.2.2）：斯瓦迪士前 100 核心词中共有 15 个清入声字，排除"吃、黑、发_{发财}、擦、吸"5 个声调一致的，有 10 个在北京、冀鲁、胶辽、中原官话中声调不一致；以中原官话读音为标准，与之归调一致的字数从高到低排列：天津 9 个（其中 8 个表现于归阴平），唐山 7 个，保定 7 个，济南 4 个，沧州 3 个，北京 3 个。显然，天津话与中原官话清入声归调（主要是归阴平）高度重合，达到 90%，这种结果用语言底层相同来解释更具说服力。

6.2.3　有无撮口呼的比较

明代反映南京官话的《西儒耳目资》（金尼阁 1626）没有撮口呼，读音为 [iʉ]，明代反映云南官话的《韵略易通》（本悟 1586）也都没有撮口呼，读音为 [iu]（宁忌浮 2009：195）。今天津话有撮口呼，云南官话、贵州屯堡话、崖城军话均无撮口呼。

表 6-1　四地及相关方言撮口呼读音对比表

例字	中古韵摄	《西儒耳目资》	《韵略易通》	天津话	云南昆明等	贵州屯堡话	崖城军话	南京话	合肥话
鱼	遇鱼合三	iʉ	iu	y	i	i	i	y	ʮ
雨	遇虞合三	iʉ	iu	y	i	i	i	y	ʮ

上表反映的云南官话（§3.4.2.3）、屯堡话（§4.2.1.1）、崖城军话（§5.4.2.3）无撮口呼的现象也许有着内在底层的必然联系。设想：在明代南京官话军屯移民的口语里没有撮口呼 [y] 韵母，这种语音特征在偏远的云南、贵州、海南特殊环境中得以基本保留又有自身的规律变化（丢掉 -u-）。也就是说，云南官话、贵州屯堡话、崖城军话里无撮口呼很大可能是其共同源语言的痕迹遗留。

6.2.4　"儿"韵是否读卷舌元音的比较

表 6-2　四地及相关方言撮口呼读音对比表

例字	中古韵摄	《西儒耳目资》	天津话	云南昆明、腾冲	贵州屯堡话	崖城军话	江淮官话		中原官话
							南京	合肥	固镇
儿	止开三日	zⱼɚ	ɚ	ə	ɚ	ɯ	ɚ	a	ɚ
耳	止开三日	zⱼɚ	ɚ	ə	ɚ	ɯ	ɚ	a	ɚ
二	止开三日	zⱼɚ	ɚ	ə	ɚ	ɯ	ɚ	a	ɚ

"儿"韵在天津话、贵州安顺屯堡话里读卷舌元音 [ɚ]，可在崖城军话里却读非卷舌的 [ɯ]，而且，在云南官话（§3.4.2.5）里也普遍不读作卷舌元音，明显有别于周边川、黔、鄂三省的主流西南官话。同样都主要是源于明代南直

隶的军屯移民语言，为什么会有这样的差异呢？这里有必要做分析解释。

表 6-3　江淮官话、中原官话"儿"系字读音类型

江淮官话（冯法强 2014：§4.4.3.2）		中原官话（钱曾怡 2010：174）	
读音类型	方言点片	读音类型	方言点片
ɚ	南京、句容、泰兴、如皋、大丰、泰州、兴化、孝感、麻城、英山、淮安、涟水	ɚ	信蚌片、蔡鲁片、关中片、汾河片、南疆片；秦陇片宝鸡、洛徐片徐州
ə	黄梅、黄冈	ɯ	洛阳
a	合肥、镇江、扬州、六安、舒城	ʅ	郑州
e/ɛ	滁州、连云港	ɛ	西宁
ɔ	盐城、庐江	ʐʅ /ɚ	天水

相比之下，中原官话"儿"系字读卷舌元音的更加普遍，而且属于明代南直隶区域的基本读卷舌元音 [ɚ]；江淮官话读卷舌元音 [ɚ] 的区域相对小些，而将近一半区域读零声母非卷舌声母。

在第一章里已经论述了明代南直隶辖区存在江淮官话和中原官话，明代南京官话军屯移民所操的南京官话实际上因其家乡的不同各有江淮官话或中原官话的倾向；再根据前面第二章、第三章、第四章、第五章的研究，由此做出解释：天津话的源头可能是中原官话和江淮官话的融合体，而云南官话、崖城军话的源头语言则可能以明代南直隶区域的江淮官话为主，贵州安顺屯堡话的源头语言可能以明代南直隶区域的中原官话为主。

6.2.5　中古宕江梗摄鼻音韵尾是否读前鼻音尾的比较

表 6-4　四地及相关方言宕江梗摄鼻音韵尾是否读前鼻音尾的比较

例字	中古韵摄	《西儒耳目资》	天津话	云南昆明、腾冲	贵州屯堡话	崖城军话	江淮官话		中原官话固镇
							南京	合肥	
帮	宕开一唐	aŋ	aŋ	ã、aŋ	aŋ	æn	aŋ（＝班）	ã	aŋ
张	宕开三阳	aŋ	aŋ	ã、aŋ	aŋ	æn	aŋ（＝占）	ã	aŋ
方	宕合三阳	aŋ	aŋ	ã、aŋ	aŋ	æn	aŋ（＝翻）	ã	aŋ
庞	江开二江	aŋ	aŋ	ã、aŋ	aŋ	æn	aŋ（＝盘）	ã	aŋ
兵	梗开三庚	iŋ	iŋ	ĩ、in	in	ein	in（＝宾）	in	iŋ
名	梗开三清	iŋ	iŋ	ĩ、in	in	ein	in（＝民）	in	iŋ
瓶	梗开四青	iŋ	iŋ	ĩ、in	in	ein	in（＝贫）	in	iŋ

上表显示，纵向历时比较，《西儒耳目资》与中原官话一致，表现出其鼻音尾读音系统基本依据明代的中原官话以及北京官话；横向共时比较，天津话与中原官话完全一致；屯堡话宕江摄与中原官话一致，梗摄则与江淮官话一致；云南官话、崖城军话的读音类型总体与江淮官话对应。

中古咸山宕江曾梗各摄的鼻音韵尾在江淮官话里读音情况比较复杂。冯法强（2014：§4.7.1，§4.8.3，§4.9.3）通过对江淮官话各片点深、臻、曾、梗、宕、江摄中阳声韵读音的细致比较分析总结指出：（1）深臻曾梗里阳声韵以读前鼻音韵尾的最多，也有一些全读后鼻音韵尾，还有一些是前鼻音尾加鼻化或者后鼻音尾加鼻化，但是无论哪种形式，都表明深臻曾梗四摄倾向合并；（2）宕江摄里阳声韵以读后鼻音的为多，同时相当部分鼻音尾弱化变成鼻化音，甚至有的点鼻化音也趋于消失。这里根据冯法强归纳的各种读音类型列表如下：

表 6-5　江淮官话深、臻、曾、梗、宕、江摄鼻音尾读音类型

摄	鼻音韵母读音类型		江淮官话方言点	备　注
深臻曾梗	前鼻音韵尾（ən、in）		合肥、庐江、扬州、涟水、淮安、盐城、南京、句容、镇江、孝感、黄冈、麻城、黄梅、英山、舒城	（1）一、二等韵腹元音以 ə 为主，三、四等韵腹元音以 i 为主；（2）曾梗摄字少数点帮组读 oŋ/oŋ，是唇音后的变异
	后鼻音韵尾（əŋ、iŋ）		连云港、大丰、泰州、泰兴、如皋	
	前鼻音韵尾＋鼻化元音（ən+ĩ）		六安、兴化	
	后鼻音韵尾＋鼻化元音（əŋ+ĩ）		滁州	
宕江一、二开	鼻尾型	aŋ 类	黄冈、孝感、黄梅、麻城、英山、扬州	（1）阳声韵的读音类型反应了鼻化的次序：鼻尾→鼻尾＋鼻化→全鼻化→鼻化＋脱落；（2）无论是否鼻化，大部分与咸山摄读音合流
		ɑŋ 类	南京、涟水、连云港、镇江、大丰、兴化、泰兴、泰州	
	鼻化兼鼻尾型	ɑŋ、ã 类	淮安、句容	
	鼻化型	ã 类	六安、滁州、舒城、庐江、盐城	
		ã 类	如皋	
	鼻化兼脱落型	ã、ɑ 类	合肥	

（续表）

		on（合）、an（开）	安庆	刘祥柏（引自钱曾怡主编《汉语官话方言研究》2010：298—299）
咸山一、二等	鼻尾型	an类	红安、英山	
		aŋ类	南京	
	鼻化型	õ（合）、ã（开）	芜湖	
		ŭ（合）、æ̃（开）	合肥	

再回过头来着眼于四地方言的纵横比较情况，就宕江梗摄鼻音韵尾的读音看，天津话、贵州屯堡话倾向于源自明代南直隶的中原官话，云南官话、崖城军话倾向于源自明代南直隶的江淮官话。

前面其他语音特征的比较结果，以及四地语音特征与江淮官话、中原官话的对应倾向性，启发我们有了越来越清晰的想法：明代南京官话的语音系统有书面语与口语的雅俗之别，书面语音系以融合中原官话、江淮官话音的《西儒耳目资》音系为代表，在庄重典雅的正式场合使用时尽可能地与之一致；口语音系统则比较松散，因个人、群体的乡音不同而存在江淮官话、中原官话语音的内部差异。如果没有书面语与口语的雅俗差异，就不会呈现出同样源自明代南京官话的南北不同地方的军屯移民后裔语言的两种明显的倾向性现象，即：北边的天津话、西南山区里的贵州屯堡话的底层痕迹对应于中原官话，西南边陲的云南官话、最南端海南崖城军话的底层痕迹对应于江淮官话。

6.2.6　中古宕江曾梗摄入声韵归向差异的比较

中古宕江曾梗摄的入声韵消失后，在官话方言中存在归向方面的差异。那么，在天津话、贵州屯堡话、云南官话、海南崖城军话中是否存在类似差异，是否会分别呈现出倾向于中原官话或江淮官话的差异呢？

现代中原官话宕江摄入声韵的总体归向特点是与果摄韵母合流，曾梗摄入声韵的总体归向特点是与蟹止两摄阴声韵发生合并（钱曾怡2010：178—179）；江淮官话大多保留入声韵，不过主要元音还是发生了合流，中古宕江摄多读为 ɔʔ、ɔi、ɔu 韵或 ɑʔ、ɑi、ɑu 韵，统称为 ɔʔ 韵类；中古曾梗摄一、二等入声字多读为 ɛʔ、iɛ、uɛʔ 韵或 əʔ、iəʔ、uəʔ 韵，统

称为 ε ʔ 韵类，三、四等入声字读高元音，统称为 i ʔ 韵类（钱曾怡 2010：300—301）。

这里，将四地与相关方言宕、江、曾、梗摄入声韵的归向比较如下：

表 6-6　四地与相关方言宕、江、曾、梗摄入声韵的归向比较

例字	中古韵摄	《西儒耳目资》	天津话	云南昆明、腾冲	贵州屯堡话	崖城军话	江淮官话 南京	江淮官话 合肥	中原官话 固镇
落	宕开一铎	ɔ	ɣ白，uo文 au ～座儿	o	o	o	oʔ	au ʔ	uo
桌	江开二觉	ɔ	uo	o	o	o	oʔ	au ʔ	uo
北	曾开一德	ε	ei	ə、e	ei	iɐ	əʔ	ɐʔ	ei
百	梗开二陌	ε	ai	ə、e	ei	iɐ	əʔ	ɐʔ	ei
力	曾开一职	i	i	i	i	i	iʔ	iɐʔ	i
历	梗开四锡	i	i	i	i	i	iʔ	iɐʔ	i

观察上表，先看共时横向比较，如果就是否有入声韵尾 -ʔ 而言，四地的读音与现代中原官话的阴声韵一致对应；但是，如果忽略不除阻的 -ʔ，仔细分析主要元音的对应关系（尤其"北百"），则仍然能体现出些微倾向性，即天津话（文读）、屯堡话更接近中原官话，云南官话、崖城军话则更接近江淮官话（设想当初的 -ʔ 在卫所军人群体里很容易磨损消失）。再看纵向比较，明代《西儒耳目资》显然基于中原官话，没有入声韵，元音类别也对应一致。

6.2.7　中古见开二字音洪细差异的比较

王洪君在《"梗"字的读音》（2016）一文中建议将 1985 年《普通话异读词审音表》里异读词"梗"（～米、～稻）的字音 jīng 修订为 gēng[①]，并详细阐释了这一修订的审音理据。在审定"梗"字读音的过程中，王洪君为弄清北京话梗开二字的变化趋向，查阅文献扩展到《中原音韵》，再扩展到《洪武正韵》，发现北京话见开二的读音受到了《洪武正韵》系方言的明显影响，由此开展了进一步研究（王洪君 2017）：首先，抓住《中原》《洪武》归向有一细一洪分歧的梗开二见，观察分析今官话方言的大类；其

---

① 王洪君教授担任全国普通话审音委员会主任，主持"审音原则的制定和《普通话异读词审音表》的修订"国家科研项目。

次，抓住《中原》《洪武》均归细音的江开二，重点观察今官话方言中是否存在与《中原》《洪武》均不相同的类型，也即是否有江开二归洪音的官话方言及其具体的分布区域；再次，考察《中原》《洪武》中见开二独立的假蟹效咸山五摄在各官话方言中的反映，进一步确定各方言有哪几种不同于《中原》《洪武》见开二归向的类型。

王洪君的上述研究对我们有很大启发。按目前学界公认的方言区划（钱曾怡 2010：9—16），如今天津话归属冀鲁官话，云南官话归属西南官话，而贵州屯堡话和海南官话方言岛崖城军话的归属存疑。那么，将四地见系开口二等典型代表字的读音异同进行比较，会有怎样的结果呢？如果四地这类字音的官话类型有较大差异，如何解释其有共同的来源呢？基于这样的思考，下面依据王洪君（2017）的研究结论，比较四地的读音情况。

表 6-7　官话方言开二见系韵母归派比较表（王洪君 2017）

官话方言 见开二字音	东北部官话 北京 哈尔滨 沈阳 济南		中部官话 洛阳 开封 郑州 杭州 南京 合肥		西北部官话 太原 西安 兰州 西宁		南部官话 扬州 武汉 成都
梗开二见："更打更耕白"归细	+	+	—	—	+	—	—
梗开二见："硬"归细	+	+	—	—	+	+	—
江开二见："江虹"归细	+	±[1]	+	±[2]	+	±[3]	±[4]
江开二见："项"归细	+	+	+	+	—[5]	—	—
蟹开二见塞："街芥"归细	+	±[6]	+	+	+	—[7]	—
其他开二见："家觉睡觉间"归细	+	+	+	+	+	+	—
其他开二见："下鞋"归细	+	+	+	+	+	+	—
类型说明	《中原》为底 《洪武》叠上		《洪武》型		擦洪塞细型[8]		南方型

注：

[1] 哈尔滨、沈阳的"江"为细音，"虹"为洪音（当地写作"杠"）。

[2] 杭州南京没有江开二来源的"虹"，合肥"虹"有洪细两读。

[3] 兰州、西宁的"江"为细音，"虹"为洪音。

[4] 南部各点的"江"为细音，"虹"为洪音。

[5] 太原"项"为细音。

[6] 哈尔滨、沈阳蟹开二见系塞音为洪音的至少有"街稭"两字。

[7] 兰州、西宁的蟹开二见系塞音城内老人用洪音的较多，比如兰州有"街皆阶解界戒介芥"。

[8] 太原最接近东北部，西安其次，兰州西宁在东北部和南部中间。

表 6-8　四地开二见系韵母洪细官话类型比较表

例字	中古韵摄	《西儒耳目资》	天津话	云南（昆明、腾冲）	贵州屯堡话	崖城军话
更_{打更}	梗开二耕	əŋ 洪	细	洪	洪	洪
硬	梗开二庚	əŋ 洪 / iŋ 细	细	洪	洪	洪
江	江开二江	iɑŋ 细	细	细（豇，洪）	细	细
项	江开二江	iɑŋ 细	细	洪	细	细
街	蟹开二佳	iɑi 细	洪（白）/ 细（文）	洪	洪	细
鞋	蟹开二佳	iɑi 细	细	洪	洪	细
家	假开二麻	iɑ 细	细	细	细	细
下	假开二麻	iɑ 细	细	细～楼 / 洪一～	细 ～楼 / 洪 一～	细
间	山开二山	iɛn 细	细	细	洪一～ / 细中～	细
官话类型比较		中部官话	东北部官话	中 / 南部官话混	中 / 南部官话混	中 / 南部官话混

结合以上表 6-7、表 6-8 的情况，比较结果是：就见系开口二等字音特点而言，《西儒耳目资》与《洪武正韵》一致，今中部官话方言与之对应；天津话属东北部官话方言类型；云南官话、贵州屯堡话、海南崖城军话则是中部官话与南部官话的混合型。

对以上比较结果，我们的思考解释有三点：首先，明代《洪武正韵》《西儒耳目资》见系开口二等字音一致，反映了明代南京官话的一个读音特点，即以中部官话方言（综合中原官话、江淮官话）为基础；其次，虽然四地不同于明代南京官话《西儒耳目资》的读音类型，但又都与之相关，即：天津话对应的东北部官话方言是"《中原》为底、《洪武》叠上"，云南官话、贵州屯堡话、海南崖城军话三地的"更_{打更}硬"读音与中部官话一致；再次，四地与《西儒耳目资》及中部官话方言（包含中原官话、江淮官话）存在差异，表明见系开口二等字的部分读音会因南北不同的语言接触环境发生变化。

第三节 四地词汇语法特点比较

6.3.1 核心词的比较

前面第三章、第四章做过云南官话、贵州屯堡话的类似比较，这里依据大型工具书《普通话基础方言基本词汇集》（陈章太、李行健 1996），将天津话、云南官话、贵州屯堡话、海南崖城军话四地的核心词一并与相关方言点（主要分布于西南官话、中原官话、江淮官话）的材料进行比较，需要说明的是，由于在《普通话基础方言基本词汇集》只找到斯瓦迪士 100 核心词中的 62 词项[①]，所以下面限于这 62 词项的比较。下表中贵州屯堡话、崖城军话为我们实地调查材料，其余均源自《普通话基础方言基本词汇集》。

表 6-9　四地与相关方言核心词比较

词目	天津	云南昆明	贵州屯堡话	崖城军话	重庆	江淮官话		中原官话	
						合肥	南京	信阳	郑州
你	你	你	你	你	你	你	你	你	你
这	这	这	这	□ [ko⁵⁵]	这	这	这	这	这
一	一	一	一	一	一	一	一	一	一
大	大	大	大	大	大	大	大	大	大
长	长	长	长	长	长	长	长	长	长
肉	肉	肉	肉	肉	肉	肉	肉	肉	肉
尾巴	尾巴	尾巴	尾巴	尾巴	尾巴	尾巴	尾巴	尾巴	尾巴
毛	毛	毛	毛	毛	毛	毛	毛	毛	毛
咬	咬	咬	咬、嚼	咬、嚼	咬	咬	咬	咬	咬
耳朵	耳朵	耳朵	耳朵	耳朵	耳朵	耳朵	耳朵	耳朵	耳朵
水	水	水	水	水	水	水	水	水	水
雨	雨	雨	雨	雨	雨	雨	雨	雨	雨
火	火	火	火	火	火	火	火	火	火
灰	灰	灰	灰	灰	灰	灰	灰	灰	灰
路	路	路	路	路	路	路	路	路	路

① 在《普通话基础方言基本词汇集》里，第 100 核心词中有 38 个未找到，这些词项是：不、全部、二、人、鱼、种子、叶子、手、根儿、皮肤、血、脂肪、角儿、心、肝、喝、吃、看见、听、睡、死、杀、飞、走、来、躺、坐、说、地、云、烟、燃、热、冷、满、新、圆、干（枯）。

（续表）

山	山	山	山	山	山	山	山	山	山
红	红	红	红	红	红	红	红	红	红
绿	绿	绿	绿	绿	绿	绿	绿	绿	绿
黄	黄	黄	黄	黄	黄	黄	黄	黄	黄
那	那	那	那	那	那	那	那	那	那
白	白	白	白	白	白	白	白	白	白
黑	黑	黑	黑	黑	黑	黑	黑	黑	黑
虱子	虱子	虱子	虱子	虱子	虱子	虱子	虱子	虱子	虱子
名字	名字	名字	名字	名字	名字	名字	名字	名字	名儿
石头	石头	石头	石头	石头	石头	石头	石头	石头	石头
眼睛	眼	眼睛	眼睛	眼睛	眼睛	眼（睛）	眼睛	眼睛	眼
小	小	小	小	小	小	小	小	小	小
狗	狗	狗	狗	狗	狗	狗	狗	狗	狗
树皮	树皮	树皮	树皮	树皮	树皮	树皮	树皮	树皮	树皮
骨头	骨头	骨头	骨头	骨头	骨头	骨头	骨头	骨头	骨头
鼻子	鼻子	鼻子	鼻子	鼻子	鼻子	鼻子	鼻子	鼻子	鼻子
头发	头发	头发	头发	头发	头发	头发	头发	头发	头发
舌头	舌头	舌头	舌头	舌头	舌头	舌头	舌头	舌头	舌头
牙	牙	牙（齿）	牙齿	牙齿	牙齿	牙齿	牙（齿）	牙	牙
乳房	个个	乳房、奶	咪咪	咪咪	咪咪	奶	奶儿	奶头	妈
男人	男的、爷们儿	男人（家）、男的、男子汉	男的	汉人子、男人	男人	男的、男人	男人家、男的	男的	爷们儿
膝盖	波力盖儿	磕膝头、波罗盖	克膝头	波罗盖	磕膝头儿	膝盖、磕老求	磕膝头儿	腿包子	波老盖儿
沙子	沙子	沙	沙子	沙子	沙	沙	沙	沙（子儿）	沙
脚	脚丫儿、脚（丫子）	脚板儿	脚	脚	脚板儿	脚	脚底巴	脚	脚
给	给、替	给、替、跟、为	无	给	帮、跟、为	给、为	给、替、跟、为	给、替、为	给、替、跟、为
游泳	游泳、洑水	游泳	洗澡	泅水	游泳	游泳	游泳	游泳	游泳

（续表）

月亮	月亮	月亮、太阴	月亮	月亮	月亮、月亮婆婆	月亮	月亮、月亮公公	月亮	月亮、月奶奶
夜里	黑下	晚上、夜首	夜晚	夜里	晚上、夜晚	夜里面	夜里、夜头	夜里	夜里
爪子	爪子	爪子	无	爪子	脚爪儿	爪子	爪子	爪子	爪子
肚子	肚子	肚子、肚皮儿	无	肚	肚皮	肚子	肚子、肚皮	肚子	肚皮
树	树	树	树	树	树子	树	树	树	树
嘴	嘴	嘴（巴）	嘴巴	嘴	嘴巴	嘴	嘴巴	嘴	嘴
头	头、脑袋、脑（袋）瓜儿	脑袋、脑壳	脑壳	头壳	脑壳、沙罐儿	头	头儿	头	头、脑袋
星星	星星	星（宿）	星星、星宿	星星	星星儿、星宿儿	星（星）	星	星星	星（星）
鸡蛋	鸡蛋、鸡子儿	鸡蛋	鸡蛋	鸡蛋	（鸡）蛋	鸡蛋	鸡蛋	鸡蛋	鸡蛋
谁	谁	哪个、谁	哪个	哪个	哪个	哪个	哪个	谁	谁
我	我	我	我	我	我	我	我	我	我、俺
我们	我们	我们	我们	我们	我们	我们	我们	我们	我们、俺
知道	知道	晓得、知道	晓得	晓、晓得	晓得	晓得、知道	晓得	知道	知道、晓得
鸟	鸟儿	鸟、小雀	鸟	雀	鸟雀儿	鸟雀子	雀儿	鸟儿	虫蚁儿
什么	什么	哪样、什么	哪样	乜的[mi⁵⁵ni⁵⁵]	啥子	什么	什么	啥	啥
女人	女的、娘们儿	女人、女的、妇女、妇道人家	女的	婆娘人、女人	女人、堂客、女的、婆娘	女人、女的	女的、妇道人家	女的	娘儿们
太阳	太阳、日头、太爷	热头、太阳	太阳	日头	太阳	太阳、热头	太阳	太阳	太阳、日头

（续表）

脖子	脖子	脖子	脖颈	颈	颈子、颈项	老颈子	颈子	脖子	脖子
好	好、强	好	好	好	好	好	好	好	好、强
站着	站着	站着	站着	站着	站倒、站起	站着	站着	站着	站着

上表中绝大部分核心词各官话方言都完全或基本一致。不过，值得注意的是其中四地有差异的"膝盖、知道、鸟、什么、太阳、脖子"这几个词，根据上表，这里将这几个词与江淮官话、中原官话的相似度简示如下表。

下表说明：（1）表中"+"表相同或近似；（2）空格表示不同；（3）根据实地调查，昆明话口语中"哪样""热头""晓得"常用，"什么""太阳""知道"不常用，表中取常用的标注；（4）中原官话"脖子"，江淮官话"颈子"，屯堡话"脖颈"，融合两种官话，又与两种官话不同，此以"±"表示。

表6-10　四地有差异核心词与中原官话、江淮官话比较

	江淮官话（南京、合肥）						中原官话（信阳、郑州）					
	膝盖	知道	鸟	什么	太阳	脖子	膝盖	知道	鸟	什么	太阳	脖子
天津				+			+	+	+		+	+
昆明	+	+	+		+		+					+
屯堡	+	+				±			+		+	±
军话		+		+								

上表中符号"+"数量的多少对应相似度的高低，结果与江淮官话相似度从高到低的是：崖城军话、昆明话4 > 屯堡话2.5 > 天津话1；与中原官话相似度从高到低的是：天津话5 > 屯堡话2.5 > 昆明话2 > 崖城军话1。

由于词汇是开放性系统，同一方言里可能同一词项会各种形式并存，而不同时期、不同人调查的同一方言点的材料也会有差异，这里依据大型工具书《普通话基础方言基本词汇集》（陈章太、李行健1996）的语料，标准和时期相对统一，虽然用以比较的核心词项仅6条，但四地与中原官话、江淮官话异同的相似度排序与前面语音比较的结果基本吻合，因此具有可信度。

6.3.2 事物疑问代词"什么"的比较

事物疑问代词"什么"在四地特色鲜明，天津话为"嘛 [ma⁵³]"，云南官话、贵州屯堡话为"哪样"，崖城军话为"乜的 [mi⁵⁵ni⁵⁵]"，与普通话差距很大，而其他相关官话方言点的事物疑问代词使用情况也各异，比较如下图：

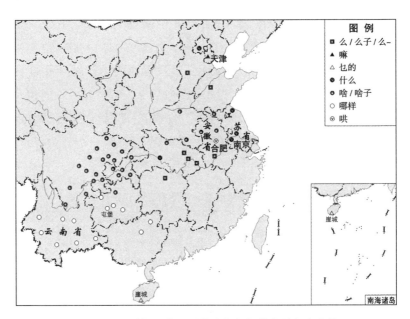

图 6-3　四地疑问代词"什么"与相关官话方言比较

上图显示，事物疑问代词"什么"在各点的使用差别较大，现代南京话用"什么"（刘丹青 1997），合肥话（李金陵 1997）用"哄"，其他苏皖官话有"么""啥"。那么，明代南京官话的疑问代词使用情况怎样呢？

参考学者们关于古代汉语疑问代词的论述，这里将图 6-3 里所涉及的有关官话方言事物疑问代词的历史来源情况大致梳理如下表：

表 6-11　有关官话方言事物疑问代词的历史来源

语　源	出现时代	今相关官话方言形式	备　注
何、胡	先秦	哄（？）	王力（1980：291），贝罗贝、吴福祥（2000）
那（哪）	汉末	哪样	王力（1980：294—295）

（续表）

甚 甚摩/甚么/ 什么	唐代	什么；么/么-、吗、 嘛、乜的 [mi⁵⁵ni⁵⁵] 啥/啥子	王力（1980：292—293） 江蓝生（2007：136—137） 推测"啥、啥子"是近代才产生的 [1]

　　根据图 6-3 的分布情况和表 6-11 的语源情况，难以确定明代南京官话究竟使用的是哪一种表事物的疑问代词。推测，是否可能与现代的情形相似，明代南京官话中"什么、啥、哄、么"各种用法并存？而今云南官话、屯堡话用的"哪样"则是后来周边语言接触影响的结果。

6.3.3　"K+VP"问句型的比较

　　反复问句的"K+VP"句型在明代南京官话中已经存在（朱德熙 1985，江蓝生 1990，2007：75—76，张敏 1990），今苏皖地区的江淮、中原官话仍然沿用。这种问句型在相关官话方言中的分布情况如下图：

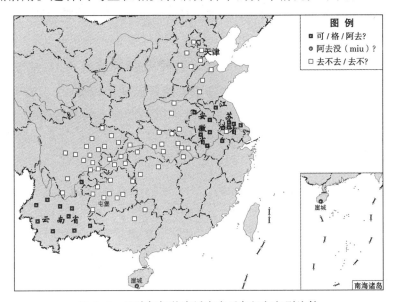

图 6-4　四地与相关官话方言反复问句句型比较

---

① 《辞源》（1982：2598）：舍，什么，任何，通"啥"。《孟子·滕文公上》："舍皆取诸其宫中而用之？"参阅清代马瑞辰《毛诗传笺》，近人章炳麟《新方言·释词》。据此，"啥/啥子"源自先秦的"舍"。但是，先秦疑问代词的规律性区分是 z 系（指人的"谁孰"）、γ 系（指物的"何胡曷奚"）和 0 系（指处所的"恶安焉"）（王力 1980：286—291），而"舍（啥）"并非在内。所以，对《辞源》中的解释存疑。此问题曾晓渝向同事谷峰博士请教讨论过，特此致谢！

值得一提的是，崖城军话的反复问句"K+VP没？"句型（"阿去没"[aᵒ kʰɯ⁵⁵miu⁵⁵]？）（刘春陶 2011），可能是基于明代官话"K+VP？"句型再进一步发展增加了句末否定词"不 / 没"，这是由于周边海南闽语接触影响的结果（刘春陶 2018）。

据江蓝生（2007：76）对明代冯梦龙《古今小说》研究统计，其中既有"可VP？"（9 次）也有"可VP否 / 没有？"（2 次）句型。冯梦龙（1574—1646）是明代南直隶苏州府人，他所写作的白话小说反映的应是当时南京官话口语，所以，推测明代南京官话口语中这两种反复问句句型都存在。

因此，云南官话、崖城军话的反复问句句型很大可能是直接源自明代南京官话的句型"K+VP（没）？"，而贵州屯堡话、天津话则因周边语言影响转变为"去不（去）？"。

第四节　四地方言历史演变差异解释

6.4.1　四地相关官话方言点语言特征差异比较

6.4.1.1　四地与相关官话方言语言特征纵横比较表

基于前面各节的讨论，这里将四地与相关官话方言的若干语言特征比较如下表（表中"+"表示相同或相似，"−"表异，"±"表示融合特征，空格表示不宜比较）：

表 6-12　四地与相关官话方言语言特征纵横比较表

明代南京官话特点	现代江淮官话		现代中原官话		明代军屯移民后裔语言			
	南京	合肥	固镇	蒙城	天津	昆明	屯堡	军话
知庄章"南京型"	+	+	+	+	±	+	±	±
入声调独立	+	+						+
有卷舌元音 [ɚ]	+	−	+	+	+	−	−	−
宕江开口 -ŋ 尾，不与咸山混	−	+（鼻化）						
曾梗摄 -ŋ 尾，不与深臻混	−		+	+	+	−	+	+
宕江入归向果	+	+	+	+	+	+	+	+
曾梗入归向蟹止	+	+	+	+		+	+	+

（续表）

	南京	合肥	固镇	蒙城	天津	昆明	屯堡	军话
梗开二见洪音（更打更硬）	+	+	+	+	−	+	+	+
非梗开二见细音	+	+	+	+	+	±	±	±
"K+VP"问句型	+	+	+	+	−	+	+	+

现代江淮、中原官话特点		现代江淮官话		现代中原官话		明代军屯移民后裔语言			
		南京	合肥	固镇	蒙城	天津	昆明	屯堡	军话
入声调独立		+	+						+
次浊入归阴				+	+	−	−	+	
核心词清入多归阴				+	+	+	−	+	
有撮口呼 [y]		+	+				+		
核心词	1　知道			+	+				
	1　晓得	+	+				+	+	+
	2　鸟			+	+				
	2　雀儿	+	+				+		+
	3　太阳	+		+	+	+		+	
	3　热头		+						+
	4　脖子			+	+			±	
	4　颈子	+	+					±	+
	5　膝盖，磕膝头儿	+	+	+	−		+		+
	5　波老盖儿					+			
疑问代词	"何（哄）"		+				−	−	
	"什么"	+					−	−	
	"么"			+		+			+
	"啥"				+		−	−	

6.4.1.2　四地与相关官话方言语言特征纵横比较表分析说明

（1）纵向比较分析：

① 明代南京话官话的总共 10 项特征，江淮官话、中原官话都分别共存在 8 项，只有"入声独立""-ŋ、-n 不混"方面的特征，前者体现于江淮官话，后者体现于中原官话；

②　明代南京话官话的 10 项特征，也大都存在于四地明代军屯移民后裔语言里，按符号"＋"的数量，天津话、崖城军话有 7 项，云南官话、贵州屯堡话有 6 项；由此证明天津话、崖城军话、云南官话、贵州屯堡话与明代南京官话的渊源关系。

（2）横向比较分析：

总共 9 项特征（其中核心词以 5 项计，疑问代词以 1 项计），以统计的方法综合比较四地明代军屯移民后裔语言与江淮官话、中原官话的相近程度：

①　与中原官话特征相同数及相近度排序：天津话 7 ＞ 贵州屯堡话 5.5 ＞云南昆明 2 ＞ 崖城军话 2 ；

②　与江淮官话特征相同数及相近度排序：崖城军话 6 ＞ 云南昆明话 4 ＞贵州屯堡话 2.5 ＞ 天津话 1 。

6.4.2　四地方言语音历史演变差异原因探讨

从明代到现代 600 多年来，天津话、云南官话、贵州屯堡话、海南崖城军话在不同的南北语言环境中发展演变，如今分别归入了冀鲁官话、西南官话（屯堡话、崖城军话的归属还有疑议），它们各自或多或少浸染了周边方言的主体色彩，这是长期语言接触影响所致，此即它们在历史演变过程中的一种共性趋向。但是，四点方言的发展演变是不平衡的。

相对而言，明代南京官话（南直隶辖区通用官话）最具典型性的特征有四项：①知庄章组声母的读音类型；②入声调独立（江淮）或清、次浊入归阴平（中原）；③疑问代词的核心语素"么"；④"K＋VP"反复问句型。今苏皖官话分别保持沿用的明代南京官话的这四项典型特征，海南崖城军话基本沿用保存了这四项特征，贵州屯堡话沿用保存了语音方面的两项特征，云南官话、天津话分别沿用保存了语音、语法各一项特征。那么，由此就产生了如下疑问：

（1）为什么在最遥远的海南三亚崖城军话里四项特征都保存着？

（2）为什么知庄章声母"南京型"特点在津、滇、黔、琼四个官话点里均留有痕迹？

（3）为什么同样是显性的声调特征，云南官话趋同于主流西南官话的调类调值，而紧邻北京的天津话却不受影响，声调听起来与北京话迥异？

（4）为什么在西南官话环境中，云南官话随西南官话主流入声归阳平，而贵州屯堡话依然保持中原官话清入、次浊入归阴平的特点？

（5）为什么远在西南、海南边陲的云南官话、崖城军话至今保持"K+VP（没）？"句型？

究竟决定这些方言对于源头语言南京官话典型特征的沿用与弃用的因素有哪些呢？根据几年来调查研究过程中的所见所闻和反复思考，列出七种影响这些方言历史演变的因素，采用列表方式进行对比观察。

下表说明：（1）表中序号代表不同的语言特征：①知庄章组声母的读音类型，②有入声调或清入和次浊入归阴平，③疑问代词的核心语素"么"，④"K+VP"反复问句型；（2）符号"√"表肯定。

表6-13　相关官话方言的四项典型特征演变因素分析表

	天津话				云南官话				贵州屯堡话				海南崖城军话			
	①	②	③	④	①	②	③	④	①	②	③	④	①	②	③	④
明南京官话典型特征今仍保存痕迹	√		√		√			√	√	√			√	√	√	√
语言特征相对隐性	√				√				√				√			
与周边方言差距明显	√	√	√		√		√	√	√	√	√		√	√	√	√
说话者别同心态	√	√	√								√	√	√	√	√	√
同语群体内部通婚									√	√	√	√	√	√	√	√
语言环境较封闭									√	√	√	√	√	√	√	√
地理上独处一隅					√	√	√	√					√	√	√	√
周边/邻近方言强势	√	√	√	√									√	√	√	√

表6-13中的七种影响因素涉及语言学的、社会的、心理的、地理的各方面，它们是导致各点方言历史演变的综合力量。这里将表6-13中四种方言里"明代南京官话典型特征今仍保存痕迹"的各自差异情况，分别与七种影响因素的重合度进行统计，可以得出从高到低的排序结果：

（1）"语言特征相对隐性"（4:4）（100%）

（2）"说话者别同心态"（8:9）（88%）

（3）"与周边方言差距明显"（10:12）（83%）

（4）a."同语群体内部通婚"（6:8）（75%）

　　　b."语言环境较封闭"（6:8）（75%）

c."地理上独处一隅"（6:8）（75%）

（5）"周边/邻近方言强势"（6:12）（50%）

可以认为，上述七种因素的五个层级排序，总体上能够体现语言接触过程中对于"祖语特征保留"各影响因素从强到弱程度的一般性排序。

不过，如果要具体回答清楚前面的几个为什么，上述的一般性排序还显粗略，因此，还有必要分别对各点情况再进行具体分析对比。

下面，分别以各方言点为单位，同样将表6-13中"明代南京官话典型特征今仍保存痕迹"与各因素的重合度进行统计，与四点综合统计出的一般性总体排序情况做对比，结果如下表：

表6-14　各种影响因素在相关官话方言里的差异情况比较

各影响因素一般性排序	天津话	云南官话	贵州屯堡话	海南崖城军话
（一）语言特征相对隐性	1:1（100%）	1:1（100%）	1:1（100%）	1:1（100%）
（二）说话者别同心态	2:3（66%）		2:4（50%）	4:4（100%）
（三）与周边方言差距明显	2:3（66%）	2:3（66%）	2:2（100%）	4:4（100%）
（四）a.同语群体内部通婚			2:4（50%）	4:4（100%）
（四）b.语言环境较封闭				4:4（100%）
（四）c.地理上独处一隅		2:4（50%）		4:4（100%）
（五）周边/邻近方言强势	2:4（50%）	2:4（50%）	2:4（50%）	

在上表基础上，再整理出下表，以便清晰对比观察各方言点的异同。

表6-15　各种影响因素在相关官话方言里的有无及排序层级比较

各影响因素一般性层级排序	天津话	云南官话	贵州屯堡话	海南崖城军话
（一）语言特征相对隐性	影响因素层级：	影响因素层级：	影响因素层级：	影响因素层级：
（二）说话者别同心态	1.（一）	1.（一）	1.（一）（三）	1.（一）（二）
（三）与周边方言差距明显	2.（二）（三）	2.（三）	2.（二）（四a）	（三）（四abc）
（四）a.同语群体内部通婚	3.（五）	3.（四c）（五）	（五）	
（四）b.语言环境较封闭				
（四）c.地理上独处一隅	无：（四abc）	无：（二）	无：（四bc）	无：（五）
（五）周边/邻近方言强势		（四ab）		

根据表6-14、表6-15，就可以比较简明地回答前面的几个为什么了。

（1）遥远的海南崖城军话里明代南京官话的四项特征全都留有痕迹，这是因为第一至第四 abc 层级的因素在那里全部并列排序第一，影响作用大，而又不存在第五层级的"周边方言强势"因素，崖城军话周边的迈话（粤方言）、海南话（闽方言）对于作为官话的军话并非强势。

（2）之所以津、滇、黔、琼四个官话点里，知庄章声母"南京型"特点至今均留有痕迹，是由第一层级的"语言特征相对隐性"因素所决定的。

（3）作为最显性的声调特征，云南官话完全趋同于主流西南官话的调类调值，而天津话虽然在紧邻强势的北京话，但声调听起来与北京话迥异，这是因为第二层级的"说话者别同心态"对天津话起作用，而对云南官话无影响。由于天津历史上经历过长达 320 年（1404—1725）的军事卫制，这在我国大都市中绝无仅有，这形成了天津市民有意彰显"天津卫"的别同心态；在云南，各民族都通用汉语官话，说云南官话不存在别同心态。

（4）同样在西南官话的大环境中，云南官话随西南官话主流入声归阳平，而贵州屯堡话却依然保持中原官话清入、次浊入归阴平的特点。这是因为，与云南官话相比，贵州屯堡话多了第二层级"说话者别同心态"和第四 a 层级"同语群体内部通婚"的影响因素。贵州平坝县的屯堡人 600 多年来一直生活封闭，始终坚守内部通婚的习俗（龙异腾 2011：35，曾晓渝 2013b），不过，近年一些外出的年轻人已不再守此习俗了。

（5）云南官话、海南崖城军话至今保持"K+VP（没）？"问句型这一特征，这是因为二者共有第四 c 层级"地理上独处一隅"的影响因素，而天津话、贵州屯堡话不具备这样的环境条件。

第五节　本章结语

本章围绕"同样源自明代南京官话的军屯移民语言在南北不同环境下 600 多年来的演变异同？""如何解释津、滇、黔、琼四地军屯移民后裔语言的共性与个性特点？""能否从这四种个案语言的比较研究中发现官话内部语言接触演变的一些规律？"这几个关键问题展开讨论，这里将各节内容观点归结如下：

（1）天津话、云南官话、贵州安顺屯堡话、海南崖城军话均为明代军屯移民后裔语言，它们共同的主要源头是明代南直隶辖区通行的明代南京官话口语；明代南京官话口语是江淮官话、中原官话的融合体，具有松散、动态弹性，不同个体、团体会因家乡不同而各自带江淮官话或中原官话的乡音色彩。

（2）通过纵向比较，明代南京官话的 10 项代表性语音、语法特征，江淮官话、中原官话都分别共存在 8 项，另外"入声独立"体现于江淮官话，"-ŋ、-n 不混"体现于中原官话；这以数据证明明代南京官话具有中原官话、江淮官话的综合性质；而明代南京官话 10 项特征，天津话、崖城军话有 7 项，云南官话、贵州屯堡话有 6 项，这数据也证明天津话、崖城军话、云南官话、贵州屯堡话与明代南京官话的渊源关系。

（3）通过横向比较，现代江淮官话、中原官话 9 项代表性特征（包括音系特点、核心词、疑问代词）与四地明代军屯移民后裔语言的相近程度存在差异，统计分析结果是：与中原官话特征相同数及相近度排序：天津话 7 > 贵州屯堡话 5.5 > 云南昆明话 2 > 崖城军话 2；与江淮官话特征相同数及相近度排序：崖城军话 6 > 云南昆明话 4 > 贵州屯堡话 2.5 > 天津话 1。换言之，通过四地底层语言特征痕迹与江淮官话、中原官话特征异同的统计分析，天津话、贵州屯堡话主要源自中原官话，崖城军话、云南官话主要源自江淮官话。

（4）天津话、云南官话、贵州安顺屯堡话、海南崖城军话 600 多年来的共性发展主要是：① 四地与周边方言相比均有明显的"另类"特点，所以，天津话、贵州安顺屯堡话、海南崖城军话都曾被学界冠以"方言岛"，云南官话区域广，虽不能称之为方言岛，但不少语音、词汇、语法特点在西南官话里独具特色；② 知庄章声母"南京型"特点在津、滇、黔、琼四个官话点里均留有痕迹；③ 都或多或少浸染了周边方言的主体色彩，这是长期语言接触影响的一个共同趋向。

（5）天津话、云南官话、贵州安顺屯堡话、海南崖城军话 600 多年来又有不同的个性发展，以明代南京官话最典型性的四项特征（①知庄章组声母读音类型，②有入声调或清入和次浊入归阴平，③疑问代词的核心语素"么"，④"K+VP"反复问句型）来对比：最遥远的海南崖城军话四项特征都保存；云南官话入声归阳平，调类调值趋同于主流西南官话；天津话入派四声，但调值并非趋同于紧邻的强势北京话；贵州屯堡话声调系统依然保持中原官话清入、次浊入归阴平的特点；云南官话、崖城军话保持"K+VP"疑问句型，天津话、贵州屯堡话却不然。

（6）决定这四种同样源自南京官话的移民语言 600 多年来共性、个性发展的有五项主要因素，其影响强弱排序是：① 语言特征相对隐性；② 说话者别同心态；③ 与周边方言差距明显；④ 地理社会环境（a. 同语群体内部通婚，b. 语言环境较封闭，c. 地理上独处一隅）；⑤ 周边 / 邻近方言强势。这对于天津话、云南官话、贵州安顺屯堡话、海南崖城军话明代以来演变异同可以做出理论解释。

结　　语

　　本书着眼于明代南京官话军屯移民后裔语言，以天津话、云南官话、贵州安顺屯堡话、海南崖城军话为典型代表，实地田野调查与明清韵书韵图、历史档案、地方志等文献考察相结合，将明代官话与现代官话方言连接起来进行动态、系统性比较研究，通过天津话、云南官话、贵州安顺屯堡话、海南崖城军话语言特征的纵横比较，总结发现明代南京官话军屯移民语言600多年来在南北不同环境中流变的共性与个性差异并做出理论解释。

　　此项研究有的方面还可以继续深入。例如，四地方言的连读变调，天津话最显特别，而云南官话、贵州屯堡话、海南崖城军话则不然。就地理和语言环境来看，天津话在北方，处于北京官话、冀鲁官话的包围之中，属弱势方言；另外的三地方言在南方，周边方言对其压力不大，且言语群体有一定优越感。所以，天津话连读变调的特殊性，很可能是周边强势方言压力下别同心态促成的创新。笔者近期正在利用天津市内300多个方言点单字调和两字组连读变调的调查资料进行研究，将天津辖区内的声调分为A、B、C、D四类（其中A类主要分布于老城区，代表传统老天津话；B、C、D类分布于静海、蓟县、宝坻、宁河、武清，与周边北京、河北方言相同相近），拟通过老城天津话与郊区土著方言单字调、连字调两个层面的比较分析，对天津话连读变调的特殊规律有更进一步认识，并探索相关理论。

　　另外，作为明代南京官话军屯移民后裔语言，如今天津话、云南官话、贵州安顺屯堡话、海南崖城军话四地方言的共同之处是基本保持官话方言的特点。可是，也有一些后裔语言并非如此。比如，海南儋州中和军话，据明代《万历儋州志·武署》记载，儋州守御千户所设于洪武二十年，由此可知，海南儋州中和军话与三亚崖城军话的源头都是明代军屯移民语言。但值得注意的是，海南儋州中和军话的音系里有浊内爆破声母 ʔd（例字：巴鞭白部）、ʔd（例字：打达读洞），而且"走子酒罪"一类字的声母读 t（引自丘学强 2005：56），这显然超出了官话方言音系范围，而趋同于儋州方言[①]。为什么儋州中和军话会发生 ts → t、t → ʔd、p → ʔd 这种官话异化演变呢？且不论声母内部的类推链移现象，应该肯定变化的根本动因是周边语言的接触影响。那么，比较儋州中和军话与三亚崖城军话，同样是在海南的明代南京官话军屯移民后裔语言，都在非官话方言的包围之中，之所以二者演变方向各异，笔者认为，是由语言群体主观意愿所决定的。具体而言，崖城军话 600 多年来保持官话方言特点，主要取决于"说话者别同心态"和"同语群体内部通婚"的坚守（参见 §6.4.2）；而儋州中和军话言语群体的"别同心态"则在漫长的历史岁月中逐渐消退，生活习俗与周边民众相融合，语言也随之趋同。

　　明代的卫所军户制导致形成了中国历史上空前规模的军屯移民大潮，因此，明代南京官话军屯移民的足迹范围很广，不限于天津、云南、贵州、海南四地。经过 600 多年的历史演变，全国各地源自明代南京官话的军屯移民后裔语言的现实状态可能比我们所了解和想象的更为丰富多样，所以本书的研究只是个案性的。

　　语言接触研究是近年国内语言学界的一个热点，Matthews（2010：757、762）将"官话与其他方言的相互影响"列为中国境内语言接触焦点论题之一，不过，书中举例极少。实际上，无论共时还是历时，官话方言内部以及与其他方言接触的相互影响普遍存在，由此产生的许多复杂语言现象尚待研究。希望本书关于近代官话方言接触演变研究的理论方法探索对后来者有一定启发；同时，由于个人学识有限，书中的疏漏之处敬请同行方家批评指正。

---

　　① 儋州方言分布于整个儋州市及周边部分地区（参见《中国语言地图集第 2 版·汉语方言卷》2012：B2-7），音系中文、白读音的若干特点分别相似于粤、闽方言和黎语、临高话等，目前学界对儋州话性质存在不同观点（参见陈波 1988，刘泽民 2007，冯冬梅 2017）。

参 考 文 献

安徽省地方志编纂委员会 1997《安徽省志·方言志》，北京：方志出版社。

鲍明炜主编 1998《江苏省志·方言志》，南京：南京大学出版社。

鲍明炜 2010《鲍明炜语言学文集》，南京：南京大学出版社。

北京大学中文系语言学教研室编、王福堂修订 2003《汉语方音字汇》（第二版重排本），北京：语文出版社。

蔡瑛纯 2007《关于明代汉语共同语基础方言的几点意见》，载耿振生主编《近代官话语音研究》，北京：语文出版社。

曹树基 1997《中国移民史·明时期》（第五卷）（葛剑雄主编），福州：福建人民出版社。

曹树基 2000《中国人口史·明时期》（第四卷），上海：复旦大学出版社。

曹树基 2001《中国人口史·清时期》（第五卷），上海：复旦大学出版社。

曹述敬主编 1991《音韵学词典》，长沙：湖南出版社。

曹志耘主编 2008《汉语方言地图集》，北京：商务印书馆。

陈　波 1988《海南岛西北部的古粤语变体——儋州话记略》，《海南大学学报》第 2 期。

陈鸿迈 1997《海口话音档》，上海：上海教育出版社。

陈　希 2013a《丽江老派汉语方音的历史来源及其演变考释》，《南开语言学刊》第 2 期。

陈　希 2013b《云南官话音系源流研究》，天津：南开大学博士学位论文。

陈　晓 2011《腾冲话音系调查材料》，未刊稿。

陈　晓 2014/2018《基于清后期至民国初年北京话文献语料的个案研究》，北京：北京大学博士学位论文 / 王洪君、郭锐、刘云主编 "早期北京话珍本典籍校释与研究" 丛书之一，北京：北京大学出版社。

陈寅恪 1949/1992《从史实论切韵》，《岭南学报》第 9 卷第 2 期 / 载《陈寅恪史学论文选集》，上海：上海古籍出版社。

陈泽平 2004《试论琉球官话课本的音系特点》，《方言》第 1 期。

陈章太、李行健 1996《普通话基础方言基本词汇集》，北京：语文出版社。

崔荣昌 1985《四川方言的形成》，《方言》第 1 期。

崔荣昌 1996《四川方言与巴蜀文化》，成都：四川大学出版社。

崔荣昌 1997《成都话音档》，上海：上海教育出版社。

崔山佳 2014《动词重叠带助词"看／瞧"等历时与共时考察》，未刊稿。

邓　彦 2017《贵州屯堡话与明代南京官话比较研究》，南京：南京师范大学出版社。

丁崇明、荣　晶 2009《云南方言"K-VP"问句来源及其相关问题探讨》，《云南民族大学学报》（哲社版）第 6 期。

丁　锋 1995《琉球对音与明代官话研究》，北京：中国社会科学出版社。

董坤靖主编 1988《天津通览》，北京：人民日报出版社。

方国瑜 1987/2012《中国西南历史地理考释》（上、下），北京：中华书局。

冯冬梅 2017《海南儋州话研究概况》，《语文建设》第 20 期。

冯法强 2014《近代江淮官话语音演变研究》，天津：南开大学博士学位论文。

冯骥才 2008《俗世奇人·序》，北京：作家出版社。

冯志白 1988《〈韵籁〉作者考辨》，《语言研究论丛》第五辑，天津：南开大学出版社。

冯志白 1991《〈韵籁〉的音韵系统》，《语言研究论丛》第六辑，天津：天津教育出版社。

高本汉［瑞典］1953《中上古汉语音韵纲要》（聂鸿音译），济南：齐鲁书社 1987。

高晓虹 2003《北京话古入字归调历史及成因考察》，《语言教学与研究》第 4 期。

高艳林 2002《天津人口研究》，天津：天津人民出版社。

高永安 2007《明清皖南方音研究》，北京：商务印书馆。

葛剑雄、曹树基、吴松弟 1993《简明中国移民史》，福州：福建人民出版社。

更科慎一［日］2003《〈百夷馆译语〉音译汉字声调初探》，南开大学"侗台语及汉藏语言学术讨论交流会"论文，天津。

耿振生 1992《明清等韵学通论》，北京：语文出版社。

耿振生 2010《关于"标准音"的标准》，山西大学"中国音韵学研究会第十六届学术讨论会"论文，太原。

顾　黔 2001《通泰方言音韵研究》，南京：南京大学出版社。

广西壮族自治区地方志编纂委员会 1998《广西通志·汉语方言志》，南宁：广西人民出版社。

郭　力 2003《〈重订司马温公等韵图经〉研究》，载郭力《古汉语研究论稿》，北京：北京语言大学出版社。

和即仁、姜竹仪 1985《纳西语简志》，北京：民族出版社。

何九盈 2015《中国现代化进程中的语文转向·外一种》，北京：语文出版社。

何守伦 1989《永胜方言志》，北京：语文出版社。

贺登崧［比利时］2003《汉语方言地理学》（石汝杰、岩田礼译），上海：上海教育出版社。

洪　诚选注 1982《中国历代语言文字学文选》，南京：江苏人民出版社。

胡丽华 2011《蒙城方言研究》，合肥：合肥工业大学出版社。

黄谷甘、李如龙 1986《海南岛的"迈话"——一种混合型方言》，《广东民族学院学报》第 1 期。

黄谷甘 1989《三亚市方言博览》，《崖州史话》，海口：海南人民出版社。

黄凯筠 2005《〈韵籁〉的音韵探讨》，高雄：台湾中山大学硕士学位论文。

黄晓东 2007《汉语军话概述》，《语言教学与研究》第 3 期。

黄宗谷 1983《洱海地区入声考》，《大理学院学报》第 1 期。

甲柏连孜［德］1881/2015《汉文经纬》（姚小平译），北京：外语教学与研究出版社。

江蓝生 1990《疑问副词“可”探源》，《古汉语研究》第 3 期。

江蓝生 2007《近代汉语探源》，北京：商务印书馆。

金尼阁［比利时］1626/1957《西儒耳目资》（上、中、下），北京：文字改革出版社。

濑户口律子［日］1994《琉球官话课本研究》，香港：吴多泰中国语文研究中心出版。

李金陵 1997《合肥话音档》，上海：上海教育出版社。

李　蓝 1995《西南官话内部声调与声母的异同》，北京：中国社科院博士学位论文。

李　蓝 1997《贵阳话音档》，上海：上海教育出版社。

李　蓝 2010《西南官话》，钱曾怡主编《汉语官话方言研究》中的第七章，济南：齐鲁书社。

李思敬 1994《汉语“儿”[ɚ] 音史研究》（增订版），北京：商务印书馆。

李　申 1985《徐州方言志》，北京：语文出版社。

李世喻、韩根东 1991《略论天津方言岛》，《天津师大学报》第 2 期。

李无未 2005《音韵文献与音韵学史——李无未文存》，长春：吉林文史出版社。

李新魁 1980/1993《论近代汉语共同语言的标准音》，《语文研究》第 1 期 / 载《李新魁自选
　　集》，郑州：河南教育出版社。

李新魁 1983《汉语等韵学》，北京：中华书局。

李新魁、麦　耘 1993《韵学古籍述要》，西安：陕西人民出版社。

李永燧 2008《缅彝语：一种声调祖语》，《民族语文》第 3 期。

李兆同 1999《云南方言的形成》，《思想战线》第 1 期。

丽江地区地方志编纂委员会 2000《丽江地区志（上卷）》，昆明：云南人民出版社。

利玛窦［意大利］、金尼阁［比利时］1983《利玛窦中国札记》（何高济、王遵仲、李申译，
　　何兆武校），北京：中华书局。

梁　敏、张均如 1996《侗台语族概论》，北京：中国社会科学出版社。

林庆勋 1988《音韵阐微研究》，台北：台湾学生书局。

林　焘 1998《北京话音档》，上海：上海教育出版社。

林　焘主编 2010《中国语音学史》，北京：语文出版社。

刘春陶 2011《海南军话研究——海南少数民族语言包围中的一种近代官话的源与流》，天津：
　　南开大学博士学位论文。

刘春陶、曾晓渝 2011《海南省三亚市崖城镇军话音系》，《汉藏语学报》第 5 期，北京：商务
　　印书馆。

刘春陶 2018《崖城军话“阿 +VP+ 谬”式疑问句的比较分析》，《语言科学》第 2 期。

刘村汉 1998《柳州方言词典》，南京：江苏教育出版社。

刘丹青 1997《南京话音档》，上海：上海教育出版社。

刘淑学 2003《中古入声字在河北方言中的读音研究》，保定：河北大学出版社。

刘祥柏 2010《江淮官话》，载钱曾怡主编《汉语官话方言研究》，济南：齐鲁书社。

刘新中 2006《海南闽语的语音研究》，北京：中国社会科学出版社。

刘兴策、向　平 1997《武汉话音档》，上海：上海教育出版社。

刘月华、潘文娱、故　铧 2004《实用现代汉语语法》（增订本），北京：商务印书馆。

刘泽民 2007《闽语和儋州话历史上的接触》，《民族语文》第 4 期。

龙异腾、吴伟军、宋　宣、明生荣 2011《黔中屯堡方言研究》，成都：西南交通大学出版社。

卢开礴 1990《昆明方言志》，《玉溪师专学报》专刊。

鲁国尧 1985《明代官话及其基础方言问题——读〈利玛窦中国札记〉》，《南京大学学报》第 4 期。

鲁国尧 2007《研究明末清初官话基础方言的廿三年历程——"从字缝里看"到"从字面上看"》，《语言科学》第 2 期。

陆志韦 1948《金尼阁〈西儒耳目资〉所记的音》，《燕京学报》第三十三期。

路继伦、李　哲、王晓梅、殷　悦、路　云 2019《优选论框架下的天津方言语源研究》，天津：天津大学出版社。

罗常培 1930《耶稣会士在音韵学上的贡献》，《史语所集刊》一本三分。

罗常培、邢庆兰 1950《莲山摆彝语文初探》，北京：北京大学出版部。

罗素（Russell, B. A. W.）［英］1945/2015《西方的智慧》（伯庸译），北京：电子工业出版社。

罗澍伟主编 1993《近代天津城市史》，北京：中国社会科学出版社。

骆津湘 2013《天津方言来源比较研究》，天津：南开大学硕士学位论文。

麦　耘、朱晓农 2012《南京方言不是明代官话的基础》，《语言科学》第 4 期。

毛玉玲 1997《昆明话音档》，上海：上海教育出版社。

纳西族简史编写组 2008《纳西族简史》，北京：民族出版社。

南炳文 1984《天津史话》，载《名城史话》（下），北京：中华书局。

南炳文 2007《明史新探》，北京：中华书局。

宁继福 1985《中原音韵表稿》，长春：吉林文史出版社。

宁忌浮 2003《洪武正韵研究》，上海：上海辞书出版社。

宁忌浮 2009《汉语韵书史·明代卷》，上海：上海人民出版社。

宁忌浮 2016《汉语韵书史·金元卷》，上海：上海人民出版社。

平山久雄［日］1984《江淮方言祖调值构拟和北方方言祖调值初案》，《语言研究》第 1 期。

平田昌司［日］2016《文化制度和汉语史》，北京：北京大学出版社。

千叶谦悟［日］2013《明代西洋资料概况——欧洲汉学的酝酿和兴起》，浙江大学"元明汉语工作坊国际学术研讨会"论文，杭州。

钱奠香 2002《海南屯昌闽语语法研究》，昆明：云南大学出版社。

钱曾怡主编 2001《山东方言研究》，济南：齐鲁书社。

钱曾怡主编 2010《汉语官话方言研究》，济南：齐鲁书社。

丘学强 2005《军话研究》，北京：中国社会科学出版社。

邵荣芬 1981《中原雅音研究》，济南：山东人民出版社。

沈建民、杨信川 1995《也谈本悟〈韵略易通〉之"重×韵"》，《中国语文》第 1 期。

沈钟伟 2014《复杂适应系统和汉语动态研究》，北京大学中国语言学研究中心编《语言学论丛》第五十辑，北京：商务印书馆。

施向东 2015《〈西番译语〉藏汉对音研究》，神户外国语大学"藏缅语·侗台语研究工作坊"会议论文，神户。

石　锋 1988《天津话和北京话语音的异同》，《语言研究论丛》第五辑，天津：南开大学出版社。

石　锋、王　萍 2004《天津话声调的新变化》，载石锋、沈钟伟编《乐在其中——王士元教授七十华诞庆祝文集》，天津：南开大学出版社。

四川方言调查工作组 1960《四川方言音系》，《四川大学学报》（专号）第 3 期。

孙宜志 2005《方以智〈切韵声原〉与桐城方言》，《中国语文》第 1 期。

孙宜志 2006《安徽江淮官话语音研究》，合肥：黄山书社。

孙宜志 2010《从知庄章的分合看〈西儒耳目资〉音系的性质》，《中国语文》第 5 期。

宋名利 2016《从云南官话特殊词汇探析云南官话源流》，天津：南开大学硕士学位论文。

谭其骧主编 1996《中国历史地图集》，北京：中国地图出版社。

唐作藩主编 2006《中国语言文字学大辞典》，香港：远帆世纪出版社、中华辞书出版社。

天津地方志编修委员会 1991《天津简志》，天津：天津人民出版社。

涂光禄 1998《贵州省志·汉语方言志》，北京：方志出版社。

汪　锋、王士元 2004/2006《基本词汇与语言演变》（谷峰译），北京大学中文系《语言学论丛》第三十三辑，北京：商务印书馆。

王洪君 2006《北京话清入归调的层次与阶曲线判定法——兼评〈基本词汇与语言演变〉（汪、王 2004）》，《语言学论丛》第三十三辑，北京：商务印书馆。

王洪君 2014《历史语言学方法论与汉语方言音韵史个案研究》，北京：商务印书馆。

王洪君 2016《"粳"字的读音》，《中国语文》第 4 期。

王洪君 2017《〈中原〉〈洪武〉和当代方言中的见开二——北京话溯源之一瞥》，《方言》第 2 期。

王嘉龄 2002《优选论和天津话的连读变调和轻声》，《中国语文》第 4 期。

王　力 1985《汉语语音史》，北京：中国社会科学出版社。

王临惠、蒋宗霞、唐爱华 2009《关于天津方言语音演变的几个问题的讨论》，《语文研究》第 3 期。

王临惠、支建刚、王忠一 2010a《天津方言的源流关系刍议》，《山西师范大学学报》第 4 期。

王临惠 2010b《从几组声母的演变看天津方言形成的自然条件和历史条件》，北京语言大学"首届中国地理语言学国际学术研讨会"论文，北京。

王临惠 2012《天津方言阴平调值的演变过程——兼论天津方言的源流关系》，《中国语文》第

　　1 期。

王临惠 2019《天津方言历史演变及相关问题研究》，北京：中国社会科学出版社。

王　庆 2010《元明清北系官话知照系声母与明代移民》，《四川省干部函授学院学报》第 2 期。

王晓淮 2010《蚌埠方言志》，北京：方志出版社。

王毓铨 2009《明代的军屯》，北京：中华书局。

王兆鹏 2004《唐代科举考试诗赋用韵研究》，济南：齐鲁书社。

吴鼎先 1994《威宁彝族回族自治县志·方言》，贵阳：贵州人民出版社。

吴积才 1989《云南省志·汉语方言志》，昆明：云南人民出版社。

吴剑杰 2009《张之洞年谱长编》（上卷），上海：上海交通大学出版社。

谢育新 2010《日本唐通事唐音与十八世纪的杭州话南京官话》，北京：北京大学博士学位论文。

邢公畹 1982《汉语方言调查基础知识》，武汉：华中工学院出版社。

邢公畹 1991《汉藏语言概论·汉语篇》（马学良主编），北京：北京大学出版社。

熊正辉 1990《官话方言分 ts-、tʂ 的类型》，《方言》第 1 期。

徐通锵 1991/2008《历史语言学》，北京：商务印书馆。

薛才德 1992《从云南汉语方言阳声韵的演变看少数民族语言对汉语的影响》，《思想战线》第
　　2 期。

薛才德 2013《西双版纳勐海汉语谓词的后附成分——接触变异的一个例证》，刘丹青主编
　　《汉语方言语法研究的新视角》，上海：上海教育出版社。

薛凤生 1999《汉语音韵史十讲》，北京：华语教学出版社。

岩田礼［日］2014《大河在语言传播上的作用》，暨南大学、佛山科学技术学院"第三届中
　　国地理语言学国际研讨会"论文，广州、佛山。

杨福绵（Fu-mian Yang）1986 The Protuguese-Chinese Dictionary of Matteo Ricci: A Historical
　　and Linguistic Introduction.（《利玛窦的葡华字典：历史的和语言学的介绍》），原文英文，
　　曾晓渝译，"第二届国际汉语学会"论文，台北。

杨耐思 1981《中原音韵音系》，北京：中国社会科学出版社。

杨时逢 1969《云南方言调查报告》，台北："中研院"历史语言研究所。

杨时逢 1984《四川方言调查报告》，台北："中研院"历史语言研究所。

杨亦鸣 1992《李氏音鉴音系研究》，太原：山西人民教育出版社。

杨自翔 1987《〈李氏音鉴〉所反映的北京音系统》，《语言研究论丛》第四辑，天津：南开大
　　学出版社。

杨自翔 1988《确定天津话边界的三个问题》，《语言研究论丛》第五辑，天津：南开大学出
　　版社。

杨自翔、国赫彤、施向东 1999《天津话音档》，上海：上海教育出版社。

叶宝奎 1999《〈音韵阐微〉音系初探》，《厦门大学学报》（哲社版）第 4 期。

叶宝奎 2001《明清官话音系》，厦门：厦门大学出版社。

叶宝奎 2017《近代汉语语音研究——叶宝奎自选集》，厦门：厦门大学出版社。

游汝杰 2004《汉语方言学教程》，上海：上海教育出版社。

于浩淼 2005《天津话方言岛的来源和演变》，北京：北京大学硕士学位论文。

远藤光晓［日］1984/2001《〈翻译老乞大·朴通事〉里的汉语声调》，北京大学中文系《语言学论丛》第十三辑，北京：商务印书馆/《中国音韵学论集》，东京：白帝社。

远藤光晓［日］1990《〈翻译老乞大·朴通事〉汉字注音索引》，东京：好文出版。

远藤光晓［日］2015《近150年来汉语各种方言里的声调演变过程——以艾约瑟的描写为出发点》，载远藤光晓、石崎博志主编《现代汉语的历史研究》，杭州：浙江大学出版社。

云南省地方志编纂委员会 1998《云南省志·少数民族语言文字志》，昆明：云南人民出版社。

曾晓渝 1989《〈西儒耳目资〉音系研究》，重庆：西南师范大学硕士学位论文。

曾晓渝 1991《〈西儒耳目资〉的语音基础及明代官话的标准音》，《西南师范大学学报》第1期。

曾晓渝 1992《〈西儒耳目资〉的调值拟测》，《语言研究》第2期。

曾晓渝 2004《〈西儒耳目资〉声韵系统研究》，载曾晓渝《语音历史探索》，天津：南开大学出版社。

曾晓渝 2013a《天津话源流焦点问题再探讨》，《中国语文》第2期。

曾晓渝 2013b《明代南直隶辖区的官话方言考察分析》，《古汉语研究》第4期。

曾晓渝 2013c《重庆话两字组连读变调的韵律特点分析》，载李茂康主编《刘又辛先生百年诞辰纪念文集》，重庆：西南师范大学出版社。

曾晓渝 2014a《〈西儒耳目资〉音系基础非南京方言补正》，《语言科学》第4期。

曾晓渝 2014b《丙种本〈百夷译语〉语音现象初探》，《南开语言学刊》第2期。

曾晓渝 2014c《云南官话知庄章声母读音类型析释》，《云南师范大学学报》第5期。

曾晓渝 2015a《修改本〈韵籁〉内容初探》，载远藤光晓、石崎博志主编《现代汉语的历史研究》，杭州：浙江大学出版社。

曾晓渝 2015b《基于〈百夷译语〉的傣语汉语历史语音研究》，《民族语文》第1期。

曾晓渝 2015c《明代南京官话移民语言的历史演变类型差异解释》，《语文研究》第3期。

曾晓渝 2016《明代南京官话性质考释》，《语言科学》第2期。

曾晓渝 2018《〈西蜀方言〉的音系性质》，《方言》第3期。

曾晓渝 2019《中国传统"正音"观念与正音标准问题》，《古汉语研究》第1期。

曾晓渝、陈　希 2017《云南官话的来源及历史层次》，《中国语文》第2期。

詹伯慧 1959《海南岛"军话"语音概述》，北京大学中文系《语言学论丛》第三辑，上海：上海教育出版社。

詹伯慧 1991《汉语方言及方言调查》，武汉：湖北教育出版社。

张　苪 1985《玉溪方言志》，玉溪：玉溪地方志办公室。

张　苪 1989《永善方言志》，北京：语文出版社。

张华文、毛玉玲编著 1997《昆明方言词典》，昆明：云南教育出版社。

张　琨 1979/1984《〈切韵〉的综合性质》，载《民族语文研究情报资料集》（4），北京：中国社会科学院民族研究所语言室。

张　雷 2010《黎语志强话参考语法》，天津：南开大学博士学位论文。

张　敏 1990《汉语方言反复问句的类型学研究》，北京：北京大学博士学位论文。

张清常 1992《移民北京使北京音韵情况复杂化举例》，《中国语文》第 4 期。

张维佳、郭书林 2011《〈西儒耳目资〉的异读》，载张渭毅主编《汉声——汉语音韵学的继承与创新》（上册），北京：中国文史出版社。

张卫东 1998《试论近代南方官话的形成及其地位》，《深圳大学学报》（文科版）第 3 期。

张卫东 2014《论与南京话、明代官话历史相关的几个问题》，《中国语言学》第七辑，北京：北京大学出版社。

张文萱 2014《〈韵籁〉音系研究》，天津：南开大学硕士学位论文。

张　旭 1987《天津话新旧两派声类分析》，《语言研究论丛》第四辑，天津：南开大学出版社。

张玉来 1999《韵略易通研究》，天津：天津古籍出版社。

张玉来 2010《〈中原音韵〉时代汉语声调的调类与调值》，《古汉语研究》第 2 期。

张玉来 2012《〈中原音韵〉所依据的音系基础问题》，《语言研究》第 3 期。

赵荫棠 1957《等韵源流》，上海：商务印书馆。

赵元任 1922/2007《中国言语字调底实验研究法》，《赵元任语言学论文集》，北京：商务印书馆。

赵元任、丁声树、杨时逢、吴宗济、董同龢 1948/1991《湖北方言调查报告》，台北："中研院"历史语言研究所。

甄尚灵 1988《〈西蜀方言〉与成都语音》，《方言》第 3 期。

中国社会科学院语言研究编 2002《方言调查字表》（修订本），北京：商务印书馆。

中国社会科学院、澳大利亚人文科学院编 1987《中国语言地图集》，香港：朗文出版（远东）有限公司。

中国社会科学院、香港城市大学 2012《中国语言地图集第 2 版·汉语方言卷》，北京：商务印书馆。

中央民族学院少数民族语言研究所编 1985《壮侗语族语言词汇集》，北京：中央民族学院出版社。

周耀文、罗美珍 2001《傣语方言研究》，北京：民族出版社。

周振鹤、游汝杰 1986《方言与中国文化》，上海：上海人民出版社。

周祖谟 1966/2000《切韵的性质和它的音系基础》，载周祖谟《文字音韵训诂论集》，北京：北京大学出版社。

朱德熙 1985《汉语方言里的两种反复问句》，《中国语文》第 1 期。

朱建颂 1988《武汉方言的演变》，《方言》第 2 期。

竺家宁 2004《〈韵籁〉声母演变的类化现象》，北京大学中文系《语言学论丛》第二十九辑，北京：商务印书馆。

竺家宁 2005《〈韵籁〉的零声母和腭化现象》，单周尧、陆镜光主编《语言文字学研究》，北京：中国社会科学出版社。

六角恒广［日］1988《中国語教育史の研究》，东京：日本東方書店。

Ellis, R. 1994 The Study of Second Language Acquisition. Oxford: Oxford University Press.

Labov, William（拉波夫）1994/2007 Principles of Linguistic Change: Internal Factors（《语言变化原理：内部因素》），北京：北京大学出版社。

Mahidol University & Central University for Nationalities 泰国玛希隆大学和中国中央民族大学 . 1996 *Languages and Cultures of the Kam-Tai Group: A word List, Sponsored by Mahidol University of Thailand*, Print by Sahadhammika Co, Ltd.

Matthews, Stephen 2010 Language Contact and Chinese, *The Handbook of Language Contact*, Edited by Raymond Hickey, WILEY—BLACKWELL, A John Wiley & Sons, Ltd, Publication.

Simmon, Richard VanNess（史皓元）2012 Toward a Deeper Histrical Perspective on the Geographical Subgrouping of Mandarin Dialects : developments in the CDC Alveolpalatals（从语音史的角度看官话方言的地理分布：以知庄章三组声母的历史演变为例），南京大学"第二届中国地理语言学国际学术研讨会"论文，南京。

Thomason, Sarah Grey（托马森）& Kaufman（考夫曼），Terrence 1988/1991 *Language Contact, Creolization, and Genetic Linguistics*, University of California Press.

Thomason, Sarah Grey（托马森）2001 *Language Contact, An Introduction*, Edinburgh University Press.

Thomason, Sarah Grey（托马森）2007 Language Contact and Deliberate Change, Journal of Language Contact: Evolution of Languages, contact and discourse-THEMA 1 (2007): 41-62. 中文译文《语言接触和蓄意演变》（谷峰译，曾晓渝校），《语言学译林》第 1 期，世界图书出版公司 2011 年。

Wade, Thomas Francis（威妥玛）1867 *Colloquial Series*（《语言自迩集》），初版 1867 (Harvord-Yenching Institute at Harvard University, 哈佛燕京研究中心藏本），二版 1886（Published at the statistical department of inspectorate general of customs, Shanghai 上海海关稽查总局造册处发行），三版 1903（Digitized by the Internet Archive in 2011 with funding from University of Toronto, 多伦多大学藏本）。

Weinreich, Uriel（文莱奇）1953/ 1970 *Languages in Contact: Finding and Problems*. Mouton, The Hague. Paris.

Zeng, Xiaoyu（曾晓渝）2018 A Case Study of Dialect Contact of Early Mandarin, *Lingua* 208, June 2018.

《梅庄全集·韵籁》（修改本，孤本），卷首题注天津华长卿梅庄著，刊印年不详。

《明史》（清·张廷玉等撰），北京：中华书局 1974 年。

《清实录》（一三），北京：中华书局影印本 1986 年。

《日本藏中国罕见地方志丛刊·（万历）琼州府志》，北京：书目文献出版社 1991 年。

《万历儋州志》（明·曾邦泰等纂修）（《海南地方志丛刊》之一），海口：海南出版社 2014 年。

《新校天津卫志》，中华民国二十三年九月易社校印。

《中国明朝档案总汇》，中国第一历史档案馆藏，桂林：广西师范大学出版社 2001 年。

（宋）陈彭年等《宋本广韵》（张氏泽存堂本），北京：北京市中国书店 1982 年。

（宋）陆游《老学庵笔记》，北京：中华书局 1979 年。

（宋）陈鹄《西塘集耆旧续闻》（唐宋史料笔记丛刊，与《师友谈记》《曲洧旧闻》合订），北京：中华书局 2002 年。

（元）周德清《中原音韵》，载《中国古典戏曲论著集成》（一），北京：中国戏剧出版社 1982 年。

（明）吕坤《交泰韵》（刊行于 1603 年），下载网址：http://www.guoxuedashi.com/guji/96k/。

（明）陶宗仪等编《说郛三种》，上海：上海古籍出版社 1989 年。

（清）顾炎武《日知录》，上海：上海古籍出版社 2006 年。

（清）华长忠《韵籁》（刊行于 1886 年），清光绪十五年（1889 年）松竹斋刊本影印本。

（清）潘耒《类音》遂初堂藏板，国立北京大学藏书，中国国家图书馆藏。

（清）阮元校刻《十三经注疏》，北京：中华书局 1980 年。

（清）裕恩《音韵逢源》，北京：首都师范大学出版社 2015 年。

（清）张嶲、邢定纶、赵以濂纂修《崖州志》（郭沫若点校），广州：广东人民出版社，2011 年。

乙种本《百译馆译语》（清初同文堂钞本，一卷），载《北京图书馆古籍珍本丛刊》（6），北京：书目文献出版社 1992 年，615—663 页。东洋文库所藏明钞本《百夷馆杂字》。

丙种本《百夷译语》，日本静嘉堂文库藏本，伦敦大学图书馆藏本，阿波国文库藏本。

丁种本"华夷译语"系列，北京故宫博物院图书馆藏本；《故宫博物院藏乾隆年编华夷译语》（共 18 册），北京：故宫出版社 2018 年。

附录一　安徽固镇话同音字表*

ɿ

ts [˩] 咨姿资兹 [˦] 子（~女）姊籽紫止 [˥] 字自

tsʰ [˩] 刺（~溜）差（参~）[˧] 祠瓷词辞磁糍此 [˥] 次伺（~候）刺（~刀）赐厕

s [˩] 司私思斯丝撕师蛳 [˦] 死 [˥] 四寺似伺（~机）泗肆饲驷

z [˩] 日

ʅ

tʂ [˩] 吱只（~有）之支汁只（一~鸡）知职 [˧] 质（~量）执直俥植 [˦] 指纸 [˥] 至志治制痣

tʂʰ [˩] 吃痴（~呆）尺赤 [˧] 池迟持（~平）[˦] 齿耻 [˥] 斥翅

ʂ [˩] 尸师虱湿诗识（认~）失（遗~）室饰释（~放）[˧] 十石时实拾食蚀 [˦] 史使始屎驶 [˥] 士市世仕事势柿是视试誓释（解~）

i

p [˧] 荸鼻逼笔必 [˦] 比彼妣鄙 [˥] 币敝陛闭毙秘（~密、~书）避匕（~首）怭

pʰ [˩] 批披劈（~开）匹（一~马、一~布、~夫）辟（~谣）庀（包~）僻劈 [˧] 皮枇疲 [˦] 痞劈（~成两段）砒 [˥] 屁媲僻（~静）癖

m [˩] 眯（让眼睛闭着、虚着）蜜（~蜂）密（秘~）[˧] 弥迷糜靡（披~）谜眯（~眼了）[˦] 米芈（姓氏）[˥] 泌密（稠~）溺

t [˩] 低滴的（目~）[˧] 狄敌笛嘀（~咕）提（文读）[˦] 底邸抵（~命、~达）砥诋（~毁）的（~确）[˥] 地弟帝娣第的

tʰ [˩] 剔梯踢特（~亮）[˧] 提（篮子、~防、~督）啼蹄题 [˦] 体（身~）[˥] 屉剃涕替

n [˩] 妮（~子）[˧] 尼泥倪霓拟（~稿）[˦] 你 [˥] 逆匿腻

l [˩] 哩（~~啦啦）力粟（~子）粒（米~）立（站~）[˧] 厘梨犁喱黎篱（~笆）[˦] 礼李里理 [˥] 历（经~、~法）历吏利丽例痢砾雳

tɕ [˩] 几（茶~）机肌鸡奇（~数）基叽（~咕）脊（~梁骨）矶饥吉击迹激积寂（~寞）[˧] 及极即（立~）急疾集寂（~寞）[˦] 几（~时）挤己给（供~）[˥]

---

　　* 我们2011年调查记录了两套固镇方言：一套的是固镇城关的发音合作者，不分平翘；另一套发音合作者是王友臣，男，62岁，专科文化，干部，固镇汪庄子人（离城20多公里，靠近五河）。这里附录的是分平翘的字表。

　　表中一些字同义异音，发音人难取舍，故如实记录。

技忌际妓剂季计纪记继寄济（无~于事）即

tɕʰ　[˩]七妻栖期漆膝（~盖）乞　[˧]齐祁其脐奇（~怪）岐旗企　[˦]起启　[˥]气汽弃器憩乞（~丐）

ɕ　[˩]夕西吸希牺息析媳　[˧]席媳袭析　[˦]洗喜玺　[˥]戏系细惜（可~）隙

j　[˩]一衣医依揖乙（~经）疫毅（陈~）役（~劳）　[˧]仪夷沂怡姨移疑已　[˦]以尾（~巴）椅蚁　[˥]义亦异益意翼议毅（~力）

u

p　[˩]不捕　[˦]补　[˥]布步部簿不

pʰ　[˩]捕扑铺（~路）埠（蚌~）　[˧]葡（~萄）扑（~克牌）菩（~萨）　[˦]朴普仆（~人）谱　[˥]铺（~面）瀑（~布）

m　[˩]木没（~落）　[˧]谋模（~子）　[˦]母亩牡某　[˥]目沐牧幕没（~收）

f　[˩]夫（丈~）肤福腐（豆~）辐（~射）复（恢~、~仇）　[˧]佛（~教）伏扶抚（优~）服（~从、~务）沸服（~药）　[˦]府斧傅（师~）覆（~灭）辅（~导）　[˥]父附赴讣副（~业）负妇傅（姓氏）

t　[˩]都（首~）督（~促）嘟（~噜）堵　[˧]毒独读渎　[˦]肚睹赌　[˥]杜肚（~皮）炉度（~量）渡镀

tʰ　[˩]凸秃突　[˧]图途徒涂　[˦]土吐（~痰）屠（~杀）唾（~沫子）　[˥]吐（呕~）兔

n　[˦]努弩奴　[˥]怒

l　[˩]鹿录（记~）碌绿漉　[˧]卢庐泸炉芦　[˦]卤鲁橹螺　[˥]路露

k　[˩]孤姑骨辜谷　[˧]咕（~~叫）　[˦]古股鼓估（~计）　[˥]固故顾锢

kʰ　[˧]枯哭窟　[˦]苦　[˥]库酷裤

x　[˩]呼乎忽　[˧]弧胡壶糊（浆~）　[˦]虎唬琥狐浒（水~）　[˥]户互沪护糊（~弄）

ts　[˩]租侏足筑　[˧]足（~够）卒　[˦]祖组俎

tsʰ　[˩]粗促（仓~）　[˧]族　[˥]醋

s　[˩]苏酥缩（~影）速束　[˧]俗述　[˥]叔（~叔）肃素诉塑

tʂ　[˩]帚朱诛猪蛛诸（~位）竹　[˧]粥轴妯　[˦]主煮拄　[˥]助住注柱蛀驻烛祝

tʂʰ　[˩]出触鼠（~疫）　[˧]殊除厨橱储（~备）　[˦]曙暑楚（~理）础　[˥]鼠（老~）处（住~）矗

ʂ　[˩]书舒输　[˧]术熟塾赎蜀　[˦]署薯　[˥]树竖

ɻ　[˩]辱入褥　[˧]如茹　[˦]汝乳　[˥]蠕孺儒

v　[˩]污巫屋乌诬侮（~辱）物（~体）　[˧]无吴梧芜　[˦]五午伍武鹉吾　[˥]勿戊务悟恶（可~）

y

n　[˦]女

l　[˩]律　[˧]驴　[˦]吕侣旅屡履缕　[˥]虑滤

tɕ　[˩]拘居桔车鞠（~躬）　[˧]局菊　[˦]举矩　[˥]巨句拒具剧惧据讵聚锯

tɕʰ　[˩]区曲驱蛐躯驱黢（~黑）趋　[˧]渠　[˦]取娶　[˥]去趣

ɕ　[˩]吁须需徐嘘墟许蓄畜　[˧]徐　[˦]许（允~）　[˥]序叙絮婿绪续旭

tsʰ　[˩]畜（~牲）

Ø　[˩]淤（~泥）于浴狱　[˧]余盂俞鱼榆愚　[˦]羽禹语雨屿予与　[˥]玉芋育郁喻预

ɚ

Ø　[˧]儿　[˦]而尔耳　[˥]二贰

a

p　[˩]八巴扒（~煤）疤粑（枇~）琶粑　[˧]拔跋　[˦]把（~头、~手）靶　[˥]爸罢霸把

pʰ　[˩]趴　[˦]爬扒　[˥]怕

m　[˩]妈马（~虎）蚂蚂（~蚱）　[˧]麻　[˦]马（~鞍）玛码　[˥]骂

f　[˩]发（理~）法发（~球）　[˥]乏伐罚阀

v　[˩]挖袜　[˧]娃娲蛙　[˦]瓦（~盆）　[˥]瓦（~刀）

t　[˩]搭耷　[˧]答达　[˦]打（一~毛巾、~倒）　[˥]大

tʰ [˩] 它他她塌踏塔 [˥] 挞 [˦] 蹋(糟~)

n [˩] 纳呐 [˥] 拿 [˦] 哪 [˨] 那娜

l [˩] 拉垃邋腊辣蜡 [˥] 拉(~呱、手上~一个口子)
[˦] 喇(~叭)

kʰ [˩] 喀(~吧)咖 [˦] 卡

x [˩] 哈(~气)[˦] 哈(~巴狗)

ts [˥] 杂砸 [˦] 咋

tsʰ [˩] 擦

s [˩] 撒(~手)卅 [˦] 撒(~种)

tʂ [˩] 扎渣楂奓(~开) [˥] 闸炸 [˨] 眨 [˨] 炸
(~弹)诈

tʂʰ [˩] 叉差(~别)插 [˥] 查茬茶 [˦] 镲(~子)
[˨] 诧

ʂ [˩] 杀沙纱砂鲨 [˦] 傻 [˨] 厦

ø [˩] 啊腌

ia

pʰ [˩] □(意思"好"。说人时指长相。常用词。男女均可)

t [˦] □(美好。与phia²¹²意思同)气

l [˦] 俩

tɕ [˩] 加佳家夹(~袄) [˥] 夹(~道欢迎)颊甲 [˦]
假(~话、放)贾 [˨] 价嫁稼驾

tɕʰ [˩] 掐扻 [˦] 卡 [˨] 洽恰

ɕ [˩] 虾瞎 [˥] 侠峡狭遐瑕 [˨] 下吓厦(大~)
夏

ø [˩] 丫压押鸭 [˥] 牙芽涯崖衙 [˦] 哑雅(~
观)[˨] 亚轧娅

ua

k [˩] 瓜刮(~风) [˥] 呱 [˦] 寡 [˨] 卦挂褂

kʰ [˩] 夸 [˦] 挎(~篮子) [˨] 胯

x [˩] 花 [˥] 华滑猾划(~船) [˦] 划(~玻璃) [˨]
化划画话华(姓氏)

tʂ [˩] 抓 [˦] 爪

ʂ [˩] 刷(~子) [˦] 耍

ie

p [˩] 憋鳖 [˥] 别(~针、~去) [˦] 瘪

pʰ [˩] 撇瞥氅 [˦] 苤

m [˩] 灭蔑篾 [˦] 咩

t [˩] 爹跌 [˥] 迭叠碟蝶谍

tʰ [˩] 帖贴铁

n [˩] 聂镊孽

l [˩] 裂列劣烈猎 [˦] 咧(~嘴笑)

tɕ [˩] 阶皆接秸揭街结节 [˥] 劫杰捷截 [˦]
姐解(~决) [˨] 介届界借械

tɕʰ [˩] 切(~除) [˦] 且 [˨] 妾窃切(~脉,一般说把脉)

ɕ [˩] 歇蝎 [˥] 协邪胁斜鞋谐 [˦] 写蟹
泻泄卸谢

ø [˩] 叶业噎页 [˥] 爷 [˦] 椰也冶野 [˨] 夜
液

ɤ

k [˩] 割歌戈鸽疙葛各(~个)角(牛~) [˥] 嗝阁
搁(~点糖) [˦] 哥 [˨] 个

kʰ [˩] 苛科柯颗棵渴咳瞌 [˦] 可 [˨] 课

x [˩] 喝 [˥] 禾何河和荷盒 [˦] 郝(姓氏) [˨]
贺鹤

ts [˩] 遮 [˥] 泽仄辙宅择

tsʰ [˩] 侧策 [˥] 测

tʂ [˩] 浙哲 [˥] 折摘 [˦] 者 [˨] 这

tʂʰ [˩] 车彻撤 [˦] 扯

ʂ [˩] 奢 [˥] 舌蛇 [˦] 舍(~弃) [˨] 社舍(宿~)
射设赦麝

ɻ [˩] 热 [˦] 惹

ø [˩] 屙恶(作~) [˥] 俄娥蛾鹅 [˨] 饿

yɤ

tɕ [˩] 角脚决 [˥] 嚼爵撅(~工:不干活,罢工)绝倔

tɕʰ [˩] 缺鹊雀确(~实) [˥] 瘸 [˨] 却

ɕ [˩] 削靴薛雪 [˥] 穴学

∅ [⅃] 约药月钥越阅 [ᴵ] 悦

ɜ

t [⅃] 德得(~到)

tʰ [ᴵ] 特

l [⅃] 肋勒

k [⅃] 隔革格 [ᴵ] 给

kʰ [⅃] 刻克客 [ᴵ] 尅(~饭:吃饭;~架:打架)

ts [⅃] 则

tsʰ [⅃] 册

s [⅃] 色涩

ɔ

p [⅃] 包苞胞 [ᴵ] 宝保饱 [ᵧ] 报抱暴爆刨(名词,~子)

pʰ [⅃] 抛 [⌐] 刨(动词)袍 [ᴵ] 跑 [ᵧ] 炮泡

m [⅃] 猫 [⌐] 毛茅矛锚 [ᴵ] 卯铆 [ᵧ] 茂帽冒貌

t [⅃] 刀叨 [ᴵ] 导倒(~车)岛捣蹈 [ᵧ] 到倒(~立)悼盗道稻

tʰ [⅃] 掏滔涛 [⌐] 逃陶淘桃 [ᴵ] 讨 [ᵧ] 套

n [⅃] 孬 [ᴵ] 脑恼 [ᵧ] 闹

l [⌐] 捞牢劳唠 [ᴵ] 老佬 [ᵧ] 涝

k [⅃] 高羔 [ᴵ] 搞稿膏(~药)镐 [ᵧ] 告诰

kʰ [⅃] 尻 [ᴵ] 考拷烤 [ᵧ] 靠铐

x [ᵧ] 蒿 [⌐] 号(~哭)毫豪嚎壕 [ᴵ] 好(~人)郝 [ᵧ] 号好(~恶)浩耗皓

ts [⅃] 遭糟 [ᴵ] 早枣澡 [ᵧ] 灶皂造燥

tsʰ [⅃] 操 [⌐] 曹巢 [ᴵ] 草 [ᵧ] 糙

s [⅃] 臊骚 [ᴵ] 扫嫂

tʂ [⅃] 招昭诏 [ᵧ] 兆照罩

tʂʰ [⅃] 抄超 [⌐] 朝潮 [ᴵ] 吵钞炒 [ᵧ] 跨

ʂ [⅃] 捎梢烧 [⌐] 韶绍 [ᴵ] 少(~数) [ᵧ] 少(老~)哨

ɻ [⌐] 饶 [ᴵ] 扰绕(环~) [ᵧ] 绕(~线)

∅ [⌐] 遨嗷翱熬(~稀饭) [ᴵ] 袄 [ᵧ] 奥澳懊傲

uo

p [⅃] 剥玻菠播拨博伯泊 [⌐] 勃脖薄 [ᴵ] 簸(动词) [ᵧ] 簸(名词)

pʰ [⅃] 坡泼魄(魂~) [⌐] 剖 [ᴵ] 婆 [ᵧ] 破

m [⅃] 末摸么脉默沫 [⌐] 模膜莫磨魔 [ᴵ] 抹(~煞) [ᵧ] 磨

f [ᵧ] 否

t [⅃] 多 [⌐] 夺铎 [ᴵ] 朵躲 [ᵧ] 舵堕跺

tʰ [⅃] 托拖脱 [⌐] 陀沱驮驼 [ᴵ] 妥椭

n [⌐] 挪 [ᵧ] 懦糯

l [⅃] 落(~后)烙(~饼)洛(~河) [⌐] 萝逻锣骡 [ᴵ] 捋裸掳 [ᵧ] 摞

k [⅃] 郭涡锅过(~时) [ᴵ] 果裹 [ᵧ] 过(越~)国

kʰ [⅃] 扩括廓 [ᵧ] 阔

x [⅃] 豁 [⌐] 活和(~面) [ᴵ] 火伙 [ᵧ] 和(~点糖)货祸霍或

v [⅃] 倭涡窝蜗 [ᴵ] 我 [ᵧ] 沃卧握(把~、~手)

ts [⅃] 作(~阴天)捉 [⌐] 昨琢凿 [ᴵ] 左佐撮 [ᵧ] 坐作做座

tsʰ [⅃] 搓撮 [ᴵ] 锉 [ᵧ] 措错锉

s [⅃] 梭梳 [⌐] 勺妁 [ᴵ] 数(~钱)锁唢所索 [ᵧ] 数(~字)硕烁

tʂ [⅃] 桌 [⌐] 卓苗着(~急)

tʂʰ [⅃] 戳

ʂ [⅃] 说

ɻ [⅃] 若弱

ai

p [ᴵ] 摆 [ᵧ] 拜败

pʰ [⅃] 排牌 [ᵧ] 派湃

m [⌐] 埋 [ᴵ] 买 [ᵧ] 卖迈

v [⅃] 歪 [ᵧ] 外

t [⅃] 呆 [⌐] 逮歹 [ᵧ] 代大(~夫)带待袋贷戴

tʰ [⅃] 胎 [⌐] 台苔抬 [ᵧ] 太态泰

n [ᴵ] 乃奶 [ᵧ] 奈耐

l [˩] 来莱 [˥] 赖

k [˨˩] 该 [˦] 改 [˥] 丐盖钙概

kʰ [˨˩] 开揩 [˦] 凯楷 [˥] 慨忾

x [˨˩] 还 [˩] 孩 [˦] 海 [˥] 害

ts [˨˩] 灾栽斋 [˦] 宰崽载 [˥] 再在

tsʰ [˨˩] 猜 [˩] 才财裁豺 [˦] 采彩 [˥] 菜蔡

s [˨˩] 腮塞(堵~) [˥] 塞(要~)赛晒

tʂ [˥] 债寨

tʂʰ [˨˩] 差(出~)钗 [˩] 柴

ʂ [˨˩] 筛

∅ [˨˩] 哀挨 [˩] 捱呆(~板)癌 [˦] 矮蔼 [˥] 艾爱碍

uai

k [˨˩] 乖 [˦] 拐 [˥] 怪

kʰ [˦] 扨(~痒,常用词) [˥] 会(~计)快块筷侩

x [˩] 怀淮槐 [˥] 坏

tʂ [˥] 拽

tʂʰ [˦] 揣(~在怀里) 揣(~摩) [˥] 踹

ʂ [˨˩] 衰摔 [˦] 甩 [˥] 帅率蟀

ei

p [˨˩] 北杯卑悲背(~带)碑百柏(松~)白 [˩] 柏 [˥] 贝备被倍辈臂(胳膊)币

pʰ [˨˩] 胚迫魄(七魂六~) [˩] 陪培裴 [˥] 沛佩配

m [˨˩] 麦脉默墨 [˩] 玫枚眉梅煤媒霉 [˦] 每美 [˥] 妹魅没

f [˨˩] 飞妃非菲 [˩] 肥 [˦] 匪诽 [˥] 吠肺费废痱

v [˨˩] 威煨巍 [˩] 为(年轻有~、~何)围圩维 [˦] 微危薇唯惟违伪尾委伟 [˥] 卫未味喂尉魏

t [˨˩] 堆得(可~注意) [˥] 碓对队

tʰ [˨˩] 推 [˩] 特(~务) [˦] 腿 [˥] 退蜕

x [˨˩] 黑

ts [˨˩] 窄 [˩] 贼 [˦] 嘴 [˥] 最罪醉

tsʰ [˨˩] 崔摧催 [˥] 粹翠脆

s [˨˩] 尿虽睢 [˩] 随遂髓 [˦] 谁 [˥] 岁穗碎

ʂ [˦] 谁

∅ [˦] 扼

uei

t [˥] 兑

k [˨˩] 归龟规闺 [˦] 鬼诡轨 [˥] 柜桂贵跪

kʰ [˨˩] 亏 [˩] 奎葵魁 [˥] 窥愧溃

x [˨˩] 灰恢挥徽 [˩] 回蛔 [˦] 毁 [˥] 会惠贿绘

ts [˥] 最(又读)

tsʰ [˥] 脆(又读)

tʂ [˨˩] 追锥 [˥] 赘

tʂʰ [˨˩] 吹炊 [˩] 垂棰锤

ʂ [˦] 水 [˥] 睡税

ɻ [˥] 瑞锐

iɑu

p [˨˩] 标彪膘镖 [˦] 表婊裱 [˥] 摽

pʰ [˨˩] 飘漂(~泊) [˩] 嫖瓢 [˦] 漂(~白) [˥] 票漂(~亮)

m [˩] 苗描瞄 [˦] 眇渺秒藐 [˥] 妙庙

t [˨˩] 刁叼凋雕 [˦] 屌 [˥] 吊掉调(~动)

tʰ [˨˩] 挑(~选) [˩] 条迢笤调(~和) [˦] 挑(~拨) [˥] 眺跳

n [˦] 鸟袅 [˥] 尿(~布,又读sei[˥])

l [˩] 辽疗聊撩燎 [˦] 了(~解、明~) [˥] 料撂

tɕ [˨˩] 交郊姣椒教(~书)娇骄 [˦] 狡绞饺佼缴(~费) [˥] 叫觉教(~导)较(比~)轿

tɕʰ [˨˩] 敲跷 [˩] 乔瞧樵 [˦] 巧 [˥] 窍峭鞘翘(~尾巴)

ɕ [˨˩] 消宵肖萧箫 [˦] 小晓 [˥] 孝效校笑酵

∅ [˨˩] 夭要(~挟)腰邀 [˩] 尧窑遥摇谣 [˦] 咬 [˥] 要(重~)耀跃(~进)

ou

t [˨˩] 都兜 [˦] 斗(漏~)抖陡 [˥] 斗(~争)豆

逗窦

tʰ [˩] 偷 [˥] 头投 [˧] 透
l [˥] 楼 [˦] 搂 [˧] 漏
k [˩] 勾沟钩 [˦] 苟狗 [˧] 构购够
kʰ [˩] 抠 [˦] 口 [˧] 叩扣寇
x [˥] 喉猴 [˧] 后厚候(等~)
ts [˦] 走 [˧] 奏揍骤
tsʰ [˧] 凑
s [˩] 搜馊 [˦] 擞叟 [˧] 嗽
tʂ [˩] 州舟周洲 [˦] 肘 [˧] 宙咒昼
tʂʰ [˩] 抽 [˥] 仇惆筹愁稠绸踌 [˦] 丑 [˧] 臭
ʂ [˩] 收 [˦] 手守首 [˧] 寿受兽售瘦
ɻ [˥] 柔揉蹂 [˧] 肉
ø [˩] 欧呕鸥呕 [˦] 偶藕 [˧] 怄

iou

t [˩] 丢
n [˩] 妞 [˥] 牛 [˦] 扭纽 [˧] 拗
l [˩] 遛 [˥] 刘流留琉瘤 [˦] 柳缕 [˧] 陆
(肆伍~)
tɕ [˩] 纠赳鸠 [˦] 九玖久 [˧] 旧究舅就救
tɕʰ [˩] 丘邱秋蚯楸朽 [˥] 泅球求囚 [˦] 糗
ɕ [˩] 休修羞 [˧] 秀袖绣锈
ø [˩] 优幽悠 [˥] 尤由邮犹油游 [˦] 友
有 [˧] 又幼诱柚

æ̃

p [˩] 班般斑搬 [˦] 板版 [˧] 办半扮伴瓣
pʰ [˩] 潘攀 [˥] 盘 [˧] 判叛盼畔
m [˥] 蛮瞒馒 [˦] 满 [˧] 曼漫慢蔓
f [˩] 帆番翻 [˥] 凡矾烦繁 [˦] 反返 [˧] 犯
泛范贩饭
v [˩] 弯豌湾 [˥] 完玩顽丸 [˦] 宛碗惋腕
晚 [˧] 万
t [˩] 丹单担(~水)耽 [˦] 胆掸 [˧] 蛋惮淡旦
但
tʰ [˩] 贪滩摊 [˥] 坛痰谈谭弹(~力)檀 [˦] 坦
袒毯 [˧] 叹炭探碳
n [˥] 男南难(困~) [˧] 难(遇~)
l [˥] 兰拦栏蓝篮 [˦] 懒览缆 [˧] 烂滥
k [˩] 干(~旱)肝甘 [˦] 杆(秤~)杆(旗~)竿敢
赶感 [˧] 干赣
kʰ [˩] 刊看(~守)堪 [˦] 坎砍槛(门~)阚 [˧]
看(~见)
x [˩] 憨罕鼾喊 [˥] 含函涵寒韩 [˧] 汉汗旱
悍焊憾翰
ts [˩] 簪毡钻(~石) [˦] 咱攒
tsʰ [˩] 参(~加)餐 [˥] 蚕残 [˦] 惭惨 [˧] 忏
s [˩] 三 [˦] 散伞 [˧] 散(解~)
tʂ [˩] 沾 [˦] 展盏崭辗 [˧] 占战站栈绽颤
tʂʰ [˩] 搀 [˥] 馋婵 [˦] 产铲 [˧] 灿
ʂ [˩] 山杉删衫 [˦] 闪 [˧] 膻善擅鳝
ɻ [˥] 然染
ø [˩] 安桉氨庵鞍 [˦] 俺 [˧] 岸按案暗

iæ̃

p [˩] 边编 [˦] 匾贬 [˧] 弁变便(方~)辨辫
pʰ [˩] 偏(~爱)篇翩 [˥] 便(~宜) [˧] 片骗
m [˩] 缅(~杯)腼(~腆) [˥] 眠棉绵 [˦] 免勉
娩 [˧] 面缅(~甸)
t [˩] 掂滇颠巅癫 [˦] 典点碘踮 [˧] 电垫甸
店淀奠殿
tʰ [˩] 天添 [˥] 田甜填
n [˩] 蔫拈 [˥] 年鲇 [˦] 捻碾撵 [˧] 念
l [˥] 帘怜连联廉莲镰 [˦] 脸 [˧] 练炼恋楝
(~树)殓敛
tɕ [˩] 尖奸坚肩艰兼间(一~房) [˦] 茧拣剪减
碱捡俭检 [˧] 件笺鉴渐箭剑溅间
tɕʰ [˩] 千迁牵签铅谦纤(~夫) [˥] 前乾钱黔
[˦] 浅潜 [˧] 欠倩歉椠纤(拉~)
ɕ [˩] 仙先掀鲜 [˥] 弦闲嫌贤衔 [˦] 显险
[˧] 县限宪陷现羡线

ø [˩]咽烟胭淹腌 [˧]言严延沿炎岩盐研焰
　[˦]掩眼演 [˨]厌沿(沟~、河~)晏艳雁燕验

uæ̃

t [˩]端 [˦]短 [˨]段断

n [˦]暖

l [˧]峦栾 [˦]卵 [˨]乱

k [˩]官关棺观 [˦]管馆 [˨]冠灌贯掼惯

kʰ [˩]宽 [˦]款

x [˩]欢獾 [˧]还(归~)环寰 [˦]缓 [˨]患涣焕换唤幻

ts [˩]钻(~孔) [˨]攥

tsʰ [˨]篡

s [˩]酸 [˨]算

tʂ [˩]专砖 [˦]转(~弯) [˨]赚传(~记)撰转(~动)

tʂʰ [˩]余穿川 [˧]传(~达)船 [˦]喘 [˨]窜串

ʂ [˩]栓 [˨]涮

ɻ [˦]软阮

yæ̃

tɕ [˩]捐涓娟鹃 [˦]卷(~人) [˨]圈(猪~)倦券卷(试~)

tɕʰ [˩]圈(圆~) [˧]拳权全泉 [˦]犬 [˨]劝

ɕ [˩]轩宣喧鲜仙先 [˧]旋漩玄悬弦 [˦]选癣 [˨]绚

ø [˩]渊冤鸳 [˧]元圆袁辕猿援员源 [˦]远 [˨]院愿怨

ə̃

p [˩]奔进(~发) [˦]本 [˨]笨奔

pʰ [˩]喷 [˧]盆 [˨]喷(~香)

m [˩]闷(~声~气、~的慌) [˧]门们 [˨]闷(~~不乐)焖

f [˩]分吩棻 [˧]坟

v [˩]温瘟 [˧]文蚊纹闻 [˦]紊稳吻刎 [˨]问

t [˩]敦墩蹲吨

k [˩]根跟 [˨]亘

kʰ [˦]肯啃垦恳

x [˧]痕 [˦]很狠 [˨]恨

ts [˩]尊遵 [˦]怎

tsʰ [˩]参(~差)村 [˧]存 [˨]寸

s [˩]森孙 [˦]损榫笋

tʂ [˩]榛斟真针珍诊 [˦]枕 [˨]震振镇朕阵

tʂʰ [˧]沉臣辰晨尘陈 [˨]衬趁称

ʂ [˩]深申伸绅参(人~)身 [˧]什神 [˦]审沈婶 [˨]甚椹慎肾

ɻ [˧]人任(姓氏)仁 [˦]忍 [˨]认任刃

ø [˩]恩 [˨]摁

ĩ

p [˩]宾槟斌彬鬓 [˨]鬓

pʰ [˩]拼妍乒 [˧]濒贫 [˦]品 [˨]聘

m [˩]觅(寻~) [˧]民 [˦]敏皿闽

l [˩]拎 [˧]磷鳞临林淋邻

tɕ [˩]巾今金斤筋津浸 [˦]紧锦仅 [˨]进尽禁近劲

tɕʰ [˩]亲钦侵浸 [˧]勤琴禽芹 [˦]寝 [˨]沁

ɕ [˩]心辛欣新薪星腥

ø [˩]音因殷荫阴 [˧]寅银淫 [˦]饮引尹瘾隐饮 [˨]印饮(~马)

uə̃

k [˩]闺(~女) [˦]滚磙 [˨]棍

kʰ [˩]昆 [˦]捆 [˨]困

x [˩]荤昏婚 [˧]浑魂馄 [˨]混(鬼~)

tʂ [˩]肫谆准

tʂʰ [˩]春椿 [˧]唇纯鹑 [˦]蠢

ʂ [˨]舜瞬顺

ɻ [˨]闰润

ỹ

tɕ [˩]菌军均钧君 [˦]浚 [˨]竣骏俊郡

tɕʰ [˧]群裙

ɕ [˩] 勋熏薰 [˥] 旬循询徇寻巡 [˧] 训汛迅逊
ø [˩] 晕 [˥] 云芸耘匀 [˧] 允 [˨] 运韵孕熨恽

aŋ

p [˩] 邦梆帮浜 [˨] 榜膀绑膀 [˧] 镑棒磅谤
pʰ [˩] 乓 [˥] 旁庞 [˧] 耪 [˨] 胖
m [˩] 牤牛 [˥] 忙芒茫盲氓 [˨] 莽蟒
f [˩] 方芳 [˥] 房妨(~碍) [˧] 坊防妨(~人:风水不好)访仿 [˨] 放
v [˩] 汪 [˥] 亡王 [˧] 网往惘枉 [˨] 忘妄旺往(~东去)望
t [˩] 当(~选)裆铛(~~响) [˧] 挡党档 [˨] 砀荡当(~铺)
tʰ [˩] 蹚汤 [˥] 唐糖塘搪棠堂 [˧] 淌(~汗)躺 [˨] 趟烫
n [˥] 囊 [˧] 攘(用刀~) [˨] 齉
l [˩] 狼郎廊朗 [˧] 琅 [˨] 浪
ts [˩] 脏赃 [˨] 葬藏
tsʰ [˩] 仓苍舱昌菖猖娼 [˧] 藏(~书) [˨] 倡
s [˩] 桑 [˧] 搡嗓赏垧晌磉 [˨] 上
k [˩] 肛刚钢纲冈 [˧] 港岗 [˨] 杠
kʰ [˩] 康慷糠 [˧] 扛 [˨] 亢抗炕
x [˩] 夯 [˥] 杭航行(排~)
ɣ [˩] 肮 [˥] 吭 昂盎
tʂ [˩] 章樟蟑张瘴 [˧] 长(~高) [˨] 障帐胀丈杖仗
tʂʰ [˥] 尝偿常嫦长(~短)肠场 [˧] 敞场(打~) [˨] 畅唱
ʂ [˩] 丧商伤
ɻ [˩] 嚷壤 [˧] 让 [˨] 酿

iaŋ

n [˥] 娘
l [˥] 凉良粮梁粱量(~布) [˧] 两 [˨] 亮谅晾辆量
tɕ [˩] 姜将(~军)江豇僵疆 [˧] 讲奖蒋 [˨] 匠
酱犟降(~低)
tɕʰ [˩] 腔枪呛炝呛 [˥] 墙强蔷详 [˧] 抢
ɕ [˩] 襄镶湘厢相(互~)箱香乡相(~马) [˥] 祥翔详 [˧] 享想响饷 [˨] 项巷像象相(丞~)
ø [˩] 央殃秧 [˥] 羊洋杨扬阳 [˧] 养氧仰 [˨] 样漾

uaŋ

k [˩] 光胱 [˧] 广 [˨] 逛
kʰ [˩] 匡诓框(~子) [˥] 筐 [˧] 狂逛 [˨] 矿旷框(镜~)眶况圹
x [˩] 荒慌 [˥] 皇蝗凰黄璜 [˧] 谎晃(~眼)惶(人心~~) [˨] 幌晃(~动)
tʂ [˩] 装妆庄桩 [˨] 幢壮状
tʂʰ [˩] 窗疮 [˥] 床 [˧] 闯 [˨] 撞创
ʂ [˩] 霜双 [˧] 爽

əŋ

p [˥] 蚌(~埠)崩绷
pʰ [˥] 彭澎朋棚蓬 [˧] 捧 [˨] 碰
m [˥] 萌盟蒙 [˧] 猛锰 [˨] 孟梦
f [˩] 封丰峰锋风疯枫讽 [˥] 冯逢 [˨] 凤奉俸缝(一条~)
v [˩] 翁嗡 [˨] 瓮
t [˩] 灯登 [˧] 等 [˨] 凳邓瞪澄
tʰ [˥] 疼腾藤螣誊
n [˥] 能聋脓
l [˧] 冷 [˨] 愣楞棱(~角)
k [˩] 更耕 [˧] 埂梗耿 [˨] 更(~加)
kʰ [˩] 坑吭
x [˩] 亨 [˥] 恒衡
ts [˩] 增争侦 [˨] 憎
tsʰ [˥] 曾(~经)层
s [˩] 僧
tʂ [˩] 征(~途)正(~月)蒸 [˧] 整拯 [˨] 正郑证政

tʂʰ [꜔] 称(~心) [꜒] 骋橙成诚城呈程乘盛(~饭)

ʂ [꜒] 绳 [꜕] 省 [꜓] 盛胜剩圣

ɻ [꜔] 扔 [꜕] 仍

iŋ

p [꜔] 冰兵 [꜕] 秉柄饼 [꜓] 并病

pʰ [꜒] 瓶平评苹凭

m [꜒] 明名 [꜕] 鸣铭

t [꜔] 丁钉(铁~)叮盯 [꜕] 顶鼎 [꜓] 定订钉(~上)

tʰ [꜔] 厅听 [꜒] 亭廷庭艇停 [꜕] 挺蜓

n [꜒] 柠咛宁凝拧(~紧) [꜓] 拧(~脾气)

l [꜒] 灵凌零玲 [꜕] 领岭 [꜓] 另

tɕ [꜔] 京惊精荆经 [꜕] 景井警 [꜓] 竞境晴敬静径茎

tɕʰ [꜔] 清青蜻轻 [꜒] 情晴擎 [꜕] 请 [꜓] 庆

ɕ [꜔] 兴兴旺 [꜒] 刑行(~人)形型 [꜕] 醒 [꜓] 兴(高~)性杏幸姓

Ø [꜔] 鹰莺罂婴樱英 [꜒] 赢莹营蝇楹迎 [꜕] 影颖 [꜓] 硬应

oŋ

t [꜔] 东冬 [꜕] 懂董 [꜓] 动冻栋洞

tʰ [꜔] 通 [꜒] 童同桐铜 [꜕] 统筒桶 [꜓] 痛

n [꜒] 农浓脓 [꜓] 弄

l [꜒] 龙笼(鸟~子)隆聋 [꜕] 拢陇笼(~统)

k [꜔] 工攻功公恭弓躬宫龚 [꜕] 汞巩拱 [꜓] 供共

kʰ [꜔] 空(天~) [꜕] 恐孔 [꜓] 空(~闲)控

x [꜔] 烘哄(闹~~) [꜒] 轰鸿虹红洪弘 [꜕] 哄(~骗)横 [꜓] 讧哄(起~)

ts [꜔] 宗棕踪 [꜕] 总 [꜓] 粽纵

tsʰ [꜔] 充聪葱匆 [꜒] 从丛

s [꜔] 松凇 [꜕] 耸 [꜓] 宋送颂诵讼

tʂ [꜔] 中忠钟终盅 [꜕] 肿种(~子) [꜓] 众种(~田)重(~量)

tʂʰ [꜔] 冲 [꜒] 虫重(~复) [꜕] 崇宠 [꜓] 冲(说话~)

ɻ [꜒] 荣容绒溶融嵘

ioŋ

tɕ [꜕] 炯

tɕʰ [꜔] 倾 [꜒] 穷琼穹

ɕ [꜔] 凶匈汹胸 [꜒] 雄熊

Ø [꜔] 庸慵雍拥 [꜕] 永咏泳涌勇 [꜓] 用佣

附录二　云南腾冲话同音字表*

ɿ

ts [44] 姿资咨兹滋 [52] 紫姊子滓 [313] 自字

tsʰ [44] 差（参~） [42] 瓷慈磁辞词祠 [52] 此雌 [313] 刺赐次翅

s [44] 撕斯厮私师狮丝司思 [52] 死 [313] 四肆似祀巳寺嗣伺士仕柿事

ʅ

tʂ [44] 知蜘支枝栀肢之芝只（一~鸡） [42] 置秩侄质执汁直稚值织职殖植掷 [52] 旨只（~有）脂指纸止趾址炙 [313] 制滞智致至痔治志痣

tʂʰ [44] 驰嗤侈 [42] 池匙迟持赤斥尺吃 [52] 耻齿

ʂ [44] 施豉尸嗜诗 [42] 矢时实失室湿十什拾食蚀识适释石 [52] 屎始 [313] 世势誓逝是氏示视市试侍式饰

ʐ̩ [42] 日

i

p [42] 鼻笔毕必碧壁璧 [52] 彼俾比 [313] 蔽敝弊币毙蓖陛闭避弼

pʰ [44] 批庇匹 [42] 皮疲脾琶枇痹僻辟劈 [52] 鄙 [313] 屁

m [42] 迷糜弥泌密蜜觅 [52] 米 [313] 谜

t [44] 低的（日~） [42] 滴嫡笛敌狄 [52] 底抵 [313] 弟帝第递地

tʰ [44] 梯屉 [42] 题提蹄啼堤 [52] 体 [313] 替涕剃

n [42] 泥倪尼疑凝逆溺谊 [52] 女你 [313] 腻

l [44] 驴 [42] 犁黎礼隶离篱璃履立笠粒力历率 [52] 旅李里理鲤 [313] 虑滤厉励丽荔利痢狸吏栗律

ts [42] 缉辑疾即鲫绩迹脊籍藉寂 [52] 集 [313] 祭际济剂聚

tsʰ [44] 妻蛆 [42] 齐脐七漆戚 [52] 取娶 [313]

---

* 2011年调查记录。发音合作者：孙兰崇，女，1961年出生，原籍是腾冲县芒棒乡，中等师专毕业，职业是小学教师；幼时语言环境和教师语言均为腾冲话，会说普通话，但是不流利；能听懂傣语，但是不会说；一直居住在腾冲县城。

腾冲话还有一个韵母[ue]，只有两个字："或，国"。并且"国"在日常生活中多读为$[ko^{21}]$，只有少数时候读为$[kue^{21}]$。"或"没有异读，只有一个音$[xue^{21}]$，是读书音，故音系里没有单列出来。

砌趣

s [44] 须需西栖 [42] 徐瞿婿习袭悉膝熄息媳昔惜席夕锡 [313] 序叙绪细析

tɕ [44] 居拘驹鸡稽饥肌几(茶~、~乎) 基机讥 [42] 急级及极击激 [52] 举矩己纪几(~个) [313] 巨拒距据锯俱计继系(~鞋带) 髻记忌既剧季

tɕʰ [44] 趋区驱欺期 [42] 渠奇骑歧鳍其棋旗乞 [52] 启起祈岂 [313] 契器弃气汽泣

ɕ [44] 虚嘘犀溪奚兮牺嬉熙希稀 [52] 许喜 [313] 絮系(联~)戏

Ø [44] 淤吁迂倚椅伊医衣依 [42] 鱼渔余愚虞娱盂移夷姨沂揖乙一逸遗疫役 [52] 语与裕已以蚁雨于 [313] 御誉预豫榆逾愉芋艺易意异毅忆亿抑翼亦译玉义议宜仪喻

iəu

m [313] 谬
t [44] 丢
n [42] 牛 [52] 纽扭
l [44] 溜 [42] 流刘留硫琉 [52] 柳 [313] 榴
ts [52] 酒 [313] 就
tsʰ [44] 秋
s [44] 修羞 [313] 绣秀锈袖
tɕ [44] 鸠纠
tɕʰ [44] 丘 [42] 囚求球仇姓
ɕ [44] 休
Ø [44] 忧优悠幽 [42] 尤邮由油游犹 [52] 有友酉 [313] 莠又右佑柚幼

u

p [52] 补 [313] 部簿布怖步卜
pʰ [44] 铺(~设) [42] 蒲脯捕埠扑瀑赴 [52] 谱普浦 [313] 铺(店~)
m [42] 木目牧 [52] 牡母拇

f [44] 夫敷 [42] 孵符扶芙俯讣佛福幅蝠腹覆服伏复缚 [52] 府甫脯斧腐辅 [313] 父付赋傅附

t [44] 都(~城) [42] 独读犊牍督毒 [52] 堵赌 [313] 杜肚度渡镀

tʰ [42] 徒屠途涂图突秃 [52] 土吐(~痰) [313] 吐(~出来)

n [42] 奴努 [313] 怒

l [42] 卢炉庐绿六鹿禄陆 [52] 鲁橹虏卤 [313] 路赂露鹭

ts [44] 租 [42] 卒足 [52] 祖组阻 [313] 助

tsʰ [44] 粗 [42] 猝族促 [52] 楚 [313] 醋

s [44] 苏酥疏蔬 [42] 速续宿肃粟俗束 [52] 数(动词) [313] 素诉塑数(名词)

tʂ [44] 猪诸诛蛛株朱珠 [42] 竹筑逐祝烛嘱触 [52] 主 [313] 著柱驻住注蛀铸

tʂʰ [44] 初揣 [42] 除厨雏出畜 [52] 储处(相~)杵鼠拄 [313] 处(~所)

ʂ [44] 书舒枢输殊 [42] 述叔熟淑蜀属赎 [52] 暑署薯术 [313] 恕树

ʐ [42] 如入肉 [52] 汝乳儒

tɕ [42] 菊局 [313] 橘

tɕʰ [42] 鞠曲 [313] 屈

ɕ [42] 戌畜蓄

k [44] 姑孤箍 [42] 骨谷 [52] 古估 [313] 故固锢雇顾

kʰ [44] 枯窟 [42] 哭 [52] 苦 [313] 库裤酷

x [44] 呼忽乎 [42] 胡湖狐壶斛 [52] 虎浒 [313] 户沪互

Ø [44] 乌污坞巫诬侮 [42] 吴蜈吾梧无物勿屋 [52] 五伍午舞鹉 [313] 误悟恶(可~)雾戊

iu

Ø [42] 郁育狱欲浴

A①

p　[44]巴芭疤 [42]爸八拔 [52]把 [313]坝耙罢

pʰ　[44]琶杷② [42]爬 [313]怕

m　[44]妈③蟆④ [42]麻抹 [52]马码 [313]骂

f　[42]法乏发(头~)伐筏罚

t　[42]答搭达 [313]大

tʰ　[44]他 [42]踏塔塌獭

n　[42]拿纳 [52]哪 [313]捺那

l　[44]拉 [42]腊蜡辣

ts　[44]杂

tsʰ　[42]擦

s　[44]萨 [52]撒

tʂ　[44]渣 [42]眨闸炸札铡栅 [313]诈榨炸

tʂʰ　[44]差(~不多) [42]茶搽查插察 [313]叉权岔

ʂ　[44]沙纱 [42]杀 [52]厦(大~)傻

ø　[44]阿

iA

tɕ　[44]家加痂嘉稼佳 [42]夹甲胛挟 [52]假(真~)贾 [313]假(放~)架驾嫁价

tɕʰ　[42]恰掐洽

ɕ　[44]虾 [42]霞瑕遐暇峡狭匣瞎辖 [52]下夏厦(~门)

ø　[44]鸦丫哑 [42]牙芽衙轧鸭崖涯 [52]雅 [313]亚

uA

tʂ　[44]抓 [52]爪

ʂ　[42]刷

k　[44]瓜 [42]刮 [52]寡剐 [313]挂卦

kʰ　[44]夸 [313]跨

x　[44]花 [42]华(中~)划滑猾 [313]化华(~山)桦画话

ø　[44]蛙洼 [42]袜 [52]瓦

o

p　[44]菠波玻 [42]薄钵拨博泊剥帛 [52]跛簸

pʰ　[44]坡颇 [42]婆泼 [313]破剖

m　[44]摸 [42]魔磨摩末沫莫膜寞穆 [52]陌 [313]磨(石~)幕

t　[44]多朵剁 [42]夺踱 [52]惰垛

tʰ　[44]拖妥 [42]驮驼舵脱托

n　[42]诺 [52]糯

l　[42]罗锣箩骡螺落烙骆酪洛络乐(快~) [52]裸摞

ts　[42]座撮作昨 [52]左佐 [313]坐

tsʰ　[44]搓 [52]错

s　[44]蓑梭唆 [42]缩 [52]索 [313]锁琐

tʂ　[44]着(拉~、看~) [42]酌桌浊捉镯着(~火) [313]拙

tʂʰ　[42]戳

ʂ　[42]勺芍朔 [313]说

ʐ　[42]若弱

---

tɕ [42] 脚觉角(一~钱)

tɕʰ [42] 却确

ɕ [42] 学

k [44] 哥歌锅戈 [42] 鸽割葛各阁胳郭廓国[①] [52] 果裹 [313] 过个

kʰ [44] 科窠科颗 [42] 磕渴扩 [52] 可 [313] 课

x [44] 喝 [42] 何荷河和禾合盒活鹤 [52] 火伙 [313] 祸货豁霍获贺

Ø [44] 倭窝 [42] 鹅蛾俄讹恶(善~) 握 [52] 饿 [313] 卧沃

ŋ [52] 我

io

n [42] 虐

l [42] 略

tʂ [42] 嚼爵

tʂʰ [42] 雀鹊

Ø [42] 约钥药岳乐(音~)

e

p [42] 北百柏白伯

pʰ [42] 迫拍魄

m [42] 墨默麦脉

t [42] 得德

tʰ [42] 特

l [42] 肋勒

ts [42] 则宅窄摘责

tsʰ [42] 侧测拆泽策册择

s [42] 塞色啬涩

tʂ [44] 遮 [42] 蔗摺哲辄折浙 [52] 者

tʂʰ [44] 车 [42] 撤 [52] 扯

ʂ [44] 奢赊 [42] 蛇舍(~弃) 摄涉舌设折(弄~了) [313] 社射麝赦舍(宿~)

ʐ [42] 热 [52] 惹

k [42] 格革隔

kʰ [42] 咳刻客

x [42] 黑赫核骇

Ø [42] 额

ə

k [52] 给[②]

kʰ [313] 去

Ø [42] 儿而 [52] 耳 [313] 二

ie

p [42] 别

pʰ [42] 撇

m [42] 灭篾

t [44] 爹 [42] 跌碟叠谍蝶牒

tʰ [42] 贴帖铁

n [42] 聂镊蹑业孽捏

l [42] 猎列烈裂劣

ts [44] 姐 [42] 接捷节截绝 [52] 借

tsʰ [42] 切

s [44] 些 [42] 邪斜屑雪 [52] 写 [313] 谢薛泄

tɕ [42] 劫杰揭洁结厥掘决诀倔吉

tɕʰ [42] 缺瘸 [52] 怯

ɕ [42] 胁协歇蝎血穴

Ø [44] 曰 [42] 叶页噎月越阅悦 [313] 夜

ai

p [52] 摆 [313] 拜稗败

---

① 国 [ko²¹]，另读 [kue²¹]。

② "去，给"的 ə 略高，类似于 ɯ。

pʰ [42] 排牌 [313] 派

m [42] 埋 [52] 买 [313] 卖迈

t [44] 呆 [313] 待怠戴贷代袋带大(~夫)

tʰ [44] 胎苔 [42] 台抬 [313] 态太泰

n [52] 奶① [313] 奈耐

l [42] 来 [52] 赖癞

ts [44] 灾栽 [52] 宰载(年~) 载(~重) [313] 在再

tsʰ [44] 猜 [42] 才材财裁 [313] 菜蔡

s [44] 腮鳃 [52] 彩 [313] 赛

tʂ [44] 斋 [313] 债寨

tʂʰ [44] 钗差(出~) [42] 豺柴

ʂ [44] 筛

k [44] 该皆阶街 [52] 改解 [313] 盖丐介界芥戒届械

kʰ [44] 开 [52] 凯楷 [313] 慨溉概

x [42] 孩鞋还(~有) [52] 海蟹 [313] 害亥

Ø [44] 哀埃挨挨 [52] 矮 [313] 爱隘艾

uAi

ʂ [44] 衰 [313] 帅

k [44] 乖 [52] 拐 [313] 怪

kʰ [52] 块 [313] 快筷会(~计)

x [42] 槐怀淮 [313] 坏

Ø [44] 歪 [313] 外

ei

p [44] 杯背(~东西) 碑卑婢悲 [313] 倍辈背(~诵) 被臂

pʰ [44] 胚坯 [42] 培陪赔裴 [313] 配佩

m [42] 梅枚媒煤眉楣媚 [52] 每美 [313] 妹昧寐

f [44] 飞非妃 [42] 肥 [52] 匪翡 [313] 废肺吠费

ui

t [44] 堆 [313] 对队

tʰ [44] 推 [52] 腿 [313] 退蜕②

n [313] 内

l [42] 雷 [52] 屡累(~积) 垒吕 [313] 偏累(连~) 类泪

ts [52] 嘴 [313] 罪最醉

tsʰ [44] 催崔 [52] 脆 [313] 翠粹

s [44] 虽 [42] 随 [313] 碎隧穗岁

tʂ [44] 追锥 [313] 赘坠

tʂʰ [44] 吹 [42] 垂

ʂ [42] 谁 [52] 水 [313] 税睡

ʐ [52] 蕊芮 [313] 锐瑞

k [44] 圭规龟归 [52] 诡轨 [313] 桂跪柜贵

kʰ [44] 盔魁亏 [42] 葵 [313] 溃愧

x [44] 恢灰挥辉徽 [42] 回茴 [52] 悔晦毁 [313] 贿汇会惠慧讳

Ø [44] 危威 [42] 微桅萎维惟唯违围 [52] 尾委伟苇畏慰纬 [313] 未味卫伪为位魏胃谓

Au

p [44] 褒包胞鲍 [52] 保堡宝饱 [313] 抱报暴菢(~小鸡) 豹爆雹

pʰ [44] 抛 [42] 袍刨 [52] 跑泡炮

m [42] 毛茅锚 [52] 卯 [313] 冒帽貌

t [44] 刀叨 [52] 祷岛倒(打~) [313] 道稻到倒(~过来) 盗导

---

① 称呼"奶奶"变为阴平 44：奶奶 [nAi⁴⁴nAi⁴⁴]。

② "蜕 [thui²¹³] 皮"另读"蜕 [thun²¹³] 皮"。

tʰ [44] 滔掏萄① 涛 [42] 桃逃淘陶 [52] 讨 [313] 套

n [42] 挠 [52] 脑恼 [313] 闹

l [44] 劳捞牢唠 [52] 老 [313] 涝

ts [44] 糟遭 [52] 早枣蚤澡 [313] 皂

tsʰ [52] 草 [313] 造躁糙

s [52] 扫嫂

tʂ [44] 朝(今~) 召昭招沼 [52] 找 [313] 罩赵兆照诏

tʂʰ [44] 抄钞超 [42] 巢朝(~代) 潮 [52] 吵炒

ʂ [44] 捎梢稍烧 [42] 韶 [52] 少(多~) [313] 绍少(~年)

ʐ [52] 饶扰 [313] 绕鹞

k [44] 高膏羔糕 [52] 稿 [313] 告

kʰ [44] 敲 [52] 考烤 [313] 靠

x [44] 蒿薅 [42] 豪壕毫 [52] 好(~坏) [313] 号浩好(喜~) 耗

Ø [42] 熬 [52] 袄 [313] 懊奥傲坳

iAo

p [44] 膘标 [52] 表

pʰ [44] 飘螵 [42] 瓢嫖 [52] 漂(~白) [313] 票漂

m [44] 猫 [42] 苗描 [52] 藐渺秒 [313] 妙庙

t [44] 刁貂雕 [313] 钓吊掉调(音~)

tʰ [44] 挑 [42] 条调(~和) [313] 跳

n [52] 鸟 [313] 料

l [42] 聊辽撩寥燎疗瞭 [52] 了(~解)

ts [44] 焦蕉椒

tsʰ [44] 悄

s [44] 消宵霄硝销萧箫 [52] 小 [313] 笑

tɕ [44] 骄娇浇 [52] 佼 [313] 轿矫叫

tɕʰ [42] 乔侨桥荞 [313] 俏鞘

ɕ [44] 嚣 [42] 晓 [313] 校孝效

Ø [44] 妖邀腰要(~求) [42] 肴摇谣窑姚尧杳 [52] 舀 [313] 要(重~) 耀

əu

m [42] 谋 [52] 亩

f [42] 浮 [52] 否

t [44] 兜 [52] 抖陡 [313] 斗豆逗

tʰ [44] 偷 [42] 头投 [313] 透

l [42] 楼 [52] 搂 [313] 漏陋

ts [52] 走 [313] 奏骤

tsʰ [52] 愁瞅 [313] 凑

s [44] 搜飕馊 [313] 嗽瘦

tʂ [44] 周舟洲州 [52] 肘 [313] 昼宙咒皱

tʂʰ [44] 抽 [42] 绸稠筹仇 [52] 丑 [313] 臭

ʂ [44] 收 [52] 手首守 [313] 受兽寿授售

ʐ [42] 揉柔

k [44] 勾钩沟 [52] 狗苟 [313] 够构购

kʰ [44] 抠 [52] 口 [313] 扣叩寇

x [42] 猴侯喉 [52] 吼 [313] 后厚候

Ø [44] 欧鸥怄 [42] 呕殴 [52] 藕偶

An

p [44] 班扳颁斑般搬 [52] 板版 [313] 扮瓣办半拌绊

pʰ [44] 攀潘 [42] 盘螃 [313] 盼判叛

m [42] 蛮瞒 [52] 满 [313] 慢幔蔓

f [44] 帆翻番 [42] 凡烦繁 [52] 反 [313] 范犯泛贩饭

t [44] 耽担单丹 [52] 胆 [313] 担(~子) 诞旦淡掸但蛋弹(子~)

tʰ [44] 贪滩摊 [42] 潭谭谈痰弹(~琴) 檀坛 [52] 毯坦 [313] 探炭叹

---

① "萄" 44 应为变调，导致 21+21 → 21+44。

n [42] 南男难 [313] 难 (患~)

l [42] 蓝篮兰拦栏 [52] 览揽榄缆懒 [313] 滥烂

ts [44] 簪 [313] 赞

tsʰ [44] 参 (~加) 餐 [42] 惭残 [52] 惨 [313] 璨

s [44] 三 [52] 伞散 (鞋带~了) [313] 散 (分~)

tʂ [44] 粘沾瞻 [52] 斩盏展 [313] 暂站蘸战颤占

tʂʰ [44] 搀 [42] 谗馋缠禅 (~宗) 蝉 [52] 铲产

ʂ [44] 杉衫珊山删煽 [52] 陕闪 [313] 善扇膳单 (姓氏)

ʐ [42] 燃然 [52] 染冉

k [44] 甘柑干肝竿 [52] 感敢橄

kʰ [44] 堪龛勘刊 [52] 坎 [313] 看

x [44] 憨酣鼾 [42] 含函衔寒韩 [52] 喊罕 [313] 撼憾汉汗旱

ŋ [44] 庵安鞍 [313] 暗岸按案

iAn

p [44] 鞭编边蝙 [52] 贬匾扁 [313] 辩辨变辫

pʰ [44] 篇偏 [42] 便 [313] 骗遍片

m [42] 棉绵眠 [52] 免勉娩缅 [313] 面

t [52] 点典 [313] 电殿佃垫奠

tʰ [44] 添天 [42] 甜田填 [52] 舔

n [52] 碾撵 [313] 念

l [42] 廉连联 [52] 脸 [313] 敛练炼恋

ts [44] 尖歼煎 [52] 剪践 [313] 渐箭溅① 钱贱

tsʰ [44] 签迁千 [42] 钱前全泉 [52] 浅 [313] 潜

s [44] 仙鲜先宣 [42] 旋 [52] 癣选 [313] 线羡

tɕ [44] 监兼搛艰间奸涧肩坚捐 [52] 减检俭简柬拣谏卷 [313] 剑件犍键建健腱见圈

(猪~) 眷倦

tɕʰ [44] 谦牵圈 (圆~) 铅 [42] 钳乾虔拳权 [52] 遣犬 [313] 嵌欠歉劝券

ɕ [44] 掀喧 [42] 咸嫌闲弦贤玄悬眩 [52] 险显 [313] 陷限现县献

∅ [44] 淹炎焰腌焉 [42] 盐阎严颜涎延圆员缘沿元原源袁辕园援 [52] 掩眼演远 [313] 厌艳雁宴谚院怨愿验

uan

t [44] 端 [52] 短 [313] 断

tʰ [42] 团

n [52] 暖

l [42] 鸾 [52] 卵 [313] 乱

s [313] 算蒜

tʂ [44] 专砖 [52] 转 (~动) [313] 撰篆转 (~圈) 传 (~记)

tʂʰ [44] 川穿 [42] 传 (~达) 椽 [52] 喘 [313] 篡串

ʂ [44] 闩

ʐ [52] 软阮

k [44] 官观棺冠关 [52] 管馆 [313] 贯惯灌罐冠 (~军) 惯

kʰ [44] 宽 [52] 款

x [44] 欢 [42] 还 (归~) 环 [52] 缓 [313] 唤换焕幻患宦

∅ [44] 豌弯 [42] 玩顽完丸 [52] 腕宛碗皖 [313] 万

ein

p [44] 奔锛 [52] 本 [313] 笨

pʰ [44] 喷烹 [42] 盆 [313] 喷 (~嚏)

m [42] 门 [313] 闷

---

① 另读 [tsʌn²¹³]。

f [44] 分芬纷 [42] 坟焚 [313] 粪奋份

t [44] 登灯 [52] 等 [313] 澄瞪凳镫邓

tʰ [42] 腾藤疼

n [42] 能

l [52] 冷 [313] 楞

ts [44] 针斟争筝曾姓增憎 [313] 赠

tsʰ [44] 撑参(~差) [42] 曾(~经)层 [313] 蹭

s [44] 森参(人~)生牲笙甥僧 [52] 省

tʂ [44] 珍榛臻真诊征蒸贞侦正疹 [52] 枕拯整 [313] 镇阵震振郑正政症证

tʂʰ [44] 称逞 [42] 沉陈尘辰晨臣橙乘丞承呈成城诚盛(~满) [52] 惩 [313] 趁秤(一杆~)

ʂ [44] 深身申伸娠升生 [42] 神绳 [52] 婶沈审 [313] 甚渗肾慎胜剩圣盛(兴~)

ʐ [42] 人仁 [52] 纫忍刃 [313] 任壬认

k [44] 跟根更(~换)庚羹耕 [52] 哽耿 [313] 更(~加)

kʰ [44] 坑 [52] 肯

x [44] 亨 [42] 痕衡横 [52] 很 [313] 恨

Ø [44] 恩① [313] 硬

uen

t [44] 墩敦蹲 [52] 沌盾 [313] 顿钝遁

tʰ [44] 吞 [42] 豚屯臀囤 [313] 褪

n [313] 嫩

l [42] 伦沦轮仑 [313] 论

ts [44] 尊遵

tsʰ [44] 村 [42] 存 [313] 寸

s [44] 孙 [52] 损

tʂ [42] 准

tʂʰ [44] 春 [52] 蠢

ʂ [42] 纯醇唇 [313] 舜顺

ʐ [313] 润闰

k [42] 滚 [313] 棍

kʰ [44] 昆坤 [42] 捆 [313] 困

x [44] 昏婚荤 [42] 魂馄浑 [313] 混

Ø [44] 温瘟 [42] 文蚊纹闻吻 [52] 稳 [313] 问

in

p [44] 彬宾槟鬓殡兵冰 [42] 丙秉饼 [52] 禀柄 [313] 病并

pʰ [44] 拼 [42] 贫频平坪评瓶屏萍 [52] 品 [313] 聘

m [42] 民闽鸣明名铭 [52] 敏悯皿 [313] 命

t [44] 钉丁 [52] 顶鼎 [313] 锭订定

tʰ [44] 听厅汀 [42] 亭停廷庭蜓 [52] 艇挺

l [42] 林淋临邻鳞磷灵零铃伶拎翎宁(安~) [313] 宁(~可)

ts [44] 侵津精晶睛 [52] 井 [313] 尽进晋静靖净

tsʰ [44] 亲清 [42] 秦情晴 [52] 请 [313] 亲(~家)

s [44] 心辛新薪 [42] 寻寝 [52] 省(反~) [313] 信讯性姓逊

tɕ [44] 今金禁(~不住)襟浸巾斤筋军君均钧菌茎京荆惊鲸经径 [52] 锦紧谨 [313] 禁(~止)近劲敬竟镜竞颈

tɕʰ [44] 钦卿轻 [42] 琴禽擒勤芹群裙擎 [52] 倾顷 [313] 庆

ɕ [44] 欣熏勋薰馨 [42] 行形型刑 [313] 训杏幸

Ø [44] 音阴荫因姻殷鹦樱莺英婴缨 [42] 淫银匀云迎赢盈营颖萤 [52] 寅引允饮隐影尹 [313] 吟印熨韵运晕映

Aŋ

p [44] 帮邦浜 [52] 榜 [313] 棒蚌

---

① 当喉塞音为声母时，韵母的实际读音更接近与 [en]。

pʰ [42] 旁傍庞 [313] 胖

m [42] 忙芒茫盲虻

f [44] 方芳封峰蜂锋 [42] 妨房防仿(~佛)缝逢 [52] 肪仿(~造)纺访讽访 [313] 凤

t [44] 当 [52] 党

tʰ [44] 汤 [42] 堂棠螳唐糖塘 [52] 趟

n [42] 囊

l [42] 郎廊狼螂 [52] 朗 [313] 浪

ts [44] 脏 [313] 葬脏(内~)

tsʰ [44] 仓苍 [42] 藏

s [44] 桑丧(~事) [52] 嗓 [313] 丧(~失)

tʂ [44] 章樟张 [52] 掌长(生~) 涨 [313] 丈仗杖帐胀账瘴障

tʂʰ [44] 昌菖倡 [42] 常尝长(~短) 肠 [52] 厂场 [313] 畅唱

ʂ [44] 商伤裳 [52] 偿赏晌 [313] 上尚

ʐ [52] 嚷壤攘 [313] 让

k [44] 冈岗刚纲缸钢豇 [52] 港

kʰ [44] 康糠慷 [42] 扛 [313] 抗炕

x [44] 夯 [42] 行杭航 [313] 巷项

ø [44] 肮 [42] 昂

iaŋ

n [42] 娘 [52] 酿

l [42] 良凉量(~长短) 粮梁粱 [52] 两辆 [313] 亮量(数~) 谅

ts [44] 将浆 [52] 蒋奖桨 [313] 酱将(大~) 匠

tsʰ [44] 枪 [42] 墙祥详 [52] 抢

s [44] 相(~互) 箱厢湘镶襄 [52] 想 [313] 像橡象相(~貌)

tɕ [44] 江僵姜礓缰 [313] 强(倔~) 降(~落)

tɕʰ [44] 腔疆 [42] 强

ɕ [44] 香乡 [42] 降(投~) [52] 享响 [313] 向

ø [44] 央秧殃 [42] 羊洋杨阳扬 [52] 养仰 [313] 样

uaŋ

tʂ [44] 庄装 [313] 壮状撞

tʂʰ [44] 疮窗 [42] 床 [52] 闯 [313] 创

ʂ [44] 霜孀双 [52] 爽

k [44] 光 [52] 广 [313] 逛

kʰ [44] 匡筐眶 [42] 狂 [313] 旷况矿

x [44] 慌荒 [42] 黄簧蝗皇 [52] 谎晃

ø [44] 汪 [42] 亡王 [52] 往枉 [313] 望妄旺

oŋ

pʰ [42] 蓬篷 [52] 捧

m [42] 蒙懵 [313] 梦

f [44] 风枫疯丰 [42] 冯 [313] 奉俸缝(一~)

t [44] 东冬 [52] 董懂 [313] 动冻栋洞

tʰ [44] 通捅 [42] 同铜桐筒童瞳 [52] 统 [313] 痛

n [42] 农浓脓

l [42] 隆龙聋 [52] 笼拢垄 [313] 弄

ts [44] 宗综踪 [52] 总 [313] 纵

tsʰ [44] 聪匆葱囱 [42] 从

s [44] 嵩松 [52] 怂 [313] 送宋诵颂讼

tʂ [44] 中(当~) 忠终钟盅 [52] 冢种(~类) 肿 [313] 中(射~) 仲众重(轻~) 种(~树)

tʂʰ [44] 充冲春 [42] 虫重(~复) [52] 宠 [313] 崇

ʐ [42] 戎绒茸

k [44] 公蚣工攻功弓躬宫供(~给) 恭 [52] 汞拱巩 [313] 贡供(上~) 共

kʰ [44] 空(~虚) [52] 孔恐 [313] 控空(~缺)

x [44] 烘 [42] 红洪鸿虹 [52] 哄

ø [42] 翁

ioŋ

tɕʰ [42] 琼穷

ɕ [44] 兄胸凶 [42] 雄熊

ø [44] 雍庸拥 [42] 融容蓉镕荣 [52] 甬勇涌永 [313] 用

后　　记

2009 年寒假里，本来按计划在海南三亚主要调查回辉话，顺便调查当地的崖城军话，而这一顺带调查的发现感悟，使我萌发了进行此项研究的最初设想；三年后，我申请的此课题获国家社科基金重点项目立项，再六年后，结项等级"优秀"，现在成果即将出版。

感谢明史专家南炳文先生，这么多年来一次次向先生请教有关明代历史的问题，南先生总是寥寥几句让我茅塞顿开。

感谢在 11 次语言田野调查中，天津、安徽、江苏、云南、贵州、海南各地的 45 位发音合作者，他们热情、耐心发音的情景至今历历在目。

感谢我的学生们，他们朝气蓬勃努力进取，让我尽享教学相长的愉悦。

感谢国家社科基金项目结项评审专家和国家社科成果文库评审专家的中肯意见，促使我再深入思考，对书稿进行修改补充。

感谢商务印书馆包诗林责任编辑为此书出版付出的辛劳。

感谢南开大学文学院质朴笃定的学术氛围和领导同事们长期以来的关心支持。

曾晓渝

2020 年 11 月 26 日

于南开大学西南村